우당탕탕 6학년 5반 가을이야기

코로나시대에 다시 만나고 싶은 교실이야기
우당탕탕 6학년 5반 가을 이야기

초판 1쇄 발행 2020년 8월 31일

지은이 이도건
펴낸이 장길수
펴낸곳 지식과감성#
출판등록 제2012-000081호

디자인 최지희
편집 최지희
교정 양수진, 김연화
마케팅 고은빛

주소 서울시 금천구 벚꽃로 298 대륭포스트타워 6차 1212호
전화 070-4651-3730~4
팩스 070-4325-7006
이메일 ksbookup@naver.com
홈페이지 www.knsbookup.com

ISBN 979-11-6552-376-3(03810)
값 15,000원

ⓒ 이도건 2020 Printed in Korea

잘못된 책은 구입하신 곳에서 바꾸어 드립니다.
이 책의 전부 또는 일부 내용을 재사용하려면 사전에 저작권자와 펴낸곳의 동의를 받아야 합니다.

이 도서의 국립중앙도서관 출판예정도서목록(CIP)은 서지정보유통지원시스템
홈페이지(http://seoji.nl.go.kr)와 국가자료공동목록시스템(http://www.nl.go.kr/kolisnet)에서
이용하실 수 있습니다. (CIP제어번호 : CIP2020034150)

홈페이지 바로가기

— 코로나시대에 다시 만나고 싶은 교실이야기 —

우당탕탕 6학년 5반 가을이야기

• 이도건 지음 •

서문

　2020년 4월 5일. 드디어 2019학년도 학교생활 이야기를 담은 《우당탕탕 6학년 5반 이야기》의 탈고를 마쳤다. 2019년 3월 개학하는 날부터 2020년 2월 졸업하는 날까지 아이들과 함께했던 일상의 시간들을 이야기로 남기고 싶었다. 그렇게 하루하루의 소소한 에피소드가 일기로 쓰여졌다. 그저 흔적을 남기고 싶은 마음에 매일 컴퓨터 앞에 앉았던 것 같다. 하루의 일들을 기억하는 것은 어렵지 않았으나 기록하는 건 역시 쉽지 않았다.

　아이들을 처음 만났을 때 너무나 딱딱하게 굳어 있었다. 이런 그들을 담고 품어 주기엔 내 그릇도 경직되어 있기는 매한가지였다. 봄이 지날 무렵부터 서로에게 어느 정도 길들여진 것 같았다. 난 그저 그들을 담아줄 넉넉한 그릇이 되고 싶었다. 그 그릇 안에는 여러 빛깔과 소리가 담긴다. 하지만 누군가는 빈 채 내버려 둔다. 그리고 또 다른 이는 그릇을 탓하기도 했다. 그런 가르침과 배움의 과정에서 서로 맞춰 가며 어울려 한 해를 보낸 것 같다. 교학상장! 언제 들어도 참 설레는 말이다.

"이상해요! 왜 곰 네 마리는 안 되고 세 마리일까요?"
"오늘은 토트넘이 리버풀에게 진 이유를 글로 쓰면 안 될까요?"
"왜 초등학교에는 수학시간이 체육시간보다 많은지 토론해요."

"그럼 교과서 덮고 얘기해 볼래?"
"네~ 체육도 하고요."
"이왕이면 간식도 먹어요."

  올해는 학교에서 부장 보직을 맡지 않으니 아이들의 작은 말과 행동에 대한 반응이 자연스럽게 나온 것 같다. 여러 가지 일을 동시에 하는 능력이 부족한 나에게 학교업무로부터의 여유는 아이들의 눈빛에 공감할 수 있는 느긋함을 준 듯하다. 물론 돌이켜 보면 아이들의 눈높이에 맞춰 스스럼없이 대했다는 것은 나만의 착각일 수도 있겠다.

  책으로 출판해야겠다는 생각이 강해지자 더 아름답게 쓰고 싶은 마음이 강해지기도 했다. 작년 학교생활 이야기를 글로 쓰고 다시 고치는 과정에서 자연스러움으로 포장된 나의 모습도 보이기도 한다. 과거 천자문을 가르치던 어느 서당 훈장의 모습은 아닐지 두렵기도 하다. 아니 어쩌면 그에 한참 이르지도 못하고 허우적댔던 시간일지도 모르겠다.

  이 글을 쓰는 데 우리 반 아이들이 참 많이 도와주었다. 워드 작업도 함께 하고 틈틈이 사진도 찍어 주어 부족한 내 기억과 기록을 메워 주었다. 2019학년도라는 시간을 함께 만들어준 6학년 5반 아이들 모두에게 고마운 마음을 전한다. 고마워! 우리 소중한 인연 쭉 이어 나가자!

2020년 6월 2일 금북초에서 이 도 건 씀

10월 1일 화요일

체육 새로운 팀을 발표했다. 이번엔 아이들 이름 옆에 달리기, 피구, 관계 능력치를 점수화해서 넣어 팀 밸런스를 맞추었다.

행당역팀: 효은, 지윤, 류경, 주희, 승은, 민준, 준혁, 인해, 현민, 준호
신금호역팀: 규현, 경란, 태윤, 백하, 은비, 연수, 영민, 상진, 서준, 준우

"팀 이름이 이게 뭐에요? 난 신금호역에 사는데 행당역이야."
"다음 달에는 팀 이름 우리 동네로 해요."
"상왕십리 대 하왕십리 어때요?"

오늘 국군의 날이라 20여 년 전 입었던 군복을 들고 왔다. 아이들에게 보여 주었다.
"옷이 생각보다 너무 무거운데요."
"옛날에 생각보다 쌤이 작았네요."
"군대 다녀오고 키가 큰 거예요?"
"살이 찐 거지."
현민이는 체격이 커서 그런지 내 군복이 딱 맞고 맵시가 예쁘다. 충성! 필승! 아는 경례 구호가 전부 다 나온다. 한 번씩 입어 본다며 줄도 서고 제법 국군의 날 분

위기가 난다. 은비가 입자 우리 은비 입대한다면 슬플 거라는 여자아이들! 머리를 먼저 밀어야 한다는 남자아이들!
"근데 화생방 할 만해요?"
이제 30%쯤 과장된 군대 이야기 시작이다.
"같이 화생방 하고 나온 사람들이 다 쓰러져 있었는데. 사실 난 참을 만했거든."
"근데 선생님도 잘못되면 군대 다시 가요?"
상상만 해도 끔찍하다.

블랙보드를 학급운영비로 주문했다. 며칠 전에 왔는데 용도를 설명해 주지 않았나 보다. 중요한 일정을 아이들과 공유하고 잊어버리지 않게끔 피아노 보면대 위에 올려놓았다. 아이들도 일정 관리를 할 수 있다. 남자아이들은 에버랜드를 롯데리아로, 경복궁을 창덕궁·노량진 수산시장으로 이름을 바꾸어 일정을 적는다. 여자아이들은 수학 1~2단원 풀기를 1~6단원으로 바꾸어 놓는다.

"너는 왜 무덤을 파. 6단원까지 다 풀려고?"

"그냥 농담이야. 누가 믿겠냐?"

검정 바탕에 글씨를 쓰니 역시 눈에 잘 띄고 보기 좋다. 알림장 대신 사용해야겠다.

과학 단원평가를 오늘 보는지 목요일에 보는지를 놓고 아이들 사이에 격론이 펼쳐진다. 나와 과학을 나누어서 가르치는 선생님에게서 메시지가 왔다.

"오늘 과학 단원평가 안 보지만 오늘 보는 것과 같은 마음으로 시험공부를 하라고 해 주세요."

"야호! 목요일이래. 놀자!"

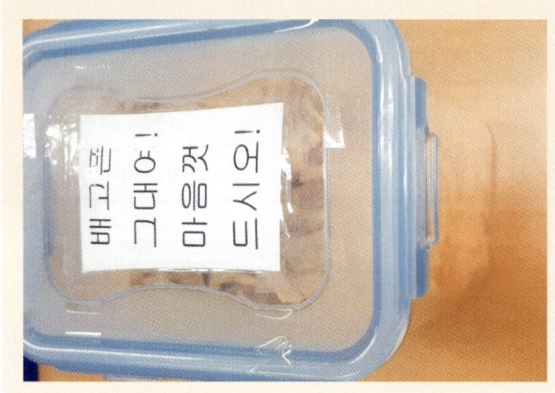 

지난주에 이어 배드민턴을 친다. 오늘은 서브 넣는 것까지 배우고 본인 점수가 짝수, 홀수일 때 서는 위치도 가르쳐 준다. 하지만 리시버가 대각에 서지 않고 앞쪽에 떡 하니 서 있다. 그런데 서브를 넣는 사람이 리시버가 서 있는 코트를 향해 맞춰 주는 아름다운 장면이 연출된다. 배드민턴을 치기에는 다소 강한 바람이 분다. 오늘도 몸 개그가 예상이 된다.

먼저 영민·상진 대 준혁·나의 복식 대결이다. 11점 내기로 하는데 10 대 3까지 벌어진다. 그러다 기적으로 듀스. 하지만 듀스에서 상진이의 강스매시가 네트를 타고 툭 발밑으로 떨어진다. 매치 포인트. 몇 번의 랠리가 이어지다 딱 좋은 공이 올라온다. 강스매시를 내가 했다. 옆에서 구경하던 태윤이가 아웃을 외친다. 이거 참! 분명 라인 위에 떨어졌는데. 반대편으로 달려가 셔틀콕이 찍힌 위치까지 짚어 주었지만 판정 번복은 일어나지 않는다.

은비와 주희는 나에게 2 대 1 대결을 하자고 한다. 좀 싱거운 대결이지만 사양할 수는 없다. 역시나 서브 넣기 대결이다. 지는 팀이 아이스크림을 사기로 했지만 판정은 오로지 그녀들이 한다. 자기 발 앞에 떨어져도, 서브 미스도 본인들이 이겼단다. 아웃라인은 자신들 마음속에 그려져 있단다. 게다가 셔틀콕에 머리를 맞고는 나의 의도적인 공격이라며(경기라는 게 당연히 목적성을 가진 의도적 공격인데…) 또 포인트를 가져간다. 7 대 6으로 아슬아슬하게 지는 시나리오로 마무리된다. 백하는 좀 아니, 많이 잘 친다. 나와 랠리가 길어진다. 바람만 안 불었으면 나도 땀 좀 날 뻔했다. 인해랑 칠 때는 바람이 더 분 것 같다. 콕이 마구처럼 커브를 그리며 감긴다.

"가을에 체육을 안 하는 것은 하늘에 대한 모욕이다."
"하늘은 살찌고 우리도 살찐다."
몸도 마음도 따뜻해지고 차가운 아이스크림으로 그 뜨거워진 마음을 달래고. 아! 좋다.

체육 하고 들어왔더니 아리수 앞에 길게 줄이 늘어서 있다. 작은 소란도 있다. 한 녀석이 아리수를 3분이나 계속 마시고 있다는데. 3분이라는 말이 믿기지 않았지만…이게 사실이라면… 얼마나 마신 거지…. 한 녀석이 "얼음 먹으실 분 선착순입니다"라고 말하자 아리수 앞에 줄 서 있던 아이들이 그쪽으로 몰려간다. 얼음의 크기는 랜덤이라 작든 크든 하나만 준단다.

타악기시간이다. 오늘은 새로운 가락 없이 지난번까지 배웠던 7채와 휘모리를 연결해 연습을 한다.
"천천히 또박 또박 쳐야 해."
"손목이 아파서 파스 좀 붙이고 올게요."

북채가 많이도 깨졌다. 온전한 것은 거의 없다. 일곱 반이 매주 쳤으니. 그때 한 녀석이 웃겨 준다.
"북 치니까 복어 먹고 싶어요."
"복어 먹어는 봤니?"
"네. 밀복 먹었어요."

점심을 먹고 왔다. 일주일간 식물들이 잘 클 수 있게 점심 피구를 안 하기로 했다. 물론 지난주에 싸워서 금지하기로 했지만. 여자아이들은 마피아 게임을 한다.
"잘 자! 내 꿈 꿔."
"안녕! 여러분 아침이 되었습니다. 눈을 뜨세요."
주희는 군복을 입고 마피아 게임을 한다. 더 진지 엄숙 모드로 한다는데 그런 것 같지는 않다. 한참 후 마피아 게임 승부가 난 것 같다.
"이때까지 마피아 게임 한 중에 너가 제일 사악했어."

중입배정 실거주 확인에 대한 가정통신문을 나눠 주었다. 중요한 내용인지라 아이들과 같이 읽어 본다. 확인이나 서명 등 모든 건 부모님과 함께 해야 한다고 전했지만 한 녀석이 진지하게 묻는다.
"주민등록등본 어떻게 떼요? 어디서요?"
"주민번호 뒷자리 안 보이게는 어떻게 해요?"

졸업 앨범 확인을 내일까지 하기로 한다. 재촬영자들이 너무 많아 험난한 과정이 예상된다.
"지금 안경 쓰는데 벗고 다시 찍어봐."
"저는 눈이 렌즈를 안 봐서 이상하게 보여요."
"사진이랑 실물이랑 달라요."
"우리 조별 사진 그냥 다시 찍자."
"이거 말고 다른 포즈로 찍을까. 그냥 남자다운 사진으로 바꿔 주세요."
"표정이 안 좋아 보여서요. 재촬영할래요."
"저는 쩍벌이라 다시요."
"여자애들아. 졸업앨범 잘 안 열어 봐. 유명인이 안 되는 이상."

졸업앨범에 들어갈 급훈도 급히 만든다. 여태껏 급훈을 모르다가 이제야. 급훈이라는 것에 아이들은 큰 감흥이 없다. 의견은 내지만 그냥 유명한 문구로 할까 고민이 된다.

아이들이 제안한 급훈

- 인생은 별거 없다. 남들과 다르게 살자.
- 샘의 예감은 언제나 맞은 적이 없다. 결정은 내가 하자.
- 내가 누군지 아니?
- 진정 미친다는 것은 미치는 것이다.
- 배고프다. 맛있는 거 먹고 살자.
- 왜? 뭐? 뭘 봐?
- 인생은 어제 먹다 남은 치킨.
- 인생은 스피치리스. 말할 수 없다.
- 내가 중심인 세상.
- 인생은 'ㄴㅇㄱ'이다.
- 이런 누추한 반의 귀한 아이들.
- 시험은 여기서 나온다. 공부하라.
- 인생은 단원평가가 아니다. 5지선다가 아니다.

에버랜드 조편성이 바뀌려나 보다. 민주주의는 때론 불편하고 심각한 부작용이 발생한다. 잘 수습되었으면 했는데. 역시 소수의 의견을 존중하는 게 참 어렵다. 수업 끝나고 아이들이 남아 있다. 일단 오늘은 그들끼리 얘기하도록 내버려 둔다. 하지만 결국 개입해야 하는 상황이 오나 보다.
"그냥 선생님이 처음부터 다시 짜 주세요."

4시 가까이 되어 전화 한 통이 온다. 모르는 번호라 받을까 말까 하다 받았는데.
"저 경란인데 오늘 청소 안 하고 집에 왔는데 어떻게 해요?"
"내일 해!"
"네."
10초 만에 끝.

10월 2일 수요일

　지난번에 아이들에게 나누어 준 모형달걀 이야기! 한 녀석이 이 모형달걀을 냉장고에 넣어 두었는데 아빠가 달걀말이 해 주려고 깼다가 "달걀이 썩었나"라고 말했단다. 달걀 몰카 성공이라는데.

　현민이 아빠는 현민이가 피아노 치는 곡 제목이 궁금하다며 물으셨단다. 현민이 아버님이 가사도 붙이셨다는데. 고양이 밟았다! 고양이 할퀴었다! 이 곡은 그 유명한 고양이 왈츠.

　그때 은비가 멋지게 앞문으로 입성한다. 고개를 뒤로 젖히고 찰랑찰랑 머리카락을 휘날리며.

"너 무슨 일 있냐?"

"아침에 이렇게 등장하고 싶었어요."

　1교시에 체육 하러 나간다. 오늘은 발야구다. 준비운동은 제기차기. 뭉쳐야 산다며 정말 가까운 거리에서 서로 제기를 차고 있다. 그래도 이젠 좀 늘어서 제기를 맞추는 데는 문제가 없다. 나더러 차 보라고 한다. 7개에서 멈춘다.

"왜 안 되지?"

"쌤도 전성기가 훌쩍 지났네요."

　발야구가 시작된다.

"나 발야구 어떻게 하는지 까먹었다."

　그러면서도 준호가 그라운드 홈런을 친다. 그냥 차고 달렸단다.

"선생님. 준호 3루 안 밟았어요!"

　아이들 진술이 엇갈리지만 너무나 대단한 기록이라 일단 홈런 인정. 다음 타석의 여자아이는 차기가 두렵다며 패스권을 쓰겠다고 한다.

"애들이 나 욕할까 봐 차기 두려워요. 얘들아. 못해도 뭐라 하지 마!"

"우리 뭐라고 안 하기로 했잖아. 자신 있게 차!"

　한 녀석이 규현이 찰 차례에 조언한다.

"꼬발로 차! 쭈~~~욱 밀어서 차."

　하지만 발끝으로 차서 그런지 공이 제대로 맞지 않는다. 계속된 파울이다. "파울!" "파울!"

"그냥 너 차고 싶은 대로 차!"

헤드 퍼스트 슬라이딩도 나온다. 또 공을 차면 신발이 자꾸 날아다닌다며 맨발로 차는 녀석도 있다. 한 녀석은 파울인데 열심히 달려 3루까지 간다. 호루라기를 그렇게 열심히 불었는데 왜 파울 소리가 안 들릴까. 1회를 무사히 넘긴 투수 주희에게 "너 오늘 퀄리티 스타트급!"이라며 아는 체하는 녀석도 있다.

1회 말 규현이가 투수를 한다.

"규현아. 이거 피구 아니야 맞아도 세이프야. 너한테 공 오면 그냥 잡아. 피하지 마~"

오늘 준호가 하얗게 불태운다. 찰 때마다 뻥뻥 소리가 난다. 전 타석 안타에 수비까지 좋다. 연수는 수비에서 나이스 캐치! 몸을 날린다. 대각으로 날려 멋지게 다이빙 캐치. 우아~ 하지만 다음 공격에서 2루 주자를 앞질러 3루로 가다가 아웃. 2루 베이스에 공격팀 3명이 모이는 희귀한 장면 연출.

승은이가 행당역팀의 마무리 투수로 올라온다. 1실점으로 마무리. 세이브를 기록하며 경기를 끝내는 승은이~ 하지만 본인은 끝난지 모른다.

"근데 야구는 몇 점 나야 이기는 거예요?"

"선생님 저 야채 먹으면 토할 것 같아요."
"그래? 속이 안 좋은가 보네. 먹고 싶은 것만 받아."
달걀만 받는 녀석. 다시 받아 오라고 했더니….
"근데 선생님. 다음 주 한글날요. 에스더 생일이에요."

남자아이들의 에버랜드 조편성은 아이들끼리 해결할 수준을 넘어섰나 보다. 자기들끼리 통화도 많이 했지만 항상 마지막 순간에 틀어진다고 한다. 아이들은 조편성을 수학적인 방법으로 풀어 보기도 하고, 투표로 정하기도 하고, 놀이기구별로 과학적 분석을 통해 조를 짜 보기도 하고. 할 수 있는 모든 방법을 사용해 봤단다. 오늘 때마침 한 어머님으로부터 이메일도 왔다. 남자아이들이 조편성을 하는데 너무 어려워 보인다며 이럴 때는 선생님의 적당한 개입이 필요하다는 말씀이시다. 생각보다 갈등이 심각한가 보다. 타당한 말씀인지라 오늘 확실히 마무리 지어야겠다.

> 체험학습 가기 전부터 애들 사이에는 트러블이 좀 있는 것 같아 메일을 쓰게 되었습니다. 아이가 11시 반이 넘도록 안 자고 핸드폰을 보고 있길래 이유를 물으니 체험학습 가는 조편성 때문이라고 하네요. 그런데 조편성에 있어서 친구들끼리 합의점을 찾지 못하고 있는 것 같아요. 모두가 자기가 좋아하는 친구끼리만 하면 좋겠지만 그렇지 못한 상황이 발생할 수도 있는데 그걸 서로 하지 않으려 해서 생기는 트러블 같습니다.
> 선생님께서 중재를 좀 해 주심이 어떨까요?
> 아이들끼리 합의점을 찾지 못하고 있으니 선생님의 현명하신 판단이 좀 필요한 시점으로 보입니다.

3교시는 다른 선생님이 우리 교실에 들어오시는 시간이라 그 시간에 조편성을 했다. 아이들 교우관계 설문지와 아이들 간 관계를 나타낸 도표를 보며. 이런 거 해 줄 인공지능아! 빨리 나와라. 몇 번 고치다 결심했다. 에버랜드 조발표를 한다. 뭔가 숙연하고 무겁다. 발표 후 묘한 시선의 엇갈림. 부러움과 불만과 만족과 불평의 묘한 섞임. 정해 주는 내 마음도 편치 않다. 그냥 모두가 한 줄로 같은 놀이기구 한 번 타고 자유시간 줄까 하는 생각도 든다. 이 말을 했더니 '그런 건 유치원 때나 하는 유딩짓'이라는데. 조발표를 하고 나니 한 녀석은 몸에 있던 수분이 전부 빠지는 기분이란다. 정해 주는 나도 그런데 아이들 마음이야 오죽하랴. 밖에는 태풍이 올라오는지 비도 막 내린다. 산성비 맞으며 체육이나 하고 싶단다. 비 오고 슬플 땐 떡볶이, 김치전, 막걸리, 한라산, 참이슬, 처음처럼이라며 애써 분위기를 띄우려는 아이도 보인다.

에버랜드 조편성

A: 인해, 현민, 준혁
B: 준우, 서준, 연수, 민준
C: 영민, 준호, 상진
D: 규현, 효은, 지윤, 류경
E: 태윤, 승은, 은비
F: 주희, 경란, 백하

11월 1일 경복궁 체험학습 가기 전에 가이드북을 인쇄해서 같이 읽어 보고 의견을 나누기로 했다. 아픔이 많은 경복궁의 역사만큼 우리도 그 상처에 우리만의 방법으로 공감해 보는 시간을 가졌다.

"국보가 보물보다 비싸요?"
"국보는 나라의 보물. 국대는 뭐예요? (알면서?)"
"음양오행이라고 했는데 저랑 잘 맞는 사람은 누구예요? 불? 물? 나무?"
"음양오행은 혈액형으로 보는 성격이랑 비슷한 것 같아요. 믿을 게 못 돼요."
"광화문 복원이 2010년이면 우리보다 나이가 어리구만. 라떼는 말이야!"
"해태가 박치기 한다는데 지단이에요?"
"영제교에서 왕이 여자친구 만나기도 했어요? 드라마에서 그런 장면 연출도 있어요?"
"불나면 영제교에 있는 물을 끌어오는 거예요?"

연극시간이다. 시를 읽고 상황극을 만들어 보는 시간이다. 하지만 결코 현실은 시적이지는 않다.

엄마손
진호섭

엄마 손은 조각가

엄마 손은 햇살

엄마 손엔
아름다운 무지개빛

〈4모둠〉

딸은 점원. 진상 손님들이 와서 딸에게 함부로 한다. 손님이 딸에게 과하게 말하며 문제가 발생한다. 엄마가 출동해 이를 해결하는 상황.
"이게 모꼬? 이게 머리카락 아니야?"
"이게 맛이 왜 그래?"
"죄송합니다."
"죄송하면 다야."
"이게 말이 돼?"
"난 돈 안 낼 거야."
"음식 다시 가져오라고."
"제가 아니라 엄마인 사장님이 만들었어요."

"니들 지금 내 딸한테 모하노?"
"우리 엄마다!"
엄마(주희)의 강스매싱(엄마손)으로 진상 손님을 쫓아내며 마무리.
"니들 뭔데? 우리 딸한테 왜 그래?"
"튀어. 튀어. (앞 문 열고 도망)"

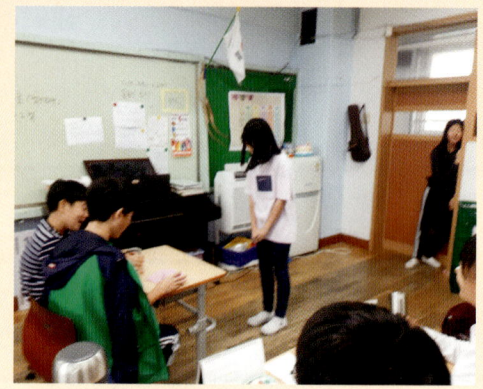

〈3모둠〉

학교에서 수학 단원평가가 있었다. 시험지를 받아 집에 돌아간다.
"엄마! 나 100점 받았어."
"우리 아들 장하다."
"우리 딸래미도 좀 보자."
"이거 100점 맞냐? 확실해? 이상한데."
"맞아요. 왜 못 믿어요."
엄마는 선생님에게 시험 점수 확인 전화를 한다.
"따르르릉. 규현이 선생님이죠?"
"우리 규현이가 100점 맞았는데 그게 사실인가요?"
"아니에요."
"혹시 몇 점이죠?"
"빵점이에요."
"야! 딸! 나와! 나와 봐. 손 대."

"왜 100점으로 고쳤어? 어이구. 시험지에 비가 내리네."
"아니. 손 대. 어. 피해?"

"얘가 바꿔치기한 거예요."
"이게 니 글씨체 맞아?"
"아니요."
"둘 다 나와 봐."

〈5모둠〉

엄마가 오늘 하루 약속이 있어 집을 비운다고 했다. 그걸 이용해서 준우가 친구를 불러 게임하려고 했는데 차 키를 놓고 온 엄마는 집에 다시 돌아오는데.

"얘들아. 엄마 일이 있어 내일 들어올 거 같은데."
"네. 저희 숙제 알아서 하고 놀고 있을게요."
(잠시 후)
엄마는 약속을 나가고 친구에게 전화한다.
"어이! 이 사장. (친구를 사장이라고 부른다.)"
"어이! 박 사장."
"집 비밀번호 ○○○○ 맞지?"
한참 후 친구가 게임하러 놀러 온다. 둘은 열심히 게임을 하고 있다.
(잠시 후)
엄마가 차 키를 찾으러 들어온다.
"어. 너희 뭐하니?"
"나는 공부하려 했는데 친구가 게임하자고 해서요."
"이 녀석들이~ 내 손맛 볼래?"
(좀 허무하게 마무리 된 듯.)

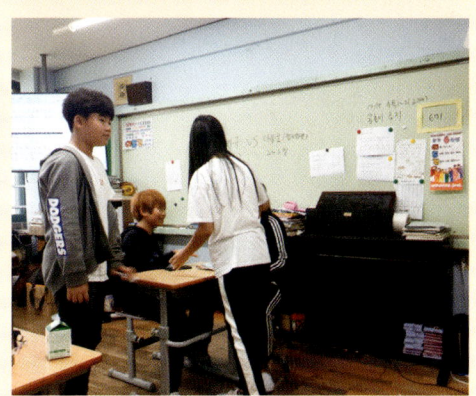

〈1모둠〉

키가 너무 작은 아들을 위해 아빠랑 엄마가 우유를 먹으라고 하는데. 5살인 동생보다 키가 더 작은 우리 주인공. 그래서 현장체험학습에서 티익스프레스를 못 타게 된 우리 주인공. (수염 분장으로 아빠 역할을 한 효은이가 인상적이다.)
"세이~ 우! 유!"
"우유 마셔. 키가 이따구야."
"티익스프레스 못 탄 건 공부 너무 많이 해서 일찍 못 자서 그렇다고."

"야! 그런 소리 하지 마. 그냥 우유 마시라고. 니 키가 허벌나게 안 크잖아."
"맞아. 5살 동생이 너보다 크잖아."
"우유 마시라고."
"안 먹어."
결국 토하는 걸로 마무리.

〈2모둠〉

두 연인이 통화를 하고 있다.
"여보세요. 어! 자기야."
"자기야."
"오늘 데이트 할 수 있어?"

(옆에 있던 엄마가 듣고)
"어떤 사람이야?"
"내 남친이야."
"이 기집애가."
"엄마가 뭔데?"
엄마 역할을 맡은 은비랑 남자친구 역할을 맡은 규현이가 전화를 한다.

"당신! 우리 딸이랑 헤어져."
"엄마가 뭔데."
"너 3일간 폰 압수야. 너 오빠 좀 닮아라."
오빠는 열심히 공부하고 있다.
"근데 오빠는 밤새 공부하지만 전교 꼴등이잖아."
"너희 둘은 쌍으로 아이구. 아이고. 저 중2병."
"하여간 너 핸드폰 압수야. 배경화면을 아주 남친으로 도배를 했구만."

졸업앨범 교정사항을 적었다. 사진이 괜찮게 나온 아이들은 최대한 좋은 말로 설득했지만 그래도 재촬영이 적지는 않다.

쪽	교정사항
1	1쪽 사진은 재촬영(+○○ 결석으로 사진이 없음)
전체 쪽	아이들 이름이 잘못되었습니다. 확인 요망!
전체	○○ 전체 미촬영(개인, 모둠, 전체)
2	○○ 재촬영. 모둠 사진 재촬영(인해, 준혁, 상진, 규현, 주희)
3	○○ 표정
5	○○ 재촬영(머리), ○○(재촬영)
6	○○ 개인촬영, 모둠 촬영
7	실외 촬영(○○ 재촬영 요망)
7	○○ 표정
7	○○ 개인 촬영(가능하면)
9	○○ 실내 촬영이 없습니다.
9	○○ 표정
10	○○ 찡그린 눈(+○○) 다른 사진 또는 재촬영
11	○○, ○○ 다른 사진 또는 재촬영(○○ 표정 이상, ○○ 배 보임.)
11	○○ 표정, ○○ 앞머리 다른 사진으로 교체.
11	○○, ○○ 표정 다른 사진 교체.
11	○○, ○○ 짝 사진

"얘들아. 왜 이렇게 덥지? 아~ 더위."
"선생님. 나이 들면 갱년기 와서 몸이 덥다던데. 벌써 갱년기예요?"

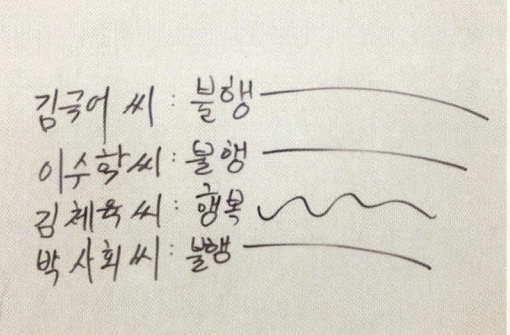

한 녀석의 일기다.

진라면만 계속 먹었는데 배고파서 먹고 또 캠핑 와서 먹으니 맛도 2배였다. 으아! 또 너무 먹고 싶다. 다음으로는 스크램블 에그. 어른들이 우리를 시켜서 한 거지만 사실 우리는 요리를 좋아한다. 스팸과 함께. 어른들은 안주도 먹었고 마지막으로는 꼬치 피었습니다. 진짜 맛있는 꼬치이다. 그 꼬치는 진심 불 향이 가득하고 분위기도 챙겼기 때문에 군침이 좔좔. 반들반들 윤기가 나는 게 너무 먹고 싶다. 이 일기 괜히 썼어. 근데 닭꼬치는 닭가슴살이다. 뻑뻑했다. 꼬치는 역시 돼지목살! 돼지열병이 일어나도 돼지는 먹어야 하는 거 아닌가?

 **10월 4일 금요일**

륜경, 효은, 민준이는 오늘 엄청 일찍 왔다. 2학년 반에 들어가 스토리텔링 봉사활동(아침 책 읽어 주는 봉사)을 하기로 했단다.

"무슨 책 읽어 줄 거야?"
"우리 언제나 다시 만나요."
"륜경이다운 책을 골랐구만. (내용은 모르지만 제목이 륜경이와 잘 어울린다!)"

2학년 교실에 가는데도 아이들은 전혀 긴장하지 않는 듯이 보인다. 경험이 이래서 무서운가 보다. 몇 년의 내공이 이런 여유를 만드나 보다.

한 녀석이 에버랜드에 가서 흰 티랑 검은 바지를 입기로 친구랑 약속했단다. 에버랜드에서 학년티셔츠를 입기로 했다고 다시 한 번 알려 주었지만. 학년티셔츠 대신에 흰 티는 안 되냐며 집요하게 묻는다. 살짝 티셔츠 이름을 바꾸며 묻는다. 흰 티? 검은 티? 학년티? 예쁜 티? 그게 반복이 되자 나도 되는지 안 되는지 헷갈릴 지경이다. 한 술 더 떠 준우랑 은비랑은 잠옷을 입고 오

주희	준혁
규현	서준
승은	연수
효은	준우
경란	민준
태윤	현민
지윤	영민
백하	인해
은비	상진
륜경	준호
플랜 B	

지윤	륜경
백하	주희
효은	태윤
경란	은비
규현	승은
준호	상진
현민	민준
연수	준우
영민	서준
준혁	인해
플랜 A	

겠다는데….

"수요일에 에버랜드 조 배치하고 나서 지윤이가 위로 문자 보내 줘서 기분이 좀 풀렸어요."
"다행이구나."
"그리고 게임칩이 와서 너무 행복했어요."
"아빠가 선생님 조 짜기 힘들었을 것 같다 그래요."
그래도 부모님께서 알아주시니 마음이 좀 놓인다.
"저 오늘 이 티셔츠 에버랜드 갈 때 입으려고 했는데. 학년티 안 입으면 안 돼요?"
또 학년티셔츠 논란이 무한 반복될 조짐이다.

현장체험학습 버스 자리 배치도 한다. 버스는 남녀별로 무작위 뽑기. 규현이 얼굴에 불만이 스친다.
"괜찮아. 왕복 몇 시간 안 돼."
"나보다 옆에 있는 사람이 더 괴로워."
"나 이날 샤워 안 하고 올 거야."
"너 안 그래도 똥내가 나는데."
버스 자리 배치 플랜 A를 이렇게 짜고 여러 가지 갈등 상황을 고려해 플랜 B를 남녀 짝으로 짰다. 이것도 무작위 뽑기다.
"난 플랜 A, B 모두 싫어."
"야! 그래도 플랜 A가 낫지."
"맞아. 여자애랑 앉는 것보다는…."

"선생님. 저희는요. 반에 오면 나이는 같은데 계급은 달라요."
이 말에 깜짝 놀랐다. 무슨 일이냐고 물었다.
"아. 아니에요."
"지난번에 은비한테 게임해서 져서 누나라고 부르기로 했고요."
"지윤이랑은 지난번 태윤님이 가져온 땅콩과자 주기로 했다가 누나라 불리게 되었어요."
계급이라는 말에 좀 놀랐지만 농담이구나!

국어시간이다. 체험학습을 갈 경복궁에 대해 알아보는 2번째 시간이다. 자료를 읽고 아이들과 이야기를 나누었다.
"왕은 매화틀에 응가하고 엉덩이 하늘 하는 거예요?"
"근데 응가하고 자기 손으로 닦는 거예요?"

"좌청룡 이청룡 청룡열차 룡스님."
"북현무 전현무."
"드므를 보고 화마가 놀란다고 했는데 화마가 그렇게 못생겼어요?"
"세종대왕이 3~5시 어전회의하면 신하들이 매일 왕 보러 오기 힘드신 것 같은데. 이때 일어나려면 불만이 많았을 것 같아요. 밤새고 오는 사람도 많았겠어요. 밤새 놀다가."
"내탕고는 제일 믿음직한 신하에게 맡겨야 하겠죠? 이게 제일 중요해 보여요."
"오지창에 새들이 앉을 수 있을 것 같은데요. 창이 별로 안 날카로워 보여요."
"근정전 쇠고리가 비밀의 창고로 들어가는 고리 아니에요? 근정전 아래 지하 300미터 지하세상. 초콜릿 강이 흐르는 곳."

수학시간이다. 공간과 입체 단원을 시작한다. 시점과 시선의 문제가 등장한다. 한 녀석이 전지적 참견 시점이라며 역시 장난을 걸지만 그냥 수업한다. 입체 단원 앞부분은 여러 방향에서 입체를 보고 말하는 시간이지만…. 이미 선행을 한 아이들이 여러 방향이 아니라 '앞, 위, 옆에서 보는 모습'이라고 정답 아닌 정답을 말해 버린다. 이들에게 입체도형을 바라보는 다양한 시선과 시점은 불필요한 학습이 되어 버린다.

한 녀석이 다른 친구 몸에서 바나나킥 냄새가 난다고 말해 혼냈다. 근데 그 녀석은 자기 몸에서 바나나킥 냄새가 실제로 난다며 인정을 해 버렸다. 음….

아이들 카톡 내용이 캡쳐되어 신고가 들어왔다. 미쳤어. 넌 평생 미혼이야. 나 지금 기분 개 같거든. 욕도 많이 들어 있고 상황이 좋지는 않다. 캡쳐된 사진만 40장이 넘는다. 이따가 찬찬히 읽어 봐야지.

오늘 팀별로 에버랜드 현장체험학습 코스를 짠다. 사전 답사 때 가져온 에버랜드 지도를 보며. 누군가의 블로그를 찾아보니 티익스프레스는 2시간 가까이 기다려야 한단다. 다른 놀이기구도 마찬가지이겠지만. 최대한 시간을 효율적으로 쓸 수 있는 코스를 짜도록 안내한다.
"시간이 남으면 우리 뭐하지?"
"그냥 먹자."
"아니지. 그냥 자자."
순수한 여행자의 모습이 보인다. 계획 짜라고 했더니 아앗~호리~

"기분도 좋은데 신청곡 안 받으세요?"
"조용필, 노사연."
"나 이무송 아들 안다."
"알리송~ 에데르송~"

"웃을 때 제일 예뻐. We will rock you. 에너제틱. 부메랑."
"이루마 인디고요. (그건 아니다.)"

'에너제틱'이 나오자 남자아이들의 떼창이다. 남자아이들의 엄청난 에너지 발산에 여자아이들이 그만 좀 하라고 한다. 상진, 서준이는 춤까지 곁들인다. 신청곡 몇 곡에 눈과 귀가 모두 얼얼할 지경이다.
나의 마지막 곡으로 분위기 반전. 베토벤 월광 3악장!

우여곡절 끝에 간단한 팀 규칙, 체험 장소, 식사 장소를 모둠별로 맞춘다. 휴. 정말이지 어색한 분위기의 팀도 보인다. 차라리 이럴 거면 그냥 안 갈까 하는 생각이 든다.

1. 팀 이름: ANG(서준, 준우, 연수, 민준)

〈팀 규칙〉
1. 개인행동 금지
2. 혼자 갈 때(화장실 등) 팀원에게 알리고 가기
3. 떼 쓰지 않기

⟨체험하고 싶은 장소⟩
T-익스프레스, 썬더폴스, 아마존 익스프레스, 롤링엑스트레인, 콜럼버스대탐험

⟨식사 장소⟩: KFC

2. 팀 이름: 귀여운 뀨삐찌룬(지윤, 류경, 효은, 규현)

⟨팀 규칙⟩
1. 붙어서 다 같이 다니기(떨어지지 않기)
2. 강제탑승 X
3. 간식 나눠 먹기

⟨체험하고 싶은 장소⟩
T-익스프레스, 허리케인, 썬더폴스, 롤링엑스트레인, 바이킹

⟨식사 장소⟩: 버거카페(아메리카)

3. 팀 이름: 밥(영민, 상진, 준호)

⟨팀 규칙⟩
1. 울지 않기
2. 싸우지 않기
3. 개인행동 금지

⟨체험하고 싶은 장소⟩
T-익스프레스만 즐기기

⟨식사 장소⟩: 아무 데서나

4. 팀 이름: 없다(현민, 준혁, 인해)

⟨팀 규칙⟩
1. 울지 않기
2. 개인행동 금지
3. 우기지 않기(다수결 의견)

⟨체험하고 싶은 장소⟩
T-익스프레스, 더블락스핀, 롤링엑스트레인, 허리케인

⟨식사 장소⟩: 그때 가서 정함

5. 팀 이름: 쥐쥐쥐(주희, 백하, 경란)

〈팀 규칙〉
1. 혼자 다니지 않기
2. 뛰어다니지 않기
3. 잘 놀기

〈체험하고 싶은 장소〉
T-익스프레스, 콜럼버스대탐험, 롤링익스프레스, 더블락스핀, 썬더폴스, 허리케인

〈식사 장소〉: KFC, 스타벅스

6. 팀 이름: 망구(태윤, 은비, 승은)

〈팀 규칙〉
1. 혼자 다니지 않는다.
2. 서로 사랑한다.
3. 소리치지 않는다.

〈체험하고 싶은 장소〉
아마존 익스프레스, 롤링엑스트레인, 허리케인, 썬더폴스, 콜럼버스대탐험

〈식사 장소〉: KFC

과제로 내 준 나만의 롤러코스터 만들기! 위치에너지, 운동에너지와 관련된 과제이다. 시간이 부족해 질의응답은 없고 이 발표로 에너지 단원 수행평가를 갈음한다.

다리에 고정 장치를 착용하고 거꾸로 매달려 타는 것이다.
고정 장치는 무릎까지 와서 다리를 굽힐 수 없게 해 놓았다.

토끼 모양의 롤러코스터!

거꾸로스터:
롤러코스터 자체를 거꾸로 만들어서 A4용지를 돌려서도 탈 수 있고 원 그림으로도 볼 수 있다.
빨강이 입구. 초록이 출구.

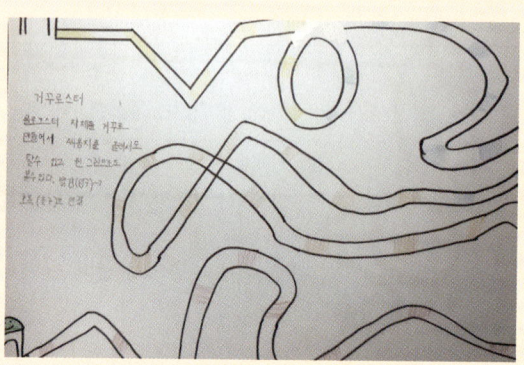

처음에 올라갔다가 쭉 내려온다. 살짝 다시 올라갔다가 바로 오른쪽으로 꺾인다.
오른쪽으로 한 번 더 꺾인 뒤 왼쪽으로 간다. 그리고 360도 회전구간을 마지막으로 도착한다.

360도 구간이 2번 있는데 두 번 다 위에서 3초 정도 있다 내려온다. 떨어지는 부분도 있는데 마지막에선 열차를 타고 내려오는 게 아니라 번지점프로 내려온다! 그리고 열차는 그 옆 통로로 내려간다.

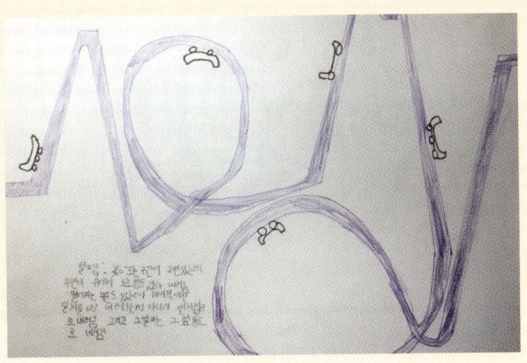

이 롤러코스터는 바퀴가 없다는 것이 특징인데 강약이 맞는 자석을 사용하여 움직인다.
이 롤러코스터는 갔다가 다시 돌아오며 밤에 탈 때를 고려해 라이트를 달아 놓았고,
워너원 노래가 실시간 고화질로 나온다.

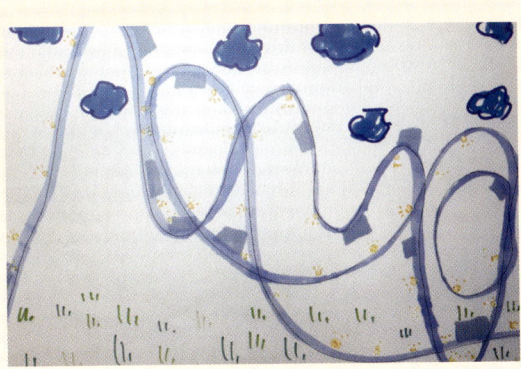

더블의자, 수직구간, 암흑구간, 드론으로 사진 촬영(장당 100원), 지하 귀신의 집, 회오리구간, 더블타임의자, 나오자마자 총 쏘는 게임을 한다.

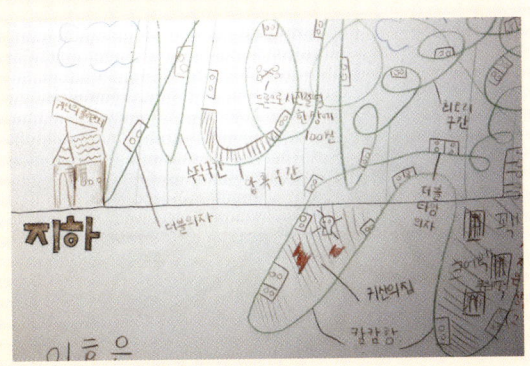

세상에서 제일 어지러운 롤러코스터, 속도는 약 150km이고 길이는 굉장하다.

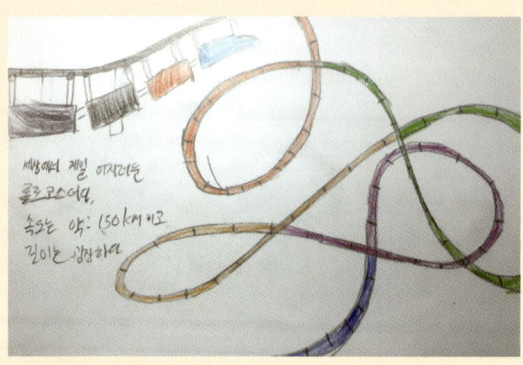

이것은 그냥 기본적인 롤러코스터.

1칸에 2명씩 26명이 한 번에 탑승 가능. 단 지붕이 있는 맨 앞 칸은 탑승이 가능할 때도 있고, 불가능할 때도 있다. 열차 한 칸 크기가 작아도 날아가지 않게 안전한 운행 가능!

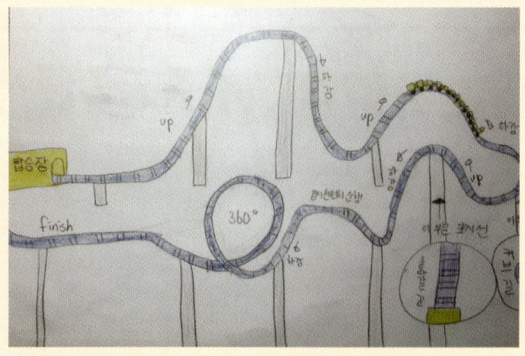

360도 3회전. 3초 작품!

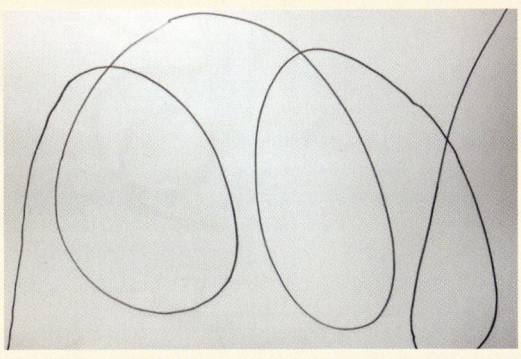

IOIOI 롤러코스터.

탑승시간이 30초밖에 안 된다.
중간에 점프를 하는데 혹시 떨어져도 아래에 망이 있어 안전하다.

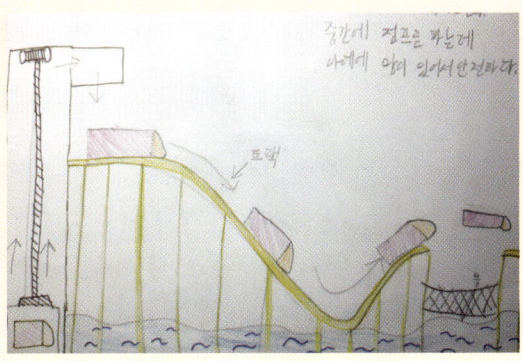

바다 위에 있는 롤러코스터다.
바다 아래에는 위험한 포식자들이 있어서 스릴감이 별 5개이다.

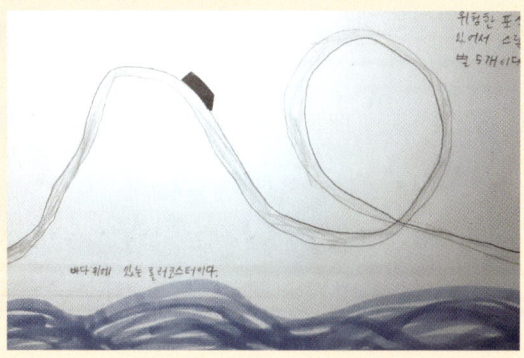

출발 후 90도 떨어진다. 180도 회전, 고속레일. 360도 회전. 180도 회전.
마지막에 레일 없이 뚝 떨어져 착지한다.

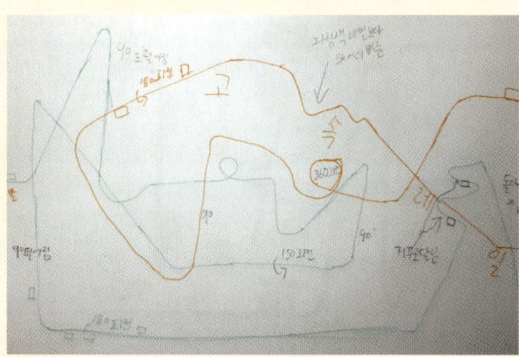

부스터를 써서 위로 올라갔다가 내려온다. 쭉 가다가 힘이 부족할 때 또 부스터.
마지막에 멈춰서 빙글 돌아 뒤로 떨어진다. 열차는 반짝 반짝 LED.
(이 녀석은 그림판으로 일일이 그린 것에 사인펜으로 마무리. 엄청나게 시간이 걸렸단다.)

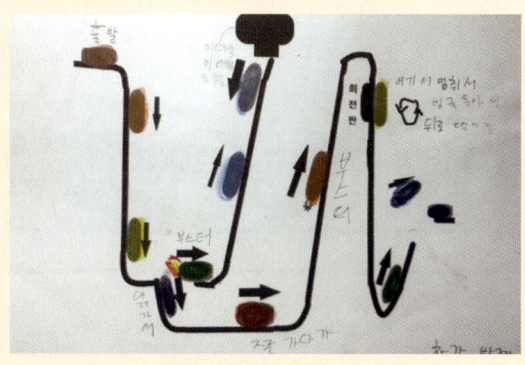

에버랜드를 기념하여 나만의 롤러코스터를 만들어 보았다. 킹림판(킹+그림판).
의자는 목재. 쿠션이 없으나 이건 일장기는 아니다.
고도 80미터까지 올라갔다 150미터까지도 다시 올라간다. 마지막 수직트랙을 이용해 바로 낙하.
이때 속력은 180km/h이다. 걸리는 시간은 1분 10초. 최근 기술로 만든 자기부상레일.

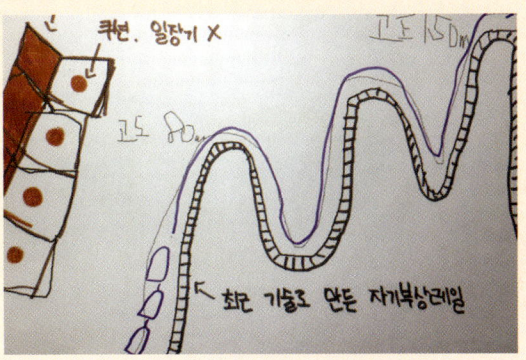

이 롤러코스터는 좌석이 공중에 떠 있어서 공포와 스릴이 더해진다.
그리고 자리 위치가 왔다리 갔다리 움직이기 때문에 멀미 있는 사람은 못 탄다.

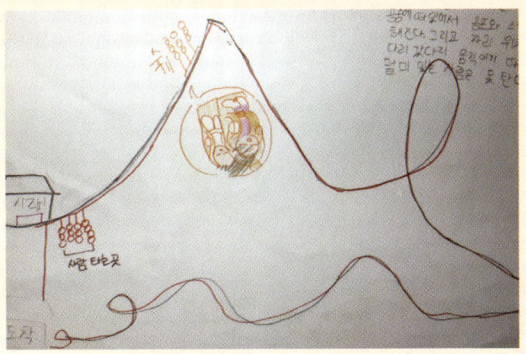

최대 15인용(5개 붙여져 있다). 워터 슬라이드처럼 튜브 모양. 운행 시 빙글빙글 돈다.
안전바는 매우 단단. 지금까지 죽은 사람은 없다.

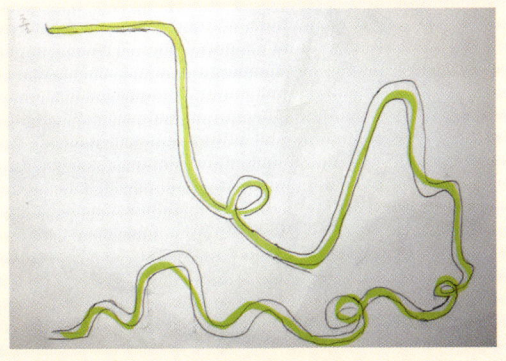 

이름: 상상도 못 한 정체.
제2롯데타워 위에 있다. 90도 수직 낙하. AR화염. 720도 회전. 회전축으로 내려간다.
거꾸로 매달려 내려가는 구간도 있다. 마지막에 사람이 떨어진다.
롯데타워 25층에 설치된 그물 위로 안전하게 떨어진다.

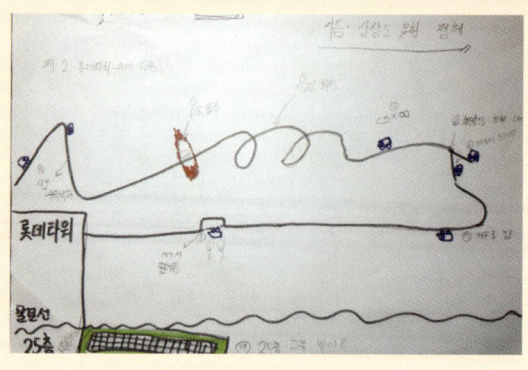

 한 녀석이 책상에 엎드려 있다. 에버랜드 조편성 및 활동계획, 버스 조편성 후유증이 심각하다. 최선을 다했지만 말 그대로 절반의 성공인 듯. 그 와중에 한 녀석은 사회책을 잃어버렸다며 오는데.
 "설마 누가 사회책을 훔쳐 가겠냐? 그게 그렇게 필요한 물건은 아니잖니? 찾아봐."
 "그러게요. 찾아봐도 없네요."
 "없으면 내 거라도 줄까?"

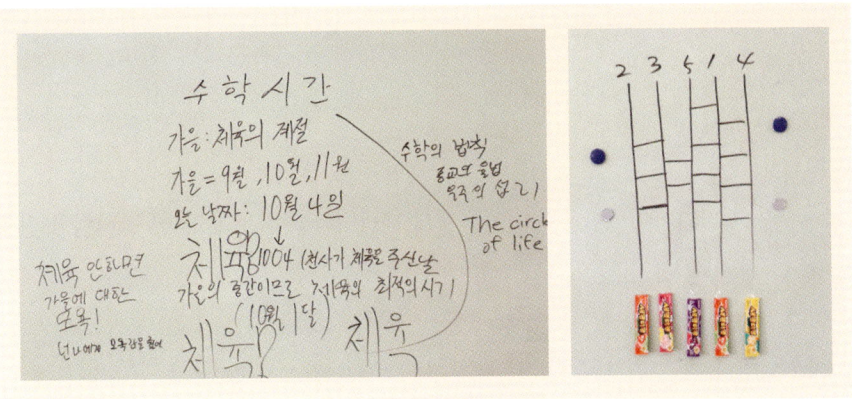

오늘도 컴퓨터시간에 스냅스 앨범 만들기를 한다. 역시나 패스워드를 기억 못 하는 아이가 있다. 언제쯤 동시에 모두가 로그인을 할 수 있을지. 작은 크기의 사진을 크게 확대해 경고 느낌표가 잔뜩 떠 있는 녀석도 있다. 하필이면 찾은 사진이 전부 다 원본 이미지가 너무 작다. 다시 찾아보라고 했지만 화질이 안 좋아도 그냥 쓰겠단다. 벌써 완료한 녀석과 이제 시작하는 아이까지. 얼른 끝내고 자유시간을 가지고 싶은지 한 녀석은 사진 다 찾았다며 '자동정렬' 로 끝내 버린다. 이 기능은 어떻게 알았지. 또 다른 아이는 글자 뒤에 뭔가 이상한 표시가 뜨는데 안 지워진단다. 내가 가서 딜리트 키를 눌러도 지워졌다가 다시 살아난다. 좀비 글자!

"아! 선생님. 왜 저장이 안 돼요?"

이 말을 들을 때면 나도 모르게 창 닫지 말라고 외치는 습관이 생겼다.

"제발 중간 중간 저장 좀 하자!"

"사진 편집 다 한 사람 놀아요?"

'놀아요'라는 말이 살짝 거슬려 자유시간이라고 했더니.

"아무거나 하라는 말씀이에요?"

"아니 편안하게 즐기라고."

학급온도계가 695도를 가리킨다. 700도 기념 쿠폰을 미리 당겨서 쓰고 싶단다. 가을치고는 좀 덥지만 그래도 기분 좋은 따스한 햇살이다. 초능력피구다. 실력이 많이 늘었다. 공이 빠른 아이들은 대지를 가르듯 쭉 뻗어 나간다.

"뚝배기 날리자." 이렇게 말한 한 녀석 때문에 시작이 좀 늦어진다.

"저 좀 살려 주세요."
"방금 애교?"
"누님 공 좀 주세요. (남자아이들이 여자아이들에게 누님이라고 하는데. 물론 불리할 때만.)"
"한지윤 씨 저 좀 보시죠. 제가 안 아프게 처리해 드릴게요."
"가까이 가지마. 김주희 요즘 공이 은근 세다고."
한 녀석은 아웃되더니 내 그림자 속으로 들어온다. 그림자에서 신비로운 향이 난다는데. 그만의 피서 방법!

체육이 끝나고 달콤한 다락방 아이들에게 냄비 챙겨 가라고 스탠드 위에 올려놓았다. 3달 만에 집으로 돌아가는 냄비. 혹시 버리고 갈까 걱정되어 끝까지 지켜보았더니 눈치를 살피며 들고는 간다. 아이들의 하굣길은 세 종류로 구분된다. 학원 50%, 과외 20%, 그냥 30%. 과외하는 한 녀석은 3시까지 도착하려면 바쁜 걸음으로 가야 한단다. 지금 2시 45분인데. 그래도 편의점 가서 아이스크림 하나 사 먹고 과외 시작하면 좀 괜찮다며 나름 씩씩하다.

 **10월 7일 월요일**

등교하자 아이들이 하나둘 말을 걸어 준다.
"어제 우리 학교에서 아재들이 축구하던데요."
"아재들이 아니라 금북초 총동문회 했었어."
"그 아재들이 우리 선배들이에요?"

"할머니가 용돈 주셨는데 아트박스 가서 볼펜 샀다가 엄마한테 혼났어요."
"엄마 마음도 이해가 된다. 볼펜 많은데 이런 거 왜 사?"
"필요하니까 샀죠. 뭘 모르시네요."

"오늘 자리 바꾸는 날 아니에요? 저 행복해요."
아침에 자리를 옮기기로 한다. 아이들이 다른 방법을 제시할까 반응할 틈도 없이 그냥 뽑아 버렸다. 근데 내 짝 누구야? 자리로 가서 확인해. 아아아악~ 서로 비명을 지른다.

몇몇 아이들이 내 옆에 와서 말을 건다.
"에버랜드 가는 날 비 올 수 있대요."
"에버랜드는 다음 주가 피크래요. 날짜 아주 잘 잡았어요."
"영민아. 주말에 뭐 했어?"
"밥 먹었어."
"선생님 비도 오고 기분 안 좋은데 체육해요."

"안 돼. 나도 오늘 기분이 안 좋아."
한참 실랑이를 하던 아이들이 내 말투에서 뭔가를 느꼈는지 내 옆에서 떨어져 이야기를 한다.
"자기도 기분이 안 좋다고 안 한대. (여기서 자기는 난가?)"
가슴이 철렁 내려앉는다. 말투와 표정이 이리 달라지다니.

오늘은 한글날에 대해 알아보기로 한다. 동영상을 보고 현재 사라진 4개의 글자에 대해 알아보기로 했다.

동영상에서 '나랏말싸미 중국에 달아'를 한 국어학자가 읽어 주는데 아이들이 중국어 느낌이 난단다. 양 고치엔 찡다오! 창제 당시 훈민정음은 어디를 가더라도 통하지 않는 곳이 없고 바람 소리, 학의 울음소리, 닭 울음소리와 개 짖는 소리까지 모두 표현해 쓸 수 있다. 이 말에 아이들이 바로 반응한다. 멍멍. 왈왈. 꽥꽥. 꾸엑. 온갖 동물 소리가 들린다. 정확한 한글 발음으로 동물 소리를 내어 울고 싶단다.

지윤: 그 시대에 그런 글자가 나온 것이 뿌듯했고 지금은 없는 글자를 알게 되니 새로웠다. 일제가 방해하는 걸 하도 많이 봐서 많이 놀라진 않았지만 잘 쓰고 있는 나라에 시비 거는 느낌이어서 일본에 불만이다.

승은: 나는 사라진 글자들을 보고 사라진 글자들로 만든 단어들을 보고 너무 신기했다. 그리고 두 자음과 한 모음을 섞어 만든 단어들은 어떻게 읽는지 몰랐지만 신기했다. 그리고 ㅿ를 어떻게 쓰는지 알게 되었다.

상진: 내가 이때 태어났으면 큰일 날 뻔했다. 지금은 한글이 쉽다 생각하지만 이때 태어났으면 영어보다 더 어려운 훈민정음을 배울 뻔했다. 훈민정음에서 몇 글자를 뺀 게 잘 선택되었다고 생각했다. 안 그랬으면 한글이 가장 어려운 문자가 될 뻔했다.

은비: ·ㅿㆁㆆ이 사라졌지만 이 글을 살린다면 현재 24글자를 아는 거와 28자를 아는 사람끼리 간격을 좁혀 가야 되어 힘든 점이 있겠다. 하지만 사라진 글자를 그대로 포기한다는 것도 안타까움이 커져서 문제가 될 것 같다. 그리고 일본! 일본은 우리나라를 지배하고 괴롭힌 것도 모자라 아래아까지 없애 정말 어디까지 우려먹어야 되는지 화가 나기도 한다.

영민: 나는 나중에 사라진 글자가 다시 생겼으면 좋겠다. 근데 갑자기 바뀌면 혼란이 생길 수 있으므로 어렸을 때 한글을 배울 때 같이 배울 수 있게 하고 유치원이나 초등학교에서 조금씩 국어시간을 사용해 배울 수 있게 바꿔 갔으면 좋겠다.

인해: 훈민정음이 28자인지 몰랐다. ㆍㅿㆁㆆ 네 글자. 어렵고도 또 쉬운 한글이 정말 놀랍다.

규현: ㆍㅿㆁㆆ은 지금 다시 쓰는 게 안 될 것 같다고 생각한다. 왜냐하면 저 4개를 추가시키면 다 다시 처음부터 국어공부를 해야 하기 때문에 힘들기도 하고 발음도 다시 해야 하기 때문에 문제가 있다.

현민: ㆍㅿㆁㆆ이 부활되면 좋겠지만 불가능할 것 같다. 살아 있는 사람만 몇 명인데. 어떻게 다 가르칠지 모르겠다. 또 가르칠 사람도 몇 안 되니 불가능해 보인다.

준우: 다시 4글자를 추가해도 잘 안 쓸 거 같다. 발음도 영어 같고 이상하다. 난 지금의 한글이 좋다. 그래도 영상을 보고 한글이 어떤 변화를 거쳐 온지 알게 되었다.

준혁: 지금까지 ㆍㅿㆁㆆ이 계속 있었으면 지금 우리는 영어를 더 잘 읽을까? 이게 제일 궁금하다.

준호: 나는 사라진 4개의 글자와 우리가 쓰고 있는 한글을 합쳐서 알려 주면 좋겠다. 왜냐하면 ㆍㅿㆁㆆ을 사용한다면 영어도 더 쉽게 읽을 수 있고 한글의 폭이 더 넓어질 수 있기 때문이다.

경란: 4개의 없어진 한글이 있었다면 영어 발음을 좀 더 잘하거나 풍부해질 수 있다고 한다. 그리고 좀 더 많은 소리를 낼 수 있다. 하지만 공부를 다시 해야 한다.

민준: 지금 24개의 글자 말고 머지않아 4개가 부활해서 우리나라의 말이 풍성해지면 좋겠다.

태윤: 15세기의 한글을 다시 되살린다면 우리의 영어 발음과 표기는 보다 정확해지겠지만 다시 한글을 새로 배워야 될 것 같아서 걱정되기도 한다.

서준: 난 솔직히 조금 슬프다. 그 4글자가 다시 부활했으면 좋겠다. 얼마 전까지는 애기들이 커서 영어 발음을 잘 할 수 있도록 혀의 설소대를 자르는 수술한다고 했는데 사라진 글이 있다면 영어 발음 스트레스 받을 일은 없을 텐데 말이다.

주희: 세종대왕은 백성 생각이 많은 듯하다. 백성을 위해 과학적이고 혁신적인 글자를 만든 위대한 업적. 우리에게 한글이 없었더라면 일본어나 영어를 쓰고 있을 것 같다. 일본어 쓰기엔 모욕적이고 영어는 문법이 좀 어려우니 머리가 터질 듯하다. 으아아아악.

효은: 사라진 글자들이 아직까지 남아 있었으면 아이들이 영어를 배울 때 좀 더 쉽게 배울 수 있을 것 같다. 영어의 풍성한 글자들을 어떻게 발음해야 되는지 쉽게 표현될 것 같다. 심지어 동물소리까지도.

1교시를 5분 일찍 마쳐 주었다. 좀 쉬라고 했더니 저 멀리 자리에서 모임이 형성된다. 무슨 모의를 하는지 작게 말하는지라 소리조차 들리지 않는다. 설마 에버랜드 조편성 이야기는 아니겠지.

두 녀석의 작은 다툼이 있었다. 한 녀석이 공을 던져 다른 이를 맞혔나 보다.
"사과해."
"너가 키가 좀만 작았으면 안 맞았을 텐데. 까비요. 그래도 미안해."
이걸 사과라고 하고 있으니….

2교시에는 한글 폰트 만들기를 했다. 네이버에 250글자만 쓰면 인공지능이 알아서 글씨체를 만들어 주는 이벤트가 있다. 올해는 기간이 지났다고 알려 주니 내년에 꼭 도전해 보고 싶단다.

"핸드폰에 폰트 앱이 있는데 찾아봐도 돼요?"

"손글씨처럼 쓰는 거예요?"

"이거 해 보고 싶었어요. 전 알고는 있었는데."

"이거 진짜 해 보고 싶어요. 지금 만들어서 내년에 네이버에 내 볼게요."

"뽑히려면 어떻게 해요?"

"사연이 좋아야지. 요즘은 스토리가 있어야 잘 뽑히더라고."

"사랑의 쓰라림. 공부의 괴로움. 이런 거요?"

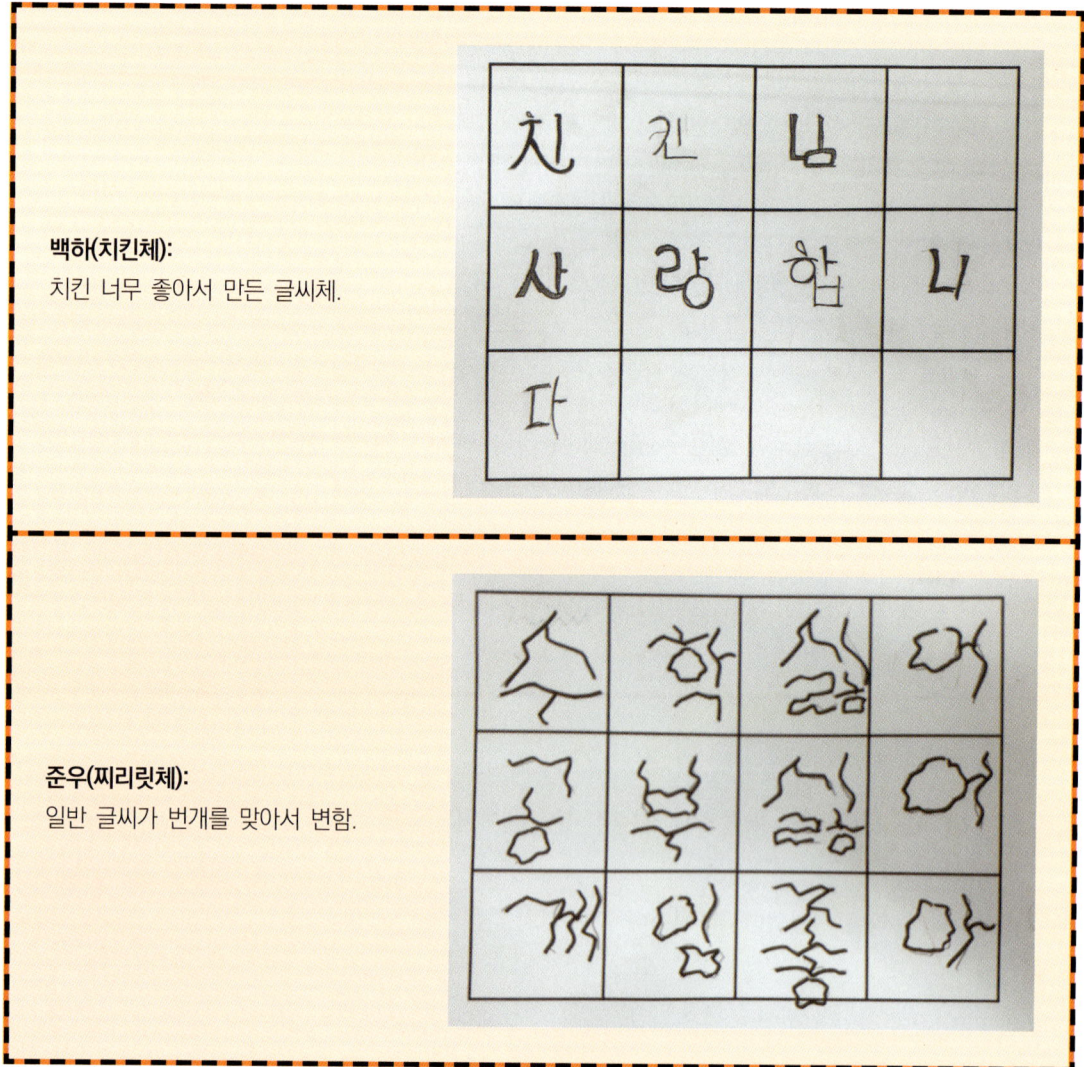

백하(치킨체):
치킨 너무 좋아서 만든 글씨체.

준우(찌리릿체):
일반 글씨가 번개를 맞아서 변함.

연수(진지체):
박명수 아저씨가 많이 진지하시기 때문에 글씨체도 진지하게.

바	다	에	왕
자	박	명	수
푸	른	바	다

태윤(체육합시다아아아체):
체육을 꼭! 꼭! 하고 싶은 우리의 염원을 담아 만든 신성한 폰트. 선생님이 이 폰트를 보면 체육을 하자고 하심.

선	생	니	임
체	육	합	시
다	!!	체	육!

은비(궁금한 가지체):
영풍문고에 가서 어떤 걸 살까 많이 고민하다 가지가 보이길래 가지가 궁금해서 샀다.

가	나	다	라
마	바	사	아
자	차	타	파

현민(개구리체):
동글동글하게 쓰는 글씨체.

규현(지유니는 못생겼어체):
지유니가 나보다 더 못생겨서 삐뚤게 하려고 했으나 내가 착해서 잘 해 줬다.

지윤(Aa 효삐는 귀여워체):
(효삐는 귀여워서 귀엽고 귀여우므로 귀여운데 귀여운 귀엽지? 댕댕이는 댕댕이고 댕댕이므로 댕댕인데 댕댕이야?) 동글동글 반듯한 폰트가 댕댕이같이 귀엽다.

효은
(Dog 효개체 feat-지윤이는 기여웡):
이 글씨는 모두의 댕댕이 효삐가 한글을 드디어 배워 쓰게 된 첫 글자(정식 글자)이다. 효삐는 지윤이를 너무 사랑한 나머지 정식글자를 지윤이는 기여워로 쓰게 되었다는 러브 스토리.

준호(전기파리체):
가끔씩 집이나 학원에 들어오는 똥파리가 싫어서 만든 글씨체.

주희(진지한 길고양이체):
언제 길고양이가 생선을 뺏어 간 사람을 보고 째려봤던 경험이 기억나서.

경란(아이스크림 맛나체):
아이스크림 맛이 너무 인상적이어서 만들었음.

인해(진지한 강아지체):
내가 좋아하는 강아지를 표현.

승은(하지마라체):
나의 언니가 계속 나한테 돼지라고 놀려서 만든 글씨체.

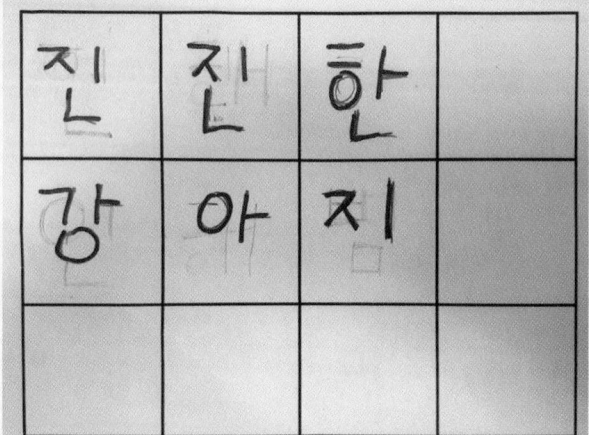

준혁(날려쓰기체):
이 글씨체는 내 글씨체에서 좀 더 날려 쓴 날려쓰기체이다.

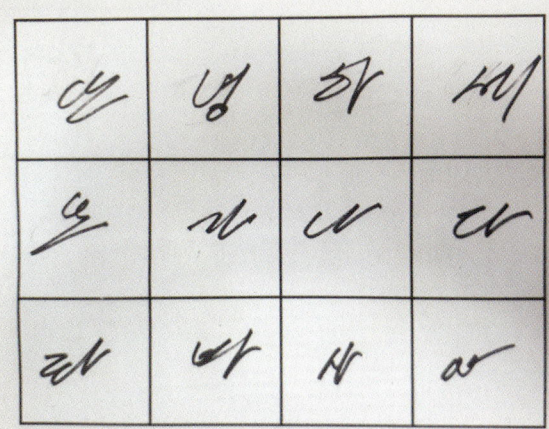

영민(연결체):
글자를 한 번도 떼지 않고 쓰는 것임. 좋은 점은 별로 없음.

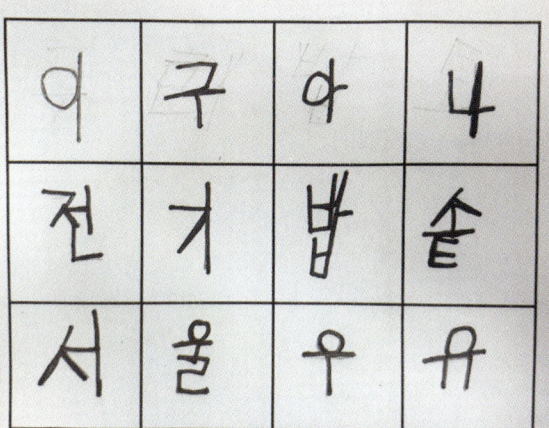

상진(해물 팔보체):
해물 팔보체에 들어간 양파와 새우가 구부려진 모양을 해서 본 뜸.

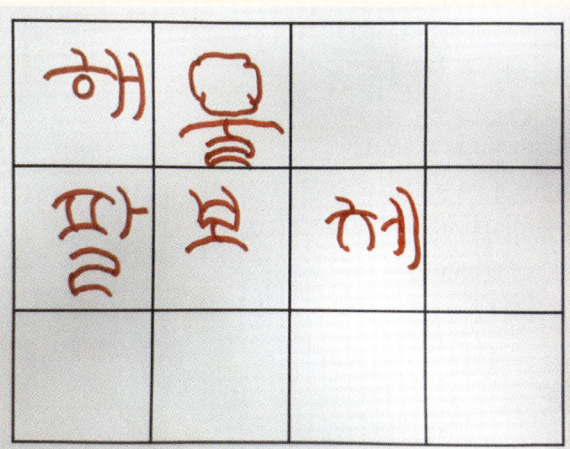

민준(귀찮귀찬체):
평범한 사람이 귀찮아서 대충 쓰는 글씨체.

서준(올해는 우리꺼체):
올해는 우리꺼니까 우리가 쓰고 싶은 만큼 쓰자는 뜻으로 글자든 돈이든 시간이든 빨리 쓰고 많이 써야 하므로 날리면서 대충 대충 쓴다.

륜경(기염뽀짝 냥냥이체):
아이폰이 카카오톡에서 폰트를 바꿀 수 있는데 전체에서는 기본 폰트만 사용이 되어 깔끔하긴 한데 따로 귀여운 폰트를 쓰고 싶어서 만들게 되었다.

음악시간이다. 나무의 노래 2부 합창 정말 마지막 시간이다. "초등학교 졸업하면서 합창 한번은 하고 졸업해야지" 했더니 그건 맞는데 이건 정말 아니라는데. 몇 번 연습하고 교실 뒤편에 합창단처럼 대략 줄을 선다. 우리의 합창단명은 불협화음. 오늘 창단. 그리고 오늘 해체. 처음이자 마지막 곡명은 나무의 노래. 진지하고 엄숙해야 하는데 웃음이 앞선다. 지휘를 시작해야 하는데 3명이 웃는다. 혼냈다. 그래도 또 웃는다. 나의 지휘가 너무 웃긴가 보다. 눈을 못 마주치겠단다. 우리 앞에는 (가상의) 1만 명 관객이 자리 잡고 있다. 오늘은 날씨가 좋아요! 햇살이 눈부셔요! 1만 명의 우렁찬 박수!

우리의 하모니는 오늘로 끝났다.
"합창 다시는 안 할래요."
"인생 마지막 합창!"

20분 정도 남는다. 지난번에 못했던 발야구 할 때 선수 등장 음악을 만들기로 한다. 비가 이렇게 내리는데도 밖에 나가자는 녀석들. 그래도 아이들이 서로 좋은 멜로디를 추천해 준다. 당연히 가사도 이들이 만들었으니.

경란: 박경란 박경란 안타 박경란! (신세계 교향곡 4악장)
지윤: 기달려라. 홈런이다. (운명 교향곡)
효은: 달려라~ 달려라~ 달려라~ 효개~ 효개~ (달려라 하니)
영민: 아~~ 최영민 개츠비
현민: 임현민이다. 현민이다. 민이다.
준호: (약간) 잘생겼다! 윤준호! 홈런타자! 윤준호!
상진: 롤리폴리 롤리롤리 상진.
규현: 배치기~ 날려 버려! 배치기~ 날려 버려!

오늘 다 만들지는 못했다. 나머지 친구들은 다음 시간에 이어서 하기로 한다. 발야구 경기에서 아이들이 응원하는 모습이 기대된다.

비가 와서 밖에 못 나가고 레크리에이션을 한 시간 했다. 10명에서 1~8번까지 숫자 하나를 맡고 2명은 폭탄이 되는 게임. 한 명씩 달려가 상대팀 아이를 터치한다. 1번부터 8번까지 순서대로 상대편 아이를 터치하면 이기는 경기. 단, 폭탄을 터트리면 1부터 다시 시작이다! 이것을 개발한 선생님은 대단하신 듯. 재미없어 할 줄 알았는데 아이들이 폭탄에 광적인 집착을 보인다.

"나 폭탄인데. 처음부터 가."
"나 4번이야. (역정보 흘리기.)"
"(손 흔들며 유혹하며) 잘 가! 나 3번 아니야."
"응. 아니야."
"요! 왓섭 맨이 와썹. 오늘은 어디서?"
"나 5번. 구라야."
폭탄을 터치하면 '반짝반짝 작은 별 노래'를 부르는 아이들! 가사는 어울리지 않지만 상황과는 잘 맞는다.

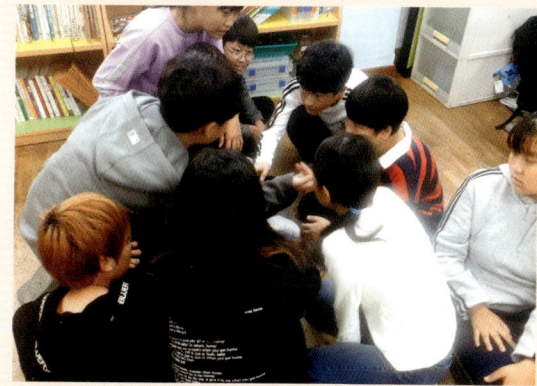

학부모 상담 주간이다. 학부모님들이 상담 중점 사항을 메시지로 남기셨다.

선생님의 시선으로 보는 ○○이의 장단점과 향후 ○○이의 진로에 대한 상담과 학교에서의 교우관계와 성향, 부모여서 잘 보지 못하는 객관적인 평가 등. 발표력이나 리더십 성향 등 공동체 속에서의 또래 아이에 비해 어떠한 아이인지 좀 알고 싶어요. 저만 잘 모르는 ○○? 솔직한 얘기를 듣고 싶어요~

선생님 안녕하세요. 중학교 진학을 앞두고 ○○이의 초등학교 생활과 친구들과의 관계, 학습태도 등 전반적인 학교생활이 궁금해서 상담 신청합니다.

아이들 일기

이번에 새로 산 풋살화가 우리 학교에서 신게 될 내 마지막 풋살화이다. 그 이유는 내가 이제 졸업을 하게 되면 우리 학교에서 축구를 할 일이 거의 없기 때문이다. 앞으로 남은 초등학생 시절 동안 축구를 더 많이 하고 더 열정적으로 하고 싶다.

강아지 전용 빼빼로는 맛별로 있었다. 가장 인상 깊었던 맛은 소간맛이었다. 빼빼로 소간맛이라니. 너무 웃겼다. 아이디어가 참 좋다고 생각했다.

맛있게 곱창을 우적우적 먹고 아빠들은 술 마셔서 친구랑 나랑 택시를 태웠다. 아빠들은 술을 마실 예정이라. 친구네 집은 하남이라서 우리 집에서 자고 내일 가기로 했다.

 **10월 8일 화요일**

아침 출근길에 우리 아파트에서 한 녀석을 만났다. 라면 박스 2개를 들고 분리수거를 하고 있다. 아침에 엄마가 바빠서 본인이 분리수거를 한다고 한다. 나를 멀리서 보자마자 박스를 내려놓고 인사를 한다. 기특하고 대단하다고 했더니 우리 집은 제가 아무리 아파도 제가 이런 일 해야 한단다. 제법 넓어진 어깨가 더 듬직해 보인다.

"내일 한글날 체육 못 하는 거 목요일에 하면 되지?"
"맞아. 우리가 왜 그런 생각을 못 했지."
"미리 말씀드려야지. 선생님한테 정중히 건의 드리자. 누가 갈래?"
"다 들리거든."

오늘 과학시험이 있나 보다. 벼락치기하는 모습은 언제 봐도 숨 막힌다. 여자아이들은 책 몇 권을 가운데 놓고 둥글게 앉아 서로 문제를 내고 확인을 한다. 남자아이들이 비꼬면서 말한다.

"시험은 직렬로 공부해야지. 너네처럼 병렬로 앉으면 되냐. 그냥 혼자 해라."
"여자애들. 저렇게 한다고 오르냐. 쯧."
이 작은 불씨가 이어져 오늘도 큰 다툼이 일어나고 말았다.

체육시간이다. 오늘도 배드민턴이 이어진다. 준비운동을 하는데 한 녀석이 하품을 입이 찢어지게 한다. 눈이 마주치자.
"따뜻한 햇빛을 몸속으로 받으려고요."
나름 과학적이면서도 여유로운 대답에 웃을 수밖에.

"우리 엄마 배드민턴 A조인데. 난 왜 이렇게 못하지."
"넌 아빠 닮았나 보지."
"맞아. 그런 거 같아."
경기 시작이다. 준우·서준 대 경란·효은의 대결이다. 효은이는 점수판 올리는 데 무지하게 신경을 쓴다. 인, 아웃 신호와 동시에 한 치의 오차 없이 넘겨준다. 경기는 21 대 15로 남자팀의 승리. 또 다른 경기장은 축구 센터 서클에 마련되어 있다. 세상에 단 하나뿐인 둥근 배드민턴 코트가 퍽이나 인상적이다. 한 녀석은 복식 경기를 하다가 파트너가 자꾸 노래를 불러 신경 쓰여 못 치겠단다. 둘을 불렀다. 노래 잠시 멈추라고 했더니 그 파트너는 그냥 신나서 불렀다는데. 작게 부르는 조건으로 다시 들어가서 치라고 했다. 그 옆에는 축구 센터 라인을 경계로 게임하는 여자아이들! 이 경기장에는 네트가 없다. 하지만 인공지능이 가상의 네트를 잡아 줘서 칠 수 있다고 하는데. 네트 높이는 역시 고무줄이다.
"가라! 김연경 스파이크."

"그건 배구잖아."

이상하게 배드민턴 치러 나오는 날마다 바람이 많이 분다.
"내가 잘 못 치는 이유는 다 바람 때문이야."
"자연의 힘 앞에 인간은 역시 무너지나요."
"역시 자연왕. 김자연."
규현이가 온다.
"저 드디어 서브를 할 수 있게 되었어요."
"한번 해 봐."
"보세요. 호잇! 호잇! 호잇!"
"그 호잇 소리만 빼면 되겠다."

좀 실력이 늘었다는 (원래 잘 치지만 겸손이다) 영민이는 다른 친구들 경기를 옆에서 해설하고 있다.
"아! 이건 바람 때문이야. (억양이 웃겼다.)"
"바람 때문이라도 점수는 올라갑니다."
"바람 때문이야. 바람~"
이 "바람 때문이야"가 오늘 최고의 유행어가 되어 버렸다.

경란이랑 효은이도 실력이 많이 늘었다. 하지만 경기 중에 서브 실수를 하면 우리 편 점수가 감점되냐고 묻는 모습에 아직 멀었나 싶다. 물론 배드민턴에 감점이 없다는 걸 자세히 알려 주지 않은 날 탓할 수밖에.
끝날 무렵이다.
"선생님. 존경합니다. 아이스크림 사 주세요."
"우리가 이렇게 힘들어하는 거 보면 마음 아프시잖아요. 선생님 고통스런 마음 알아요."
"저는 충치 때문에 아이스크림 못 먹는데. 선생님께서 하사하시는 건 감사히 먹을게요."

타악기시간이다. 오늘 휘모리장단 엔딩을 볼 수 있는 마지막 부분 연습이다.

(크게) **하나**둘셋넷 둘둘셋넷 × 8번
(작게) **하나**둘셋넷 둘둘셋넷 × 8번
딱하나딱둘딱셋딱넷 하나둘셋넷 둘둘셋넷 × 4번
딱하나딱둘딱셋넷넷 × 8번
하나둘딱둘딱셋딱넷 × 8번
하나둘셋넷 × 8번 / 둘둘셋넷 × 8번 / 셋둘셋넷 × 8번 / 넷둘셋넷 × 8번
하나둘셋넷 둘둘셋넷 셋둘셋넷 넷둘셋넷 다섯둘셋넷 여섯둘셋넷 일곱둘셋넷 여덟둘셋넷
딴! 딴! 딴! 딴! 딴! 따딴! 딴! (엔딩)

드디어 끝이다! 환호소리가 들린다.
"드디어 그날이 오는구나."
처음부터 끝까지 다 연주하는 데 걸린 시간을 측정하기로 한다. 교육활동 발표회 때 북을 연주하기로 했었다. 아이들은 이제 우리 공연할 수 있다며 자신감을 내비치기도 한다. 자! 준비! 막상 실제 공연 분위기를 내며 조명도 세팅했다. 시작 준비를 하는데 손톱 물어뜯는 녀석도 보이고 역시 실전처럼이란 말에 긴장은 되나 보다. 중간에 틀린 부분이 많아서 그런지 오늘 기록은 9분 30초. 8분대를 새 목표로 삼고 급식을 먹으러 간다. 오늘은 순두부찌개다. 아이들은 순두부가 너무 단단하다며 잘 먹지 않는다. 좀 두부가 되려다 만 이상한 순두부란다.

 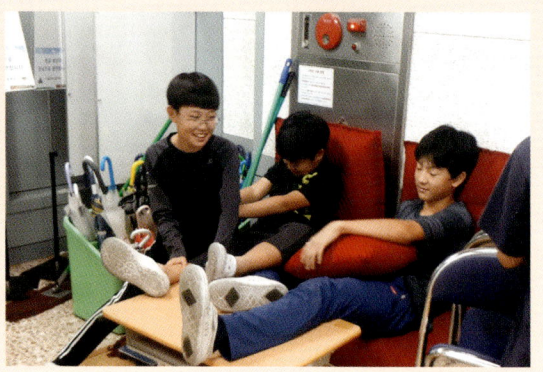

오늘 체육을 하고 왔는데도 아이들이 칠판에 '우리가 체육 해야 하는 10가지 이유'를 적어 놓았다. 체험학습 안전교육을 피구하며 하자는 아이들! 순간 갈등이다.

중입배정을 위해 주민등록등본 내는 것을 꼭 부모님께 전달해 달라고 했었다. 한 녀석이 죄송한데 오늘 못 내겠다며 아빠 탓을 한다. 본인이 떼어 달라고 신신당부를 했는데 어제 아빠가 등본 못 못 뗐단다. 그러면서 이런 거는 학교에 가서 혼 좀 나라고 자기를 죽음의 땅으로 몰았다며.

"나 혼나기 싫단 말이야! 왜 안 뗐어?"
"그냥 선생님한테 혼 좀 나. 그러면서 크는 거지. 그럼 아빠가 선생님한테 혼날까?"
웃픈 사연을 소개하는데. 다음 주 금요일까지 내라고 다시 안내한다. 아직 시간이 많이 남았는데….

점심을 먹고 오니 남자아이들이 에버랜드 체험학습이 연기된다는 몰카를 여자아이들에게 한다고 한다. 블랙보드에 체험학습이 연기가 된다는 내용을 내 글씨체로(나랑 똑같이 쓰는 서준이) 쓴다. 그리고 그 옆에는 바람잡이 아이들도 있고 행동대장은 미리 섭외를 받은 나다. 우리 남자들의 연기와 문서화된 블랙보드 그리고 비 예보까지 딱딱 시나리오대로 들어맞는다. 여자아이들은 철석같이 믿는다. 우리 남자들의 호흡이 대단하다. 눈빛으로 타이밍을 잡고 말들을 잘도 지어낸다. 게다가 돼지열병을 소재로 사용해 시대적 상황과 결부시키는 이 기지!

"선생님. 연기된다는 거 진짜예요? 아!"

"지금 교무실에 알아봤는데. 에버랜드 당일 우천으로 11월 중순으로 연기될 것 같다는데. (행동대장 나)"
"사실 요즘 돼지열병으로 지금 여행 못 가는 곳도 있잖아. (바람잡이 1)"
"맞아. 그래서 사람의 이동을 최대한 줄인다는데. (바람잡이 2)"
돼지열병이라는 말에 더 이상 반박할 의지를 상실한 여자아이들!

때마침 타이밍 좋게 교무실에서 메시지가 왔다. 아이들과 같이 읽었다.
'아람단에서 안내드립니다. 10월 12일(토) 예정이었던 DMZ 체험활동의 전 지역이 아프리카 돼지열병으로 인해 외부인 및 차량 출입이 통제되어 체험학습 운영이 불가능하게 되었습니다.'
남자아이들이 일부러 이 메시지를 여자아이들 들으라고 다시 한번 큰 소리로 읽는다. "돼지열병 때문에 12일 아람단 체험학습이 취소되었습니다!"
"선생님. 돼지열병이 무섭긴 하네요. (바람잡이 3)"
"에버랜드도 폐쇄되겠죠. 그럼 연기가 아니라 취소되겠어요. (바람잡이 4)"

여자아이들 진영.
"얘들아. 연기도 아니고 취소래."
"우리 못 가는 거야? 우리 타기로 했던 거는. 진실게임하기로 했던 거는."
"다 사라지는 거지. The End."

이제 끝내야 할 시간이 된 것 같다. 손짓으로 신호를 주자 남자아이들 일제히 작전 개시!
"얘들아. 용인에 돼지열병이 나서 에버랜드에 돈가스가 없어서 연기되었대."
"돈가스 못 먹으면 체험학습 당연히 연기지."
이쯤 되면 여자아이들도 알아챌 만하지만 이미 판단력을 잃어버린 그녀들.
"진짜 연기되었어요? 언제로요? 취소 아니죠?"
"돈가스 못 먹어서 연기예요?"
"진심 연기예요?"
영민이가 대신 답한다.
"진심 연기야. 내가 지금 연기를 하고 있잖아. 그리고 진심 (몰카) 연기야. 연기 타고."
'나+남자아이들'의 몰래카메라 대 성공~

"이제 선생님에 대한 믿음이 1도 안 남았네요."
"중립을 지켜야 할 분이 남자 쪽으로 가 버리다니."
"근데 연기는 아니죠?"

"에버랜드에 돈가스가 없어서 연기되겠냐? 돈가스 없으면 어떻게 해야 해?"
"다른 거 먹으면 되죠. 아. 당했다."
"다음에 기다리고 있으세요. 우리도 준비할 테니까요."

여자아이들이 몰카 멤버들의 사과를 받아 준다. 누나의 마음으로 받아 준다는데. 그럼 나는…? 화해의 의미인지 체험학습 가게 된 안심 때문인지 여자아이들이 남자아이들에게 아이엠그라운드 게임 같이 하자는 말을 건넨다. 남자아이들은 거절할 엄두도 못 내고 함께 한다. 삐죽삐죽 둥글게 앉아 있는 모습에 또 다른 화합의 싹과 기운이 느껴진다. 아싸! 가르마. 아싸! 척추뽑아. 아싸! 조커. 아싸! 연기. 아싸! 에버랜드. 아이엠그라운드 너부터 시작!

6교시는 현장체험학습 사전교육을 한다. "에버랜드에서 좀만 더 있다 오면 안 돼요?"라는 질문이 정말 많다. 이는 학원 시작 시간과 연계되어 아이들에게는 매우 소중한 타이밍이다. 학교에 오자마자 학원에 가야 한다는데….

학교폭력 예방교육으로 학교폭력의 정의가 나오는 부분을 같이 읽었다. 법률적 용어이지만 올해 들어서만 네 번째 하는 것인지라 의미는 다 알고 있다. 이거 좀 그만하면 안 되냐는 아이들에게 한 소리도 듣는다. 그래도 뭐 해야지. 안전교육과 관련해 아이들과 의견을 나누었다.

"매직트리에서 모인다고 했는데 그거 한번 타 봐도 돼요? (매직트리는 놀이기구 아닌데.)"
"다른 학교 아이들과 싸우면 어떻게 해요? 그쪽에서 시비를 걸면요? (내가 출동하지. 기다려. 시비 걸지 말고.)"
"티익스프레스 타며 셀카 찍어도 돼요?"

'어둡고 후미진 곳에 가지 않기'를 '어둡고 후진'이라고 말한 녀석 때문에 분위기는 개그모드로 넘어간다. 한참을 웃었다.

"예전에 에버랜드에서 구급차 본 애가 뒷문 열고 '애들아 어서 타라 찡따오'라고 했는데요. 근데 그걸 본 우리학교 어떤 선생님이 돌려차기 하셨는데요."

"에버랜드에도 구급차 있어요? 소방차는요? 경찰차는요? 크레인은요?"

"공갈은 왜 설명 안 해 주세요? 자해 공갈단도 학교폭력이에요?"

"허위 사실 유포도 학교폭력이에요?"

"키 작다고 놀리는 것이 모욕이라고 했는데. 키 크다고 놀리는 것도 모욕이죠?"

"엄마가 제 머리 쓰다듬었어요. 이런 건 어떻게 해요?"

"제가 제 머리 쓰다듬었어요. 이것도 희롱이에요?"

아이들이 안전교육 중에 갑자기 앞머리를 까고 '자라나라 머리머리!'를 외치는데 도통 코드를 맞출 수가 없다.

 **10월 10일 목요일**

"오늘 아침에 새 새끼(?)가 떨고 있길래 만졌는데. 죽어 있는 거예요. 근데 세균 감염되는 거 아니죠?"

"얼른 손 씻고 와."

"손 씻고 왔는데. 이러다 저 감염되는 거 아니죠?"

"그 정도는 괜찮아. 그래도 모르니 옷 한번 털고 와."

"새를 옷에 품었는데 옷도 빨고 왔어요."

아침에 한 아이가 안경을 쓰고 왔다.

"눈이 많이 나빴었어?"

"아니요."

"안경 잘 안 쓰잖아. 스타일의 변화?"

"괜찮았는데 핸드폰 많이 해서 눈이 나빠졌대요."

현민이가 교실에 들어오더니 안경 쓴 모습이 더 지적으로 보인다며 칭찬한다.

다른 녀석들은.

"카페에서 에스프레소 마시는 느낌이랑 어울려."
"부잣집 사모님 같아요."
"맞아. 아침 드라마에 나오는 사모님."
"아침 드라마에 나오는 사모님은 좋은 뜻이 아니야."
"그럼 저기 프랑스 사모님."

주말 동안 있었던 일을 말해 준다.
"어제 미소공원에서 노는데 어떤 할머니가 막걸리 먹고 막 노래 불러서 엄청 놀랐어요. 술 취한 이상한 나라의 할머니였어요."
"어제 토론 준비하려고 했는데 엄마가 일기 쓰라고 해서 일기 썼어요. 오늘 토론 다른 날로 바꿔 주세요."

남자아이들은 주말에 함께 브롤을 했나 보다. 온통 알 수 없는 브롤스타즈 게임 이야기뿐이다.
"난 9,970."
"난 9,770."
"난 200에서 다시 시작했어."
"난 다시 시작해서 6,000 찍었다."
"난 마이너스 1,000인데 브롤을 접으면 어떻게 돼?"
"그냥 마이너스 25만 만들고 그만할까? 그럼 회사에서 전화 오냐?"

금북초 총동문회를 하고 남은 건빵을 보내 왔다. 아이들에게 먹으라고 했더니.
"건빵 잘못 먹으면 목 막혀 죽어요."
그러면서도 한 봉지씩 사라지는 건 뭐지.

1교시에 체험학습을 갈 경복궁에 대한 공부가 이어진다. 오늘은 강녕전, 교태전, 아미산 주변에 대해 사전 학습한다.

"왕은 강녕전에서 먹고 자고 공부하고 또 공부하고 또 공부하고. 학원 5개 뺑뺑이 돌았네요."

"왕도 운동하고 싶었을 텐데. 강녕전 옆에 헬스장도 있어요? 고릴라 멀티짐."

"자는데 옆에 상궁들이 있으면 불편해서 어떻게 자요?"

"주상전하 할 때 전 이름이 주상인 줄 알았어요."

"교태전 들어가는 문이 여섯 개예요? 여자들이라 힘이 덜 들게 하려고 했다는데요. 사실 여자들 힘이 만만치 않은데…."

"지난번 경복궁 갔는데. 아미산 앞에 지나갔는데 그게 굴뚝이었어요?"

"일본 나쁘다. 강녕전, 교태전 뜯어 창덕궁에 옮기고. 이놈들은 도대체 뭘 이렇게 나쁜 짓을 많이 했어."

"흠경각과 함원전은 상궁, 내시가 기다리는 건물인 줄 알았어요."

"저 자격루 봤는데 그것도 가짜예요? 그것도 복원이에요?"

"일부는 원형일 텐데. 잘 모르겠다."

드디어 찬반토론을 하는 날이다. 첫 번째 팀들이 준비를 한다. 서로를 노려보는 공격적인 눈에서 레이저가 나올 듯 살벌하다.

토론 주제: 학습만화는 유익한가?

첫 10분(찬반 상호 토론)

"만화는 초등학생에게 유익해요. 흥미와 공부 모두를 만족시켜 준다는 데요. 미래엔 출판사에 나와 있는 글을 보면 학습만화에는 아무래도 그림이 있기 때문에 역사적 인과관계를 파악하는 데 도움을 준대요. 흥미와 학습 둘 다 잡을 수 있어요."

"저희도 그 사이트 들어가 봤는데. 학습만화에 한번 푹 빠지면 글을 멀리하게 된다는 단점도 써져 있던데요. 그거는 왜 빼 먹어요?"

"하지만 학습만화는 만화를 보고 글을 볼 수밖에 없기 때문에 상황을 아는 데 도움이 돼요."

"시각적 이미지가 상상력, 독해와 어휘능력을 저하시킨다는 글도 있어요."

"하지만 글로 보는 것보다는 그림을 보는 게 이해하기 쉬워요."

"하지만 글로 보는 것보다는 그림을 보는 게 이해하기 쉬워요."
"글밥에 대한 이해는 어떻게 할 거에요? 그리고 중학생이 되면 어떻게 하죠?"
"초등학생에게는 전체적인 이해가 더 중요해요. 특히 1학년의 경우는 글보다는 그림이 함께 있어야 하고요. 학습만화는 중학생보다 초등학생이 더 많이 봐요."
"물론 초등학교 1학년이 학습만화를 볼 수 있지만 점점 학습만화만 보다 보면요. 6학년이 되면 글밥이 많은 책은 어려워져요."
"당연히 6학년이 되면 글밥이 많은 책도 읽어야 하겠지만. 그래도 학습만화는 필요해요. 학습만화는 좋은 도구가 될 수 있어요."
"하지만 나쁜 도구가 될 수도 있잖아요."

"교육부 컨설트에 가져온 건데. 만화의 폭력적 선정적인 내용은 가치관이 형성되고 있는 초등학생에게 혼란을 준다. 여과 없이 받아들이면 진실인 듯 오해할 수도 있고. 그리고 초등학생에게 다양한 독서습관과 다른 형식의 책을 읽는 데 어려움을 줄 수도 있어요."
"저는 학습만화에 폭력이나 욕설은 본 적이 없는데요."
"님이 본 책에서 없을 수도 있죠. 제가 본 책은 있었어요. 책마다 달랐어요."
"하지만 부모님과 함께 보면 자제할 수 있어요. 에듀케이션 코믹스라고 되어 있는데 네이버 지식백과에 보면 학습만화가 학습에 도움을 준다고 되어 있어요. 또 글밥으로 된 책에도 폭력적인 내용이 많이 나온다고요."
"도움도 줄 수는 있지만 분명히 선정적인 내용은 가치관에 안 좋은 영향을 줘요."
"아까 말했듯 선생님, 부모님과 함께 읽으면 가치관을 잡아주는 데 도움이 돼요."
"하지만 만화를 볼 때마다 보호자가 와야 해요?"
"꼭 그런 거는 아닌데요."
"부모님이 어디 나가서 없는데 그럴 때마다 불러야 돼요?"
"부모님과 보호자는 예시를 들은 것이에요."

두 번째 10분(판정인들과 질의응답)
"아까 만화로 이해도 할 수 있다고 하셨는데. 글로 된 책으로 이해가 안 되면 만화로 이해시키는 게 옳은 것 같아요? 오히려 그냥 책을 보면서 이해를 키워야 될 거 같은데요."
"제 말은 책을 봤을 때도 이해가 안 되었을 때 학습만화가 도움을 준다는 것뿐이에요."

"폭력이나 선정적인 장면이 초등학생의 가치관에 해가 될 수 있다고 하셨는데. 님이 읽은 학습만화에서 폭력적인 부분 있나요? 예를 들어 주세요. 없는 것 같은데요."
"기억이 안 나요."
"그게 바로 학습만화랑 폭력은 관계없다는 거예요."
"생각은 안 나지만 분명히 본 것 같았어요."

"역사를 좋아하는 애들이 있어요. 학습만화를 좋아하는 아이들도 있어요. 역사 이야기에 보면 전쟁이 많이 나오는데 사람이 죽는 게 잔인하지만 그럴 때 꼭 부모님이 필요한 거예요?"
"부모님이 지도가 좋다고 했지 필수는 아니에요."
"학습만화에 폭력적이고 성적인 내용이 나온다고 했는데. 우리도 보건시간에 배우잖아요. 어린 애들도

와이책 같은 거 보면. 거기에도 성적인 내용이 나오잖아요. 그거를 보지 말자고 하는 것은 공부하지 말라는 뜻이에요?"
"잘 모르고 만화로 보면 정신적으로 혼란이 돼요."
"혼란을 주니까 읽지 말라는 말이에요?"
"그게 아니라 주의해서 읽으라는 이야기에요."

"성적인 부분은 성교육 이해를 돕기 위해서도 나오는데 이게 가치관을 무너뜨리는 거예요?"
"그림은 가치관이 뚜렷하지 않은 학생에게 혼란을 줘요."
"성교육은 그림으로 정확히 보여 줘야지 그걸 풀어서 글로 얘기하면 그거야 말로 혼란을 줘요."
"무슨 말인지 정확하게 이해하지 못했어요."
"너무 풀어서 얘기하면 원래 내용과 반대로 해석된다고요."
"그거는 출판사에게 물어봐야죠. 왜 저희한테 물어봐요?"

"일반 책보다 학습만화는 흥미나 재미가 있어요. 부모님이 옆에서 같이 보면 가치관 혼란을 막을 수 있다고 했는데. 하지만 옆에서 자꾸 설명하면 자유적으로 이해할 수 없어요. 학습만화의 의미가 없어져요."
"옆에서 보면서 말하면 혼란스러운 건 맞아요. 우리 집도 그런데. 하지만 제가 말한 건 엄마가 조금 더 보충한다는 말이에요."

"폭력적이나 성적인 장면이 나와 혼란을 준다고 했는데. 장면의 수준에 따라 달라지지 않을까요?"
"수준에 따라 다르겠지만. 만화를 많이 보면 가치관에 문제가 생겨요."

"학습만화에 선정적인 게 나오면 그리는 수위가 많이 안 높지 않을까요?"
"그거를 님이 결정하실 것은 아닌 거 같은데. 사람마다 선정적의 기준이 달라요."

마지막 10분(찬반 상호 토론)
"여기 보시면(자료를 보여 준다) 글을 읽는 것은 그림을 보는 것보다 상상력을 풍부하게 해요. 학습만화는 능동적인 뇌를 수동적으로 사용하게 하고요. 책을 능동적으로 읽지 못하게 하죠. 대충 빠르게 훑고 지나가요. 추상적이고 합리적 생각을 못 해 전두엽을 발전 못 시켜요."
"〈마법 천자문〉도 학습만화잖아요. 님도 살라샬라 하지 않았어요?"
"물론 〈마법 천자문〉을 전 많이 읽어요. 그래도 학습이 되는 면도 있지만 능동적으로 사고 못 해요."
"근데 어려운 한자를 설명해 주는데. 그림이 있기 때문에 이해가 잘 되잖아요."
"하지만 독해 능력은 별로 안 길러져요."
"〈마법 천자문〉을 읽고 살라살라살라. 독해력이 떨어진다고요? 님은 혼세마왕을 엄청 좋아하는 걸로 알고 있어요."
"솔직히 말해서 〈마법 천자문〉 많이 읽었는데. 한자는 기억하지만 어떻게 이해했는지는 모르겠어요."
"이것 봐요. 만화로 한자를 응용을 할 수 있잖아요. 아무튼 님은 학습만화로 한자를 알게 되었잖아요."
"하지만 만화보다는 예전에 다른 데서 배운 것밖에 기억이 안 나요."
"여기 보세요. 이 학습만화는 보는 것처럼. (수학학습 만화책을 보여 주며) 수학식은 이것 한 줄인데 한 페이지를 그림으로 채워요. 우하하. 캬. 이런 말들이 거의 절반이 넘어요."
"하지만 말풍선을 읽으면 재미있게 수학식을 이해할 수 있잖아요."
"하지만 말풍선을 읽으면 재미있게 수학식을 이해할 수 있잖아요."

"실질적인 이해는 눈이 빙글빙글. (만화에 나오는 내용 같다.)"
"그거는 재밌게 하기 위해 풍자한 거잖아요."
"하지만 만화를 보면서 기본적인 지식은 알게 돼요. 한자 만화 보세요."
"따로 한번 보여 주시죠. 예시를 보여 주시죠."
"없어질 멸(滅). (직접 마법한자 책을 꺼내온다.) 그 밑에 보세요. 이럴 수가. 우후후. 후. 한자 하나보다 부가적인 내용이 많아요."
"하지만 그것은 스토리를 흘러가게 해 주잖아요."
"하지만 이런 그림이나 쓸데없는 말 때문에 학습에 방해되잖아요."
"그 밑에 있는 이 글밥들은 뭡니까? 설명하는 글도 많이 있잖아요."

"여기 만화책 보면 중간 중간에 글밥이 있어요. 정리할 수 있게요."
"만화를 보면서 이런 글밥 부분 읽는다? 엄마가 읽으라고 해서? 판정인 여러분. 손 들어보세요. 만화 보면서 이런 글밥 읽는 사람 손들어 주세요. (9명 손든다.) 이것보세요. 안 읽는 사람이 더 많잖아요."
"우리 반에 한정하면 안 되죠. 사람마다 취향이 다르잖아요. 한국일보 기사인데. 성장만화는 주인공이 고난을 이겨내는 데 문제 해결력, 이해력을 길러 줄 수 있다고 하고요. 관계 맺기에도 효과적이라고 합니다. 공부를 어려워하는 학생들에게 도움주고 독서의 속도를 높여 준다는데요."
"재미와 학습효과 둘 다 좋죠. 하지만 재미에 너무 치중하면 안 돼요. 그게 바로 코믹하고 그림에 끌리기 때문이에요. 요즘 디지털의 발달로 우리 친구들이 줄글 책을 읽어 낼 인내력이 바닥이에요. 만화는 중독성이 있어요. 빠른 전개와 생략으로. 학습만화는 아주 어렸을 때나 보는 것이지. 우리는 아니에요. 습관이 들리면 만화가 아닌 책을 읽지 못해요."

"아이들 말하는 게 너무 무서워요."
"관객 참여기회가 더 많았으면 좋겠어요."
"다 잘했고요. 생각지도 못한 질문이 들어와서 당황했어요."
"〈마법 천자문〉 이야기부터 상황이 재미있었어요."
"전투력 상승! 쫄깃했어요."

5교시 체육시간을 앞두고 점심을 먹은 뒤 아이들이 미리 나가 있겠단다. 그러라고 했더니 남자아이들은 골 넣으면 골키를 한단다. 나도 10분 같이 뛰었지만 패스 한 번 오지 않는다. 뺏으러 오는 녀석들만 우글우글. 딱 3번 터치한 것 같다.

몸풀기로 제기차기를 한다. 달랑 2개 차면서 101만! 102만!

공중에 높게 차고는 하나, 둘, 셋, 넷… 열 까지 세는 녀석. 륜경이는 바깥 발로 차는 게 편하다며 한 개. 지윤이는 태권도 앞차기로 한 개. 다른 녀석은 세는 단위가 크다. 스케일이 다르다. 1억. 2억. 3억. 달랑 3개다.

"너 왜 모자 써?"
"너는 안경은 왜 써?"

"넌 왜 자주 웃어?"

"축구는 왜 해?"

제기 차다 말고 정체성 혼란 역할극이라는데.

6교시는 동아리 활동 시간이다.

달콤한 다락방 요리부 아이들은 카나페를 만드나 보다. 참치 한 캔을 가져오더니 나더러 열어 달란다. 참치기름은 몸에 안 좋다며 비닐봉지에 조르륵 따르고 (지난번 기름이 없을 때는 잘 활용했는데) 비닐을 묶는다. 그나저나 점점 아이들이 요리에 대한 고민은 사라지고 편한 것만 추구하는 것 같다. 참치를 바로 과자에 올리고 햄도 손으로 잘라 올린다. 예전 같으면 도마와 칼을 준비했을 텐데. 내 가위가 그 옆에 놓여 있는 것을 보면 종이 자르던 가위로 그냥 자른 것인지도 모르겠다.

"난 딸기잼만 바른 게 더 맛있어."

"얼른 먹자!"

15분 만에 다 끝난다.

"너네 열정이 떨어진 것 아니야?"

"열정이 떨어진 게 아니라 사실 우리 용돈이 없어서."

"아직 몇 번 더 남았는데 재료비가 걱정이에요."

남자아이들이 오늘은 함께 모여 끝말놀이를 하나 보다. 치전쟁이라는데. 사치, 유치, 고치, 멍치, 눈치, 참치, 영구치, 유치, 악취, 이치, 또치. 치전쟁을 한참을 하더니 초성게임한다고 나에게 초성 몇 개를 정해 달라고도 한다.

은비랑 태윤이는 꾸미기를 하는데. 워너원이랑 이름 모를 그룹을 그리고 있다. 서준이는 빨대랑 실을 이용해 접이식 빨래걸이를 만든다고 한다. 도면을 한참을 봐도 이해가 안 되었지만. 하나둘 설명을 들으니 나름 공감은 된다.

달콤한 다락방 아이들이 이름 대신에 별명을 부르며 이야기하고 있다. 쌈푸 린스, 가르미, 효개, 펑, 안녕, 메롱. 그러다 서로의 별명을 부르며 짜증내는 장면이 보인다.
"짜증 좀 그만 내시지?"
다락방 아이들은 초등학교 6학년이 되면 2차 성질이 나타나 자주 짜증을 낸다고 한다.
"그럼 1차 성질은 언제야?"
"그건 4학년 때요."

10월 11일 금요일

드디어 에버랜드로 현장체험학습 가는 날이다.
"새벽 5시에 일어났어요."
"전 가방에 간식 꽉 찼어요."
거울 앞에는 머리를 정리하는 아이들.
"저 머리가 너무 가벼워졌어요."
8시에 출근하니 여자아이들은 운동장에서 몸 좀 풀고 오겠단다. 도대체 몇 시에 온 건지. 오늘 종일 놀려면 체력단련을 해야 한다며 나간다.
"쌤 다녀왔습니다." 기분이 아주 좋아 보인다.

"너 목소리 왜 이렇게 귀여워?"
"고마워."
"맨날 하는 게 뻘짓이지만."
"그래 맞아."
마음이 넓어진 아이들! 정말 오늘만 같아라.

현민이는 기린 머리띠에 선글라스까지 끼고 왔다.
"저, 어제 보이스피싱 전화 왔어요."
"바로 끊었지?"
"근데 우리 반 남자애들이 발신번호 표시제한으로 전화한 거였어요. 티 났어요."
장난 전화하지 말라며 혼냈지만 당했다는 녀석이 재미있었다며 오히려 부추기기까지 한다.
"너무 재미있었고. 다음에는 목소리 연습 좀 하고 해."

교실 밖은 소란스럽다. 버스 타러 가는 시간이다. 학년 복도가 들썩인다.
"난 3만 원 챙기고 2만 원 더 챙기려다 2천 원만 챙겼어."
"넌 연예인 헤어? 군대 가는 연예인 헤어?"
"버스에서 젤리 먹어도 돼요?"
"아침에 너무 일찍 일어나 그냥 버스에서 잘 거예요."
"선생님은 착하고 이쁘고 귀엽고 아름답고 한데…."
하지만 계속 날 찾는다.
"(궁예 목소리로) 누가 선생님이라 불렀는가."
"선생님 나이가 궁금해서요."

버스 전용 차선으로 시원하게 달려 환상의 나라 에버랜드에 도착한다. 처음 와 본 아이들도 몇몇 있다.
"환상의 나라라 사람 많구나!"
입구부터 난리다. 정말 정말 학생들이 많다. 졸업앨범 사진 찍고(이때 아이들의 원성이 들렸지만) 찍자마자 바람같이 사라진다. 조별로 꼭 함께 다니라고 했지만 걱정도 된다. 10분도 채 안 되어 한 모둠에서 전화가 온다. 한 명이 사라졌다고. 휴! 일단 티익스프레스 쪽으로 걸어간다. 사라진 녀석에게 전화하며 괜찮다고 했지만 마음이 편치 않다. 하지만 거짓말같이 모둠에서 떨어진 녀석이 눈앞에 보인다. 다행이다.

모둠장과 매시 정각에 카톡으로 확인한다.
"아마존에서 직원이 노래 불러요."
"11시에 줄 섰는데 아직도 못 탔어요. (지금은 1시 15분이다.)"
"단백질 보충하러 치킨 뜯으러 왔어요."
"햄burger 집입니다."
"살아 있어요!"
"우린 흠뻑 젖어서 오겠어요."
"슈팅 고스트예요."

"허리케인 타지 마요! X어지러워요."
"으아아아가다다아아나아가쟈냐. 하나님 어떡해요?"
"쌤 어디 있어요? 안 보여요."

2시 50분이 되자 하나둘 모습을 보인다. 목소리가 완전히 쉰 아이들이 많다. 매직트리 기념품 가게 앞에서 기다린다. 뭘 그렇게 많이도 샀는지 모자에 캐릭터 인형에 장난감에.
"여기 땅값이 비싸서 기념품이 비싸대."
"나도 그거 들었는데."

륜경이는 티익스프레스를 계속 안 탄다고 하다가 마지막에 탔단다. 완전 무서웠다는데 기분은 너무 좋단다.

2시 50분인데 한 모둠이 아직 안 오길래 전화했더니 출구 반대쪽에 있다고 한다. 만나기로 한 시간이 10분 남았는데 아직 범퍼카 근처란다. 결국 3시 15분이 되어서야 모두 모인다. 아이들은 기다리는 시간 동안 기념품 가게에 들락날락. 늦게 온 녀석들은 길을 잃었다는데. 제대로 오다가 또 길을 잃어 늦었단다. 버스에 가면 기다리는 다른 반 아이들에게 미안하다고 꼭 표현하라고 했다.

아이들 일기

그래서 우린 썬더폴스 타고 시간 맞춰 출발했는데 바보같이 반대쪽으로 갔다. 20분 늦게 왔다. 진짜 머릿속이 하얘졌다. 너무 아찔했다. 너무 미안하고 슬펐다. 아직도 섬뜩하다. 후. 다음엔 더 일찍 와야지. 결심했다. 그리고 에버랜드에서 상어모자 샀는데 뭔가 호갱님 된 느낌. 여러모로 찝찝했다. 기대가 너무 컸나?

작년 아람단에서 왔을 때는 줄이 진짜 짧았는데 이번엔 줄도 길뿐더러 시간도 적어서 돌아오는 버스에서 이 시간에 축구나 했으면 어떨까 생각을 했다. ㅋㅋㅋ

드디어 오늘 오늘 오늘! 환상의 나라에 갔다!!! 6학년 마지막 현장체험학습ㅠㅠㅠㅠ 솔직히 말해서 수학여행보다 에버랜드는 기대가 0.1%밖에 없었다.(미안쓰 에버랜드)… 우리는 우동으로 점심을 먹고 다른 친구들과 다니다 혼자 남아 점심 먹는 곳을 찾은 류경이와 같이 T-EXPRESS를 탔다. 휴우. 티익스는 재미있다는 소문만큼이나 역시나 100분 두둥! 드디어 100분 뒤 우리 차례가 되었고 나는 규현이와 같이 탔는데! 첨부터 낙하지점! 아싸! 뭔가 무섭! 그곳은 엉덩이가 들리고 무중력 상태에다 이효은 씨는 저승사자를 만날 뻔했다고 했고. 에버랜드는 아쉬워서 다시 오고 싶다고 한다고 2019년 10월 12일까지 전해져 내려온다.

에버랜드 조가 내가 원하던 친구와 되지 않아 슬펐다. 그래도 이미 정한 건 정한거니… 에버랜드 가는데 약 1시간 정도가 걸렸다. 도착하니 사람이 많았다. 빨리 달려가야 탈 수 있는 것도 모자라 앞이 막히고 졸업앨범 사진을 찍어야 되어서 20분 대기였던 순간이 2분 만에 70분으로 바뀌었다.

딱히 탈 놀이기구는 없었다. 다 줄이 너무 길어서 짧은 것 하나 탔다. 렛츠 트위스트라는 것이었는데 사람을 뒤집어엎어서 무섭고 힘들었다. 그리고 KFC에서 점심을 먹었다. 기본 버거일 줄 알았는데 의외로 맛있었다. 그리고 올라가서 기념품도 사다 보니 벌써 3시가 다 되었다. 버스 타고 집에 가는데 힘들어 죽을 뻔했다. 아… 학원 간다는 생각에 실성했다. 막상 학원에 가니 친구는 힘들다고 안 와서 부러웠다.

10월 14일 월요일

한 녀석이 말한다. 주말에 다른 반 남자아이들과 함께 배수지공원에서 축구를 했는데, 상대편 아저씨가 머리가 찰랑찰랑. 너무 멋있었단다. 게다가 그 아저씨팀을 이겼다는 우리 학교 아이들!

어젯밤에 음식을 시켜 먹고 배탈이 났다며 오늘 등교가 어렵다는 승은이. 웬만하면 등교할 아이인데 정말 많이 아픈가 보다. 그나저나 뭘 먹었을까.

아침에 일찍 온 아이들에게 사탕을 나눠 줬더니 륜경이가 알맹이만 쓰레기통으로. 이런 인간적인 매력! 새 사탕으로 바로 교환해 준다! 참 바쁜 아침이다. 현민이가 피아노를 치고 있다. 나름 듣기 좋지만 공부하는 아이들에게는 방해가 되나 보다. 오늘 사회 단원평가가 있단다.

"조용히 좀 해 줘. 사회시험 공부하는 흐름이 깨졌잖아."
"오대양에 남극해 북극해 들어가?"
"아니 사랑해랑 미워해. (웃기지는 않았지만 한번 웃어 준다.)"
"한중일 젓가락의 차이점은?"
"세계에서 제일 큰 나라와 작은 나라는?"
"우리나라랑 영토 크기가 비슷한 나라는?"
"가로가 경선. 세로가 위선인가? 거꾸로 말했나…."

"사회시험이 내 주말을 망쳤어요. 이게 나라냐."
"망친 주말을 보상해 주셔야 해요."
"어차피 사회 공부해야 해. 우리 사회 생활하려면."
"어제 친구한테 사회 공부하느냐고 물어봤는데. 텔레비전 보고 있다고 해서 저도 놀았어요."
"선생님 내일 북한에서 축구하는 거 아세요?"
"어. 아는데 어떻게 될까?"
"축구는 하겠죠. 나머지는 어렵네요."

정확한 말이다. 잘 풀리면 좋겠지만 쉽지 않아 보인다.

한 녀석이 묻는다.
"어디서 팝콘 냄새 나요? 이상하다."

오늘 헤이즐넛 향 커피를 탔더니 이 향을 말하나 보다.

"한 모금만 마셔 보고 싶어요."
"6년 뒤에 뵙겠습니다. 나이 들면 마셔."

수업을 시작했는데도 너무 소란스러워 이러면 김체육 씨 많이 아프다며 신호를 주었다. 하지만 사태의 심각성을 인지하지 못하고 또 떠들고 낙서하고 밖을 쳐다보며 집중을 못 한다.
"떠든 사람 뒤로 나가!"
9명이 나간다. 잠시 후 수업에 집중은 했으나 가볍게 떠든 사람은 들어오라고 했다. 우르르 자리로 돌아온다.
"저희는 무겁지 않았어요. 살짝 말했는데요."
"9명이니 50%가 떠들었네. 집중 좀 합시다."
"저희 21명인데요. 50%는 안 되는데요."
쓸데없는 깐죽거림에 오늘은 정말 화가 난다.
결국 오늘 체육 사망 선거를 내린다. 삼가 체육의 명복을 빕니다. 하지만 혹시나 해서 일말의 여지는 남겨 둔다.
"김체육 씨. 심폐소생술 중인 거 알지?"

경복궁에 대해 알아보는 세 번째 시간이다.
십장생에 대해 알아본다. 해 · 산 · 물 · 돌 · 소나무 · 달 또는 구름 · 불로초 · 거북 · 학 · 사슴 그리고 체육.
"우리에게 십장생은 체육인데. 체육하면 오래 살 수 있는데요."
"작년에 가 보니 향원정 앞에 공사하고 있었어요. 건물을 다 뜯던데요."
"근데 이 건물 이름은 누가 지었어요?"
"고궁 박물관은 왜 이렇게 가까이 지었어요? 경복궁 안에다."

수학시간이다. 쌓기나무를 앞, 옆, 위에서 본 모양에 대해서 배운다. 일단 쌓기나무 쌓기 전에 사람으로 시작한다.

- 사람을 앞에서 보면 뭐가 보여요? (얼굴)
- 사람을 옆에서 보면 뭐가 보여요? (허리, 옆구리, 귀, 턱선, 어깨)
- 사람을 위에서 보면 뭐가 보여요? (정내, 탈모, 원형탈모)

쌓기나무 4개로 만들 수 있는 경우는 8가지. 몇 분 지나자 아이들도 다 만들 수 있다. 5개부터는 경우의 수가 29개. 전부 다 만들기는 어려우니 10가지만 만들어 보라고 했다. 하지만 29가지 그걸 다 만든 아이가 있다. 쌓기나무 6개로 만들 수 있는 경우부터는 논의가 분분하다. 100개 넘느냐 안 넘느냐. 찾아보니 경우가 정말 많다.

- 쌓기나무 1개: 모노미노(모노큐브) 1개의 도형(1가지)
- 쌓기나무 2개: 도미노(디큐브) 1개의 도형(1가지)
- 쌓기나무 3개: 트리오미노(트리큐브) 2개의 도형(2가지)
- 쌓기나무 4개: 테트로미노(테트라큐브) 5개의 도형(8가지)
- 쌓기나무 5개: 펜토미노(펜타큐브) 12개의 도형(29가지)
- 쌓기나무 6개: 헥소미노(헥사큐브) 35개의 도형(166가지)
- 쌓기나무 7개: 헵토미노(헵타큐브) 108개의 도형(1,023가지)
- 쌓기나무 8개: 악토미노(옥토큐브) 369개의 도형(6,922가지)
- 쌓기나무 9개: 나노미노(엔큐브) 1285개의 도형(48,311가지)
- 쌓기나무 10개: 데코미노(데카큐브) 4655개의 도형(346,543가지)

"6개부터는 노가다네요."
"쌓기나무 7개로 1,000개가 넘는 거 만들 수 있는 거 맞아요? 너무 많은데. 겨우 7개로."
"그래서 쌓기나무 6개부터는 시험에 절대 안 나오겠어요."
"쌓기 나무 10개로 하는 건 10명이 하루에 한 가지의 모양을 꾸준히 만들어도 95년이 걸리네요. (이건 언제 계산했는지.)"
"100년이 안 걸려 다행이다. 지금부터 만들면 우리 113살이네. 살아 있겠지?"

장난치다 오늘 혼난 아이들. 당연히 그들도 나도 기분이 좋을 리가 없다. 그래도 어떻게든 풀어 보려고 한다. 다정하고 친절하게 말하려 노력했다. 하지만 쌓기나무를 삐딱하게 대충 쌓아 놓고는 검사받으려는 아이들. 아직 덜 혼났는지. 쌓기나무의 삐딱한 그 모습이 재미있다며 웃고 있다.

수학 수업을 하는데 한 녀석이 코를 풀러 나간다. 얼마나 세게 푸는지 흐름이 끊겨 버린다. 화가 많이 나 있었지만 이런 예상치 못한 우연함에는 웃을 수밖에. 내가 웃자 그들도 웃는다.

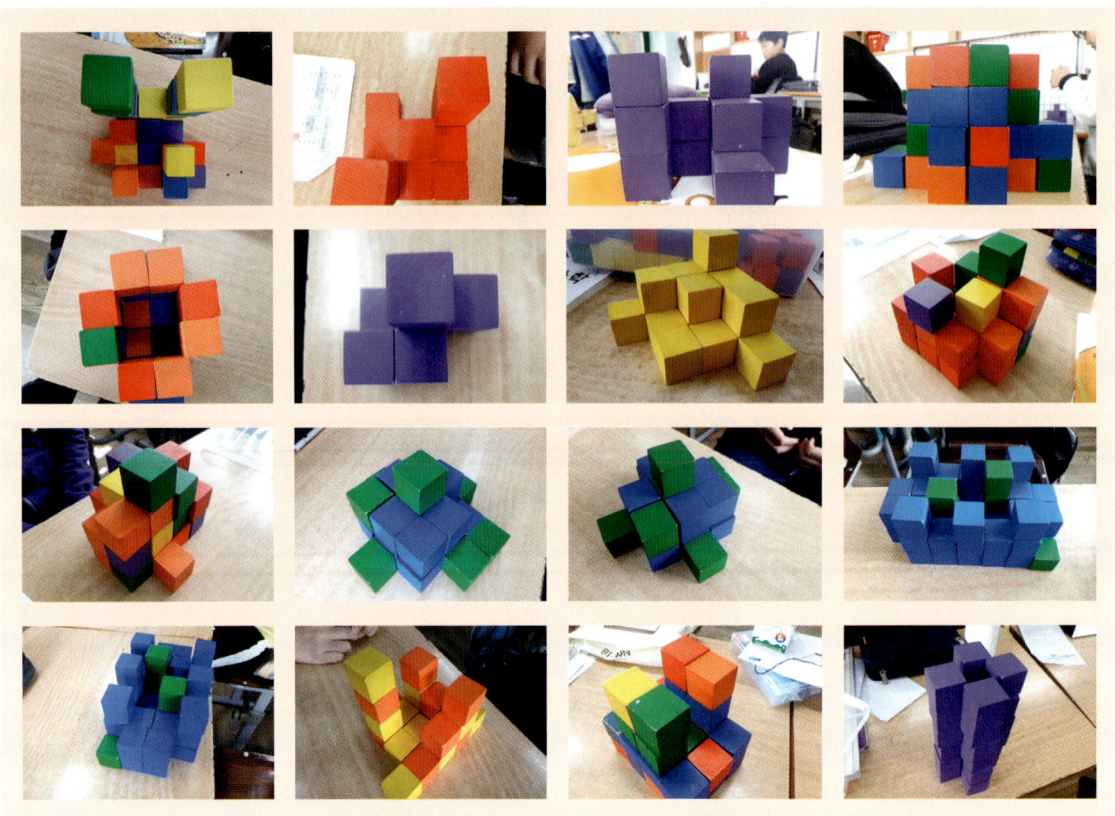

　서준이가 내게 와서 '팅커캐드'라는 프로그램을 가르쳐 준다. 쌓기나무 단원은 사실 정말 재미없다. 가르치는 나도 배우는 그들도 그냥 책에 나와 있어서 해야 한다는 느낌이다. 팅커캐드로 컴퓨터실에서 멋진 입체도형을 만들어 봐야겠다. 언제까지 위에서 본 모양, 앞에서 본 모양, 옆에서 본 모양 알아보는 데 한 달여를 보내야 하는지.

　2020년 1월 29일 중입배정 결과가 통보된다고 했더니 벌써 무섭단다.
　"마음에 안 드는 중학교 나오면 어떻게 해요?"
　"중학교도 1, 2, 3지망 하면 안 돼요?"
　"중학교도 시험 봐서 들어가면 좋겠어요. (이 말은 좀 무서웠다.)"
　"중학교 바꿀 수 있어요?"
　아이들의 질문에 아무 말도 하지 않았다. 예민한 중입 문제에 오해 사는 말은 하지 말아야지. 중입도 이런데 고입, 대입은 오죽하랴.

　오늘 많이 혼냈더니 점심 먹고 내가 교실에 들어오자 영어책을 꺼내 놓고 수업 준비를 하고 있다. 아직 시작 35분 전인데… 내 눈치를 보는 아이들.

"맥반석 달걀 꺼내 먹어라."
"하나 더 먹어도 돼요?"
"맛소금이라 더 맛있어요. 맛소금 역시. (그 작은 맛소금을 뜯어서 알뜰히도 나눠 먹는다.)"
영민이는 머리 박치기로 달걀을 깨 먹는다. 다른 친구들 깨는 것도 도와주는데….
"내 건 내가 내 머리로 깬다고."
"이게 왜 물이 이렇게 많이 나와요?"
"영민아! 미안한데 내 머리로는 안 깨진다. 너 머리 좀 빌려줘."

쉬는 시간에 화장실 가는 길이다. 다른 반 남자아이들이 축구 이야기로 내게 말을 걸자 우리 반 여학생들이 제발 관심 끄고 우리 선생님한테 찝쩍대지 말란다.
"너네 말을 왜 그렇게 하냐. 난 관심 좋아."

피아노에 계이름 스티커를 붙였다. 피아노 건반 계이름을 읽을 줄 모르는 이들을 위해. 피아노를 잘 못 치는 녀석이 앉아 있길래 "스티커 붙여 놓으니까 좋지?"라고 물었다.
"저 이래 보여도 체르니 30번 출신이에요. 지금은 다 까먹었지만."

서준이는 무너진 콜로지칼을 수리한다. 역시 과제 집중력이 높은 녀석이다. 한번 마음먹으면 뭔가 뚝딱 만들어 낸다.

 **10월 15일 화요일**

　낙엽이 하나둘 떨어지는 시간이 왔다. 오늘도 보안관님이 빗자루로 교문 근처를 쓸고 계신다. 항상 말끔하게 교문 앞을 정리해 주시는 보안관님께 감사의 말씀드렸다. 규현이가 7시 55분쯤 일찍 등교한다.
　"무슨 일이다냐? 왜 이렇게 빨리 왔대?"
　"수학 숙제 덜한 게 있어서요."
　들어오자마자 수학책을 펼치고 풀고 있다. 그 다급한 손놀림. 데드라인까지 40분 전.

　"선생님. 저 이사 가는데 어떻게 해요? 중입배정 어떻게 돼요?"
　"언제 가? 어디로?"

"모르겠어요."

부모님께 확인을 해 보았더니 이사 가는 것은 맞지만 지금은 정해진 게 없다고 한다. 재배정 또는 배정 후 중학교 전학 절차에 대해 안내 드렸다. 일단 집을 구하고 다시 안내하는 것으로 했다. 그 통화를 듣던 아이의 말이 정답이다.

"이사 가기 싫어요. 그냥 여기 사는 게 좋은데."

승은이가 하루 쉬고 왔다. 어제 배탈로 고생한 아이치고는 혈색이 좋아 보인다. 괜찮냐고 물어보니 부끄러운지 고개를 끄덕이며 자리로 들어간다. 치킨으로 배탈이 났단다.

"당분간 치킨은 안 먹겠네. 그렇게 아팠으니."
"그건 절대 아닌데요."

한 녀석은 체험학습 신청서를 낸다. 하와이로 간단다. 하와이라는 지명을 보는 순간 너무나 부럽다. 나의 신혼여행의 추억이 새록새록. 부럽고도 부럽다고 했더니 본인도 기분이 좋단다.

오늘 시간표를 보더니 테러블이란다. 체육 사망 선고를 내린 지 언 20시간. 아이들은 체육을 살려 달라는데.

"선생님. 어제 집에서 얼마나 슬펐는데요. 체육도 사망하고 수학 학원 숙제를 1시까지 해서요. 그리고 저 수학 때문에 몽유병 생겼나 봐요. 자다 일어나니 안방에 있었어요."

륜경이가 늦는다. 8시 50분쯤 되니 륜경이가 들어온다. 아이들은 몰래카메라를 하자고 하는데 작전 짤 시간이 없다. 하지만 일단 나의 애드리브로 시작!

"륜경아. 제발 은비랑 떠들지 마!"
"은비는 그렇게 혼나고도 오늘 또 떠드냐?"
은비랑 륜경이 눈이 마주친다. 은비가 웃는다. 실패.
처음에는 지각해서 혼날까 걱정되어 실제 상황인지 살짝 구분이 안 되었다는데.

　남자아이들은 교실에서 키우던 식물이 사라지자마자 바로 공으로 드리블을 한다. 얼마나 차고 싶었으면 '네이마르'를 외치며 사포도 하고. 우리 반에 있는 누드공은 대인기다. 몇 달 동안 던지고 차서 껍질이 다 벗겨진 공. 버리라고 했지만 정이 들어서 졸업할 때까지 안 된다며 끝까지 사물함 위에 올려놓는다.

　경복궁에 대해 알아보는 마지막 시간이다. 오늘은 자료집을 보며 경회루에 대해 공부한다. 경복궁 지도를 놓고 아이들과 이야기를 나누었다.
　"연못을 어떻게 만든 거예요? 사람들이 삽으로 다 판 거예요?"
　"연못에서 뭐가 나왔다고 했죠? 그 용이랑 뭐가 있었는데."
　"경회루에서 상궁들이 음식 나르다 쏟으면요?"
　"왕이 먹다가 흘리면요?"
　"2층 올라가다 계단에서 넘어지면요?"
　"경회루 보니까 많이 넘어지고 국은 좀 쏟았을 것 같은데."
　"경회루에 날아다니는 두루미는 뭐예요? (사진에 두루미가 보인다. 연못에 먹을 게 있어서 아닐까? 여기서 산다고 하기엔 무리.)"

　중종과 얽힌 치마바위를 네이버 지도로 찾아보니 생각보다 경복궁에서 멀다.
　"저렇게 먼데 흔들면 보여요?"
　"경회루는 쉽게 말하면 뒤풀이 같은 거 하는 자리예요?"
　"경회루에 박팽년이 뛰어들었다는데 거기 물이 그렇게 안 깊어 보이는데요? 그냥 걸어서 나왔을 것 같아요."
　"경회루는 기둥이 원래 거라서 국보가 된 거예요? 불에 안 탔어요? 한국전쟁 때 폭탄도 안 맞고요?"
　"경회루 물 뺄 때 엄청 힘들었을 것 같아요. 물이 엄청난데."

1교시를 5분 정도 일찍 끝내 주었다. 여자아이들은 의자 얘기를 하고 있다.
"선생님. 학생 의자도 선생님처럼 푹신한 걸로 바꿔 주시면 안 돼요?"
"이걸로 바꾸면 공부가 더 잘 되겠어?"
"푹신해서 잠이 잘 올 것 같아서요."
"저희 거는 딱딱해서 잠이 들락 말락 해요."

"근데 점심 먹고 교실 피구해도 돼요?"
"한동안 식물 키우느라 피구 못 했어요."
"그래. 수업 열심히 듣고 안 싸우고 화목하게 할 자신 있지?"
대답은 당연히 "네"다.

"선생님. 쇄골뼈가 아파서 그런데요."
"그런데."
"참고 있어요."
"그래?"
"아파서 어제 잠을 못 잤는데요."
"보건실 갈래?"
"라면 하나 끓여 주시면 안 돼요?"
"쇄골뼈에는 라면이 약이에요."
"라면은 만병통치약이에요."

과학시간에 태양고도를 측정한다. 측정 결과 태양고도가 28도부터 38도까지 차이가 난다. 휴. 10도나. 엄청난 오차인데 아이들은 이 정도면 대만족이란다.

3교시에 마지못해 운동장으로 나간다. 오늘은 기필코 체육을 안 하리라 다짐했지만, 단호하지 못한 내 모습에 아이들이 적응했는지 모르겠다. 기마전을 하기 위해 말 만들기를 먼저 한다. 5인 1조인지라 돌아가며 한 명은 쉬면서 하기로.

"앞 사람에게 업히는 건 아니야! 다리는 옆 사람에게 의지해."
한 녀석은 말에 목마를 타고 높게 선다. 위험하다고 했지만 높아야 유리할 것 같다는데.
"너 왜 이렇게 가볍냐?"
"누가 방귀 꼈어?"
"머리 때문에 안 보여. 나 머리 묶고 올게."
"아이고! 내 허리야."
"경마장 말이 얼마나 힘든지 알겠어요."
"승차감이 대박이에요."
"저희가 제일 높죠?"
역시 제일 키가 큰 태윤이네 말과 기수가 웅장해 보인다. 아이들은 태윤이더러 인간타워라며.

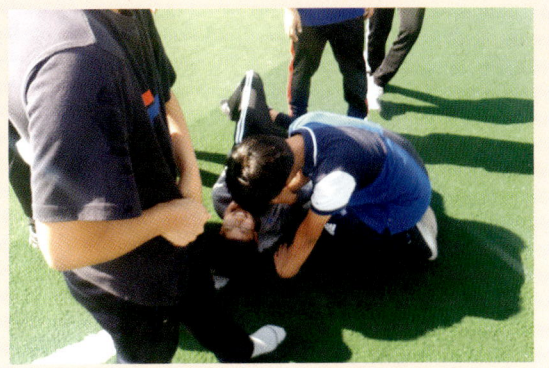

　15분 정도 기마전 연습을 하고 실제 경기는 다음에 하기로 한다. 사실은 오늘 체육을 안 할 거라 기마전 모자를 준비 못 시켜서… 신발 차서 골대에 넣기를 한다. 본인의 신발을 차서 골대에 넣으면 되는 간단한 경기. 가까운 거리는 신금호역팀이 7 대 4로 승리. 거리가 멀어지자 역시나 점점 골이 들어가지 않는다. 골대 라인에 걸친 승은이의 신발. VAR 결과 노골! 저 멀리서 하늘 높이 뻥 날려 버린 륜경이. 지구 중력을 뚫고 우주로 나가는 듯 쭉 올라간다. 많이 해 본 듯 안정감 있게 차 넣는 준우. 발리슛 자세로 신발을 차 골을 넣는 연수. 지윤이와 규현이는 땅볼로 신발을 차지만 이리저리 왔다갔다 잘 굴러간다.
　거리를 하프라인까지 올리고 단체로 발사. 못 넣을 줄 알았으나 팀별로 한 골씩은 들어간다. 두 번째 단체 샷. 이번에도 한 골씩.

　자유시간 10분을 주었다. 환호하며 축구하는 남자아이들! 역시나 골 넣으면 골키를 한다. 개인전인지라 패스는 전혀 없다. 그냥 본인 앞에 오면 슛. 준우랑 서준이는 마주 앉아 5초 안에 3가지 답하기 게임을 한다. "너가 좋아하는 삼각김밥 3가지?" "멋진 차 종류 3가지?" "우리 동네 초등학교 3군데?" "나무 이름 3가지?"
　여자아이들은 수건 아니, 공 돌리기를 한다. 교실보다 넓어서 정말 시원하게 달린다. 나중에 서준이 준우도 합세해 술래잡기도 한다. 센터 서클 흰 선 위만 움직여야 한다는 규칙이 있나 보다.

"선생님. 부인님이랑 어떻게 결혼하셨어요?"
"부인님이 나를 너무 쫓아다녀서."
"우리 아빠도 그러던데. 근데 엄마가 아니라던데요."
"선생님도 아니죠?"

어느 폴더에 내 옛 사진이 담겨 있다. 보여 주었다. 찍어 가겠다고 텔레비전을 찍는데 그 시절이 부럽기도 하고 부끄럽기도 하고.

음악시간이다. 일단 타악기 보충 연습을 20분만 하고 남은 시간은 발야구 응원가를 마무리 짓기로 한다. 지난주에 만들었던 응원가는 벌써 익숙해졌는지 서로 노래를 불러 준다. 역시 신세계 교향곡 4악장으로 만든 '박경란 박경란 안타 박경란'이 최고 인기다.

"이거 바꾸고 싶은데요. 너무 너무 이상해요."
"수정해야 돼요. 제발요."

연수: 야구의 왕자! 양연수~ (바다의 왕자)
류경: 긴 목이 되어 24미터. (먼지가 되어)
민준: 떴다 떴다 김민준 날렸다 홈런을. (비행기)
은비: 아 싸 갈비 튕겨! 아 싸 홈런 날려!
서준: 공 세 마리가 한 집에 홈런공, 안타공, 서준공 (곰 세 마리)
승은: 승은이 망극하옵니다.
준우: 태양의 머리 빰빠밤! (개구리 소년)
태윤: 이이이이 ~ 이이이이이 황태윤 190! (The lion sleeps tonight)
인해: 강인해가 만루홈런 날리게 된다면. (애국가)
주희: 홈~런 날려 버려 안타도 같이 (스피치리스)
준혁: 렛잇고 방준혁!
백하: 삐리삐리 최백하! 어이.

두 녀석의 대화가 재미있다.

"너 연애하다 엄마한테 걸렸어?"

"어. 1학년 때 걸렸어."

"그냥 좋아하는 거 아니야?"

"비밀 연애였는데. 걸렸어."

"대단하네. 첫사랑이 1학년 때구나."

"그게 마지막 사랑이었어."

 **10월 16일 수요일**

성동광진 육상대회에 영민이가 다녀왔다. 멀리뛰기 부문에서 영민이는 4미터 50센티를 뛰어 입상할 것 같다고 한다.

어제 대회에 나간 서준이 친구가 한 말. 서준이 친구는 3미터 90센티를 뛰었단다.

"영민이 괴물 같았대요. 완전 날았어요."

"1위라서 체육중학교에서 스카우트 왔어요."
"육상대회 스파이크 우리 학교 거는 별로 안 좋은 거래요."
"다른 학교는 개인이 산 스파이크 신었던데요."
"스파이크만 더 좋았으면 5미터는 넘었겠다."
"영민이가 우리 학교 육상 대장이야~ 총대장이네."

"왜 자꾸 바뀌어요? 타악기 공연은 조금만 하면 안 돼요?"
교육과정 발표회에 대해 재안내한다. 타악기(7채와 휘모리) 공연을 2~3분만 하려던 것을 8분 전체 연주로 바꾸었다. 타악기 공연하는 것에 격렬히 반대하는 아이들!
"휘모리 마지막에 손이 너무 아파요."
"미안하다. 사랑한다."

2교시는 경복궁 사전학습지를 만들기로 했다.
"핫스팟 좀 켜 주세요."
"토트넘 핫스퍼 좀 켜 주세요."
"오늘 부마항쟁 40주년이에요?"
"너네가 부마항쟁을 알아?"
"부산마산항쟁요. 사회시험에 나왔어요. 답이 부마였는데요?"

"여기 소주방이라고 있는데. 소주방이 진짜 밥하는 곳이에요?"
"경복궁 생과방은 뭐에요?"
"근데 우리가 먹을 자판기가 어디 있어요? (최대의 관심사다. 수정전 근처에!)"
"보물로 지정된 건물은 원형이 있다는 말이에요?"

"왕들은 운동 못 해서 어떻게 해요? 근정전 앞에서 축구하면 정말 재미있을 것 같은데요."
"거기도 돌밖에 없는데 어떻게 축구하냐?"
"아. 근데 나 오늘 학원 기타밖에 없다. 좋다."
"나 어디서 봤는데 어떤 사람이 바나나 먹다 이 빠졌대."
"나는 수박씨에 걸려 이 빠졌는데."
"얘들아. 조용히 하고 얼른 학습지 하시지~"

〈서준〉

광화문부터 시작되는 담장의 두께를 재보고 싶다. 해태상 보기

근정전: 왕이 다니던 가운데 길을 걸어 보고 싶고 돌이 거칠×2 한지, 또 진짜 쇠고리가 있는지 보고 싶다.

사정전과 강녕전: 왕이 어떤 경로로 움직였을지 생각해 보기. 방이 정(井) 자로 나뉘어 있는지 보고 싶다. 왕이 일할 때 어떤 느낌?

경회루: 얼마나 아름다운지 보고 싶다. 의문점(호수에 물의 용, 불의 용을 넣었다고 하는데 호수에 물의 용을 넣으면 불의 힘이 약해지지 않을까?)

동궁: 왕자가 살았던 곳이라니. 솔직히 왕이 사는 곳이 혹은 동궁이 더 으리으리할지 궁금하다. 자식사랑이냐? 자신의 품위인가?

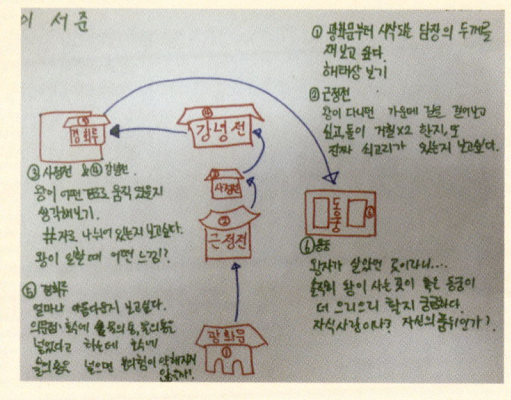

〈태윤〉

경복궁에 이렇게 많고 작은 궁들이 있는 줄 몰랐다. 그런데 이런 우리의 역사에 항상 일본이 나와 망쳐 버리는 것 같아 기분이 좀 그랬다.

소주방이 소주로 가득찬 방인지 확인해 보고 싶다. 그리고 복원 중인 동궁을 하루 빨리 보고 싶다.

궁금한 점
소주방은 정말 소주로 가득할까?
동궁은 드라마에 나오는 모습 그대로일까?
경회루에서 술 먹고 물에 빠진 사람은 없을까? 물의 깊이도 궁금.

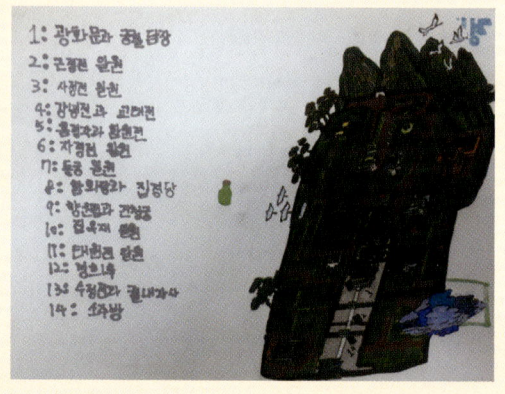

〈효은〉

광화문은 슬픈 게 원형이 아니어서 very very sad 했다.

근정전은 나라 안 행사가 있을 때만 왕이 오는 것을 알게 되었다.

교태전 앞 아미산이 이쁘다는데 진짜 이뻤다. (신기방기)

경회루는 예전에 가봤는데 은근 깊어 보여서 무서웠다. 이번에 갈 때 경회루의 역사를 생각해 보겠다.

경복궁은 복원하기 힘들고 이번에 기록이 중요하다는 것을 알게 되었다.

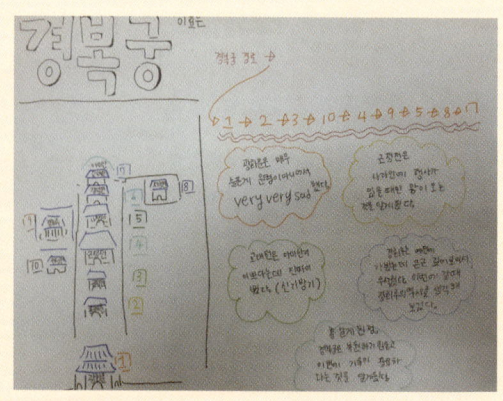

〈승은〉
강녕전이 왕의 침실이라는 것을 알게 되었다.
영제교라는 다리가 있다는 것을 알게 되었다.
흥례문이 광화문 다음 문이라는 것.
광화문이 경복궁 첫 번째 문.
경회루에 대해 자세히 알 수 있었다.

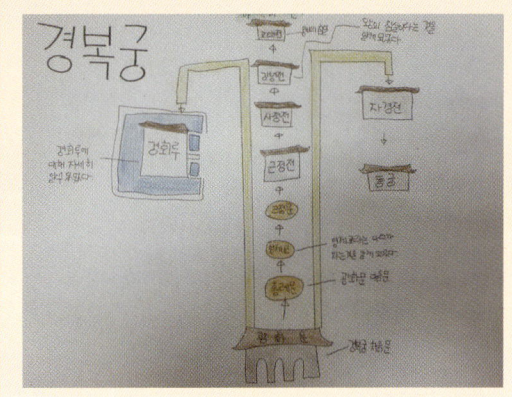

〈규현〉
경복궁 안에 이렇게 많은 것이 있는 줄 몰랐는데 신기하다.
가보고 싶은 곳은 경회루인데 이유는 연못을 구경해 보고 싶기 때문이다.
명성황후가 돌아가신 곳이 건청궁이라는 것과 근정전이 행사를 하던 곳이라는 곳. 근정전 마당 화강암이 햇빛으로 인한 눈부심을 줄이기 위해 만들었다는 것 등등.

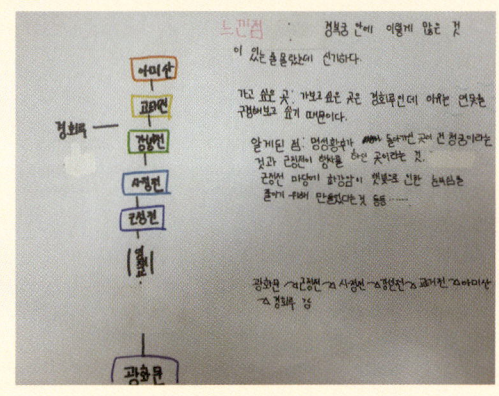

〈경란〉
경복궁은 참 신비로운 곳인 것을 알았다. 길은 좀 복잡하게 되어 보이지만 그래도 잘 다녀야겠다.
화장실 찾다가 길 잃어버릴 수 있으니 주의해야겠다.
경회루: 왕이 노는 곳인지 알게 되었다. 사진 찍을 장소.

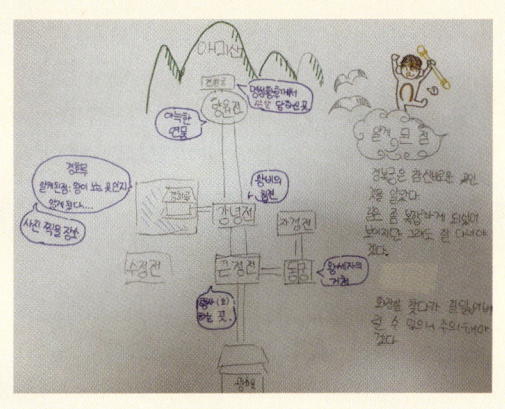

경회루가 얼마나 으리으리하고 많은 사람이 들어갈 수 있는지 보고 싶다.
영제교의 깊이를 재보고 싶다.
소주방: 많은 사람의 밥을 해야 하니 얼마나 큰 밥솥을 썼는지 보고 싶다.
경복궁의 얼굴인 광화문이 콘크리트였었다는 사실에 너무한다. (한국전쟁 때 폭격. 1968년 콘크리트로 복원. 2010년 원형 복원.)
자판기에 가서 음료수 마시기.

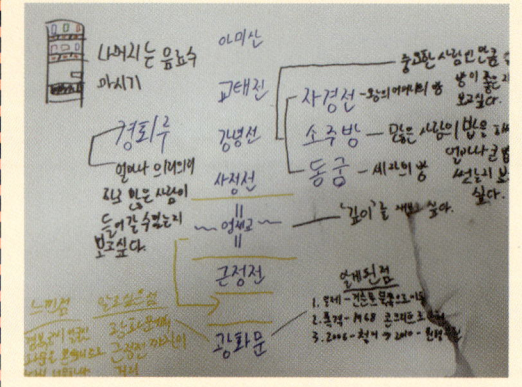

〈민준〉
경복궁은 아픈 역사가 있는 곳이다.
동궁의 내부를 보고 싶다.
흥례문의 문의 크기.
영제교에 물이 차 있을까?
모든 곳에 들어가 보기.

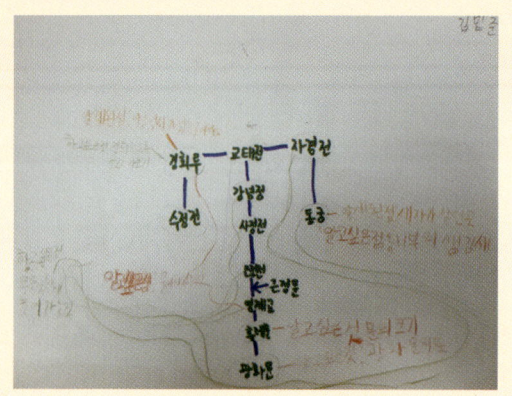

〈준호〉
일본이 교태전을 뜯어서 다른 곳에 옮긴 게 이해가 안 가고 어떻게 때갔는지 궁금하다.
강녕전에 우물 정 자 방이 이해가 잘 안 되어서 실제로 보고 싶다.
사정전이 온돌방이라는데 어떻게 온돌을 사용하는지 궁금하다.
동궁: 조선시대 다이아수저의 집이 궁금하다.
근정전: 행사의 흔적이 있는지 궁금하다.
경회루 기둥에 파티의 흔적을 찾아보고 싶다.

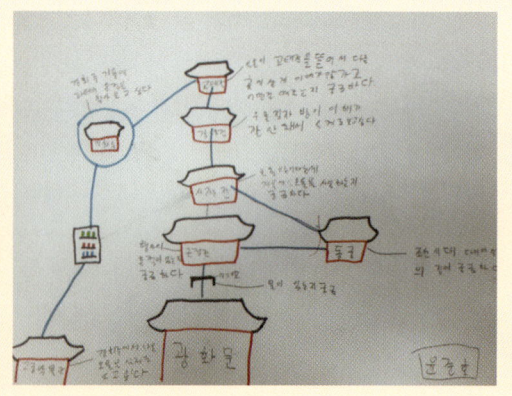

〈준혁〉

동궁에는 세자와 세자빈이 왜 같이 살까?
근정전 안에 어떤 그림이 있는지 보고 싶다.
영제교: 물이 흐르는 곳에 뭐가 있는지 궁금.
근정전에 어떤 석상이 있는지 궁금하다.
아미산이 왜 보물인지 궁금하다.

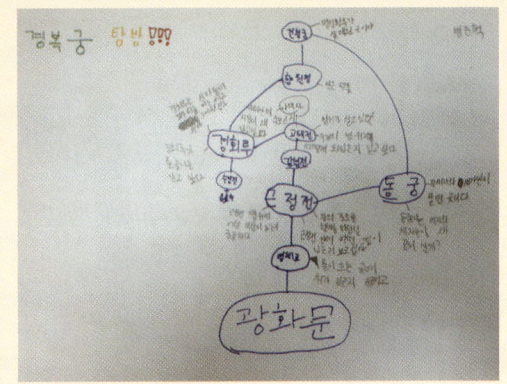

〈상진〉

알고 싶은 것:
1. 경회루의 물 온도
2. 건물들의 평수. 경복궁 안 사람들의 생활모습.
3. 광화문 담장의 돌 재질, 문을 여닫는 법
4. 어떻게 아미산이 계단식으로 예쁘게 산을 쌓았을까?
5. 어떻게 이렇게 우아한 건물을 지었을까? 나도 이런 건물에서 살아 보고 싶다.
6. 치마바위가 과연 보일까? 향원정에서도 보일까?
7. 영제교에 물이 차 있는지 궁금.

경회루를 한 번밖에 못 봐서 기억이 잘 안 났는데 이제 조금 알 것 같다.
광화문을 많이 보았지만 읽어 보니 더 웅장해 보인다.

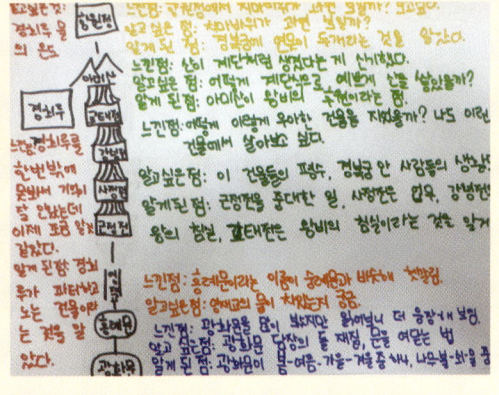

〈주희〉

오늘 내가 자세히 알아볼 곳은 경복궁의 경회루.
경회루는 요즘 연회장이라고 생각하면 된다. 한 2년 전 경회루를 봤는데 너무 예뻤다. 물 위에 둥둥. 만들던 신하들 거의 반쯤 죽었을 듯. 힘들어서. 이런 예쁜 경회루를 만들어 주신 옛날 분들의 노력에 감사한다.
근정전 처마 및 오지창: 기술력이 좋다. 새들의 침입을 막기 위해 달았다는 게 똑똑한 듯하다.
역시 옛날 분들은 지혜가 많고 미적 감각이 뛰어나신 듯하다.

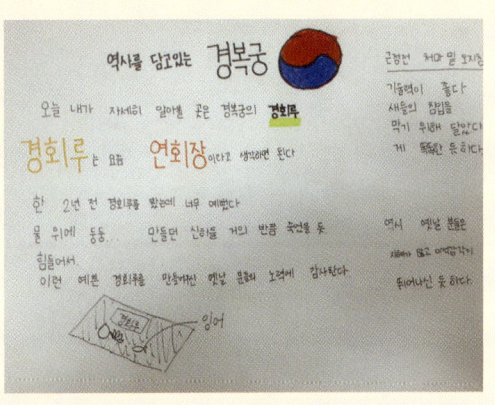

<영민>
영제교에서 물이 흐르고 물고기가 있는지 확인하고 싶다.
자판기에서 음료수를 먹고 수정전에서 복원된 돌과 원래 있었던 돌을 비교해 보고 싶다.
경회루에서 잉어에게 밥을 주고 싶다.

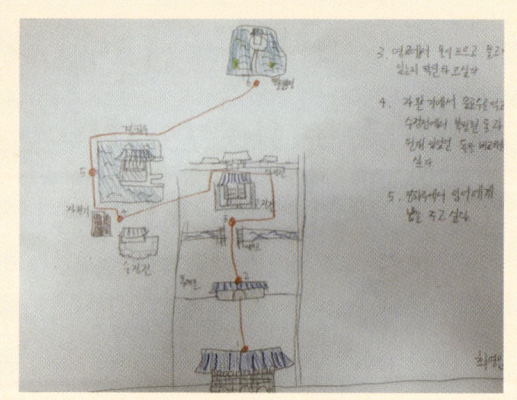

<인해>
경복궁에는 건춘문, 광화문, 영추문, 신무문이 있다. 그리고 사정전은 왕이 있는 곳이다. 사정전은 보물 제1759호로 지정되었다. 강녕전과 교태전은 왕과 왕비가 일상생활을 하는 곳이다.

<은비>
근정전: 십이간지를 보고 싶어서. 오지창을 보고 싶어서.
자경전: 십장생을 보고 싶어서(악귀를 막고 장수를 기원한다는데 그걸 원해서).
향원정: 향원정에서 본 풍경이 궁금하고 사진도 찍고 싶어서.
건청궁: 명성황후 시해사건으로 깊은 뜻이 있는 곳인데 건청궁에 써 있는 글이 보고 싶어서.
길을 잃을까 봐 무섭고 선생님이 주신 종이의 설명과 경복궁에 있는 설명 차이가 궁금합니다.

⟨○○⟩
왕은 어느 순서로 이동할까?
궁을 만드는 데 얼마나 걸릴까?
왕이 자던 침대를 볼 거다.

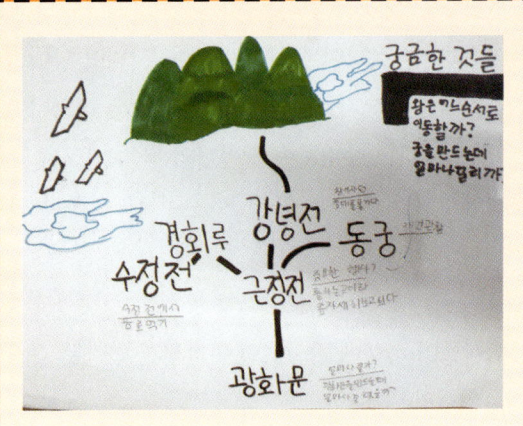

휴지를 다 쓴 갑티슈 통을 가져가 전개도를 그린다는 서준이. 그걸로 새로운 전개도로 만들어 륜경이랑 준우에게 선물하지만, 그들은 사양한다.

"너 내 성의를 무시하냐?"

결국 준우가 받는다.

"이거 어디다 쓰냐?"

여자애들은 새콤달콤 달라고 조르고 있다. 내가 안 주고 버티니 옆에서 누워서 지낸단다. 여기가 자기 방이라며 집요하다.

체육시간이다. 영민이랑 나랑 30미터 달리기 경기를 했다. 졌다. 게다가 이기려고 내가 손을 사용해 반칙패란다. 옆에 있는 연수와의 대결.

"나 너한테 지면 은퇴다."

비디오판독 결과 내가 졌단다. 분명 비슷하게 들어왔는데.

발야구를 했다. 현민이는 몸을 풀며 다이빙 캐치 연습을 하고 있다.

"그냥 기본 플라이볼 실수하지 마. 그리고 다이빙 캐치 하면 무릎 다 까져."

경란이가 나오자 신세계 교향곡 4악장 멜로디에 응원가를 부른다. 우리 반 모두가 부른다. 중독성이 강해 다른 팀도 수비하며 경란이의 타석 입장을 축하해 준다. 야구 역사에 남을 한 장면! 행당역팀 만루 상황에서 지윤이가 찬 공에 4아웃이 된다. 주자 전원이 달린다. 플라이볼에 3, 2, 1루 베이스를 모두 밟는 신금호팀.

아이들이 타석에 들어서면 음악시간에 만든 각자의 응원가도 불러 준다. 달려라~ 달려라~ 긴 목이 되어~ 임현민이다~

"나보다 못할 수 없을 거야. 여러분 안녕하세요."

"그런 말 하지 마. 자신감 가지라고."

옆에서 상진이는 야구 코치처럼 모자도 만지고 박수도 치며 사인을 낸다. 하지만 그 타자가 그 사인을 읽지 못하니.

"뭔 소리데?"

"번~ 트~"

"어떻게 하라고?"

"살짝 차고 그냥 뛰어!"

연극시간이다. 〈아기돼지 삼형제〉 동화 속 마지막 장면 이어 만들기!
늑대를 쫓아내고 벽돌집에서 행복하게 살고 있던 '아기돼지 삼형제'
지쳐서 도망간 늑대는 그 뒤로 어떻게 지내고 있을까?
뒤에 숨겨진 이야기를 타블로(정지화면) 또는 동영상으로 만들기!

"오늘 주인공은 늑대에요~ 아기돼지 삼형제는 나와도 되고 안 나와도 돼요."
"왜요? 왜 하지? (설명 듣다 말고 뜬금없이.)"
"선생님. 얘~ 사춘기예요."
"얘~ 오춘기예요."
"나 사실 갱년기 왔어."

〈3모둠〉

이후 돼지들은 특수 아이템을 습득해 늑대보다 더 강한 힘을 가지게 된다. 어느 날 돼지는 공놀이를 하고 있다. 늑대들이 힘을 모아 다시 쳐들어온다. 처음에는 복수고 뭐고 그냥 늑대가 안쓰러워 친구를 하려고 했는데.
"늑대들(은비랑 류경) 그냥 다시 밟아 버리자."
오잉. 정말 밟아 버린다. 너무 미안한데 어쩌지.
돼지인 연수가 총(배드민턴 총)으로 늑대를 물리치고 늑대고기를 먹는다는 내용. 알고 보니 연수는 돼지 탈을 쓴 사냥꾼이었다는. 총은 마취총을 쏘았다고 한다.

〈2모둠〉

식당 주인이 아기돼지 삼형제고요. 늑대아빠가 맛있는 레스토랑을 추천해서 아기돼지 삼형제 식당에 들어가다 늑대 아들이 불에 대여요. 그래서 화가 난 아빠랑 돼지 삼형제가 다시 싸우는데. 아빠가 밀리는 거예요. 그걸 보던 늑대엄마가 돼지를 작살내요. 엄마의 파워로 물리쳐요. 엄마는 미국 늑대예요. 엄마는 수입산이에요. 엄마는 외계인이에요.

늑대가족의 맛집 탐방 시간이다.
"아부지! 여기가 돼지 미슐랭 3개. 맞습니까?"
"존맛탱 맛집이다."
"안녕하세요. 잡아먹을 돼지가 어디 있어요?"

"잡아먹을 돼지라니요? 너희들 지난번 그 늑대들이구나! 불 맛 봐라!"
"아! 내 엉덩이."
"엄마! 저 돼지가 내 엉덩이 불태웠어."

이를 본 늑대아빠가 나서지만 이제 나이가 들어 공격하기 어렵다. 하지만 엄마는 외계인. 불을 보고도 그대로 공격!

"오케이 렛츠 파이트."
"가라 이 돼지 망령들아."
결국 돼지 통구이로 먹는다는 내용.

〈4모둠〉

복수를 위해 10년간 칼을 간 늑대. 길을 가다가 누군가를 만난다.
"안녕 나 빨간 모자야."
"아아~ 빨간 모자. (현민)"
'너에게도 복수해야 하는데….' 하지만 빨간 모자는 태권도 7단의 고수가 되어 덤빌 수가 없다. 일단 아기돼지들에게 간다. 아기돼지들은 10년이 지나 이미 어른돼지가 되어 힘도 많이 세졌다. 늑대는 10년 만큼 늙었다. 아기돼지 3형제는 힘을 모아 물리친다.

"우리는 이제 늑대도 물리쳤으니 호랑이도 물리치고 동물의 왕이 되겠어."
이 전개 뭐야! 상상도 못 한 전개!

〈1모둠〉

"코에 너무 오래 테이프로 붙여서 아파. (이미 붙인 지 10분은 지난 것 같다)"
코가 정말 빨갛다. 진짜 돼지 분장으로 임하는 열정.
"아이고. 엉덩이야. 이거 진짜 뜨거워. 기름 조금만 데워."
"이 늑대! 나쁜 늑대! 잘 가!"
잠시 후 Cut!
"잘 찍혔나?"
늑대도 사실 돼지였단다. UCC 콘테스트 대회 나가려고 아기돼지 4형제는 서로 역할을 나누어 정의가 이기는 감동적인 동영상을 찍었단다. 이게 나중에 동화가 되어 사람들에게 알려지고. 사실 아기돼지 3형제는 주작극이란다.

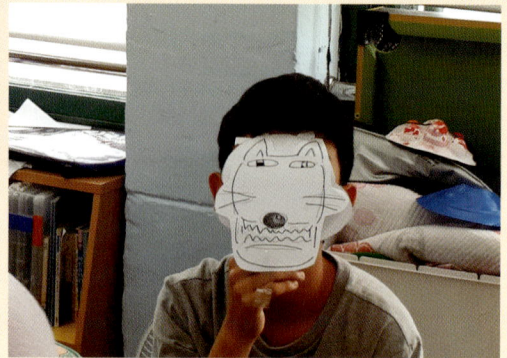

〈5모둠〉

늑대는 복수하기 위해 총을 가지고 아기돼지들에게 왔다. 돼지들은 공(무기)을 준비해서 늑대의 공격에 대비하고 있다.
늑대는 총을 쏘며 아기돼지 삼형제를 공격한다.
"하하하!"
"늑대! 돼지의 좋은 점이 뭔지 알아? 지방이 많아서 총을 맞아도 안 죽어."
"그리고 돼지열병 알지? 너가 우리 잡아먹다가 너도 죽어."
결국 또 늑대의 패배!

점심 먹고 오니 오랜만에 책상 밀고 피구를 하고 있다. 이 버라이어티함이란. 이게 진정 우리 반의 매력이지!
"선생님은 그냥 양치하고 오세요! 우리가 알아서 할게요."
"걱정되시죠? 걱정 안 하셔도 돼요."

아이들이 재미있는 얘기를 한다.
"난 3층에 사는데 출석번호 3번이야. (상진)"
"난 14층에 사는데 출석번호 14번이야. (효은)"
"난 17층에 사는데 출석번호 17번이야. (영민)"
"난 15층에 사는데 출석번호 15번이야. (현민)"
"선생님이 우리 사는 곳 알고 출석번호 넣었나 봐."
"아니야. 가나다순인데. 정말 어떻게 이렇게 잘 맞아 들어가냐."
신기하긴 하다.

급식 먹고 몇몇 아이들이 엘리베이터를 타고 교실로 왔다는 신고가 들어온다. 다섯 명의 아이들이. 한 명은 다리를 다쳤고 한 녀석은 오늘 배가 아파서 탔단다. 또 한 아이는 눈이 아프고 또 한 아이는 머리가 아프고.

"너는?"

"전 안 아파요. 죄송합니다."

'우리가 원하는 학교'라는 설문지가 왔다. 교장선생님께서 9월에 우리 학교에 오셨고 그에 아이들의 의견을 받고 싶으신가 보다.

"행복 도시락데이 때 학교에서 싸는 도시락 말고 엄마가 도시락 싸게 해 주세요. 3단 도시락이요. (엄마가 싫어하지 않으실까.)"

"쉬는 시간 없애 주세요."

"그럼 노동청에 신고 들어가서 큰일 나. (별 얘기를 다 한다.)"

"앞으로 현장체험학습을 더 자주 갔으면 좋겠어요. (우리 반끼리 롯데월드 한번 가요.)"

"근데 우리 어차피 써도 해 주지 않는데. (핵심을 찌른다.)"

쓰면서 하는 말들이 재미있다. 아이들이 많이 적었는데 읽어 볼 생각은 없다. 적은 그대로 전달하련다. 뭐라고 썼을까나… 얼핏 내 이야기도 들리는데.

"선생님. 노른자가 없는 달걀 나올까요?"

"있는 거 같은데. 그런 거."

"달걀에서 병아리 나오는 거 봤어요?"

"집에서 그게 될까?"

"엄마가 메추리알 까다가 메추리가 짹짹하고 나와서 캬아아악 했어요."

가짜 같은 이야기인지라 어이가 없어 웃어 버렸다.

"결국 애기 새가 죽었는데 왜 웃어요?"

"나 선생님이랑 이제 안 놀아요."

"어. 미안. 그게 아닌데."

진짜 메추라기가 태어났나….

오늘 야간 상담하고 8시쯤 퇴근한다. 학교 앞 떡볶이집 앞에 아이들이 바글바글. 학원 마치고 집에 가는 아이들의 모습인가 보다. 또 다른 무리는 태권도복을 입고 도장으로 가고 있는 듯하다. 이들의 저녁도 바쁘게 흘러간다.

10월 17일 목요일

　물리학에 관심이 많은 녀석이 있길래 독일에서 물리학 전공하고 있는 제자와 통화할 수 있는 기회를 주었다. 시차가 8시간 정도 나니 우리나라 시간으로 오후에 통화하라며 어제 알려 주었다. 아침에 오더니 대만족이란다. 다만, 나의 어두웠던 시절에 대한 이야기도 나누었나 보다. 12월에 한국에 오면 밥 한 번 먹기로 했단다. 생애 첫 식사 약속이라며 좋아하는 녀석!

　영민이는 성동광진교육청 멀리뛰기 대회에서 1위를 한 모양이다. 하지만 다음 달에 오스트리아 체험학습 예약이 되어 있어 서울시 대회에는 못 갈 것 같다는데.

　준호가 말한다.
"토론할 때 쓸 필살기를 준비했는데 집에 놔두고 왔어."
"우리는 그냥 초반에 밀어붙이자."
이 말을 들은 반대편 여자아이들이 어디론가 사라졌다. 이 녀석들도 비장의 카드를 준비하려나 보다.

　지윤이 티셔츠에 피넛이라고 쓰여 있길래 '땅콩아가씨'라고 했더니 "쌤!"이라며 빤히 날 본다.
"별명 부르면 나쁜 사람이에요."
휴. 난 나쁜 사람이 되어 버렸다.

　두 녀석이 수업시간에 색연필을 놓고 다투고 있다. 지난번 미술시간에 내가 색연필 많이 빌려줬다는 논리와 넌 내 것을 소중히 다루지 않는다며 빌려주지 않겠다는 논리의 충돌이다. 그 앞에 있는 효은이는 다트 두 개를 머리핀에 붙이고 이들을 중재하고 있다.

 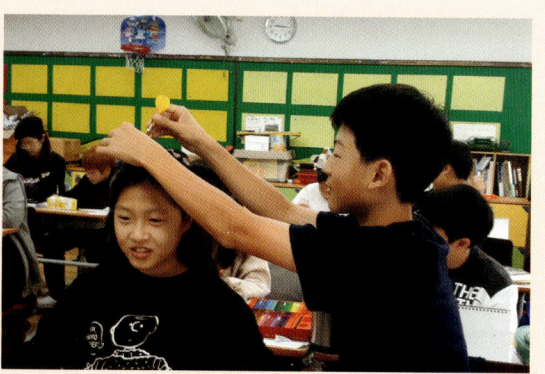

그 다툼의 현장! 1모둠 아이들은 취향이 방송과 어울린다. 효은이는 방송작가, 지윤이는 방송디자이너, 영민이는 PD. 셋이 나중에 같은 직장에서 일하면 재미있겠다라고 했더니.

"우리 입장도 생각해 줘야지요."
"우리 회사 망해요! 그럼."

"저 과거로 돌아가고 싶어요."
"얼마나 과거로? 왜?"
"3~4년 전으로요. 놀고 싶어요. (초 6의 평범한 대답이다.)"
"나도."
나도 돌아가고 싶다. 과거는 역시 아름다운지.
"할아버지가 제2의 인생으로 가구 만드는 취미 생겼어요."
"근데 선생님 어릴 때 꿈이 뭐였어요?"
"선생님은 아니었지."
"그럼 왜 여기 계세요?"
"그러게."

"쌤. 저 상처 받았어요?"
"왜?"
"저 예쁘죠? 했을 때 선생님 반응이… 정말 귀찮은 표정이었어요."
"아이고. 그랬나? (정말 무슨 상황인지 생각이 잘 안 난다.)"

두 번째 찬반토론의 날이다.
"아. 긴장돼요. 화장실 갔다 올게요."
"싸우기 좋은 날씨네요."
오늘 아이들은 준비를 많이 했는지 토론 초반은 준비해 온 자료를 한껏 뽐내고 있다.

토론 주제: 일본 불매 운동은 계속되어야 하는가?

첫 10분(찬반 상호 토론)

"일본 불매 운동은 계속되어야 합니다. 불매라는 것은 특정한 상품을 사지 아니하는 것입니다. 제조국이나 제조물에 항의나 불만을 하는 거예요. 이건 사전에 나오는 뜻인데요. 그리고 지금 일본 불매 운동 보시면 맥주 감소량은 63.7%, 라면은 52.6%, 조미료 32.9%, 화장품 20%, 유니클로 30% 감소하고 있어요."

"저희는 불매 운동은 적당히 끝나야 한다고 생각합니다. 승용차, 트럭이 서로 마주 보고 달려오면 누가 더 피해를 보죠? 작은 승용차가 더 피해 보죠? 우리가 일본보다 경제 규모가 더 작은데. 물건 사지 말자. 일본인 아이돌 퇴출하자. 여행 가지 말자. 이렇게 말하면 결국 우리도 타격 입을 수 있어요. 그리고 우리 학교 6학년 학생들 대상으로 설문을 했는데 불매 운동 평생하자는 데는 찬성 25%, 반대 55%였어요."

"하지만 일본도 피해를 받아요. 이건 일본의 지방 도시를 우리가 먹여 살리다시피 한다는 자료인데. 이번에 불매 운동을 하면서 일본 지방으로 간 사람들이 우리나라 국내 여행으로 간다고 하네요. 우리나라 여행 40% 증가."

"하지만 일본 여행 줄면서 한국 항공사들 사정도 나빠졌어요. 그리고 유니클로 예를 들면 우리나라 사람이 차린 매장인데 일본 사람과 관련 없는 우리나라 사람도 피해를 받아요. 판매자나 사장님도 우리 국민이므로 잘 생각해야 해요. 그 사람들 중에 일본인이라 손가락 받는 일도 있다고 하네요."

두 번째 10분(판정인들과 질의응답)

"아까 우리 학교 6학년한테 물었다고 설문했다고 하는데. 불매 운동의 목적이 평생 안 쓰는 게 아니라 화해될 때까지 아닌가요? 그리고 우리 학교 초등학생에게 설문조사하는 건 별로 근거로서 정확하지 않네요."

"처음에 물어본 것은 친구들의 의견을 반영하기 위해서였고요. 강압적으로 하지 않았습니다. 평생 동안이라는 말은 화해가 잘 되지 않았다면으로 하는 게 좋아 보이네요."

"설문조사를 하셨다고 했는데 우리 학교 6학년 전체? 일부?"

"딱 반 정도. 한 반의 절반 정도. 70명 정도 했어요."

"하지만 요즘도 일본을 많이 가지 않나요? 아까 안 간다고 했던 자료요."

"2019년 7월 16일부터 30일까지 조사한 자료입니다. 많이 줄었어요."

"트럭이랑 작은 차랑 부딪히면 작은 차가 더 피해 본다고 했는데. 계속 불매 운동하면 큰 트럭은 영업을 못해 더 큰 충격이 아닌가요?"

"경제 규모를 생각하면 작은 쪽이 더 피해를 볼 것 같아요."

"큰 차 트럭이랑 승용차로 비유했는데 제가 비유해 볼게요. 제가 엄마고 중학생인 아들이 있는데. 고등학생인 형이 절 때린 거예요. 이럴 때는 엄마가 큰 트럭이고 고등학생 중학생 아들 둘은 다 승용차 아닌가요? 같은 승용차끼리 부딪힌 거라고요."

"하지만 폭력에 대응한 폭력은 정당화될 수 없어요."

"그러면 상대방이 폭력을 하는데 막기만 하나요?"

"학교폭력을 했다고 똑같이 폭력을 가하면 같이 처벌을 받아요."

"도요타 닛산 대신에 벤츠를 사면 되잖아요."

"일본 말고 다른 차들은 1억도 넘고 3억도 넘어요. 그래도 일본 차들은 좀 더 싸요."

"그럼 국산 차는 사면 안 돼요?"

"국산 차의 부품에 일본 것이 있다면요?"
"유럽이나 미국 차가 무조건 비싸지 않아요. 포드는 1억이 안 넘어요. 비싼 거는 오픈카 레이싱카 빼고는 기능이랑 가격이 비슷해요."
"하지만 유럽 차보다 일본 차를 가지고 싶은 사람도 있잖아요."
"아니에요. 옵션은 우리나라 차가 세계 1위예요."

마지막 10분(찬반 상호 토론)
"불매 운동이 시작된 이유는 강제 징용된 분이 소송을 하다가 미루고 미루다가 문재인 정권이 들어서면서 소송에서 이기게 되었고. 일본이 화가 나서 반도체 주요 물품을 수출 안 하면서 일어났는데. 그래서 백색국가로 지정했어요. 우리나라가 받은 피해가 있는데 왜 사과를 안 하죠? 위안부 문제를 무시하고. 이럴 때 본때를 보여 줘야 해요."
"그런 부분은 사과해야 하지만 미국이 강대국이 될 수 있었던 이유는 자기 나라에 피해를 준 나라에 불매 운동 같은 거 하지는 않아서예요. 경제는 다른 문제예요."
"우리가 당하지만 말고 타격을 입더라도 조금씩 일본을 때려서. 저희도 이제 일본에게 벗어나야 합니다."
"단순한 복수심 때문에 많은 국민들이 피해 입는 것은 생각 안 하시나요?"
"그 피해를 감소시킬 수 있어요. 지구에는 미국, 독일 등 많은 나라가 있어요. 일본 대신에 다른 나라를 이용하면 돼요."
"그렇다고 생각해도 원래랑 품질이 달라질 수 있어요."
"일본 맥주, 미국 맥주가 둘 다 비슷한데요. 일본 불매 운동하면 미국 맥주 마시면 되잖아요."
"맛이 다를 수도 있어요."
"저희 아버지가 말했어요. 맥주는 다 똑같아서 구분이 안 된다고요."

"나라의 힘은 나라의 국민으로부터 나와요. 불매 운동해야 해요."
"어차피 한국의 대표는 문재인 님이시잖아요. 그 사람이 대표로서 말을 하면 되잖아요."
"일본인들에게 불매 운동하는 게 아니라 아베에게 화가 나서. 아베한테 타격을 주려고 하잖아요. 그래서 노 재팬 대신에 노 아베가 나오고 있어요."
"대표자가 만나서 협상하면 되잖아요. 만약에 한 번 더 만나서 하면 안 돼요?"
"이미 대화를 했어요. 서로 의견이 안 맞아서 불매 운동하는 거잖아요."
"폭력에 대한 정당방위는 정당해요. 경제적 보복과 폭력에 계속 당하자는 말인가요?"
"일본이 심기를 건드렸어도 감정적으로 대하는 것이 아니라는 말이에요."
"누군가 저한테 폭력을 해서 선생님한테 말하고 사과를 받고 끝냈는데 거기서 또 계속 우리에게 또 폭력을 쓴다면. 그런 사람에게는 언젠가는 폭력을 써야만 해결돼요. 맞고 사과 받고 맞고 사과 받고. 비폭력 시대에서 폭력 시대로 가야 해요."
"서로 감정이 악화되면 계속 감정싸움이 돼요."
"감정싸움은 저쪽이 먼저 시비를 걸었고요. 일본의 한 기사에서 우리나라 불매 운동은 냄비다. 어차피 금방 식는다고 했어요."
"수출 규제로 한국 경제가 타격을 입을 것이에요. 무디스에 나왔는데, 우리나라 증시가 급락·장기화 될 가능성이 있다고 했어요. 우리나라 관련된 기업들은 더 타격을 받을 거고요."
"거기가 예언자예요?"

> "예언자는 아니지만. 한 나라에서 양보할 때까지 계속 싸울 수는 없어요. 일본의 사과만 받으면 될 것 같아요."
> "강요를 안 해도 전 국민들이 알아서 불매 운동하는 거고요. 타격을 받다 보면 일본도 양보를 하게 될 거 같아요."
> "맞기만 하고 또 계속 맞으실 것이에요?"

"오늘 정말 치열하네. 결론을 못 짓겠다. 그치? 토론은 일단 여기까지 하고 4교시 수학이야."
"계속해요. 4교시도 토론해요."
이때 한 녀석이 환호를 보낸다.
"난 체육 다음으로 수학 좋아."
주변 공기를 어쩜 이리 이 녀석만 모를까?

점심 먹고 못다 한 일본 불매 운동 찬반토론에 대해 아이들이 의견을 낸다.
"반대 측에서 말한 건데 단순한 복수심 때문에 불매 운동한다는 것은 알맞지 않아요. 우리 역사를 보면 그렇게 당하고 살았잖아요. 강제 징용, 위안부요."
"다른 말에 대한 것은 아니고요. 난 불매 운동 안 할 건데라는 말이 듣기가 좀 그랬어요."
"일본도 우리나라 국기를 밟고 침도 뱉고 그런 식으로 하는데 불매 운동하는 게 당연한 것 같아요."
"(준호) 사실 필살기로 준비한 건… 어떤 미국 대학교에서 일본 불매 운동이 우리 대한민국이 이길 수밖에 없는 이유라는 글이 있었는데. 집에 놓고 왔어요. 구글 번역기 돌려서 준비했는데. 그거 한 방이었으면…."
"재미있겠다 싶었는데 너무 정리가 안 된 토론 같았어요. 멀리 떨어져서 허공에다 칼질하는 느낌이에요."
"너무 동문서답 같았어요. 다른 답을 해서 이해가 안 되고 답이 엉키고. 그래도 시원한 사이다 느낌도 들었어요."

미술시간이다. 대형 종이접기를 하기로 한다. 시작은 창대하다. 하지만 학이 터지고 날개가 꺾이고 종이비행기는 휘어지고. 애초 계획했던 것보다는 좀 초라하게 끝난 것 같다.

> **준호:** 손흥민 때문에 축구 그렸고요. 레스터시티 첼시전을 보고 감동받아서 레스터시티 그렸어요.
> **영민:** 풍선을 만들다가 실패해서 리폼해서 만든 모자예요. 구찌를 새기면 가오가 있을 것 같아서요.
> **서준:** 키드밀리가 탄 비행기.
> **상진:** 수잔 비행기. 종이비행기 날리기 69미터 최고 기록이라는데. 상진스 에어플레인 비행기 이름도 넣었고요. 디자인은 가지각색이에요.

현민: 비행기 접다 제트기형 로켓이 되어 버렸어요.
준혁: SON 7번 넣었어요.
지윤: 학 모양 수갑인데요. 명품이에요.
은비: 샤넬 학. 애기 다섯 마리를 작게 접어서 배 속에 넣었어요. 지금 임신 중이에요.
경란: 바나나 접기 했어요.
인해: 1호 비행기.
주희: 책 만들다 망해서 비행기로 바꾸었어요. 감춰호.
태윤, 승은, 규현: 책 만들었어요. 책 잘 쓸게요.
륜경: 책 만들려고 했다가 망했어요. 찢어져서 시간이 촉박해서 비행기 만들었어요.
효은: 펼치면 하트. 부채도 돼요.
민준: 청개구리 만들었어요.
연수: 리버풀 들어간 표창이에요.
백하: 맛있는 사탕 봉지.

10월 18일 금요일

백하가 어제 접은 사탕 종이에 진짜 사탕을 담아 준다. 받으면 안 되지만… 이건 받아야겠다.

"모기가 물다 말았어요. 여기 보세요."
자세히 보니 눈두덩이가 빨갛다.
"그래서 모기에게 복수했어요. 죽였어요."
"저는 8방 물렸는데. 여기, 여기, 여기. 잉~~"
"저는 학원에서 날파리 잡았어요. 모기인 줄 알고요. 괜히 미안하더라고요."

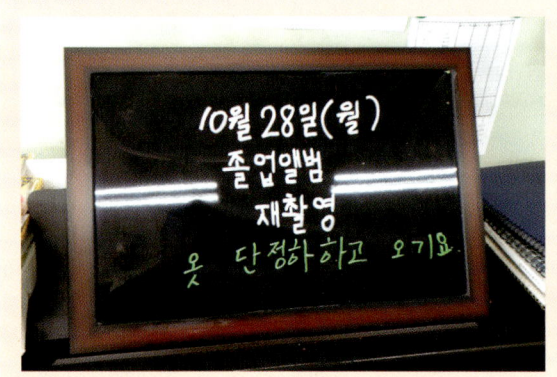 

과학시간에 에너지 변환에 대해 발표를 했다. 아이들 작품을 사진 찍어 한글 문서에 띄워 보여 주다 클릭 실수로 반전 사진이 나왔다. 이게 아이들의 학습 욕구를 자극시킨 것인지. 매 사진마다 역변 현상을 보여 달라는데.

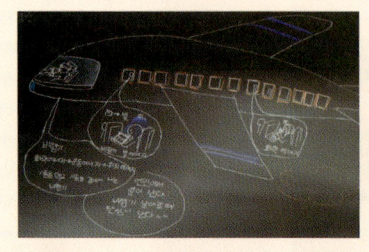  

은비가 걷고 있는데(운동) 어떤 생물이 은비의 팔 안에 쏙 들어왔다(탄성→위치). 길고양인 줄 알고 쓰다듬어 주고 있는데(운동) 튀어서 봤더니 털 있는 거대한 타란튤라였다(위치→운동).

기름을 먹고 시동을 걸어서 나는 비행기(화학→운동→위치). 엔진에서 열이 난다(열). 기내식을 맛있게 먹는다(화학).

아침에 일어남(운동). 밥솥(전기→열). 밥을 먹고(운동→화학) 학교로(운동→위치).

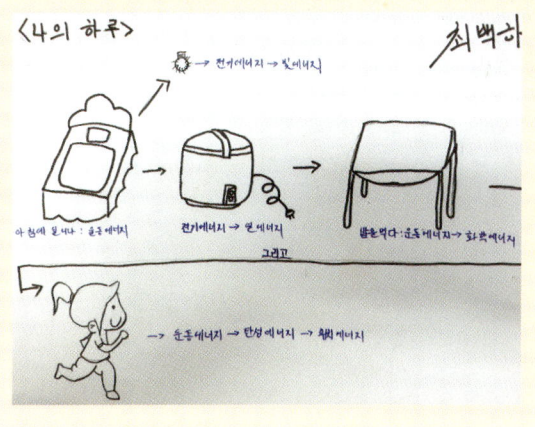

과학자는 타임머신 안에서 전기장판을 켰다(전기→열). 그리고는 뉴턴이 살던 시대로 갔다. 과학자가 도착한 때는 뉴턴이 중력을 알게 된 순간이었다. 사과는 나무에서 떨어지더니 데구르르 굴러갔다(위치→운동). 뉴턴은 사과를 먹기 위해 힘들게 집어 먹었다(운동→위치→운동→화학). 다시 현재로 되돌아온 과학자는 더 이상 사과를 데구르르 잘 굴러가지 않게 탱탱사과를 발명하였다. 그것이 탱탱볼의 시초이다. 믿거나 말거나(위치→운동→탄성).

탱탱볼(운동→위치→운동→탄성 반복)

새 학기를 맞이하려고 학용품을 사러 갔다. 샤프와 테이프 필통이 새로 나와 구매하려고 하는데 주인아저씨가 에너지 논리를 맞추면 공짜로 준다 해서.
 - 샤프 누르개 누르기(위치)
 - 다시 올라옴(탄성)
 - 용수철이 튕김(탄성)
 - 샤프심이 나옴(운동)

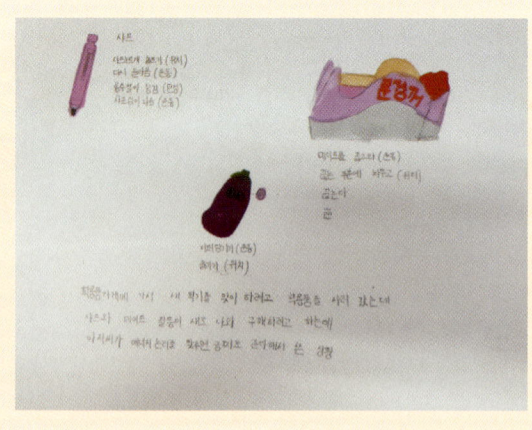

오빠가 라면 끓여먹는 과정
불을 켠다(열). → 스프를 넣는다(운동). → 계란을 깬다(운동). → 가끔 면이 튕겨 나간다(탄성).

전기자동차 시동을 걸어서 움직일 때 전기, 운동, 위치가 나오고 과속방지턱을 밟을 때 탄성. 헤드라이트를 킬 때 빛에너지.

인덕션은 전기→열에너지를 이용해 음식을 조리할 수 있게 만든 것이다.

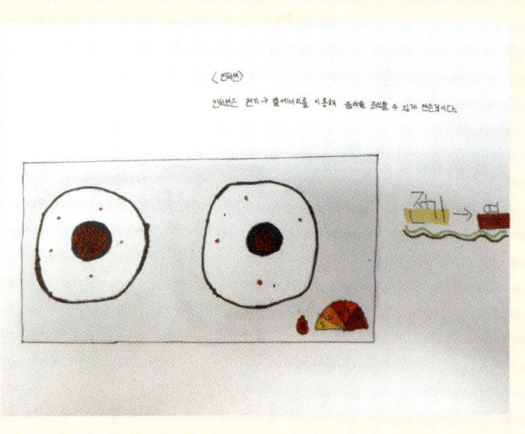

전기에너지를 열에너지로 만드는 인덕션을 이용해 계란 프라이를 굽는데 그걸 뒤집개로 뒤집어 운동에너지를 위치에너지로 바꾼다. 프라이를 먹으면 화학에너지가 생긴다.

아이언맨이 전기에너지로 올라갔다가 전기에너지가 점차 사라지면서 결국은 추락.

멧돼지를 탄성, 운동에너지로 사냥한다. 고기를 들고 간다(운동). 운동에너지로 불을 피우고 고기를 먹는다(화학). 다음 날에는 공룡을 잡고 태양을 이용해 불을 피운다.

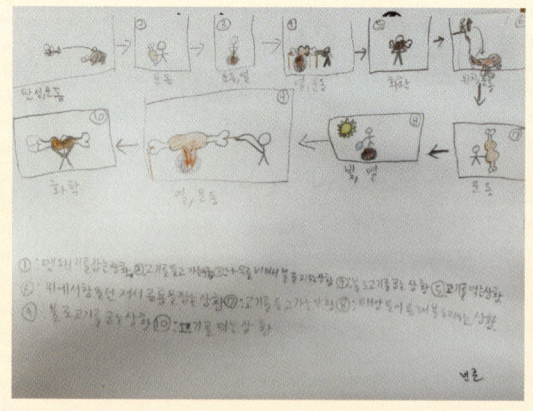

리프트가 전기에너지를 이용해 높이 올라가 위치에너지를 취득한다. 스키를 타며 운동에너지를 사용한다. 점심시간에 케밥을 먹으면 화학에너지가 나온다. 밤이 되면 전기가 들어오면서 전구에서 빛에너지가 나온다.

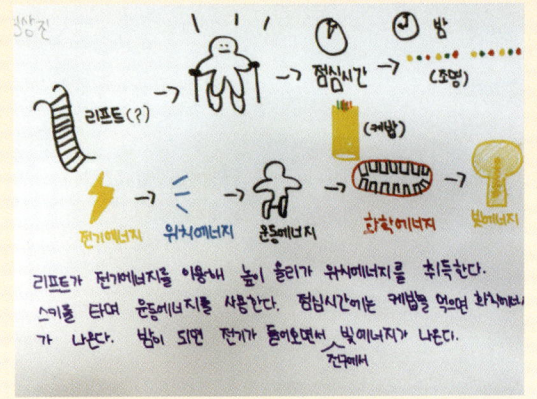

나는 발의 위치에너지를 이용해서 공의 운동에너지를 만들고 싶다.

커터칼 빼기(운동). 커터칼 다시 넣기(운동).

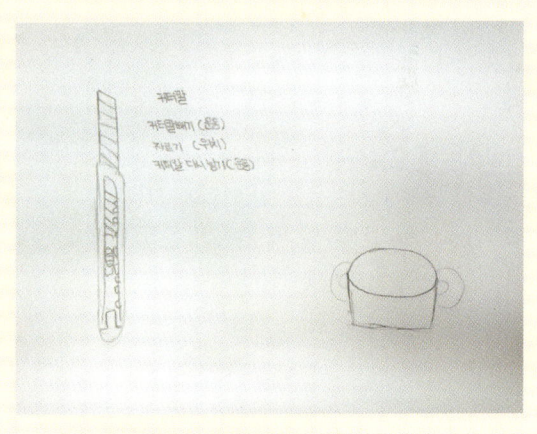

샤프를 누를 때 위치→운동에너지. 그리고 다시 나올 때는 탄성→위치에너지.

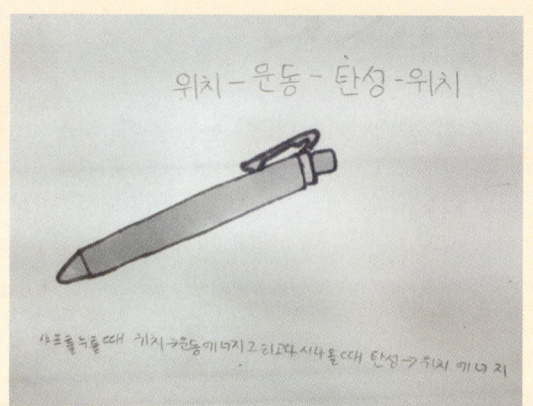

#1 스파이더맨이 악당 구하러가 가다(위치→운동).
#2 스파이더맨이 거미줄 트램블린을 이용해 가까이 접근!(위치→운동→탄성→위치)
#3 전기거미줄 사용!(운동→전기)
#4 악당에 의해 바다에 빠진 스파이더맨 구조 요청!(전기→빛)
#5 추운 스파이더맨 히터 틀다(전기→열).
#6 스파이더맨이 배고파서 핫도그를 먹다(운동→화학).

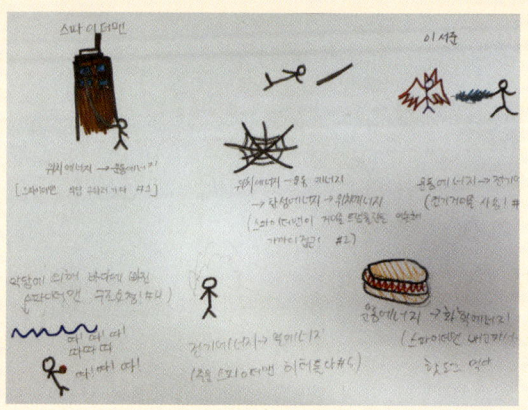

점핑스타 트램블린에서 위치에너지가 탄성으로 무한 반복된다. 운동을 하면 열에너지가 몸에 생긴다. 달리기를 할 때 탄성이 운동이 되고 운동에너지가 위치에너지가 된다.

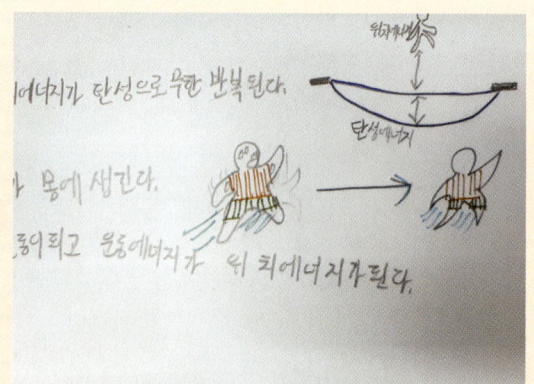

원시인이 위치를 잡고 마구 운동에너지를 하면 열에너지가 발생한다. 원시인이 위치(에너지)에서 탄성(에너지)을 이용해 운동에너지로 가서 멧돼지를 맞혔다. 열에너지를 이용해 돼지를 구워 먹는다.

전기충격기를 돼지한테 쏴서 기절을 시킨다. 햇빛에 고기를 숙성시켰다. 고기에 탄성이 생겼다. 고기를 먹고 화학(에너지)이 생겼다.

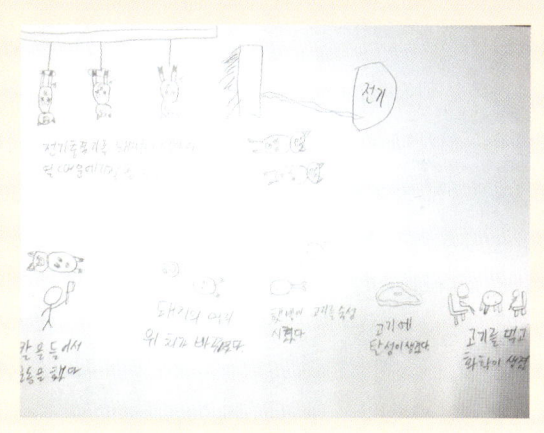

"수학책 준비하세요. 63쪽."
"선생님은 책 없이 할 때가 훨씬 재미있어요."
"그래도 수학은 책으로도 풀어 봐야 해."
"재미있는 수학 이야기해요!"

컴퓨터 시간에 팅커캐드라는 프로그램을 아이들과 돌려 보았다. 직관적 프로그램인지라 매우 쉽다. 오늘 만든 작품을 평가하지 않는다고 하니 정말 하고 싶은 대로 한다. 하지만 남자아이들 작품에서 용만 20마리 본 것 같다.

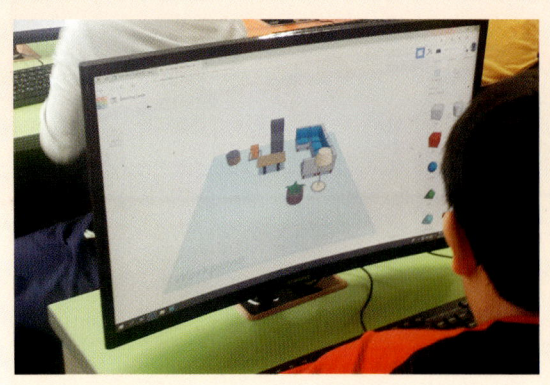 

오늘 배수지공원으로 시 한 편씩 쓰러 나갔다. 가는 길에 비둘기를 만났다.

"안녕 둘기야."

"둘기들이 애정행각하고 있어요."

"흰 비둘기가 백조 같아요."

"무서운 이야기해 줄게. 선생님 얼굴 떠올려 봐."

"내 코에서 왜 은행냄새가 나지?"

"가을 향이라 생각해."

"오늘 불금인데. 학원 뺑뺑이네."

백지
신은비

항상 감자쌤이 글쓰기를 내시면
백지로 10분은 기본, 너무 어렵다.
시 쓰는 도중 백지는 기본인데
뭘 쓸까 뭐가 좋을까
백지를 보면 너무나도 고민돼

항상 그림을 그릴 시간에는
무엇을 그리면 좋을까
너무나도 많이 고민되는 걸 어떡해
결국엔 그렸지만 맘에 안 들어
어떡할까 고민돼

비둘기
최영민

비둘기의 삶의 목적은 무엇일까?
비둘기는 그냥 돌아다니는 것 같다.
눈을 보면 아무 생각 없어 보이지만
자세히 보면 슬퍼 보인다.

그러고 보니 나의 삶의 목적은
무엇일까?
나는 왜 살까?
우리는 왜 살까?
인간은 왜 살까?

가을
양연수

바람이 불고
낙엽이 떨어진다.
모든 사람들에게 가오가 생긴다.
물론 나도 가오가 생긴다.

비둘기
임현민

비둘기가 부럽다.
세상을 모두 볼 수 있어서.
돈도 안 벌고 시험이랑 공부도 안 하고.
나도 비둘기가 되고 싶다.

나는 앞날이 깜깜하다.

가을 타는 님이여
윤준호

가을 타는 님이여
제발 담배는
사람 없는 곳에서 피세요.
냄새나요.

가을 타는 님이여
제발 감성에 물들지
마시오.
재미없어요.

가을 타는 님이여
하늘 바라보지 마세요.
전 여친 생각하는 것처럼
보여요.

평범하게 삽시다.

자연
방준혁

자연은 정말 신기하다.
언제는 나쁘다가 언제는 좋다.

자연은 참 신기하다.
언제는 비가 와서 시원하고
언제는 바람이 분다.
언제는 햇빛이 쨍쨍하다.

자연은 정말 좋은 것 같다.
자연은 선물인 것 같다.

춥파춥스
박경란

버섯맛 은비맛 나뭇가지 젤리
곰팡이맛 주희맛 나뭇잎 젤리
육개장맛 지윤이맛 꽃젤리
햄버거맛 규현이맛 비둘기젤리
짜장면맛 승은이맛 이도건선생님
떡볶이맛 태윤이맛 춥파춥스
오뎅맛 류경이맛
순대맛 백하맛
치킨맛 세균젤리

무제
한지윤

규현이의 콧구멍
벌렁벌렁 콧구멍

안에는 콧물이 주렁주렁
꽃처럼 이쁜 꽃구멍

마치 동굴 같은 콧구멍
쥐구멍 같은 콧구멍
100원 아니 500원까지
들어가겠네

규현이의 콧구멍
속엔 내가 산다.
난 규현이의 코딱지.

구름
황승은

곰인형 모양, 리본 모양
다양한 구름 모양들
파란 하늘 구석구석
예쁜 구름이 가득

당근 모양, 토끼 모양
예쁜 구름들
맑은 하늘 구석구석
꽃처럼 핀 구름들.

비둘기 떼
김주희

수업시간에 공부하러 공원에 도착하니
거의 20마리의 비둘기 떼가 모여 있었다.
원래 싫어하던 애들이었지만 오늘은 왠지 정이 갔다.
구 구 구 구
박자에 맞춰 목을 꺾는다.
구 구 구 구
귀여운 비둘기

시
황태윤

난 지금 아무 생각이 없다.
정말 없다.
진심 없다.
시 쓰라 해서
쓰고 있다.
심심하다.
백하네 흰둥이 검둥이 보고 싶다.
놀고 싶다.
영화 보고 싶다.
체육 하고 싶다.

체육
강인해

피구는 우리의 행복이다.
체육이 없으면 우리는 행복이 없을 것이다.
체육은 언제나 우리의 행복이다.
체육은 맨날 해야 한다.
체육은 우리의 삶이다.

뉴킹덤패밀리
전륜경

씩씩하고 배려심 많고 모범적인 전교부회장 내 자기 감쥐
밝고 흥이 넘치는 치즈 주인 내 여보 왕은바
은비여보 주희, 지윤이 자기 왕비문경
콧구멍이 엄청 크고 쪼꼬만 한뚝배기 왕자 지윤
엉뚱하고 이상한 춤을 많이 추는 바부공주 규현
피구할 때 이상한 춤추는 피신 계란
흥이 넘치고 밝고 볼이 쫀득말랑한 효비

잔소리
박준우

어디든지 있는 잔소리
지겨운 잔소리
공부해라 숙제해라
좀 게임하라는 잔소리 없나
정말 지겨운 잔소리
하지만 많이 듣다 보면 익숙해진다.
익숙해질 때까지
그냥 계속 듣는다.
그게 방법이다.

아이들

이도건

오늘 시를 쓰러 나간다.
배수지공원으로
기분 좋게 하늘을 올려다보니
맑은 구름이 높고도 예쁘다.
지나가던 한 녀석이
담배연기 같단다.
한참을 보니
또 그렇게 보이기도 한다.

아이들은 시를 쓰고 있다.
아니 놀고 있다.
언제 시작하려는지
노래 소리만
10분째다.

한 녀석이 금세
시를 다 썼다고 온다.
그냥 체육 합시다.

고(Go)

이서준

내가 있는 여기, 높을 고
계획 없이 달려왔어 바로 Go
내가 좋아하는 색깔 인디고
우리 그냥 바로 가자 we just go
할머니집 가면 하는 스톱 & 고

지금은 가을 천고마비
수학시험 본데 얼어붙어 내 몸 마비
얘는 내 친구 My B(oy)
지금 넘어야 돼. 마의 고비

감성공원

김상진

솜사탕 같은 구름 한 점
그림 같은 공원의 풍경
예쁜 날씨와 깨끗한 그림
맑고 푸른 잔디 들판
뛰어노는 사람들
아름다운 공원의 모습

가을의 시

최백하

항상 가을을 좋아했고
평온한 것을 좋아하고
그것은 치밀하다.
가을바람이 불고 물에 잔잔한 물결이 일고
노스름한 낙엽이 흐느적거린다.
하지만 가을비 내리면
더 좋았을 것 같아.

피구
김민준

재미있는 피구
즐거운 피구
피구. 정말 재미있다.
체육하면 떠오르는 종목
피구
하고 하고
또 하고 싶은
피구
정말 하고 싶다.

가을
이효은

시원시원 바람에
날개 활짝 펴는 비둘기들

따뜻한 햇살에
기지개 피는 나무들

파란 하늘에
드라마 찍는 꽃님들

그리고 따뜻시원한 가을에
폭식을 시작한 나

천고효비!

한쭉거리
배규현

맞아도 죽지 않는 든든한 가장 깜쥐
엄마지만 친구 같은 은비
왈왈왈왈왈 댕댕이 같은 효개
맞으면 훅, 날아가는 여리여리 귀여운 남매 찌윤 and 뀨현

우리는 귀엽고
예쁘고 깜찍하고 착하고
연약하고 완벽 퍼펙트한
한쭉거리
헤헤

10월 21일 월요일

주말에 아이들에게 많은 일들이 있었나 보다.

"오늘 좋기도 하고 안 좋은 날이네요."
"1교시 체육은 있지만 수학시험도 있어요."
"너희 노래방 갔다며?"
"친구가 마이크 먹더라고. 입에 대고 불렀어."
"사랑의 배터리. 사랑의 연습."
"발라드도 많이 불렀고요."
"엄청 소리 깔아요. 어를 허로 부르고."
"친구들과 노래방을 가면 안 되는 이유 아세요?"
"일단 녹음을 당한다!"
"그리고 우리 엄마가 우리 노래 부르는 것 듣다가 비명을 지른다!"

"우리는 너네 집에 가는 걸 포기 안 했어."
"파자마 파티 하자."
"이제 내려놔라. 우리 엄마가 절대 안 된대."

"난 게임방 못 가고 피시방만 갈 수 있어."
"그게 그거 아닌가?"
"아니 그게 아니고요. 에버랜드 같은 데 있는 게 게임방이죠."

아침에 자리를 바꾸었다. 2주 만에 돌아오는 시간이지만. 이게 또 그렇게 기다려지나 보다. 뽑기가 이루어지고 나면 모든 기대가 사라진다. 그냥 바뀐다는 기대심리가 2주를 버티게 한단다. 3번 연속 같은 짝이면 바꾸어 주겠노라고 했지만 확률적으로 그리 크지는 않다. 이번에도 역시 나오지는 않는다.

지난주에 한 녀석의 일기장에 꼭 축구시켜 주셔야 한다며 초등학생으로서의 마지막 소원이라길래. 오늘 1교시 배수지공원 풋살장을 예약했다. 이 시간 빼고는 항상 전부 예약이 되어 있다. 2~3교시가 편한데. 배수지공원으로 걸어간다. 두 녀석이 어제 비슷한 스타일로 이발을 했나 보다.

"같은 데서 쳤냐?"
"아뇨. 전 뒤통수가 찰랑찰랑하고 얘는 밋밋하잖아요."

팀 밸런스가 무너졌다. 최소한 축구에서는. 연수의 선제골이 터진다. 티키타카로 터진 골이라 정말 아름답다. 신금호역팀이 게겐프레싱으로 맞선다. 하지만 말로만 압박하고 팀 전술상으로 압박하는 것 같지는 않다. 멀리 차고 나서 패스 받는 사람을 탓하는 게 게겐프레싱인지…. 한참을 차더니 모자를 쓰고 공 차겠단다. 클럽 감독을 따라 한다는데. 선수가 모자를 찾는 건 여유로움인지 한가한 소리인지. 모자를 찾으러 가던 녀석의 말에 경기가 멈춘다.
"바닥이 젖었어. 가을이다. 이슬이야."

백패스를 손으로 잡아서 간접프리킥을 주었다. 아이들은 간접프리킥을 근접프리킥이라고 하는데. 뭐 아무러면 어떠리. 결국 같은 규칙인데 뭘. 오늘 연수가 2골을 넣는다. 나도 신금호역팀 선수로 뛰었다. 오늘은 활약이 좋았다는 아이들의 평! 하지만 가슴에 한 번 복부에 한 번 공을 맞았다.

여자아이들 경기이다. 여자아이들은 공을 차기 전에 '허이짜' 구호를 미리 외치고 찬다. 기합 소리만큼 멀리 차지는 못한다. 효은이가 반대쪽 포스트를 보고 축구 정석대로 낮게 차서 1분 만에 골을 넣는다. 이건 정말 멋졌다.
남자아이들 3명이 달라붙어 영국 발음으로 여자아이들 경기를 해설하는데.
"노룩 패스!"
"헛스윙!"
"안정환 클라스!"
"이게 축구냐."
"몸은 안 움직이네요. 백힐 패스는 멋졌어요."

골키퍼 륜경이는 "야! 너 저기 골대 앞에 가 있어"라며 큰 소리를 외치며 던졌으나 정말 코앞에 던지기! 일명 공 패대기.

여자 경기가 끝나고 여자아이들 전체랑 나랑 1 대 9 경기를 한다. 쉽지 않은 경기가 될 거라 생각은 했다. 여자아이들도 봐주지 말라길래 애들 다칠 것 염려 안 하고 정말 열심히 뛰었다. 그러다 체력이 방전되고 말았다. 채 5분도 안 되어 쉽게 경기 끝.

"선생님. 왜 이리 못해요?"
"봐준 거야."

"저한테도 많이 뺏겼잖아요."

끝나고 남자애들도 여자애들처럼 2분 경기를 하잔다. 이건 절대 NO!

교실에 와 잠시 쉬고 수학시험을 본다. 몇 녀석은 가림판을 여전히 준비하는데 내리라고 했다. 이번 문제는 좀 어려웠다는 반응이다. 15분 정도 지나자 대부분 풀었나 보다. 몇몇 아이들은 이번 시험 때문에 선물을 받을 수도 있겠다는 말을 한다. 그렇게 쉽지는 않았는데….

"다시 한번 풀어 보시지!"

"이번은 100점 같아요."

4교시에 도서관에 갔다. 난 시험지와 빨간 펜을 챙겼다. 한 녀석이 내 옆으로 슬며시 온다.

"점수 언제 나와요?"

"빨리 가르쳐 주세요."

"무섭단 말이에요."

"아까는 100점 예감이라며."

"그때는 그랬는데 빨간 펜 보니 틀릴 것만 같아요."

시험 보고 피곤한지 누워서 책 보는 아이들이 많다. 뭐 이렇게 쉬어 갈 시간도 있어야겠지. 1학년인 준호 동생을 도서관에서 만났다. 이름이 생각나지 않아 "준순아~"라고 불렀더니 빤히 쳐다본다. 이상한 사람이라고 생각하는 표정이다.

"너네 오빠 선생님이야~"

"안녕히 계세요"라며 나가는데.

오늘 점심시간부터 아이들에게 음악을 틀 수 있는 기회를 준다. DJ륜경부터 시작이다. 비속어 욕설이 나오는 곡은 안 됨. 륜경이가 내일 DJ할 남학생 고르기. 그 다음 날은 그 남학생이 DJ 여학생 지명. 이미 한 번 한 사람은 DJ 불가. 실컷 규칙까지 정했는데. 컴퓨터 비밀번호를 안 가르쳐 줬나 보다. 아무리 로그인을 하려 해도 안 되었단다. 오늘은 내가 좀 늦게 올라와서 DJ는 공쳐 버렸다.

오늘 우리 반 녀석이 다른 반 아이와 다툼이 있었다. 사연인즉 이렇다. 두 녀석 모두 잘못을 인정하고 다시 안 하겠다는데.

> 친구가 내 물건을 가지고 가서 ○○이 좋아한다라고 크게 3번 외치면 돌려준다고 했다. 내가 싫다고 내 물건 달라고 했다. 그 님이 어울림샘에 던지려고 해서 어쩔 수 없이 말을 했다. 그런데 돌려주다 다른 데다 던져서 내 물건이 손상이 돼서 화가 났다. 나도 그래서 그 친구가 좋아하는 아이 이름을 말하고 다녔다. 둘이 쌤쌤이 되었다. 다시 싸우지 않았다.

한 녀석이 공을 차고 있길래.
"너 지금 왜 공차냐?"
"안 찼는데요."
"방금 차는 소리가 났는데."
"그게 아니라 공이 날아와 발을 갖다 대었어요."
"그게 공 찬 거잖아."
"아니에요. 저는 발을 댄 것뿐이에요."
이런 말 재주는 어디에서 나오는 건지.

교육활동 발표회(학예회) 조를 짠다. 여자아이들은 좀 길어질 듯하다. 남자아이들은 연극으로 정하고 나서 인원이 많다며 또 2개조로 나눈다. 나누는 방법은 연기력 지수가 비슷한 두 사람씩 짝을 지어 마주 선다. 가위바위보! 진 팀과 이긴 팀으로 나눈다. 나름 현명하다.

- 준혁, 현민, 준호, 인해, 준우 (연극)
- 영민, 서준, 상진, 민준, 연수 (연극)

10월 22일 화요일

"어제 꿈에서 ㅇㅇ랑 ㅁㅁ이랑 싸우는 꿈 꿨어요."
"그래서 선생님한테 혼났는데."
"저도 같이 있다가 혼났어요."
"미리 죄송합니다."
"진짜 현실에서 일어나면 안 돼~"

두 녀석의 대화가 웃기다.
"서준아."
"서준아가 뭐야."
"서준님이라고 해야지."
"서준님."
"왜?"
"어험. (양반처럼) 어험."

미세먼지가 다시 심해질 것이라는 예보가 있다. 삼한사미가 딱 맞아 들어간다. 아이들에게 미리 얘기를 했더니 오늘은 미세먼지 안내등에 초록색 신호등이 켜져 있어 괜찮단다.

아침에 아이들이 거의 모자를 쓰고 등교한다. 참. 오늘 모자 뺏기 기마전을 하기로 했었지. 세어 보니 4명 빼고 전부 모자를 쓰고 왔다. 말 역할을 하는 사람은 모자를 안 써도 된다는 말을 안 해서 이런 일이

벌어졌나 보다.

"말도 모자 쓰는 거죠?"

"근데 옆 반 라면 먹어요."

"우리는요. 사랑해요. 잘생겼어요. 라면요."

아리수 받는 곳이 우리 반 옆이라 좀 소란스럽기도 했다. 그리고 몇몇 아이들은 옆반 아이들의 자랑에 상당히 예민해져 있다. 체육 내려가는 틈에 몰래 한 녀석은 6반에 가서 치즈 라면을 먹고 있다.

"내가 그렇게 안 가르쳤잖아. 당당하게 살란 말이야."

그 말을 듣고도 쳐다보지도 않는다. 나와 눈도 안 마주치고 일단 먹고 있다.

"모자창으로 오리처럼 쪼아 볼까요?"

"우리 귀엽죠?"

"노란 모자는 바나나고요. 핑크 모자는 딸기예요."

"기수는 머리 묶어도 돼요?"

"기마전 이거 은근 재미있어요."

이긴 팀은 기수를 헹가래 쳐 주고 승리의 퍼포먼스도 한다. 하지만 다음 판에 막상 지고 나니 기수를 내팽개치는 냉정함이란. 말머리 역할을 하던 준호가 답답했는지 기수가 된다. 체구가 제일 큰 녀석인데. 그래도 순간적인 힘은 무시하지 못하나 보다. 기어이 한 판을 이긴다. 남자 여자 경기 모두 신금호팀이 3대 1로 이긴다.

끝나고 시간이 조금 남아 남자아이들은 발로 차서 농구 골대에 넣기. 여자애들은 물귀신 놀이를 한다.

"더워. 나 슬러시 먹고 싶다."

"나는 배스킨라빈스 요거트."

"난 배스킨라빈스 민트초코 맛있던데. 치약 맛 하나도 안 나."

점심 먹고 컴퓨터 비밀번호를 가르쳐 주었다. 어제 컴퓨터 비밀번호를 가르쳐주지 않아서 못 했던 DJ 시작. 오늘 다시 룬경이부터 시작이다. 이들의 음악을 한참 들어도 아는 노래가 별로 없다. 겨우 방탄소년단 노래 정도만 알겠다.

어제 본 수학시험지를 나누어 주었더니 살벌하다. 부모님 사인은 안 받아도 된다고 했지만 표정은 여전히 불안하다.
"어떻게 이걸 보여 주지."
"당당히 보여 드려. 더 열심히 하겠다고."
"이미 그건 너무 많이 말해서 안 돼요."

오늘 '차원'에 대해 수업했다. 그냥 그냥 한번 해 보고 싶었는데 일단 아이들이 너무 어렵단다. 1차원, 2차원, 3차원, 4차원. 유튜브 동영상을 보고 설명을 해 주었다. 대략적으로 이해는 한 듯하다.
"우리 그냥 3차원에 살아요."
"근데 내일 3차원에서 체육 하는 거예요?"
"4차원 체육은 어떻게 하는 거예요?"

A4종이를 넣어 두는 안내판이 깨져 있다. 누군가 깬 모양인데 깨진 채 그대로 방치되어 있다. 휴. 어제 새 거 샀는데. 파편을 찾아보니 그것조차도 모자라다. 어떻게 수리를 해야 한담. 누가 깼는지 고백하는 녀석도 없다.
청소가 끝나고 한 녀석이 돌아온다. 몰래 엘리베이터 타다가 우리 반 남자아이한테 걸렸다며 고백하러 왔단다. 아이고. 뭘 이런 걸로. 내일 얘기합시다. 내일 혼날 생각에 찝찝함을 이기지 못하고 미리 왔단다.
"전 불안하면 잠을 못 자서요. 용서하신 거예요?"

주말 동안 아이들에게 일어났던 일들이 일기에 담겨 있다. 일기에 답을 해 주었다.

아이들 일기

〈올림피아드〉

오늘은 눈높이에서 개최한 능력평가인 눈높이 올림피아드가 있는 날이다. 솔직히 올림피아드를 나가기 싫었지만 어느 날 엄마께서 나에게 올림피아드 나간다고 말씀하셨다. 나는 억울해서 그날 좀 기분이 안 좋았다. 그걸 빌미로 삼아 치킨도 먹고 보상도 받았다. 그렇기 때문에 취소할 수는 없었다. 눈높이 올림피아드는 국어, 수학 두 부분을 나갔는데 수학은 난이도가 별 20000000000000개 정도로 엄청 어렵다. 난 올림피아드 문제를 볼 때마다 한숨이 나온다. 단순 계산이 아니라 더 나아간다.

올림피아드 끝내니 속이 후련했다. 건국대학교에서 한 것인데 건국대학교가 너무 커서 놀랐다. 대학교 전체가 우리 학교의 50배는 되는 것 같았다. 나도 이런 대학교에 나올 수 있을까 생각해 보는 시간이 되었다. 시험 끝나고는 엄마와 번화가에서 데이트를 하고 왔다.

〈주말〉

6학년이 되고 나서는 진짜 일주일이 순삭인 것 같다. 흠. 예비중이서 그런지 초등학교에 계속 있고 싶은데. 중학교에 가면 이 마음도 변하겠지? 지금 일기를 쓰면서 녹차초코라떼를 만들어서 먹고 있는데 맛이 좋으니 진짜 행복하다. 주말에는 학교를 안 가 이도건 선생님과 옆에서 떠드는 여자애들과 장난치고 서로 놀리고 있는 남자애들이 없어 심심하지만. 학교에서 느껴지는 최고의 기분과는 사뭇 다른 느낌? 어느 때는 학교에 가고 싶은 주말도 많다. 다만 일찍 일어나 힘들 뿐…

〈몰컴의 날들〉

어제 오늘 엄마, 아빠가 둘이서만 계속 놀러 다니신다. 그래서 나와 동생은 놀 수 있는 시간이 꽤 길어졌다.(예~~~^^) 신나게 놀다가 숙제는 막판에… 그런데 오늘도 엄마, 아빠가 친구 만나서 논다고 해서 아침에 나가셨다. 아침은 시리얼로 해결 그리고 논다. 나는 아이패드로 동생은 아빠 아이패드로 각자 놀았다. 아빠 아이패드에 동생이 좋아하는 게임이 있어서 쓰는 거고 나는 네이버만 있으면 되기 때문이다.(정답: 네이버 웹툰) 어제 오늘 하루 종일 놀았더니 피곤했다. 그래서 큰 화면인 TV를 보았다. 좋아하는 드라마(호켈 델루나) 재방송도 해서 재미나게 보았다. 내가 하루 종일 논 거 들키면 안 되니 숙제도 조금씩 해 놓았다. 엄마가 오셨다. "숙제도 했어?"라고 물으면 동생과 나는 일단 짜고 말한다. 아무 일 없었던 것처럼 엄청난 연기를 펼친다. 오늘도 잘 넘어갔다. 휴^^ 저녁에는 숙제 타임.

 **10월 23일 수요일**

우유상자가 교실에 다섯 개나 있다. 우유상자 쌓기 세계 신기록을 세운다며 그냥 두면 안 될까요라며 아이들이 물어본다. 그러라고 했지만 우유 가져다주시는 할아버지가 내일 치우실 것 같은 예감도 든다.

아침에 새로운 체육팀을 발표했다. 또 팀 밸런스 논란으로 폭풍이 몰아친다.

타이레놀팀: 서준(BOSS), 준호, 영민, 준우, 현민, 효은, 지윤, 태윤, 주희, 은비
부루펜팀: 민준(BOSS), 연수, 준혁, 상진, 인해, 규현, 경란, 륜경, 백하, 승은

"전 부루펜이 안 듣는데 왜 부루펜팀이에요?"
"우리 집에 타이레놀 많은데."
아이들은 해열진통제로 팀 이름을 정한 것에 반발이 많다. 그런 약은 안 좋을 때 먹는 거라며 팀 이름으로는 적절하지 않단다. 게다가 약효에 대한 토론도 일어나고. 이번엔 팀명을 바꾸어야 할 것 같단다.

"넌 왜 맨날 리복 입고 와?"
"나 똑같은 거 3개나 있어."

아껴 두었던 아니 숨겨 두었던 스키점프 보드게임을 아이들이 봤다. 열어서 조립해 봐도 되냐고 묻는다. 준비된 척 '너희들 하라고 사놓은 거'라고 하니 금세 점프장을 만들고 게임을 한다. 하지만 점프 타이밍이 잘 맞지가 않다. 뒤로 점프하는 스키점프가 된다. 10분 정도 연습하더니 조금 익숙해졌나 보다. 공중 5회전 점프도 한다. 당분간 이 게임을 많이 할 것 같은 느낌이 든다.

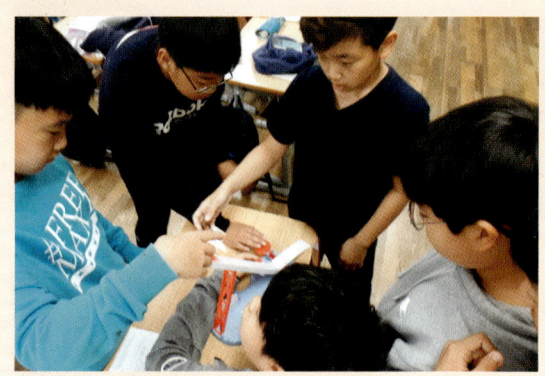

어제 한국시리즈 1차전에 아이들이 반응한다. 우리 반에 두산 팬이 많은지라 축하한다고 했더니 "어제 손흥민 2골 넣었어요"라며 한 녀석이 화제를 전환한다. 어제 경기가 있는지조차 몰랐는데. 하이라이트를 함께 본다.

"약한 팀한테는 토트넘이 진짜 세다니까."
"라멜라 왼발 크로스가 좋았어."
"(손흥민의 2번째 골을 보고) 저 달리기."
"우리도 저렇게 템포를 줄여야 해."
"공이 되게 신기하네. 쭉쭉 날아가."

어제 과학시간에 했던 '차원'에 대한 동영상을 이어 보았다. 2, 3차원을 이해하기 좋은 영상 2개가 있다. 첫 번째 영상은 평면인 2차원에 살던 원이 위로 올라오는 것으로 시작한다. 3차원으로 오게 된 원이 2차원의 세상을 바라본다. 그것은 3차원에 사는 우리가 4차원의 시간을 여행하는 것과 비슷한 맥락이다. 상위 차원에서는 하위 차원에서 일어나는 모든 것을 알 수 있다. 우리도 4차원으로 가면 3차원에 사는 인간을 지배하는 전지전능한 신이 될 수 있다.

두 번째 영상에는 칼 세이건이 나온다. 아이들도 한 번쯤 들어 본 사람인지라 화질은 안 좋았지만 관심을 보인다. 2차원은 전, 후, 좌, 우는 알지만 위는 생각을 못합니다! 평면국이 등장한다. 그 평면국에서 우리가 평소 먹던 사과는 이상한 3차원 생물, 즉 3차원의 기묘한 사과가 되어 버린다. 기묘한 사과를 먹는다?

"평면적인 일이나 사랑을 하게 될 겁니다."
"아~~ 사랑. 이런 얘기는 넘어가요."

2차원 평면국을 만들고 '3차원 세계랑 우연히 만나다'라는 주제로 꾸미기 시간을 가졌다. 이번 활동은 생각하는 시간이 많이 걸린다. 60분 정도 걸린 것 같다.

"평면에서 축구한다면 골은 어떻게 넣어요?"

"아! 답답하네. 2차원."
"나도 2차원 가서 신이 되고 싶다. 이 동그라미들을 순간 이동시켜야지."

어느 날 평면종이국에 사는 사춘기가 온 사각이는 집에서 평화롭게 지내고 있었다. 그런데 엄마가 마시고 있던 믹스커피가 평면종이국에 쏟아져 종이국민들은 대재앙이 온 줄 알고 다들 집으로 대피한다. 그러나 사각은 그 물체를 보고 싶어 집 밖으로 나간다. 사각은 집 밖으로 나가다가 믹스커피에 떠밀려 결국 종이왕국에서 3차원으로 가게 되었는데 결국 죽었다. 이렇게 사각처럼 무모한 호기심을 갖지 말자.

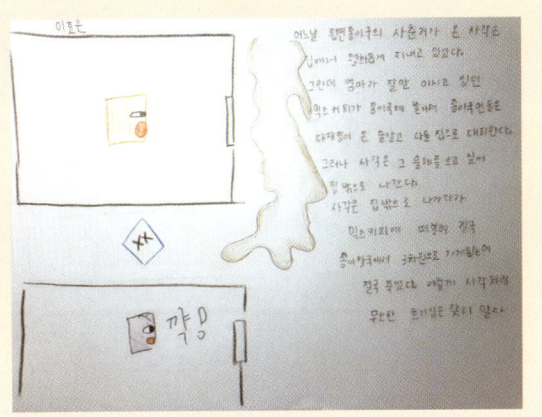

도형공화국 안은 모두 도형입니다. 동그라미, 네모, 세모 모두 있어요. 알고 봤더니 국기였습니다.

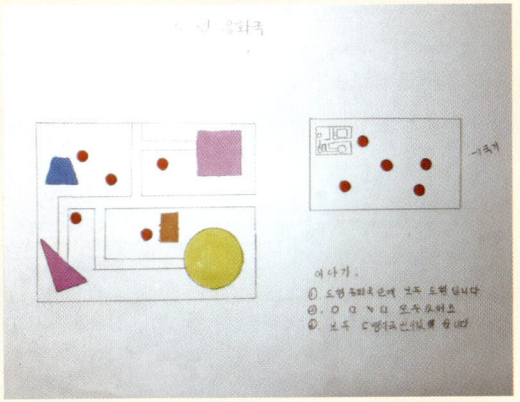

원마을이 다른 마을을 먹으려고 밤에 침투해서 싸우는 이야기입니다. 핵주먹 펀치를 날리며. 3차원이라면 점프도 하겠지만 여기는 2차원이라 딱 그 길목만 지키면 꼼짝 못 한다. 힘 쎈 아이에게 길목을 지키게 한다.

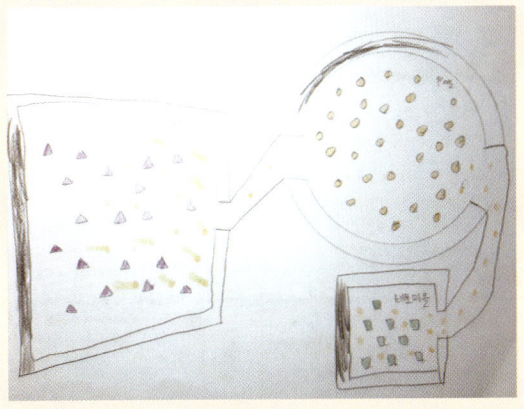

3차원 사람이 2차원으로 내려온다. 2차원 사람들은 여러 가지 이상한 모양으로 보이는 그를 신인 줄 안다. 3차원 사람 3명(큐, 주, 룬)은 2차원 세상의 왕이 되어 2차원 사람들을 평화롭게 인도한다.

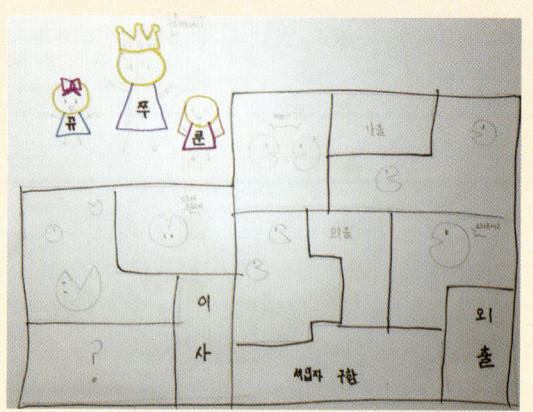

별나라 사람들이 피구를 하고 있습니다. 바닥에 붙어 있는 별사람들과 피구공. 이거 옛날 게임 같은데?! 우리가 피구하는 것도 드론으로 보면 이렇게 보일 거 같다.

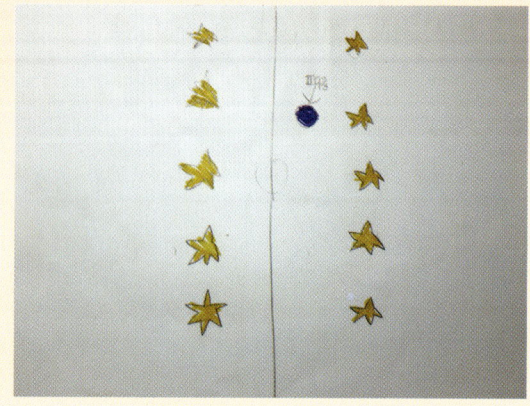

2차원 골키퍼에게 공은 검은색 선이 밀려오는 걸로 보인다. 골키퍼가 옆으로 이동해서 공을 막는 상황이다. 3차원은 공처럼 보이겠지만 2차원에서 골키퍼에게 공이 그냥 선으로 보일 것 같다. 그리고 이 2차원 축구에는 공중볼이라는 개념과 헤딩이라는 개념이 없다.

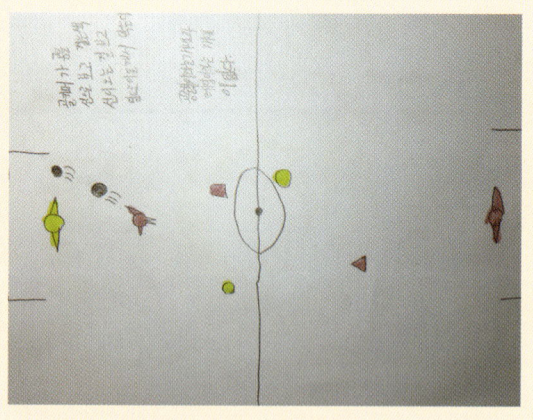

평범한 평범평면나라에 콧물이 침공한다. 콧물은 2차원에서는 쓰나미처럼 보일 것 같다.
3차원에 살던 떡잎마을 맹구는 이 2차원 나라에 놀러왔는데 흐르는 콧물을 주체하지 못하고 흘리는데. 그 콧물 때문에 평범평면나라가 멸망하였다.

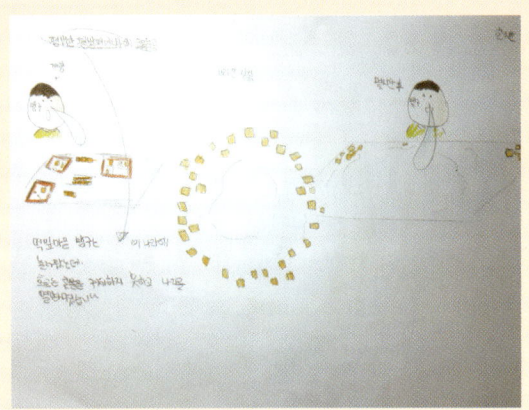

납작 민주주의 인민 공화국
탱탱볼: 탱탱볼은 무서운 장난감. 2차원에서는 생겼다가 없어졌다가를 반복.
얼음: 면이 시간 지나면 번짐. 무서운 속도로.
지진: 땅에 하늘로 튕기는 사람은 차원이탈해서 죽음.
축구: 땅볼 패스, 슛밖에 안 됨. 태클 = 몸통 박치기.
쓰나미: 면이 갑자기 커짐.

2차원 세계인 납작국에 3차원 외계인의 침공. 어떤 사람이 액체괴물을 책상에 놓고 만지다가 얼음물을 가져왔는데 얼음이 하나 빠져 나갔다. 근데 그 책상이 바로 납작국 영토였다. 그래서 납작국민들은 계속 옆으로 커지는 이 얼음 액체를 보고 도망치는 장면이다.

3차원국과 2차원국이 전쟁 중인데 2차원국이 일방적으로 당하고 있다. 3차원국이 2차원국에 다가가 휘발유를 부어 버리고 불을 태워 전멸 중이다. 단 두 명으로. 3차원국의 압도적인 승리이다. 하지만 이건 사실 차원이 달라서 원래 싸움이 안 된다.

토의 침공. 나라이름 : 미역국
미역국에 다시다와 미원이 살고 있었다. 어느 날 갑자기 '토'라는 물체가 침공했다. 처음엔 그냥 원이었지만 서서히 미역국을 덮치고 있었다. 근데 2차원에서도 냄새가 나니까 토한 거는 알 것 같다.

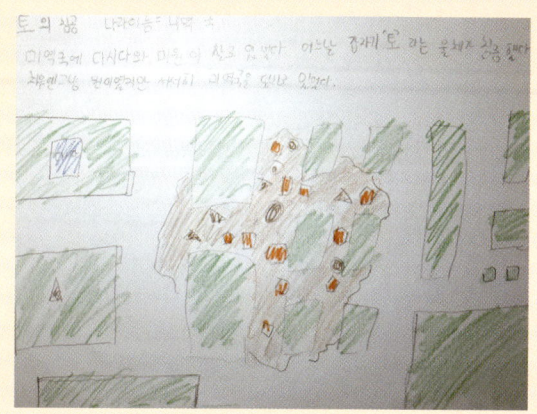

평면국 삼각시 삼각동
평면국 삼각시 삼각동에 3차원의 물이 침공했다. 삼각이는 재빨리 피해 집에선 안전하다고 생각했지만. 그건 3차원인 우리에게 그다지 어려운 일이 아니지만 2차원인 삼각이는 엄청 힘들었다.

2차원 삼각 선수들과 3차원에서 만든 사각 선수들이 있다. 2차원 대 3차원의 야구 대결. 홈런! 우리에겐 그저 시시한 놀이인 바닥에서만 왔다 갔다 하는 옛날 야구 게임.

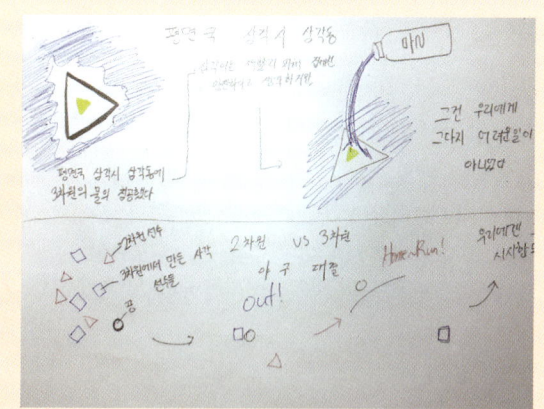

2차원 공용 주차장은 유명(?)해서 2차원 차들이 많이 온다. 공용 주차장 사장은 이제 부자다. CCTV로 보면 3차원 우리 주차장을 보는 것 같다.

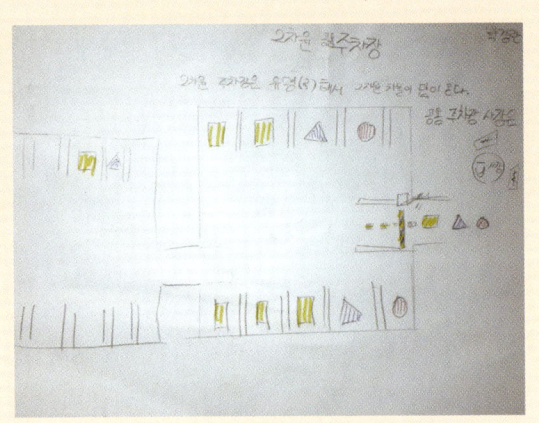

2차원 세계에서의 축구 경기는 사람들이 점이고 공은 더 작은 점이다. 2차원에서는 위와 아래가 없어서 공이 뜨지 않는다. 이 축구는 엄청 재미없겠다.

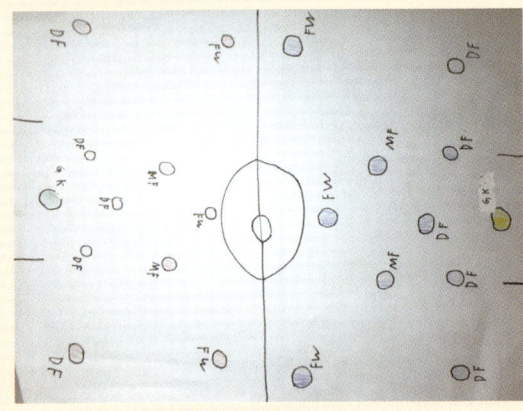

만약 2차원에 산다면 답답하고 징그럽고 낯설 것 같다. 바닥에선 사람들은 발바닥만 보인대요. 천장에선 사람들은 정수리만 보인대요. (커다란 동그라미가 움직여요!)

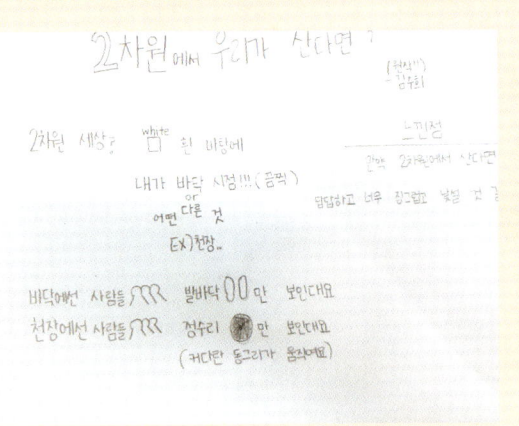

보건 선생님 메시지가 왔다. 우리 학교에 A형 독감 확진 학생이 발생했다는 내용이다. 작년에 우리 학교에서만 100여 명이 독감으로 등교 중지된 경험이 있는지라 열난다는 한 녀석의 말에 여간 신경이 쓰이지 않는다.

체육시간에 평균대를 하기로 한다. 평균대 말을 꺼내자마자 표정들이 그다지 좋아 보이지는 않는다. 이것저것 해 봐야지! 일단 남자아이들이 평균대를 옮기는 걸 도와준다. 평균대에서 앞으로 걷기, 옆으로 걷기, 뒤로 걷기까지 한 번씩 한다.

"뒤로 가는 건 너무 무거워요. (무슨 말인지.)"

"뒤로 가는 건 장난이 아니네요."

"옆으로가 제일 쉽네. 저희 보세요."

기본 걷기를 조금 하고 오늘 새로 바뀐 체육팀별로 나누어 평균대 가위바위보 게임을 한다. 평균대 양쪽 끝에서 팀별로 한 명씩 출발한다. 중간에서 만나면 가위바위보! 4번 정도 연속으로 이기면 상대편 진영으로 도착하여 이기는 것이다. 열심히 달려 가위바위보를 하다 그만 떨어진 준호! 오늘 최고의 웃음 포인트였다. 최종 성적은 2 대 2. 팀 밸런스 아주 좋다!

"난 운도 안 따라 주네. 가위바위보 한 번을 못 이기니."

이어서 세모 모양으로 평균대를 만들어 꼬리잡기도 했다. 2인 1조. 꼬리 잡히는 경우는 단 한 번. 쫓기는 자의 절박함 때문인지 쫓는 자의 성급함 때문인지 대부분의 경기는 누군가가 평균대에서 떨어지며 끝이 난다.

평균대 하는 내내 "피구! 피구!"를 외치는 녀석들이 많다. 피구 언제 하냐고 10번은 물었던 것 같다. 평균대를 대충 정리하고 혼을 냈다. 그래도 정신 못 차리고 피구를 외친다. 순간 화가 올라온다. 한 녀석은 오늘 선생님 정말 무서웠단다. 혼내고 5분 자유 피구를 했다. 그래도 웃으며 하는 건 뭐지. 난 화가 덜 풀렸지만 저쪽은 웃고 있다. 하지만 몇몇 아이들은 마음이 불편했는지 움직임이 둔하다.

쉬는 시간이다. 혼냈더니 저 멀리서 모여 이야기 나누는 아이들!

오늘도 아이들이 기다리는 연극시간이 돌아온다. 3장의 그림을 연결해서 상황극을 만든다. 상상의 여지가 많은 그림들인지라 오늘도 이들의 연극이 기대된다. 아이들의 주된 이야깃거리는 학원과 숙제이다. 그리고 이를 감독하는 엄마와 선생님의 모습. 이들의 삶이 어쩜 이리 비슷하다냐.

〈3모둠〉

"엄마 오늘 일 나가니 수학, 영어, 다른 과외 하나 해 봐. 공부 안 해 놓으면 엄마한테 혼나."
"싫어. 그거 다 못 해!"
"해. 하라고."
엄마가 나가자 승은이는 소파에서 잠이 든다. 승은이는 꿈을 꾼다. 정원에 들어갔더니 가만히 있던 동상들이 승은이를 괴롭힌다. 한참 후 엄마가 돌아오는 소리에 잠이 깬다.
"공부하라고 했더니 잠이나 들고. 맞아야 정신을 차리겠구만."

〈4모둠〉

엄마 아빠 부부싸움.
"아니 이 사람이. 김치찌개가 맛이 없어. 참치를 넣으라고 했잖아."
"아휴. 그런 말도 지긋지긋해. 당신이 끓여요."
이를 말리려는지 강아지가 이것을 보고 엄마 아빠를 데리고 나간다?!
아들은 혼자 남는다.
아들은 방긋 웃으며
"오호! 난 그럼 게임을 해야지."

〈2모둠〉

숙제를 안 해서 엄마가 화가 났어요.
"야! 이놈의 자식아. 넌 티브이 틀어 놓고 게임하고 눈 빠지겠다. 숙제도 안 해 놓고."
"숙제 다 했어."
한참 실랑이 후 잠이 들었는데 꿈속에는 정원이 있고 개도 두 마리가 있다.
(상진이와 준혁이는 강아지 역할이다.)
개 두 마리가 왈왈왈왈~

"숙제 다 했니?"
"너 이거 안 했잖아."
"우리 뭔가 잘못되었어."
(대사 순서가 완전히 꼬여 버렸나 보다.)

〈5모둠〉

동굴에 들어갈 한 명을 정하기 위해 가위바위보! 지윤이가 져서 동굴에 들어간다. 동굴 안에서 전 남친인 준호를 만난다.
어머! 둘 사이의 어색함. 하지만 지윤이는 준호가 반갑기만 하다. 외로웠단다.
그때 현재 준호의 여자친구 준우가 등장한다.
"준호씨. 봉골레 파스타 먹으러 가자."
준우가 키우던 강아지도 함께 따라 나간다.
결국 혼자 남겨진 지윤이는
"난 꼭 성공할 거야. 사랑 같은 거 필요 없어. 복수할 거야."

〈1모둠〉

엄마가 집을 비운다.
"엘레나 좀 기다리고 있어. 엄마 나갔다 올게."
엄마가 하루가 지나도 안 돌아온다. 엄마가 납치범한테 잡혀갔다는 경찰의 소식.

하루가 지난 후
엘레나 효은이가 강아지가 되어 악당들을 찾으러 가서 엄마를 구한다.
"저리 가!"
"엄마. 멍멍멍~ 내가 구해 줄게요."
우리의 용감한 효은이는 악당인 준호, 준혁이의 급소를 공격한다.
"이 나쁜 악당들. 월월월~"
준호, 준혁이 다급히 도망간다.

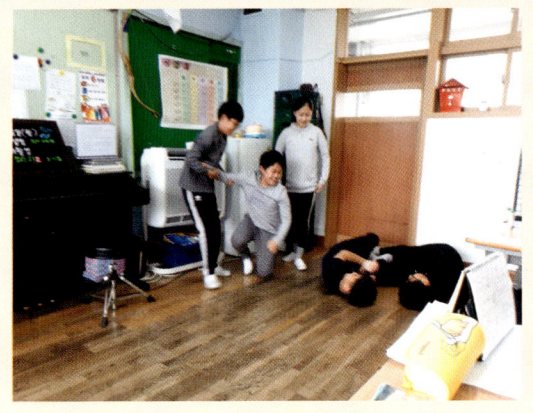

오늘 앵콜은 4모둠이다. 앵콜 공연에서는 참치김치찌개 대신에 달걀말이가 등장한다.
"달걀말이에 왜 치즈가 안 들어가?"
"그걸 당신이 하라고."
"내가 그걸 어떻게 해."
한참을 듣던 아이들이 "우리 엄마 아빠랑 똑같아"란다. (헉.)
연기한 아이들이 수습한다.
"저희 엄마 아빠는 이렇지 않아요. 가상 상황입니다. 여러분! 우리 엄마 이러지 않아요."

5교시는 수학이다. 비와 비례식 단원이다. 오늘은 단원을 개관하며 수학적인 이야기를 나누기로 한다.
단원 개관: 비의 성질 / 비례식의 성질 / 비례식의 활용 / 비례배분

"비 하면 김태희? 레인? 생각이 나요."
"효은이 성격은 어때? 침착하지?"
"아니에요. 안 침착해요. 꼼꼼하기는 하고요."
"그럼 비의 성질은?"
"그냥 분수의 성질 같은데요."
"전항과 후항 몰라도 축구에서 비교할 수 있어요. 2 대 1로 이겼어요."
"전 비에 어떤 성질이 있을지 별로 궁금하지는 않아요. 좀 알기도 하고요."

한 녀석이 말한다. 어제 어떤 아저씨가 5킬로그램 아령으로 배치기를 하고 있었다는데. 이 이야기를 들은 아이들이 배를 두드리고 있다. 그만하라고 해도 계속한다. 누군지 모를 배치기 아저씨가 수학시간에 오늘 아이들 복근 운동 제대로 시킨다.

수업이 끝나고 교실에 있던 라면 스프 달라는 은비! 친구들에게 한 번 찍어 먹으라고 하고서는 100원이란다. 근데 그걸 또 줄서서 먹는 아이들은 뭐지.

오늘은 사제동행이 있는 날이다. 서점 체험을 하러 다른 반 몇몇 아이들과 나간다. 버스에 타려고 한 순간 전화기를 안 가지고 온 걸 깨달았다. 옆에 있던 주희의 아이폰으로 전화를 걸었더니. 우리 교실에서 방과후 수학수업을 듣던 은비가 받는다. 내 핸드폰 패턴을 어떻게 알았지? 그래도 전화를 받아 준 은비 덕분에 핸드폰을 쉽게 찾았다.
"선생님 패턴 ㄱ이잖아요. 이거 한 번만 봐도 알겠어요. 바꾸세요~"

아이들 일기

운은 운이 아니다. 운은 개척하는 것이다. 상상을 하면 이루어진다. 나도 한 달간 우리 반이 매일 체육하는 상상을 했다.

난 요즘 생일 선물 준비하는 게 고민이다. 이렇게 고민한 적이 없었다.

10월 24일 목요일

아침에 현민이가 헝가리안 댄스 5번을 연주하는데 이제 정확도는 거의 80%까지 올라온 것 같다. 몇 달째 듣는 곡이지만 실력이 느는 모습에 눈도 귀도 즐겁다. 아침에 또 화를 낸다. 수학 과제를 끝까지 안 해 오는 녀석 때문에. 언제까지 버틸지 서로 기 싸움을 하는 모양새다. 녀석이 말한다. 이딴 거 필요 없다는 말에 순간 화가 올라왔다. 작게 소리로 말한 혼잣말이었겠지만 '이딴 거'라는 말에 순간 버럭하고 말았다. 아침부터 무거운 공기. 녀석도 돌아가는 상황이 심상치 않음을 느꼈는지 수학책을 꺼내 풀고 있다. 이 상황에도 용감하고 대범한 몇몇 여자아이들은 이런 분위기에 개의치 않는다.

"선생님. 저희 귀엽고 깜찍하고 탐스럽지요?"
"너희는 너무 말랐어. 많이 먹고 살을 좀 늘려 봐."
"살 이야기를 여자한테. 그렇게 예민한 데를."
"아니 너무 말랐단 말인데…."

우유상자가 한 단계 높아졌다. 우유상자탑 설치미술.
"이제 선생님 키보다 더 큰데요."
우유 먹고 우유갑 반납이 농구 게임이 된다. 색다른 일상의 재미.

국어시간이다. 누군가의 질문에 "그냥요" "몰라요"라고 답하는 현실에 대해 생각해 보는 글이 있다. 사실 기계적이지 않은 대답을 매번 한다는 게 이게 참 어려운 것 같다. 나도 배우는 자리에 있을 때는 그냥 빨리 정답을 말해 주는 게 속이 편했던 적이 많았다. 아이들도 글은 이해하고 알고 있지만 말하는 게 쉽지 않단다.

교과서 내용

자기 안에 물음표가 없어서 아무것도 묻지 못하는 사람은 건전지를 넣고 단추를 누르면 그냥 북을 쳐대는 곰 인형과 별로 다를 것이 없다. 아무 생각 없이 모든 순간을 습관적으로 기계적으로 살아가는 사람은 이야기 속 할아버지와 똑같아. 자기 것이지만 자기 것이 아닌 수염을 달고 있으니까 말이야.
'그냥 수염'을 달고 있는 사람은 어느 날 누가 "왜?" 또는 "어떻게?" 하고 물으면 아무 대답도 하지 못해.

우리도 질문을 만들어 대답을 해 보기로 한다. '그냥'이나 '몰라'가 나오지 않게 질문을 만들어 보라고 했다.

> "체육에는 여러 가지 종목이 있잖아. 예를 들면 축구, 피구, 농구 등등이 있는데 너는 어떤 종목을 좋아하니?"
> "넌 아침에 일어나 학교가기 전에 뭐하니?"
> "6학년 중 우리 반의 가장 좋은 장점이 뭐라고 생각해?"
> "생명의 가치가 뭐라고 생각하니?"
> "넌 왜 공부해?" (이 질문에 그냥이 제일 많았다.)
> "학교 급식 중에 제일 맛있다고 생각하는 게 뭐니?"
> "너는 잘 때 이불 안에 손을 넣고 자니? 빼고 자니? 한 손만 빼고 자니?"
> "너는 삼겹살, 오겹살, 목살, 앞다리살, 뒷다리살 이런 돼지고기 중에 어떤 걸 좋아하니? 그리고 어떻게 요리하는 거 좋아해? 물? 불? 생?" (이건 아이들이 제일 신나게 대답한다.)
> "넌… 친구는 많지만 고민과 힘든 걸 털어 놓을 수 있는 친구가 별로 없는 거랑 친구 숫자는 적지만 모든 걸 털어 놓을 수 있는 친구 몇 명이 있는 것 중에 어떤 게 더 맞는 거 같아?"
> "너가 만약 가난하다면 공정하게 착한 일을 해서 돈을 벌래? 아니면 도박적이게 나쁜 일을 해서 돈을 벌래?"
> "너는 사람이 태어나서 꿈을 이루기 위해 사는 것 같니? 아니면 다른 이유가 있어서 사는 것 같니?"

오늘 찬반토론 마지막 팀 간 대결이다. 토론 주제는 '현재 기준으로 양성평등이 어느 정도 이루어졌는가? 아니면 여전히 불평등한가?' 오늘은 팀도 남녀로 정확히 갈려 더 치열하게 느껴진다.

첫 10분(찬반 상호 토론)

"여성가족부 헌장에 나오는데요. 남녀는 가정 안에서 역할을 공유한다. 남녀는 동등하게 경제활동에 참여한다. 이를 위한 법적, 제도적 장치를 마련한다라고 되어 있습니다. 현재는 이 말들이 잘 지켜지는 현실인 것 같고 양성평등이 거의 이루어진 것 같습니다."

"우리 사회에 여전히 남녀차별이 있다고 2017 세계 경제양성평등지수에 나와 있습니다. 유교사상의 영향을 받아 남녀차별의 문제는 여전히 존재한다고 생각합니다. 사회 곳곳에 남아 있습니다. 여성차별 의식이 우리 사회에 여전히 세게 남아 있습니다."

"하지만 저희가 직접 사이트 들어가서 찾았는데요. 울산의 한 초등학교에서 야단 받거나 실습을 할 때 남녀차별이 없다가 있다의 거의 2배. 고등학교에서도 성차별이 없다는 설문이 더 많아요. (자료를 건넨다.)"

"하지만 그 외에도 20대부터 더 많은 인구가 있는데. 그런 자료는 없어요?"

"그래서 그쪽은 그 자료 같은 그거 있으신가요?"

"없어요."

"그쪽도 증거가 없잖아요."

"저희 학교에 급식 순서도 남자가 먼저 받고 하는 이런 거 없잖아요. 공평하고 양성평등하게 노력하고 있는데. 학교에서 보면 최대한 남녀평등하도록 진행하고요. 우리나라에 유교가 남아 있다고 했는데 불교, 기독교 이런 거도 많이 남아 있어요. 그리고 유교가 우리의 뿌리이긴 하지만 점점 문화가 사라지고 있어요."

"우리 반에서는 평등하다고 하셨는데 다른 초등학교는 과연 그럴까요? 양성평등?"

"급식 순서 말씀하시는 것 같은데 요즘은 남자가 차별받거나 여자가 차별받는 경우가 둘 다 존재해요. 둘 다 차별받기에 그런 거는 공평하다는 말이에요."

"하지만 남자가 차별 10이라면 여자가 차별받는 건 두 배일 수 있어요."

"증거 있어요?"

"보여 드릴 증거는 없지만 저를 비롯해 대부분이 그렇게 느끼거든요. 어른들도 그렇게 말하고요. 여기 보세요. 이 자료는 똑같은 일을 하는데 여전히 여자의 임금이 남자보다 적다는 자료입니다. 양성평등이 되려면 아직 멀었어요."

"근데 학교에서 무거운 짐을 나르면 남자들이 심부름 많이 하고 그러잖아."

"지난번 택배는 우리(여자들)가 다 옮겼잖아요."

"요즘은 남자도 육아휴직을 받을 수 있고요. 여자도 사회에 진출할 수 있어요."

"그게 현실에서 실행되고 있냐고요. 남자 육아휴직 받기 어려워요. 그죠? 선생님?"

"형법(다른 법을 말하는 것 같다)이 개정이 되어 육아휴직 다 받을 수 있어요. 차근차근 되고 있잖아요."

"아직 정착되었다고 보기 어려워요. 아직은 차별이 있다고 생각해요."

"차별이 없다고 말씀하시잖아요. 물론 현실에서 완전히 차별이 없을 수는 없어요. 한 번에 없앨 수도 없고요. 그래도 작은 차별 같은 건 그냥 없다고 해도 돼요."

두 번째 10분(판정인들과 질의응답)

"아까 설문요. 고등학생한테 몇 명한테 물어본 자료에요?"

"70명이 응답했어요."

"명절 때 엄마나 할머니는 요리하시고 아빠나 할아버지는 TV를 보잖아요. 물론 아닐 수도 있지만요."

"저희는 일단 명절 때 여자가 요리를 하고 남자는 쉬어요. 하지만 제사를 지낼 때 상을 차리고 옮기고 상 펴고 세팅하는 건 남자가 대부분해요."

"남자가 하나도 안 하는 그런 집도 있어요."
"하지만 남자가 요리하고 여자가 집안일하는 집도 있어요."
"아까 설문 초등학교 학생 수는 몇 명이에요?"
"초등학생은 120명."
"아까 고등학생 70명 가지고는 해석하기는 어려울 것 같아요. 100명은 넘어야죠."
"그래도 평균 조사 결과이기 때문에 괜찮습니다."

"아까 남자 대비 여자 임금의 비에 말했는데. 원래 직급에 따라 월급이 다를 수 있어요. 사장, 회장 이런 거에 대한 차이가 있어야지요. 그리고 대부분 여자보다 남자가 먼저 회사 들어와요. 남자가 먼저 들어왔으니 회사에서 급이 높으니 말이죠. 그래서 월급을 더 받잖아요."
"이 자료에서 보면 비슷한 일을 하는 남녀라고 말했잖아요. 비슷한 일요."
"직급을 떠나 하는 일이 전부 같나요? 같은 일을 해야 비교할 수 있죠. 자꾸 그걸 갖다 붙이면 토론이 안 돼요."

마지막 10분(찬반 상호 토론)
"저희가 찾은 자료 중에 직장 내에서 여자에게 격이 낮은 호칭을 사용하거나 심부름을 시킨다는 논문이 있는데. 이것에 대해 반론해 주세요."
"그 자료 언제 거예요? 조사한 게 언제인지?"
"자료 조사일은 1990년 기준이에요."
"님들은 1990년대. 우리가 낸 자료는 2019년 8월 거잖아요. 우리 것이 더 현재랑 가까워요! 자료 조사를 하실 거면 최소 2010년 것으로 해야지요. 김대중 대통령 이전 것은 좀 토론에 안 어울려요."

"저희가 체육을 할 때 보면 남자와 여자의 기준이 달라요. 체력적으로 다르니까요. 체육을 할 때 남자는 보통 악력이 세고 여자는 유연성이 좋잖아요. 그래서 기준을 남녀 다르게 만들었잖아요. 남자는 악력 만점이 30 이상 이라고 쳐. 여자는 28 정도면 만점 주고요. 대신 남자는 유연성에 이익을 보고요. 이걸 차별이라고 할 수 없고요. 기준을 맞추는 거라 생각해요."
"저희도 그렇게 기준을 정하는 건 양성평등에 맞는 건 같아요."
"초등학교 예를 들어 설명하자면 우리가 똑같은 환경에서 공부를 한다. 체육이나 이런 것도요. 벌 받을 때도 똑같이 받잖아요. 여자가 더 큰 벌 받고 이런 거 없어요. 최소한 초등학교에서는 동등해요."
"님이 말씀하신 거 말고 다른 초등학교에는 차별이 있는 경우가 많이 있어요."
"우리가 시험을 보고 나서 남자는 100점 여자는 90점 통과 이런 경우는 없어요."
"벌은 좀 봐주지 않을까요?"
"사람에 따라 벌을 낮춰 주는 거지 남녀에 따라 달라지지는 않아요."
(갑자기 벌이라는 주제로.)
"벌을 받고도 안 뉘우치면 더 혼을 내야 해요."
"맞아요. 쭉 해 온다는 게 누적인데. 축구 경기를 예를 들면 옐로카드가 있는 사람이 또 큰 잘못을 하면 레드카드 받고 퇴장이에요."
"전 축구에 대해 잘 몰라요. 자세히 설명해 주세요."
"옐로 카드 2개 받으면 레드카드요."
"그거는 축구고 우리가 사는 곳은 달라요."

> "축구의 벌이 교실의 벌과 같다고요."
> "님은 법적으로 죄를 지은 적이 없잖아요?"
> "당연하죠."
> "무고한 사람인데 누적된 죄가 나쁘다는 거예요? 큰 죄를 한 번 지은 게 더 나빠요?"
> "누적되면 더 큰 벌을 받는다는 거죠. 전과 1범 2범. 이렇게요."
> "친구를 때린 여자와 욕을 한 남자가 있어요. 이럴 때는 잘못에 따라 처벌받지 남녀가 안 들어가요."
> "하지만 남녀차별을 겪은 경우가 많이 있어요."
> "언제요?"
> "너무 예전이라 기억이 안 나는데."
>
> (이들의 토론은 치열해 쉬는 시간까지 이어진다.)
>
> "저희가 학교에서 조사했는데 엄마가 집안일을 더 많이 한다는 조사가 나왔어요. 님들 생각은 어때요? (자료를 건넨다.)"
> "근데 그럴 수 있어요. 지금까지 그렇게 해 왔기 때문에 이번엔 내가 요리할 테니까 하며 더 하는 경우가 있어요."
> "그리고 방금 님들이 준 자료 보니까. 중립이 많네요. 중립은 모르겠다잖아요. 근데 엄마가 더 많이 하는 것처럼 말하지 마세요. 집안일은 회사 퇴근 시간에 따라 달라지는데 이 자료는 퇴근 시간이 후라고 질문지에 표시해야 하는데 그것도 빠트렸네요."
> "보통 가정 일을 퇴근 전과 후로 나누지는 않아요. 그렇게까지 하지는 않아요. 우리 반에서 엄마 아빠가 맞벌이 하시는 분 손 들어 주세요. 이것 보세요. 맞벌이 하는 분도 많잖아요. 퇴근 시간이라는 게 의미 없어요."
> "하지만 대부분 맞벌이해도 대부분이 엄마가 일찍 들어와요. 아빠가 일을 하는 동안 엄마는 집에 일하는 거면 똑같죠? 엄마가 더 일찍 들어오는 분 손?"

피구 하다 륜경이 옆에 가서 살짝 말을 건넸다. 륜경이 어머님과의 상담 결과를 슬쩍 말해 주고 싶었다. 핸드폰 사용을 줄일 것과 책 한 권 끝까지 읽기라는 특명을 내리자 알겠다고 답을 하고 저 멀리 간다. 다시 심판인 내 옆으로 오라고 했지만 극구 사양한다.

"애들아. 1반이랑 다음 주 수요일 피구 시합을 하기로 했어."
"저 1반에 손볼 사람이 있어요. 이길 자신 있습니다."
"1반 여자애들 사악해요. 심판 잘 봐주셔야 해요."
"선생님은 99% 진다에 건다. 1반에 에이스가 너무 많아."
"끝날 때까지 끝난 게 아니에요. 연습하면 이겨요."

손에 가시가 박혔다는 은비. 그걸 참고 피구하다 결국 보건실에 가서 빼고 온다. 대단한 정신력이 아닐 수 없다. 효은이는 공 맞아 아웃되고 나서도 끝까지 공을 우리 편 진영으로 넘긴다. 아이들은 그 공을 효은이의 유물이라며 소중히 다룬다. 아이들이 경기 중에 엄청난 소음을 낸다.

"우리 학교에 돌고래가 너무 많아요."

"근데 너도 고주파 소음 내잖아."

시끄러운 바람이 분다. 서늘한 기운도 전해진다. 가을이 짙어 간다. 이제 좀 있으면 졸업이구나.

보건 선생님 메시지가 또 온다.

> 동일 질환 2명 이상 동시발생으로 감염병 대응 3단계입니다. A형 독감 대유행 조짐입니다.
> - 매일 자주 환기시켜 주세요. 아이들이 기침하면 공기 중에 바이러스가 머물기 때문에 환기가 정말 중요합니다.
> - 손을 자주 씻도록 해 주시고요. 손 소독제가 필요한 반은 보건실에 여분의 손 소독제를 가져가시기 바랍니다.
> - 감기 등으로 기침하는 아이들은 가정에서 마스크를 꼭 쓰고 오도록 지도 부탁드립니다.

괜히 아픈 아이가 없는지 한번 확인한다. 다행히 열은 없지만 컨디션이 안 좋은 아이들이 보인다. 보건실에 가서 쉬고 오라고 했더니 알겠단다. 아픈데 참고 있었구나. 보건실 가서 면역력 채우고 오겠다며 엘리베이터 타도 되는지 묻는다. 당연히 OK!

오늘도 달콤한 다락방 요리부 아이들은 맹활약이다. 귤타르트를 만든다고 한다. 다이제라는 과자를 부셔 베이스로 쓰고 버터를 녹인 후 귤이랑 초콜릿을 올리는데. 모양도 제법이고 귤향이 그윽하다.

"얘들아 나랑 은비는 종이컵 자르고 있을게."
"근데 치즈에서 발꼬랑내 나."

나더러 냄새를 맡아 보라고 하는데 발꼬랑내만큼 구수한 향은 아니다. 그냥 보통 슬라이스 치즈의 향 정도. 비닐장갑은 없냐. 종이컵은 없냐. 큰 그릇은 없냐. 찾는 게 너무 많다. 나는 어느 순간 그들의 보조 요리사가 되어 버렸다. 중간에 요리를 하다 버터를 땅에 쏟았다고 한다. 음… 몇 초 고민하더니 그냥 물티슈로 닦아서 사용하기로….

오늘 교실체육부 아이들은 골프 프로그램으로 과녁 맞히는 게임을 한다. 역시 남자아이들은 목표물이 있으면 집중력이 몇 배는 되는 것 같다. 100점 과녁에 잘도 넣는다. 스윙 폼도 예쁘고 나중에 잘 칠 것 같다.

서준이는 체육을 꼭 해야 하는 이유를 물리적으로 증명해 보이겠다는데. 아! 벌써 설득될 걱정이 든다. 핫스팟 켜 달라고 하더니 뭔가를 열심히 검색하고 있다. 그러고는 칠판 한가득 채운다. 자외선이 있는 야외에서 STAR 상표가 새겨진 공으로 체육을 하고 물 한 잔 마시는 예언. 그건 바로 25일^^ 억지스럽고 기괴한 논리이지만, 이렇게 유도할 수 있는 것도 엄청난 능력이다. 최종 결론은 내일 체육을 해야 한다! 서준이가 내일 체육을 해야 하는 이유를 수학적으로 계산한 식을 본인이 직접 설명해 준다.

내일(25일) 자외선 지수 2~5 예상
하루 24시간 6시간당 자외선 지수
2×6 + 3×6 + 4×6 + 5×6 = 84
피구공에 적힌 STAR
S: 19번째 알파벳
T: 20번째 알파벳
A: 1번째 알파벳
R: 18번째 알파벳
총 58
날씨가 더우니 물 1컵
84 - 58 - 1 = 25일

교실체육부 아이들이 골프 프로그램 배터리가 부족하다며 충전해 달란다. 그러더니 어느새 검술 대련을 하고 있다. "다친다 그만해"라고 했더니 "몇 년간 수련해서 괜찮다"고 한다. 그만하라고!

다시 달콤한 다락방….

"그냥 먹자."

"개수가 왜 이렇게 부족하지."

"원래 재료보다 맛이 더 없어졌어요."

"나 하나만 먹어도 돼?"

"저희도 안 먹고 참고 있거든요."

"근데 매우 맛이 없어요."

"난 이 크림치즈가 별로야."

"그냥 생크림을 과자에 발라 먹는 게 제일 맛있어."

"그냥 상큼하게 귤이나 먹자."

만드는 데 30분, 먹는 데 5분!

"오늘은 강아지 과자 같은 맛이었어요."

"선생님. 저 JJB 먹고 싶어요. 너무 땡겨요. 이거 맛이 없어서 입가심해야겠어요."

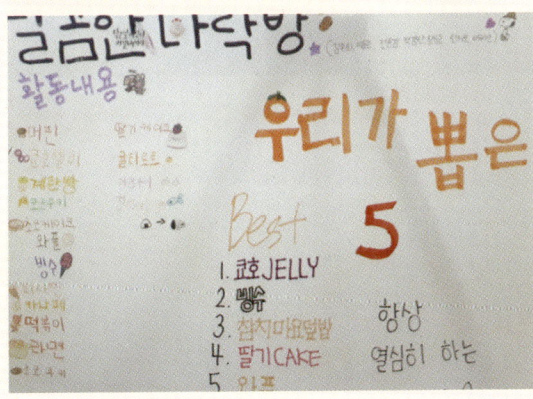
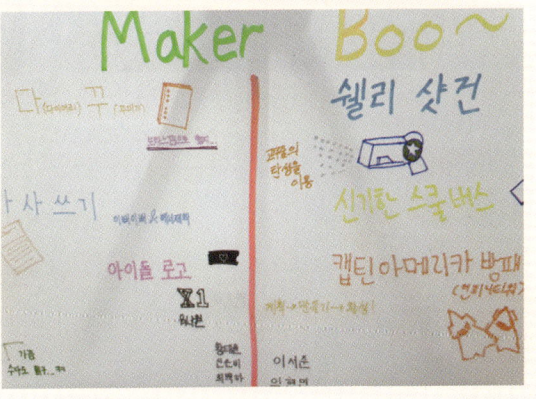

 **10월 25일 금요일**

  요즘 A형 독감이 유행하니 자주 손 씻고 기침하는 사람은 마스크 쓰라고 했더니 자기는 B형이라는데. 진심이 가득 담긴 그 눈망울로 물어본다. 농담이겠지…? 상진이는 한국시리즈 3차전을 관람하러 오늘 고척야구장에 간단다. 모자를 고쳐 쓰며 오늘도 왠지 두산이 이길 것 같다는 예감이라는데.

 "야구는 7차전 가서 우승해야 재미있지. 오늘은 두산이 져야 승부가 되는데."

 "1, 2차전을 그렇게 멋있게 이겼는데. 이겨서 빨리 우승해야지요."

  태윤이가 하와이 현장체험학습을 갔다 왔다. 초콜릿을 사 왔다. 한 상자에 14개가 들어 있다. 4상자이니 56개. 2개씩 나눠 먹었다.

 "이렇게 비싼 초콜릿은 역시 맛있어."

 한 녀석이 초콜릿을 먹다 켁켁. 뭔가 상했나 하는 찰나에.

 "초콜릿 먹다가 벌레가 갑자기 입에 들어갔어요."

"너 비행기에서 땅콩 많이 먹었어?"
"하와이에서 뭐가 제일 맛있냐?"
"풀잎 바지 샀는데 무게가 넘어서 더 이상 안 된다고 해서 못 가져왔어."
"하와이 패션 알아? 풀잎 바지랑 야자수 그려진 셔츠 있잖아."
아이들이 모두 공감과 부러움의 눈빛을 보낸다.

수학시간이다. 《피타고라스도 모르는 수의 비밀》이라는 책 중 몇 장을 복사해 나누어 주었다. 4개의 주제이며 주제별 2장 정도이다. 읽는 양도 부담이 없고 내용도 아이들이 충분히 이해할 수 있을 것 같다.

- 사소한 실수가 300건 계속되면 대형사고가 일어난다? 300:29:1
- 영하 273도가 되면 부피가 '0'이 된다.
- 100도 가까이 되는 사우나에서 화상을 입지 않은 이유는?
- 우리가 고민하는 것의 96% 쓸데없는 것이다.

"몰폰을 300번 하다 언제쯤 엄마에게 걸리는 재앙이 일어날까요?"
"근데 미시건 대학교가 어디에 있어요?"
"우리가 고민하는 것 중 96%가 쓸데없다라는 말은 좀 안 맞는 것 같아요."
"목욕탕에 가 보면 습식사우나에 가면 훨씬 견디기 힘들어요."
"그래도 건식 만만치 않은데."
"동물들 사우나에 들어가면 진짜 죽어요? 땀이 안 나서?"

목욕탕 물 이야기가 나와 목성의 위성에도 물이 있을 수 있다는 뉴스가 생각나 전했는데… 물이 발견될 가능성이 있는 위성을 이오라고 불렀다. (사실 유로파였는데.) 내가 잘못된 정보를 전달했다. 이것도 책을 정리하며 알게 되었다. 아이들이 중고등학교 가서 "이오에는 물이 있어요"라고 하면 어떻게 하지….

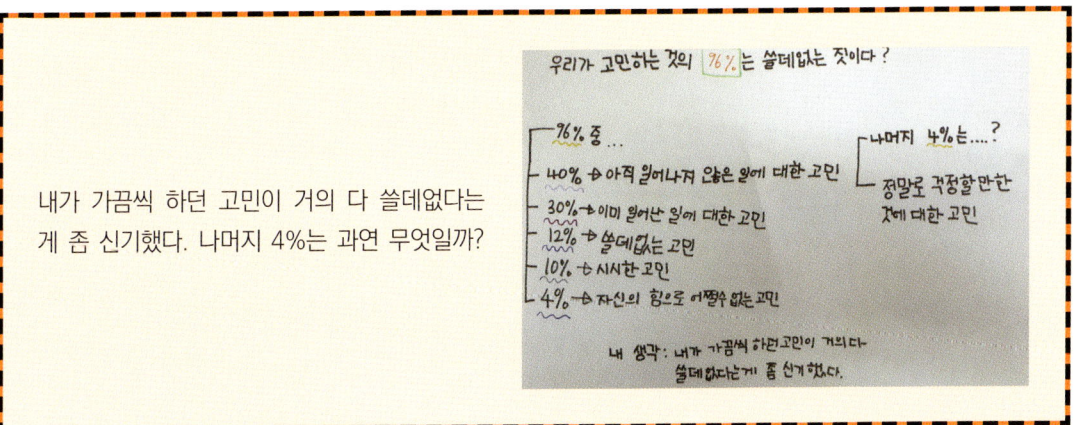

내 생각엔 이 책이 정확한 듯하다. 지금까지 했던 걱정들이 딱 들어맞는 듯하다. 난 이제 걱정을 좀 줄여야겠다.

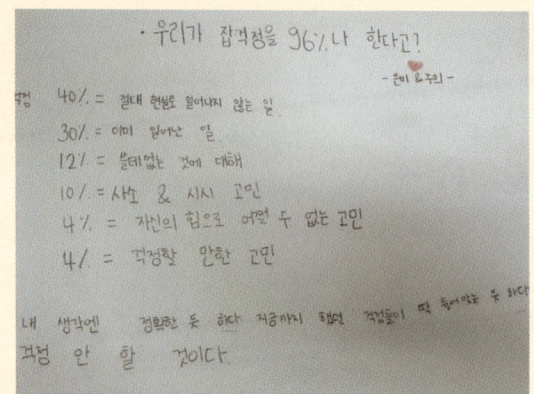

내가 몰폰을 300번 한다면 진짜로 엄마한테 29번 들키고 1번 크게 혼날까? 실험을 해 보겠다. 진짜로 건식 사우나의 바닥에 찰싹 붙으면 따뜻할까?

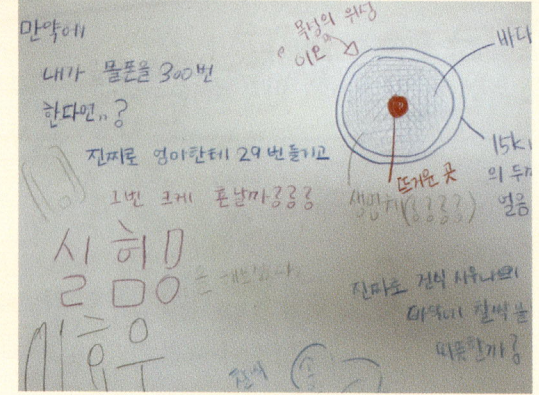

우리가 고민하는 것의 96%는 쓸데없는 것이다? 나도 걱정이 많은 편인데. 지금도 걱정 많은 것에 대해 걱정이다.

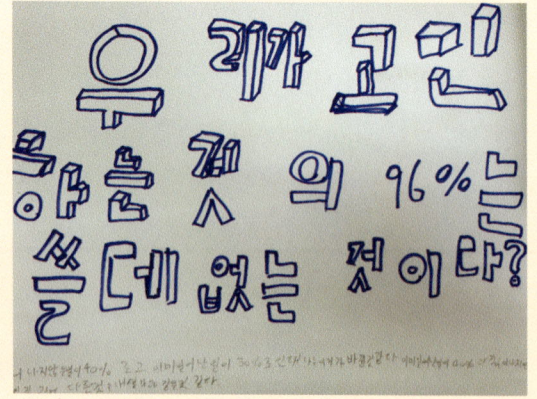

이오에서 물 찾기.
- 돌을 빙빙 돌려 깬다.
- 핵폭탄을 쓴다.
- 우주선에 드릴을 달아 깬다.
- 안에서 터지는 버스트 폭탄을 쓴다.

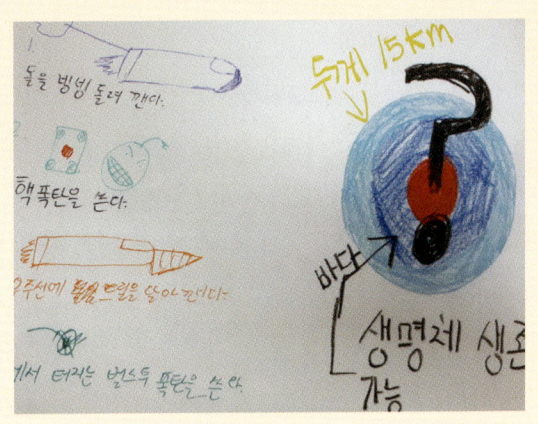

- 드릴로 얼음을 뚫는다(약 300년).
- 300년 후에 안에 있는 물을 그대로 담아온다 (약 200000000000L).
- 유로파에 대해 연구한다.
- 생명이 있다면 구출한다.

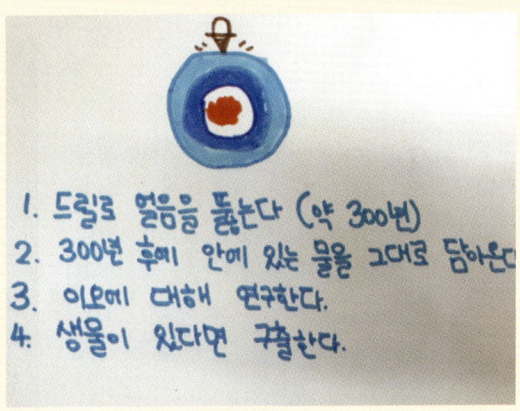

폭파방법
- 레이저, 버스트 폭판, 폭탄
색칠 부분 지열로 생명체 존재 가능성 높음.

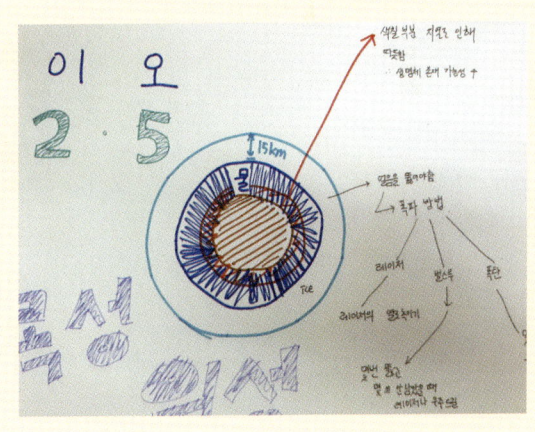

　수학시간이다. 쌓기나무를 이용한 마을 꾸미기를 한다. 얼마나 시간이 걸릴지 몰라 미술시간과 통합하여 시작한다. 의외로 진행하는 속도가 시원시원하다. 경복궁을 만드는 모둠도 보이고 평범한 사거리를 그리고 네 명이서 각자도생하는 모습도 보인다. 남자는 건물, 여자는 배경으로 역할을 나누는 모둠도 보인다. 한 모둠은 쌓기나무를 색으로 먼저 분류한 후 깔끔한 상태로 시작한다. 성격들이 나오나 보다.

"원래 있는 건축물 해도 돼요?"
"저희는 축구장 만들 거예요."
"우리는 먼저 쌓기나무 만들고 배경을 제일 마지막에 그릴 거예요. (결국 이 모둠은 배경을 먼저 그린다.)"
"우리 경복궁 소주방 만들자. (소주방이라는 명칭이 정말 인상 깊었단다.)"
쌓기나무 색이 모둠별로 서로 필요한 것이 달라 서로 색을 바꾸는 아이들도 보인다. 거래는 역시 소란스럽기도 하고 은밀하기도 하다. 작은 이익 앞에 놓인 인간의 본성도 보인다.
"몇 개만 더 줘~"

에펠탑을 만들었고요. 물론 이게 에펠탑처럼 생기지는 않았지만 열심히 만들었어요. 여기 보이는 탈모군은 양모 군이고요. 진격의 황태는 태윤이, 효개라고 써 있는 사람은 효은이에요. (에펠탑이 아니라 부르즈 칼리파 아니야?)

일단 이거는 무지개색의 피라미드이고요. 옆에 이거 길 같은 건 사람들이 피라미드로 들어올 수 있는 입구예요. 이쪽에 다양한 건물들이 있는데 이거는 주민들이 살던 집이에요.

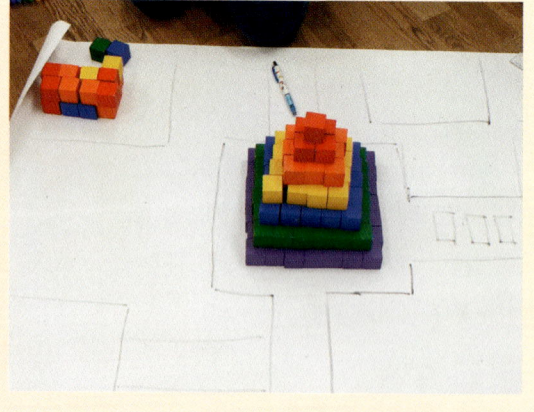

이거는 체육이라는 글자 모양의 건물이고 이쪽은 자외선 지수 어쩌구래요.

우리는 먼저 경복궁 근정전, 경회루 그런 것들을 지었어요. 매표소, 신호등, 자동차들, 주차장, 영제교, 사정전, 자판기, 수정전도 만들었어요.

이 건축물은 원래 원형으로 생긴 축구장을 만들려고 했는데 마음에 안 들어 때려 부시다 콜로세움이 되었어요.

    3교시 중간에 건축물 만들기가 끝난다. 아이들은 지난번에 보여 준 태엽 꾸미기를 하고 싶단다. 시간이 부족할 것 같아 다음에 하려고 했으나 몇몇은 지금 달라며 떼를 쓴다. 시간이 정말 애매한데…. 아이클레이를 꺼내고 태엽 만들기를 시작한다.

"태엽. 손이 떨리는 느낌 너무 좋아."

아이클레이로 다른 색을 만들려고 물감이랑 보드마카를 묻히는 아이들도 보인다.

"너 이 색깔 어떻게 만들었냐?"

신비의 색을 내는 비법을 알려 달라고 하는데 만든 녀석조차 그 비율을 모른다.

잠시 인터넷으로 꾸밀 모양 찾겠다며 핫스팟 켜 달라는 아이들.

갑자기 한 녀석이 말한다.

"야! 6학년 되어서 한 번도 안 운 사람? 없지?"

"난 눈이 아파서 운 것 빼고는 없는데."

"그것도 운 거야."

여자 아이들은 초밥, 심장, 고구마, 인형이 많고 남자아이들은 차 아니면 무기류이다.

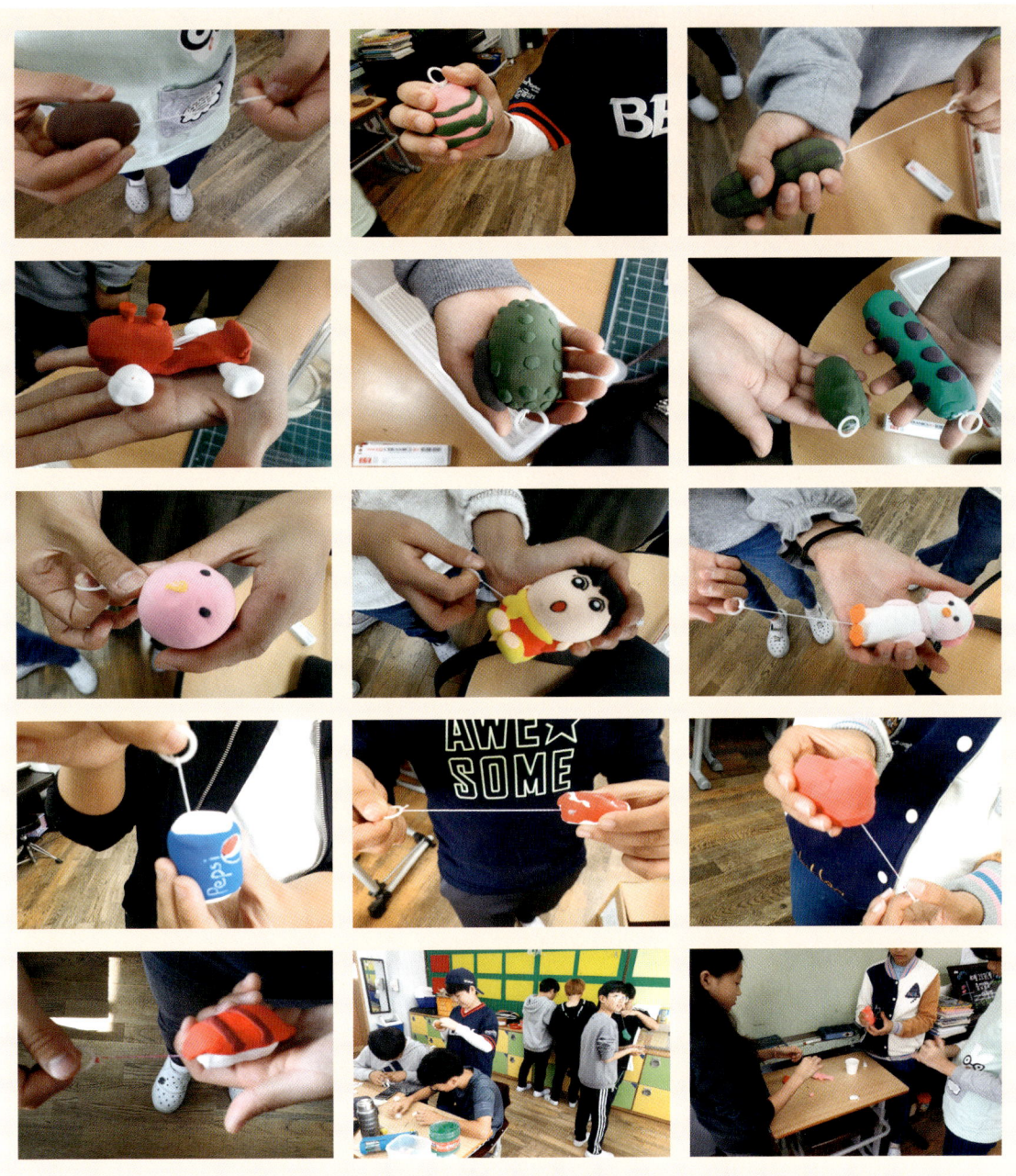

오랜만에 학급 회의를 한다. 회의 주제는 '우리들의 겨울나기'.

"겨울에 다 같이 놀아요. 사비로요."

"따뜻하게 음식을 만들어서 먹어요. 겨울에는 일단 먹어야 해요."

"눈싸움해요. 눈 온다에 500원."

"다 같이 엄청 큰 눈사람 만들어요. 기네스북에 오를 만큼요."

"귤이랑 이불 들고 와서 한 시간 동안 교실에서 자요."

"1교시는 눈사람 만들고 2교시는 맛있는 거 먹으러 가요."
"겨울이니까 물총에 차가운 물 넣어 물총싸움해요. 교실에 한 번만 해요."
"찬물로 하면 감기 걸리니 따뜻한 물 넣어서 해요."
"선생님 집에 가서 히터 빵빵 틀고 영화를 봐요."
"차라리 선생님 집에 가지 말고 영화관에서 가요."
"근데 팝콘은 어떻게 해요? 사비로 사요? 선생님이 사요?"
"학기 초에 약속한 것처럼 떡볶이 만들어 먹어요. 떡도 썰어요."
"노래방 갔다가 닭갈비 먹어요. 남녀로 조를 나눠요."
"남녀 10명으로 나누면 노래방이 좁잖아요. 4개조로 나눠요."
"엄청 큰 방이 있어요."
"근데 노래방은 좀 위험하지 않나요?"
"우리 가서 'tears' 부르자."
"겨울이면 역시 고구마 먹기~ (우아)"
"행당시장에서 삼성전자 쪽으로 쭉 내려가면 삼맛호오떡 집이 있는데. 그 집 맛있어요."
"겨울에 생일인 사람을 위해 아이스크림을 사서 파티를 합시다. 배스킨라빈스 제일 큰 것 2통을 사서 먹어요."
"냉면 먹기요."
"미소 공원 가서 눈싸움하고 눈사람 만들다가 옆에 편의점 가서 핫초코 먹어요."
"배수지공원에서 컵라면 먹어요."
"한강 가서 라면 먹어요. 한강은 너무 머나?"
"겨울방학 날 학교 와서 하룻밤 자고 가면 안 돼요?"
"귤을 엄청나게 들고 와 귤 싸움해요. 귤 축제!!!"
"창문을 열면 시원한 공기가 들어오는데 그때 대청소해요."
"그냥 수학공부해요."
"학교에서 합숙하면서 담력 테스트해요."
"인간의 한계를 실험하기 위해 문 열고 에어컨 틀고 얼음물 마셔요."
"방학 때 아침부터 와서 라면 먹고 밤이 되면 자요."
"얼음물 먹고 가위바위보 진 사람에게 얼음을 뿌려요."
"그러면 학폭에 갈 수 있어요."
"그러다 저체온증 오면요?"
"학교에서 자고 아침에 해장해요."
"찜질방 가요."

"찜질방 가서 치킨이랑 요구르트 먹어요."
"찜질방에서 자요. 보호자만 있으면 돼요. 선생님이 보호자 하면 되잖아요."
"우리 편의점 털기요. 우리는 1인당 1만 원. 선생님은 5만 원. 합해서 25만 원."
"점핑스타 가요. 6학년까지 점핑스타 갈 수 있죠. 가서 몸을 피곤하게 하고 찜질방을 가요."
"키 제한 있어서 안 될 것 같은데요. 태윤이는 확실히 안 돼요."
"그럼 노래방, 점핑스타에 가요."
"그냥 교실에서 치킨 먹어요."
"방탈출 카페에 가서 시간제한을 정해 놓고 이 시간 안에 통과하면 노래방. 노래방에서 100점 맞으면 점핑스타. 이렇게 합시다."

한참 의견을 내더니 알아서 하나둘 정리를 한다.
"이제 슬슬 쓸데없는 거 뺍시다."
"야~ 발언권 얻고 말해."
"반말하지 마."
"좀 조용히 하세요."
(어디서 많이 보는 장면이다.)

"그런데 첫눈 오는 날 떡볶이는 선생님이 약속한 거예요. 기본 옵션이에요."
투표 결과 찜질방이 압도적이다. 찜질방 19표.
"얘들아. 다 지우고 찜질방에 대한 계획이나 세우자고."
"이마트 찜질방 갈래. 상가 찜질방 갈래."
"일단 10시에 만나요."
"아니죠. 8시에 만나요."
"여러분. 시간보다는 동선을 정해야 해요."
"여러분. 노래방은 12시 반부터 돼요."
"일단 10시에 만나서 일단 밥 먹어요."
"생각났어요. 찜질방 위에 있는 감자탕 집에 가요."
"궁금한 게 있는데 이거 전부 개인 사비죠?"
"근데 거기 감자탕집 너무 비싸요."
"우리 돈도 없는데 싼 햄버거 먹어요."
"그냥 찜질방만 가면 안 돼요?"
"하루 전체를 찜질방에 있을 수는 없을 것 같은데."

"일단 큰 덩어리를 정하고. 형사처벌처럼요."
"아는 찜질방 하나씩 얘기해요."
"이마트 있는 데도 있고. 청계천에도 있어요. 힐스테이트 앞에 있는 곳도 있어요."
"난 청계천 걷고 싶다!"
"거기 어디쯤이에요?"
"근데 거기 사람 엄청 많아요."

"좀 조용히 하세요. 정말 이름 적습니다."
"저는 그냥 청계천이 어디 있는지 물어봤어요."
"근데 헛고생할 거 같아서 하는 말인데요. 동선 다 짜 놓았는데. 부모님이 반대하면요?"
"그건 그때 가서 생각해요."
"그냥 황금스파에서 늦게 만나고 각자 집에서 밥은 먹고 와요."
"거기서 자요?"
"못 자는 애들도 있어요."
"잠옷 들고 와요?"

활기찬 회의였지만 이 정도 선에서 마무리 지어야겠다. 찜질방이라… 이건 제주도 수학여행보다 더 어려운 난제가 생긴 게 아닐지 모르겠다. 그래도 속 시원하게 할 말들 잘한다. 오늘 배운 수학이야기도 회의에 녹아들어 간다.
"엄마아빠한테 건식, 습식 사우나의 열 전달에 대해 공부하겠다고 말씀드리면 되잖아요."
"엄마가 안 해 주는 건 미래에 대한 막연한 걱정이에요. 엄마의 걱정 중 96%는 안 해도 되는 거라고 설득해요. 우리도 4%만 고민해요."

 ## 10월 28일 월요일

아침에 일찍 등교한 2명. 하지만 복장이 너무 편안해 보인다. 일명 추리닝! 2주일 전부터 예고를 했고 금요일에도 알렸지만 오늘 졸업앨범 재촬영하는지 몰랐단다. 단정히 입고 오라고 말했건만 추리닝 차림이라니.

"저 이렇게 입어도 잘 나와요. 걱정 마세요."

"아니 그래도. 나중에 남는 건데."

"(거울을 보더니) 괜찮아요. 완벽한데요, 뭘. 그래도 잠깐 엄마한테 전화하고 올까요?"

우유상자 설치미술이 드디어 최고 높이에 도달했다. 거의 천장에 닿는지라 내일은 더 할 수 없을 것 같다. 오늘 이름을 짓고 해체해야겠다. 다른 반 선생님들도 이 반은 왜 우유상자를 반납 안 하는지 물어보신다. 설치미술이라고 했더니 빵 터지셨다. 탑 이름도 오늘 지었다. '우유니사탑' 현대를 사는 바쁜 사람들이 오늘 할 일을 내일로 미룰 수밖에 없는 사연을 담았다고는 하는데. 뭐 그럴 듯하다. 작가정신이라는 이름하에 불성실함을 예술로 승화시킨다. 우유니사탑 주변이 유명 관광지가 되어 버렸다. 지나가던 다른 반 아이들도 감탄하고 본인들이 뿌듯하단다. 우유를 다 마신 우리 반 아이들도 모여 역사적 의미를 가진 탑 아래에서 추억의 사진 한 컷 남긴다.

"선생님 자켓 입으니 오과장님 같아요."
"오랜만에 직장 다니는 사람 같아요."
"졸업 사진 찍는다고 오늘 좀 챙겨 입으신 듯."

한 녀석은 단정한 셔츠 차림이다.
"앨범 촬영용으로 입고 온 거야?"
"아뇨. 저도 모르고 있었어요."
"입을 게 없어요. 드레스를 입을 수도 없잖아요."
"선생님. 왜 아이들이 이렇게 안 와요? 제가 너무 예뻐선가요?"
헉… 이런 긍정도 부정도 칭찬도 화도 낼 수 없는 질문에는 할 말이 없다.

상진이가 오자 두산의 한국시리즈 우승을 자축한다.
"두산 우승했어요."
"너 4차전도 보러 갔냐?"
"아니요. 3차전 본 것만으로도 좋았어요. 우승하니까 좋네요."
2019 시즌 우승의 자신감과 아우라가 느껴진다. 두산은 이리 잘하는데 우리 삼성은 언제쯤 가을야구를 할지.

차원에 대해 공부하는 마지막 시간이다. 겨우 4시간으로 아인슈타인을 이해하기엔 힘들지만 우리만의 방식으로 조금은 맛을 본 것 같다. 아인슈타인에 대한 동영상을 보고 이야기한 것들을 정리한다.

- 시공간의 왜곡이 61,320배인 행성의 2초는 지구 20시간.
- 지구 중심은 겉면보다 2.5년이 젊다.
- 태양은 한복판이 겉부분보다 4만 년 느리다.

 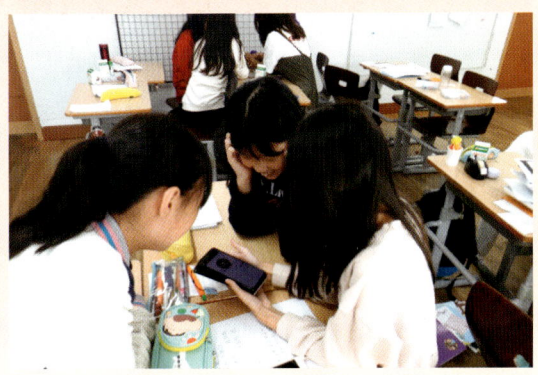

아이들 작품이다. 시공간의 차원이라는 개념을 적용한 스토리텔링!

가오행성은 지구보다 1초가 1만 배 느리다. 어떤 사람이 지구에서 30살에 가오행성을 탐험을 하고 나왔는데. 하루만 있다가 지구로 돌아왔다. 지구에 왔을 때 지구에 아는 사람은 없었고 지구는 2019년에서 2059년이 되었다.

아기 두 명이 놀고 있었다. 여기는 우주선이다. → 우주선 앞쪽으로 블랙홀이 내려왔다. → 그렇게 몇 년 후 → 난 왜 작은 거야. 키가 작아 좌절하고… → 미안하구나! 블랙홀 한 마리가 탈출했었는데 → 신을 만난다. → 다시 키가 커졌다.

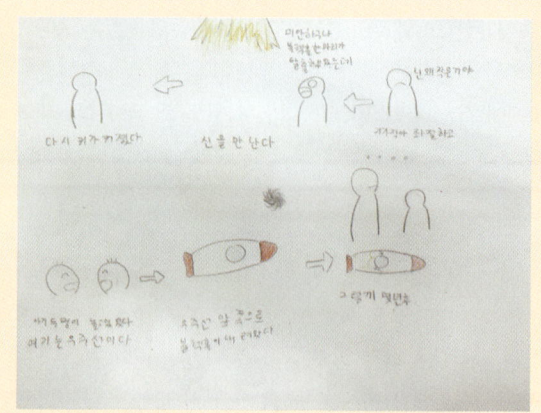

21세기에 살고 있는 김직장씨는 어느 날 휴일. 집에서 TV를 보고 있던 와중 괴생명체를 발견했다. 그 괴생명체는 4차원 생명체(?)인데 3차원 생명체에게 장난을 치기 위해서 TV전원을 껐다 켰다 했다. 그러자 직장씨는 유령인 줄 알고 놀라서 뉴스에 신고한다. 4차원 생명체는 슬슬 지구인들에게 장난을 치기 시작했고 이 뉴스는 실검 1위에 올랐다. 일부 과학자들은 그 유령을 역시나 4차원 생명체로 믿고 있다.
그나저나 태양이 더 커져 버리면 언젠가 정말 지구는 빨려 들어갈까?
지구에 있는 동생이 태양여행을 다녀온 누나보다 나이가 더 많아진다?
만약에 지구가 태양보다 커져 버리면 지구가 주변에 있는 행성을 다 빨아들일까?

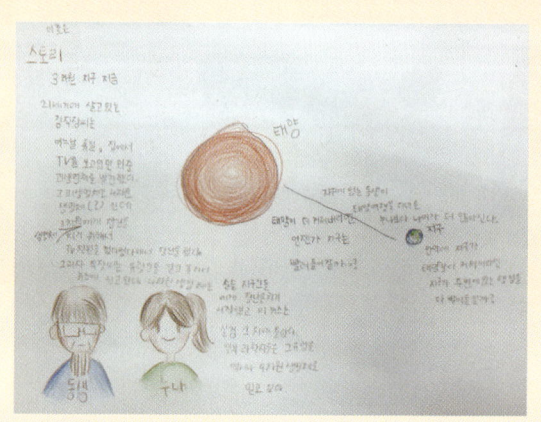

지구는 바다랑 땅밖에 없는 2차원이라면. 어떤 남자가 다른 2차원에 가면 지구는 바다랑 땅 밖에 없을 것이다.

나와 은비가 '주희 할부지'를 두고 며칠 우주여행을 갔는데 돌아오니 지구에 너무 많은 시간이 지나 주희가 이미 이 세상 사람이 아니었다.

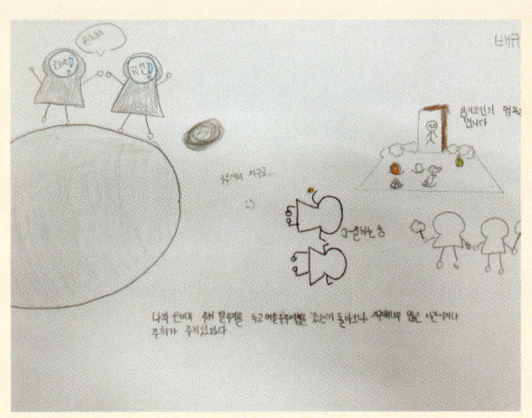

유리가 빡쳐서 토끼인형을 팼다. → 구멍이 파였다. → 훈이가 빠졌다. → 중력과 같은 원리이다.

우주에서 1초가 지구에서 10시간이라면. 내가 우주에서 4시간을 있었다. 그 동안 지구는 24,000시간이 지났다. 약 63년. 63년이 지났다. space time.

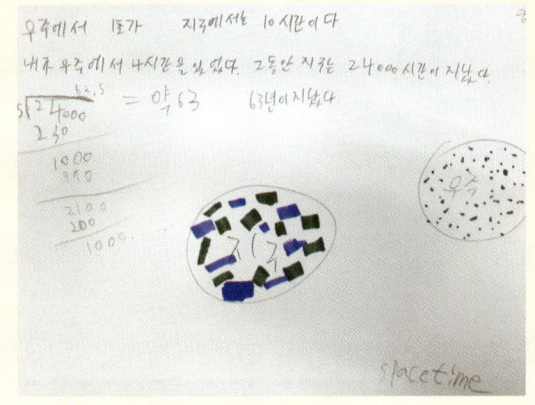

#1 나와 규현이가 블랙홀 근처 여행을 한 시간 동안 하는데 주희가 폭삭 늙어 버렸다.
#2 도착했는데 친구 쭈가 사라져 제사를 치른다.
#3 음식을 먹는 도중 갑자기 음식이 올라가 사라지는데.
#4 알고 보니 쭈가 죽은 게 아닌 4차원 세상으로 이송된 것!

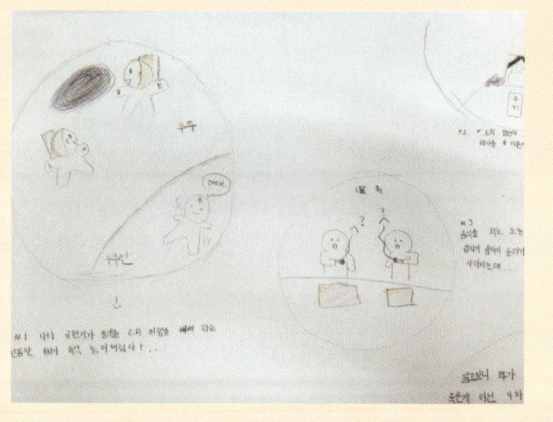

입체도형인 은비, 륜경, 규현, 지윤, 승은, 효개, 계란이 2차원 세상으로. 3차원에 살다 2차원에 오니 온 세상이 신비로워. 이것은 무엇인고. 우옷! 2차원 사각기둥, 삼각뿔, 구가 가엽다. 그들은 평면에 살고 있다. 내 가족으로 삼아야겠다.

타노스의 후손이 지구를 500배 이상 크게 만들어 놓아서 시간과 공간을 더 누르게 되었다. 그 덕에 달과 다른 별까지 지구로 빨려 들어가면???

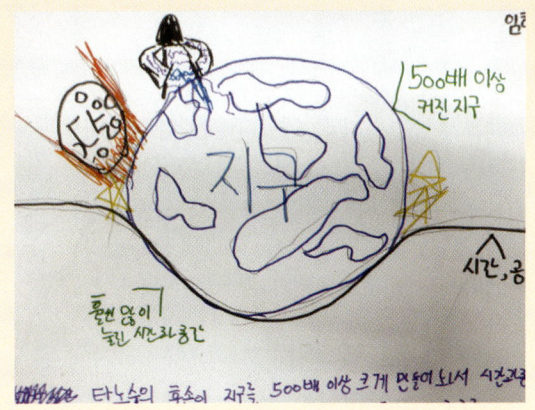

우주 다녀올겡! → 내가 지구에 친구를 두고 우주에 간다. → 우주에서 시간 1년, 지구 시간 65년 → 친구는 할머니가 되고 말았다.

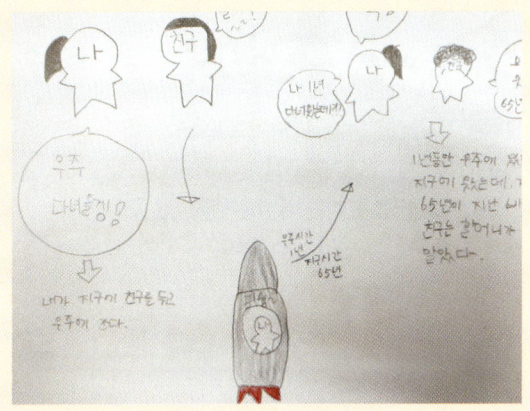

- 100차원은 있을까?
- 블랙홀 속으로 행성이 들어갈까?
- 블랙홀 속 행성은 시간이 다르게 나타날까?
- 뉴턴의 중력과 아인슈타인의 중력.

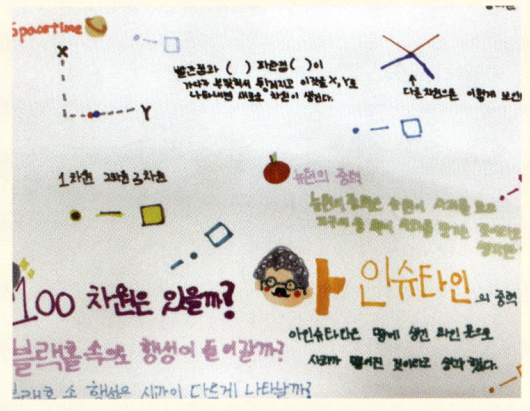

지구에 블랙홀이 나타나는데 친구들은 다 대피하는데 두 명의 친구가 그 블랙홀로 들어갔다. 거기서 3시간 후 다시 블랙홀을 타고 지구로 오는데 지구 시간으로 50년이 지나서 친구들이 다 할아버지, 할머니가 되었다는 이야기이다.

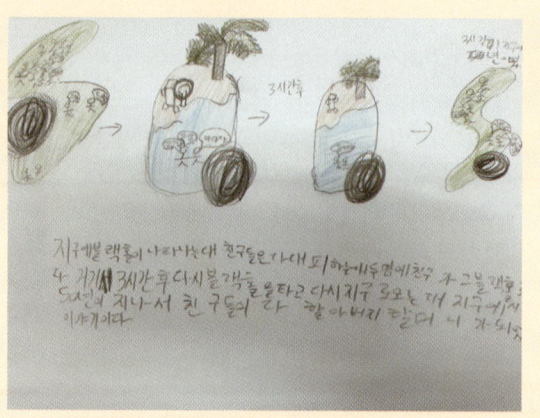

블랙홀 6개월: 은비, 규현은 그대로.
EARTH: 나는 늙음 376살.
돈을 받고 싶던 은비는 우주여행을 안 갔지만 모험을 즐겨한 규현이는 우주여행을 가 평생 안 늙고 살았다.

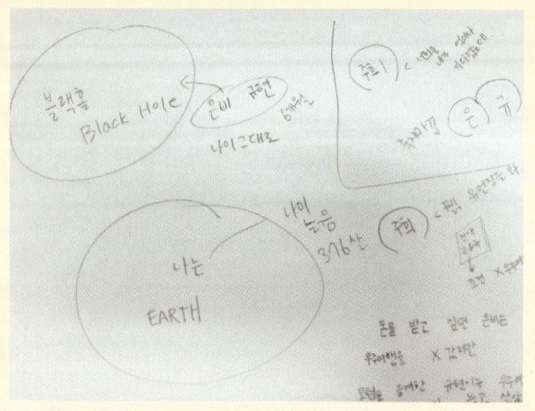

마술사: 네. 여기 아무것도 없죠? 그럼 제가 비둘기를 꺼내보겠습니다.
→ 0.1초 만에 아이가 상자에 들어갔다.

학교에서 연수랑 나랑 축구를 했다. → 내가 찬 공이 엄청 멀리 날아갔다. 화성까지 날라갔다. → 내가 우주에 가서 빛의 속도로 공을 가지고 왔다. → 내가 공을 가지고 학교에 왔는데 연수가 70대 대머리 할아버지가 되었다.

이서준은 요술램프를 얻게 된다. → 내 소원은 4차원적 힘을 갖게 해 줘. (그렇게 해 드리죠) → 피구할 때 4차원의 힘으로 준우 공 뺏기 → 준우가 여자친구 뺨을 때리게 만들기.

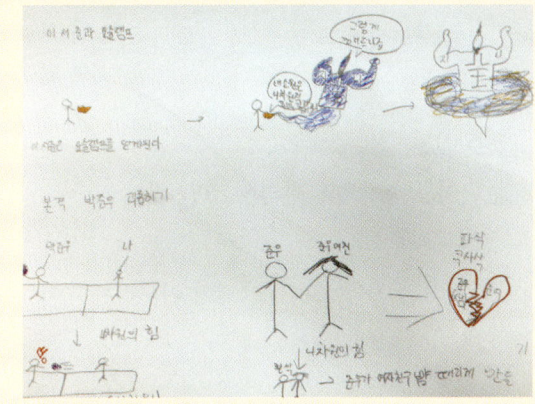

A씨가 무궁화호를 타고 블랙홀 옆 가오행성으로 여행을 갔다. A씨가 행성에서 7일 있다가 돌아왔는데 친구 B씨가 94세로 생을 마감했다는 소식을 들었다. 가오행성에서 7일 = 지구에서 73년.

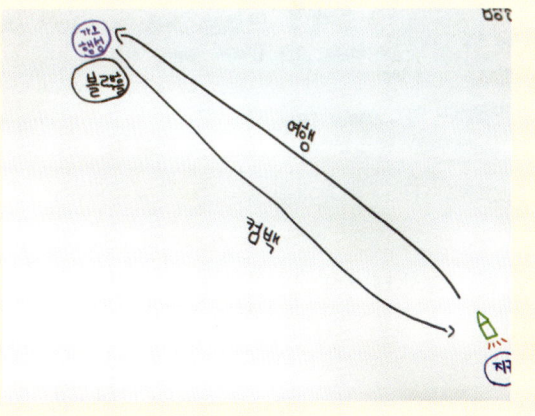

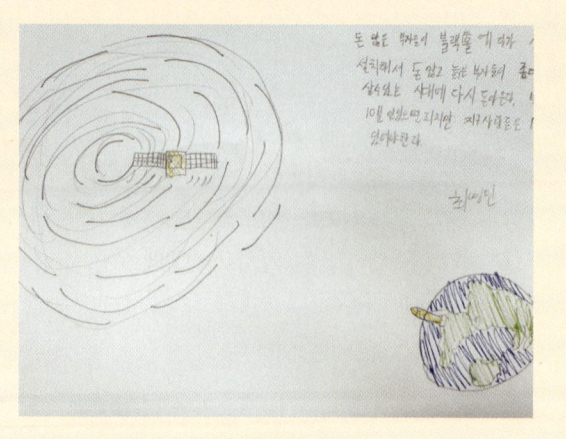

돈 많은 부자들이 블랙홀에다가 시설을 설치해서 돈 많고 늙은 부자들이 좀 더 오래 살 수 있는 시대에 다시 돌아온다. 부자는 10분만 있으면 되지만 지구 사람들은 100년이 있어야 한다.

"근데 너희 세상이 모든 끈 같은 걸로 되어 있네."
"무슨 말이에요? 끈이라니요?"
"내기할래요?"
"그래. 끈이론이 맞으면 편의점 20만 원 쏘기."
"나는 맞다는 쪽."
"저희도 맞다는 쪽이에요. 선생님이 아니라는 쪽에 거세요."
막판 뒤집기에 당했다.

수학시간이다. 《피타고라스도 모르는 수의 비밀》에 낙화암 삼천궁녀가 거짓임을 수학적으로 해석하는 글이 나온다. 당시 성안의 가구 수가 1만 호. 가구당 5명. 5만 명. 그중 절반이 여자. 절반의 여자 중 아이, 할머니 제외하면 1만 5천 명. 그중 3천 명이 궁녀?
나의 잡지식이 동원된다.
"삼국유사 이전에 삼국사라는 책이 있었대. 그 책이 발견되면 삼천궁녀가 있었는지 확인할 수 있을 텐데."
"근데 삼국사 다시 발견되면 우리 역사 공부 다시 해야 되잖아요."
"우리 대학 가고 나서 발견되면 좋겠네요."

과학과 관련된 앱으로 수업을 했다. 오늘은 몇 개만 설치해 실행해 본다. 다음 주 월요일에 모둠별로 앱 실행 후 보고서를 쓰기로 한다. 역시나 핫스팟 데이터로는 다운이 잘 안 된다. 집에서 다운받아 오도록 했다. 예시 자료를 내 폰에 설치해 보여 준다.

주파수, 조도계, 지진계, 적외선 비전 카메라, 전자파 측정기, 자기장 측정기, 소리, 스피드 건, 튜너 등 과학실험과 관련된 모든 앱 가능.

1반과 피구 대전을 앞두고 아이들이 솔루션을 찾는단다.
"그늘 아래서 피구하면 우리가 좀 유리할 텐데."
"그렇게 큰 그늘이 어디 있어?"
"나무를 심자~"
"아이들과 텔레파시 주파수를 맞춰야 해."
"어떻게."
"채널 번호 605. 삐리삐리."
"오케이~"

오늘 졸업앨범 재촬영이 있다. 너무 많은 아이들이 다시 찍는다. 휴. 사진 찍기 전에 내 얼굴에 파우더를 발라 주는 은비. 이런 피부로 사진 찍는 게 심히 걱정되었나 보다. 좀 뽀얗게는 나온 것 같다.
"우아! 사진 찍어 수업 안 한다."
배수지공원에 가서 개인, 짝, 모둠, 전체 촬영을 한다. 기다리는 시간 동안 남자아이들은 땅파기를 하고 있다.
"기다리면서 여기서 이것밖에 할 수 없어요."
"공을 몇 개 가져올걸 그랬어요."
다른 친구들 찍는 걸 기다리며 아이들이 가을에 물든다. 멀리서 볼 때는 가을 속에 들어간 동화의 주인공 같았는데, 가까이서 보니 땅파기 하다 그것도 지겨운지 빨간 열매 몇 개를 따서 즙 만들며 놀고 있다. 여자아이들은 나뭇가지로 땅바닥에 글자를 쓰고 있다. 우리 옆에는 공원에 체험 나온 어린이집 아이들이 있다. 글자 쓰는 누나들을 유심히 바라보고 있다. 사실 글자라는 게 별 게 없다. 이뻐. 바보. 나무. 하늘.

재촬영하는 데 한 시간여 걸린다. 오늘 빠진 한 시간이 국어인지 수학인지를 놓고 이야기하는 그녀들. 수학시간에 사진 찍은 걸로 하자. 사진이니 가로 세로 비례식도 되고 화소도 수학이니. 맞아! 사진 각도도 공부했으니. 한 녀석이 말한다.
"앨범 촬영 힘들어요. 이럴 바에는 그냥 우리들이 찍은 사진으로 미니 앨범 만드는 게 훨씬 낫겠어요."
그 말도 일리가 있다. 언제까지 졸업앨범이라는 형식이 유지될지.
마지막으로 단체 촬영이 있다.
"머리칼 정리 좀."
"움직이지 말고."

"카메라 좀 보자."

가을 길 위에서 우리의 오늘이 추억으로 담긴다. 이 사진 왠지 마음에 든다. 돌아오는 길이다.

"저 좀 귀엽죠? 제가 금북 3대 얼짱이에요."

"그래라."

점심 먹고 교실에 왔더니 아이들이 DJ를 하며 음악을 틀어 놓았다. 다리가 아파서 내 자리에 좀 앉자고 했더니 웬일인지 순순히 비켜 준다. 나도 선곡을 한다.

'Tears' 틀어 주니 너무 좋아한다. 춤도 춘다.

'잔인한 여자'에서 엄청난 떼창.

이정현 '와' 좀 틀어 달란다.

자기들이 노래방에서 많이 부르는 노래라는데.

나의 시대와 그들의 시대에 접점이 조금은 있다. 20여 년 전 노래들! 내겐 청춘의 시절이었지. 이들에게 그 감성이 전해지다니. 나도 아이들도 같이 부른다.

"자자의 '버스 안에서' 한 번만 틀어 주면 안 돼요?"

"그것도 알아? 오예~"

"이거 너무 웃겨."

"우리 뽀로로 노래 틀어 주세요."

찾기도 전에 무반주로 그냥 끝까지 부른다.

로보캅 폴리도 이어진다. 이것도 역시 무반주로.

"근데 진짜 노래방 가고 싶다."

아이들 일기

⟨나의 축구 과거⟩

나는 처음부터 축구를 잘하게 된 것이 아니다. 예전에는 다른 애들보다 축구에 관심이 더 많았을 뿐 더 잘하진 않았다. 난 1학년 때 처음 축구를 시작하게 되었다. 처음에는 골키퍼부터 하고 몇 년 뒤 수비가 되었고 몇 년 뒤 미드필더가 되어서 처음으로 16번이라는 등번호를 받게 되었다. 그 다음은 윙어로 1년간 활동을 하다가 팀에서 6골을 기록하며 해트트릭을 넘어선 지금에 나는 스트라이커로 성장을 하였다. 여기까지 오는 데 6년이 걸렸다. 여기까지 오는 데 정말 힘들고 포기하고 싶을 때가 있을 때마다 나를 위로해 주는 우리 축구팀이 있었다. 그 팀 때문에 내가 여기까지 올 수 있었다.

10월 29일 화요일

한 녀석이 교실 문을 여는데 우당탕탕 소리가 연달아 난다. 비명도 들린다. 가까이 가 보니 문을 열면서 물통 뚜껑을 돌리다 물통이 발등을 찍었다는데. 괜찮다며 자리로 가지만 걸음걸이가 불편해 보인다. 발을 만지는데 보건실은 안 가겠단다. 그래도 다녀오라고 권했지만 자기 몸은 자기가 잘 안단다.

열린 문 틈 사이로 옆 반 선생님이 틀어 놓은 음악 소리가 들린다. '총 맞은 것처럼'. 현민이는 그 작은 소리에 맞춰 허밍으로 따라 부르는데. 부드럽다. 명곡은 역시 클라스가 다르다.

아침에 백하가 핸드폰으로 악보 열어 놓고 피아노를 치고 있다. 음표가 보일락 말락. 난 하나도 안 보인다. 출력해 주고 싶은데 가까이 가니 자리로 돌아가 버린다. 가까이 안 갈 테니 계속 연주하라고 했다. 오늘 3반은 아침식사용 도시락을 만들어 먹는단다. 전자레인지가 있는 우리 반에 와서 햇반을 연달아 돌린다. 우리도 아침식사 만들기 프로젝트를 하자고 하는데. 좀 추워지면 하자고 달랬다.

한 녀석은 들어오자마자 김체육 씨의 안위를 묻는다.
"선생님. 오늘 미세먼지 매우 나쁨인데요. 오늘 김체육 건강하게 등교해요?"
"3교시니 좀 기다려 보자. 안 되면 실내 체육 하면 되지."

우유니사탑! 드디어 10층이 완성되었다. 9층에서 끝날 줄 알았는데 하루만 더 버텨 보자는 아이들의 말을 듣길 잘했다. 초광각 카메라로 우유니사탑을 배경으로 사진도 찍고 우리 반의 랜드마크가 된다! 영어 선생님이 다른 세 군데 기둥에도 다른 탑을 만들어 보라고 권했다지만. 오늘 이 탑은 역사의 한 장면으로 돌아가리라. 햇반을 돌리러 온 3반 아이가 우리 반도 우유니사탑 쌓고 싶단다.
"이거 쉬운 거 아니야!"
"우리 2주일의 프로젝트 학습이야."
우유상자가 10개나 모자라는 것을 이해해 주신 인상 좋으신 우유 할아버지께 감사드린다.

"1평당 크기가 교도소가 학교보다 크대. 뉴스에 나왔어."
"그게 뭐가 중요해. 난 교도소 안 갈 거다."
"맞아. 좁아도 학교지."
"자유가 있잖아. 김체육 씨도 있고."
"난 술도 집에서 먹고 잘 거야."
남자아이들이 교도소 뉴스 이야기로 한창 열을 올린다.

3반 아이들이 햇반 돌리는 모습을 본 효은이가 너무 부럽단다.

"부러우면 지는 거야. 정말 먹고 싶으면 3반 가서 먹고 와."

"그게 아니에요. 아침에 아빠가 우리 밥을 다 먹었어요."

"설마 아빠가?"

"진짜예요."

"아니잖아?"

"눈물이 날 뻔했다니까요. 배고파서."

뭔가 뒷이야기가 있을 텐데 더 이상 말을 해 주지는 않는다.

역시 3교시가 되어도 미세먼지가 매우 나쁨으로 나온다. 차 트렁크에 있던 족대를 가져와 실내 게임을 하기로 한다. 공기돌(물고기)을 10개씩 가지고 족대에 던져 물고기를 많이 잡는 쪽이 이기는 경기. 8명이 물고기 투수. 총 80마리의 물고기이다.

"족대 좀 낮추라고."

"얼굴로 던져서 족대로 잡을 수가 없어. (말하는 틈에 한 녀석이 던져 10마리 물고기를 모두 놓쳐 버린다.)"

"몇 마리인지 예상이 안 되네요. (족대를 들고 있던 아이들이 묵직함을 느끼나 보다.)"

"일단 잡은 물고기 묻고 더블로 가."

"최대한 낮게 던져."

안전한 수익 창출이라며 2개씩 나눠 던지기도 하고 오히려 한 방이 더 확실하다며 10개를 한 주먹에 움켜쥐고 오버핸드로 던지는 아이도 있다.

	1차전	2차전	3차전	4차전	5차전	합계
타이레놀팀	34	29	22	27	24	136
부루펜팀	40	52	23	24	48	187

첫 번째 경기는 부루펜팀의 압승이다. 첫 번째 경기는 8명이 한꺼번에 던지는 경기라 놓치는 물고기가 많다. 두 번째 경기가 시작된다. 이번엔 한 사람씩 차례로 던지니 잘 잡는다.

	1차전	2차전
타이레놀팀	69	75
부루펜팀	66	0

부루펜팀은 2차전에서 패배를 예감했는지 잡은 물고기를 모두 방생하겠단다. 패배를 깨끗하게 인정한다. 이게 도시어부의 마음이라는데.

10분정도 시간이 남는다. 족대를 골대 삼아 페널티킥 연습을 한다. 팀별 여자 경기는 두 팀 모두 2명씩 실축해서 3 대 3. 남자 경기가 이어진다. 점수는 승계된다. 부루펜팀 남자는 3명 성공. 타이레놀팀 남자아이들은 그냥 예능으로 간단다. 영민이는 라보나킥으로 실축! 준호는 헤딩으로 노골! 정말 웃겼다. 두 녀석 모두 축구를 잘하기에 웃음의 코드를 적당히 잘 버무려 주는 센스를 보여 준다.

쉬는 시간이다. 아이들은 타악기 하러 내려가기 싫은가 보다. 천장 때리기 게임을 하고 있다. 점프해서 천장에 손이 닿으면 되는 무지하게 단순한 경기. 점프하는 풍경이 어지럽지만 나름 협동심도 발휘된다. 키 작은 녀석들을 목마 태우기도 하고 손을 잡아 올려준다. 작은 아이는 의자를 가져와 결국은 천장을 터치! 저 천장 치는 게 무슨 큰 도전 과제인지.

"공부를 이렇게 도전적으로 해 봐."
이 말은 하지 말았어야 했는데.

타악기시간이다. 이젠 거의 마무리 단계다. 모든 가락을 완벽하게 연주할 수는 없지만 어영부영 남들 따라 끝까지 치는 모습에 안쓰럽기도 하다.
"천천히 치자. 이번이 마지막 반복이야."
이젠 익숙해져서인지 틀려도 내색하지 않는 여유가 느껴진다. 브라보! 10분 정도 쉬는 시간을 가진다. 북치느라 힘들 텐데 아이들은 둥글게 모여 앉아 게임을 하고 있다. 김밥말이 게임인데. 아이엠그라운드 랑 비슷한 듯 보인다.
"김밥말아~ 김밥말아~ 앗싸! 김밥 몇 줄?"
연습을 다시 한다. 영민이가 손목이 아프단다. 북을 너무 세게 쳐서 그런 줄 알았더니 어제 주짓수하 다 무리가 와서 쉬고 싶단다. 옆에서 다른 친구들 치는 것 구경하라고 했더니 영민이가 웃긴 표정을 지 었나 보다.
"저희 영민이가 웃겨서 못 치겠어요."

급식 시간이다. 한 녀석이 영민이가 배식하시는 분께 반말했다는 신고가 들어왔다. 사연인즉 그냥 '땡 큐'라 했다는데. 나이 많은 어른에게 '땡큐' 하는 게 반말인지 둘이 언쟁을 벌이고 있다. 별일도 아닌데 참.

내일 1반과의 피구 대결을 앞두고 점심시간에 남자아이들이 여자아이들을 특훈시켰나 보다. 강속구 연발로 잡기. 그 짧은 거리에서 3개씩 받는 연습이다. 여자아이들이 피하지 않는다. 그러다 한 녀석의 얼굴에 공이 스친다.

"너 때문에 내 콧대가 다 휘었잖아."

"많이 다쳤냐?"

"아니 안경 콧대 좀 휘었어. 내일 이기면 돼."

11월 1일 경복궁 및 통인시장 진로체험활동하는 것을 EBS에서 촬영 나온다고 한다. 출연 및 취재 동의서를 아이들에게 나눠 주니 인터뷰를 미리 준비해도 되냐고 물어본다. 당연하지!

"우리 학교가 진로로 대세이긴 한가 봐요."

"저는 방송에 나오기 싫은데요."

'텔레비전에 내가 나왔으면' 만큼의 설렘은 아니지만 아이들이 예상 질문지도 만들고 경복궁에 공부한 것도 다시 열어 본다. 어떤 모습으로 카메라에 우리의 모습이 담길지.

수학시간이다. 비의 전항, 후항에 대해 공부하다가 한 녀석이 뒷자리 친구 책상을 실수로 건드렸나 보다. 책상 위에 있던 십자수 세트가 떨어진다. 10개가 넘는 실패며 바늘, 십자수 천 등이 우르르. 아이들 몇 명이 돕겠다고 나선다.

"우리 천천히 줍자."

친구를 위한 아름다운 마음을 믿지만 줍는 시간이 한없이 늘어난다.

"ㅇㅇ이 오늘부터 1일이야~"

"둘이 사귄대 정말. 아닌 거 같은데."

"누구랑 누구?"

"뭔 소리래. 가짜 뉴스야."

"그러다 학폭 갈지 몰라. 그런 말 하지 마."

"선생님. 저 소원 계약자 많다요."
"그게 뭔 말이야?"
"내기해서 먹을 것 뺏어 가는 것이에요."
"그게 무슨 말이냐고."
"한마디로 삥 뜯기요."
삥이라는 말에 이해가 한방에….

 **10월 30일 수요일**

"드디어 결전의 날이 밝았습니다. 선생님. 1반 애들도 작전 다 짰다던데요."
"뭐 결전까지는. 우리를 믿어야지."
"근데 저 어제 독감예방주사 맞아서 팔이 아파요. 컨디션이 별로예요."
하지만 가방을 내려놓자마자 공을 만지작만지작하고 있다.
"근데 선생님. 오늘 아침에 큰일이 있었어요."
"아빠가 핸드폰 놔두고 가셨는데 모르는 것 같아요."
"하루쯤 없어도 되잖아."
"아빠는 일 하실 때 10분에 한 번씩 통화해야 해서요. 그래서 금방 집에 다시 올 것 같아요."

아침에 1반 선생님과 5교시에 피구하기로 최종 의견을 나누었다. 옆에 있던 아이들이 "접수 완료!"라며 교실 안으로 신호를 보내며 전의를 불태우고 있다.
"다른 반 아이들의 예상은 우리가 이길 것 같다던데요."
"1반은 더블 아웃이 없는데 룰을 어떻게 해요? 룰을 확실히 정해야 할 것 같은데요."
우리 반 에이스 영민이는 강당에서 하면 컨디션이 더 좋다며 쉽게 이길 것 같단다. 하나둘 등교한다. 한 녀석은 발로 문을 열고 닫는다. 그걸 지적했더니 곧 바로 "죄송합니다"라며 손으로 문을 여닫는다.
"너네 수학 단원평가 틀린 것 다시 푸는 것 내일까지인 거 알지?"

"오답노트는 아니죠? 그냥 틀린 것 다시 풀면 되죠?"
오답노트랑 다시 풀어 보는 것이 그렇게 차이가 있는지 아이들이 여러 번 확인한다.

"요즘 숙제가 많아서 걱정이에요."
"저는 이상하게 5분 만에 할 수 있는 것도 하기 싫어요."
"저는 학원 숙제 2장 정도 일부러 남겨 두는데. 끝내는 짜릿함을 학원 가기 전에 느끼려고요."

아이들이 할로윈 어떻게 할 것인지 이야기하고 있다. 할로윈 분장 살살하라고 했더니.
"할로윈 분장 심하게 하면 혼나요?"
"선생님도 조커로 분장하고 오면 안 돼요?"
"내 나이가 몇 살인데. 애들이 하는 건데."
"할아버지가 보면 선생님도 애잖아요."

은비가 어제 장난 전화를 받았다며 말을 건넨다. 뭐가 심각한 상황 같지는 않았다. 계속 웃으며 이야기 한다. 그때 장난 전화를 건 주인공 주희가 등교한다.

"주희야. 은비한테 장난 전화했다며? 너 왜 장난 전화했냐?"
"근데 은비 엄청 좋아했어요. 상황을 즐기던데요. 은비가 승리자예요. 전 손해 봤어요."

1교시는 국악 첫 시간이다. 강사 선생님이 가야금을 들고 오신다. 아이들은 오동나무와 명주실을 이용해서 만들었다는 전설의 가야금이라 이름을 붙인다. 악기 분류에 대해 먼저 배운다. 가야금은 나무와 실로 만들었지만 악기 분류는 실에 해당한다는 설명을 해 주신다. 가야금의 유래에 대해서도 알아보고 가야금송도 불러 본다. 짧은 가사에 핵심이 모두 담겨 있다.

〈가야금, 8음 中 어디에 속할까?〉	〈가야금 SONG〉
금(金) 석(石) 사(絲) 죽(竹) 포(匏) 토(土) 혁(革) 목(木)	가야국의 가실왕 가야금 (만듦) 제일 먼저 우륵이 곡 지어 (연주) 가야국에서 신라 진흥왕에게 ~~ 12줄을 손으로 연주해 (가야금)

"가야금으로 연주하는 타령 한번 들어 봅시다."
"사형요?"
"나 갑자기 가야금 사고 싶어졌어. 얼마에요?"
"선생님. 줄 뜯다가 끊어지면요. 어떻게 해요?"
"줄이 한 겹이 아니라. 여러 줄이라 잘 안 끊어져요."
"연주 많이 하면 손 아프지 않아요?"
"저거 다 굳은살 박인 거야. (다른 녀석이 아는 채를 한다.)"
"지하철 탈 때 환승 음악은 12줄 가야금 소리예요. 12줄은 일 년 12달이고요. 그러다 다양한 소리를 내기 위해 17줄, 18줄 차츰 늘렸고 25줄 가야금이 만들어졌어요. 줄도 조금 다르고요."
"(연주를 듣더니) 우아. 하프 같다."
"타령 들을 때랑 느낌이 완전히 달라요."
'우아' 연발하는 소리가 들린다.

이제 선생님이 직접 연주를 해 주신다. 일단 가야금을 꺼내고. 악기 하는 사람은 이때가 제일 멋지다.
"위 판은 둥글고. 뒤 판은 네모. 하늘은 둥글고 땅은 네모라는 의미고요. 여기 이걸 안족이라고 하는데. 기러기 안, 발 족이에요. 기러기 발이라고 해요. (이 말이 그렇게 웃겼나 보다.)"
정말 당연히 연주를 잘 하신다. 아이들 표현대로 메아리가 울리는 듯하다. 평소 유튜브로 연주 동영상을 보다가 실제 연주를 들으니, 그것도 아주 가까이서, 아이들의 집중도가 상당하다.

"오른손만 연주할 때는 몰랐는데 양손 연주를 하니 정말 메아리 소리가 들려요."
산조 한 곡조를 들려주신다.
점점 빨라지는 곡인데 마지막 부분은 동물 소리를 흉내 내었다며 맞혀 보라고 하신다.
"이거 어디서 들어 봤는데 어디서."
"'흥부가 기가 막혀' 아닌가."
소, 말, 호랑이, 거위, 사자 답도 다양하다.
"정답은 말이에요."
"대박."
"정확히는 말발굽 소리예요."

"신청곡 있습니다. 도라지 해 주세요."
"카카오 보이스톡 연결을 해 주실 수 있나요?"
"뽀로로 해 주세요."
아이들이 연주해 달라는 곡을 짧게나마 즉흥 연주해 주신다. 한 시간이 짧기만 하다. 마지막 인사도 깊다.
"선생님! 감~~~~사합니다."
떠는 소리로 '감'을 길게 빼는데.

2교시는 재난대피 훈련을 한다. 일단 학교에 있는 방화문의 위치를 알려 준다. 아이들도 매번 지나다니는 문이지만 이게 방화문인지는 몰랐나 보다. 오늘은 지진대피 훈련이다.

지진이 나면 크게 흔들리는 시간은 대략 1분 정도. 책상이나 테이블 밑으로 피하고 지진이 잠시 잦아들면 머리를 보호하며 대피. 지진이 났을 때 엘리베이터는 절대 타지 말 것. 혹시라도 엘리베이터 안에 갇히게 되면 침착하게 구조 요청. 지하철 운행이 중지되었을 때는 문을 열고 비상등 보며 침착하게 대피. 해안에서는 지진 해일 우려가 있으므로 해안에서 떨어진 고지대로 대피.

아빠가 딸을 치료하는 모습이 나오며 영상이 끝난다. 한 녀석이 말한다.

"우리 아빠만큼 똑똑하네요. 침착하고요."

운동장으로 대피하는 데 걸린 시간은 3분 43초.
"선생님. 진도 6.5면 학교가 무너지는 상황이에요?"
"아까 진도 6.5라고 했는데요. 우리 지진 나서 수업 못 하잖아요. 나온 김에 체육 해요."
"근데 진짜 지진 나면 운동장에 모였다가 집에 가요? (집에도 지진 났는데?)"

남자아이들은 2교시 끝나고 두 팀으로 나눠 피구 연습을 하고 있다. 1반 아이들이 잘해서 발을 노려야 한다며 하단을 집중 공략하기로 작전을 짜고 있다. 여자아이들은 "우리 연습 그만할래"라며 김밥말아 게임을 하고 있다.
"아싸 몇 줄? 돌돌 말아 김밥!"
"너희 초심 잃으면 우리 져."
"우리 연습 많이 했잖아. 지금 쉬고 싶어."
"경기는 정신력이야. 지금 김밥말이 게임할 때냐?"
"지금까지 매일 연습했잖아. 좀 쉬자고."
1반과의 대전에 애타는 남자아이들이 끝까지 최선을 다하지 못한다며 여자아이들의 정신력 문제를 지적한다. 이 말에 약간의 갈등은 있었지만 큰 경기를 앞두고 서로 이해하는 선에서 마무리된다.

주무관님이 학교에 있는 감나무에서 감을 따서 교무실에 가져다 놓았다. 4개를 교실에서 가져다 놓았다. 아직 익지 않아서 숙성시켜 먹으려 가지런히 놓았다. 지나가던 아이들이 만지작 눌러서 벌써 감이 물컹해진 느낌이다.

연극시간이다. 오늘의 주제는 토끼와의 달리기 경기에서 기적처럼 이겨 버린 거북!

유명해진 거북이는 한순간의 운이었다는 소문을 잠재우기 위해 진짜 달리기를 잘하기 위한 연습을 하기 시작한다. 거북이는 어떠한 연습을 했을까? 거북이에게 져 버린 토끼는 분한 마음에 다시 도전장을 내미는데… 다시 토끼에게 도전장을 건네받은 거북이의 선택은? 동화책 《슈퍼 거북》 이야기다.

오늘은 만들다 시간이 부족해 스토리라인만 만들고 발표는 다음 시간에 하기로 한다.

드디어 결전의 시간.

"오늘은 모든 것을 피구에 쏟아도 되어요. 학원 시간이 뒤라 좀 쉬었다 갈 수 있어요."

오늘 점심에 카레가 나왔음에도 배부르면 뛰는 데 방해된다며 절식하는 아이들. 강당에 모여 1반 아이들과 인사도 하고 준비운동 간단히 한 후 시작한다. 피구 규칙은 1, 5반 각각 한 가지씩 양보한다. 더블 아웃 없기! 머리 맞아도 아웃! 자못 비장감이 느껴진다. 우리 반 아이들은 둥글게 모인 후 '파이팅'을 크게 외치며 기선을 제압한다.

"자세 낮춰."

"피했으면 됐어. 계속 집중해."

"저 아웃이에요. 저 스쳤어요."

양심의 소리라며 아웃을 외치지 않았는데도 나오는 효은이. 페어플레이까지~ 아름다운 녀석들! 아이들이 피구 연습을 많이 했는지 정말 중심이 낮아졌다. 또 밖으로 나가는 공을 살리려 몸을 날리는 녀석들을 보니 오늘 경기는 절대 지지 않을 것 같은 느낌이 든다. 열정과 냉정이 오고 가는 명경기다.

"몸은 날리지 마! 다친다."

"침착해! 흥분하지 마!"

1세트는 7명, 2세트는 13명 남기고 우리 반이 이긴다. 3세트는 초반 불리했으나 마지막 남은 여자아이 4명이 잘 버터 승리. 4세트도 압승. 오늘은 4 대 0으로 이긴다. 경기에 이기고 나니 관용을 베푸는 아이들. MVP를 1반 아이로 선정했음에도 큰 박수와 환호를 보낸다. 암튼 승리의 열매는 달고 시원하고 맛 좋다.

오늘 오랜만에 8명이나 일기를 내었다.

아이들 일기

요즘 통 일기를 쓰지 못했다. 계속되는 숙제 폭탄에 이미 지쳐 일기를 쓰려 해도 난 이미 뻗어 있다. 이런 패턴이 계속되어 일기를 안 쓴 듯하다.

내가 자주 배가 고픈 편이라 그날도 어김없이 배가 고파서 먼저 학교 앞 CU에 가서 라면을 후루룩하고 ○○는 아이스크림을 먹었다. 오랜만에 먹는 너구리여서인지 오동통통 맛있었다.

에버랜드에 입장해서 돌아다니다가 허리케인이라는 놀이기구를 발견해서 탑승하였다. 대기시간은 80분 정도로 기억한다. 그 긴 시간을 기다려서 탑승하였고. 나에게 이 놀이기구는 재미있는 듯? 약간 시시했다. 엄청 흥이 많으신 캐스트 분들이 인상적이었다.

두끼는 떡볶이 뷔페라서 재료 무제한에 어묵에 볶음밥에 여러 떡 곤약 여러 면들 등!! 꿈의 세계이다. 꺅! 처음에 와서 나는 2인용 냄비에 떡, 소스, 면, 채소, 어묵튀김 등등 넣고 끓여 먹었다! 완전 꿀 taste에 매콤달콤한 소스까지 크헝헝 너무 먹고 싶다. 그때 너무 처음부터 의기양양했는지 여러 소스로 먹어 보진 않았고 해서 크림소스+동대문 엽기소스를 첨가해 먹었더니 완전 까르보나라 불닭맛이었다. 근데 요기까지 올라오기는 너무 힘든 산이었나 보다. 볶음밥! 이 구간은 위한테는 위험한 구간이지만 나에게는 never 아니다. 엄마들은 볶음밥 먹다 KO. 나는 계속 버티고 거의 다 먹을 때쯤 느끼한 것 같아 KO.

월정사 가는 길에 점심으로 메밀국수를 먹었다. 메밀국수를 처음 먹어 봤는데 꽤 맛있었다. 그리고 절에 가서 솔직히 할 게 없었다.

○○이랑 버블티도 먹고 우동 라면도 먹었다. 갑자기 불매운동 얘기가 나와서 토론 아닌 토론도 했다. 집에 가려는데 머리에 새똥을 맞아서 고생하기도 했다. ㅋㅋ 집에 들어오고 이모네랑 외식하러 나갔는데 소고기를 먹었다. 너무 맛있어서 그냥 진짜 멧돼지처럼 먹은 것 같다. 멧돼지 얘기가 나와서 말인데 며칠 전에 이모네 아파트단지에 멧돼지가 들어왔다고 한다. ㅎㄷㄷ

바로 이쁜 우리 고양이, 아기 같은 '치즈'를 당분간 못 본다. 원래는 2개월 동안만 못보고 다시 데려오기로 했는데 2개월이 일주일로 변했다. 싱크대 밑에서 자고 있거나 똥해 있는 아기가 없으니 너무 허전하다. 싱크대 밑을 보면 자동으로 그 모습이 그려지는 것. 엄마, 아빠는 푹 주무실 테지만 나는 푹 못 잘 것 같다. 자기 전 치즈가 내 옆에 누워 기분 좋다고 골골되는 모습이나 내 손바닥을 얼굴 받침대로 쓰는 모습이 너무 보고 싶다. 약 168시간 동안이나 못 보다니. 지금도 내 머릿속엔 치즈가 지금 뭐하고 어디 있는지 밥은 먹는지 궁금하다. 이런 게 바로 자식 잃은 부모 마음이라는 건가. 치즈 잃은 내 마음. 치즈야 벌써 보고 싶다. 언능 와 간식 줄게.

 **10월 31일 목요일**

8시에 출근했음에도 아이들이 많이 와 있다. 오늘까지 제출해야 하는 수학 틀린 문제 다시 풀기를 하고 있다. 절대 오답노트가 아니라고 우겼던… 몇 녀석들은 금세 끝내고 1층 은밀한 곳에 가서 할로윈 분장하고 있다는데.

민준이는 사신으로 할로윈 복장을 했는데 인간 현민이와 싸우다 낫을 뺏겨 버린다. 역시 인간은 사신까지 물리치는 최상위 포식자인가 보다. 서준이는 1학년 이후로 할로윈은 졸업했다며 재미가 별로 없단다. 현민이랑 서준이는 마실 나가자며 다정히 어깨동무하며 어디론가 나간다.

륜경이가 등교한다.

민준이가 사신 복장을 다시 갖추고

"트릭 오어 트릿!"

"조용히 하라고!"

"사탕 줘!"

"나 지금 수학 시험지 잃어버렸다고. 저리 가라고."

"트릭 오어 트릿!"

"우리 명절인데 놀아요."

"할로윈도 명절이냐?"

주희는 의사 복장을 하고 왔다. 여자아이들은 손에 피가 흐르는 왁스로 분장하고 왔는데 역시 6학년다운 수준을 보여 준다.

"근데 너 분장보다 얼굴이 더 무서워."

나랑 서준이가 동시에 같은 말로 웃기려 했지만 여자아이들 표정이 좋지는 않다.

"난 사과. 사과합니다."

서준이도 얼른 올라탄다.

"저는 배요."

백하 중국어 선생님이 우리 반 아이들 나눠 주라고 과자랑 초코파이를 가져오셨다. 1교시 조금 일찍 끝내 주고 과자랑 초코파이를 나눠 먹는다. 사탕을 가져온 아이들도 서로 나눠 먹는다. 좀 할로윈 파티 분위기가 될 줄 알았는데 진지한 먹방이 되어 버렸다.

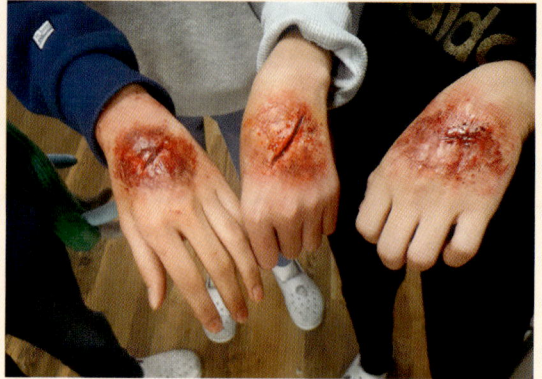

수업 시작과 동시에 핸드폰이 울린다. 아직 시작 안 했으니 받아 보라고 했다. 엄마가 준비물을 보안관실에 맡겨 두었다는데. 그때 다른 녀석의 핸드폰도 울린다. 또 어디선가는 노래 소리가 들린다. 아침에 핸드폰을 꺼놓지 않아 요즘 자주 울린다.

국어시간이다. SNS 올바른 사용에 대해 알아본다. 교과서의 내용부터 살펴본다.

"에이, 거기 식당 사장님은 불친절하고 음식 맛도 이상하대요."
"그래? 어떻게 알았어?"
"누리 소통망에서 그 가게를 이용한 손님이 쓴 글을 읽었어."

아이들은 사실적시에 의한 명예훼손, 허위사실 유포에 의한 명예훼손에 대해 말한다. 아니 이 어려운 말을 정확히 알고 있다. 학교폭력 예방교육이 일상화되면서 세상이 그렇게 되었나 보다. SNS와 관련된 자신의 경험을 말한다.

"저는 학원 다니던 곳이 있었는데 친한 언니들이 조금 공부는 잘 하는데요. 성격이 좀 그래요. 그래도 저한테는 잘했는데요. 그 언니들이 제 인스타그램에 태그를 해서 싸가지 없다는 등 얘기를 올렸어요. 욕도 많았고. 다행히 학교랑 제 이름은 말을 안했는데. 언니들이 왜 그랬는지 모르겠어요."

"작년 이야기인데. 반에 친한 친구가 있었는데 비밀을 알려 주었는데. 그걸 카톡으로 다 뿌렸어요. 제가 아직도 고통을 받고 있어요."

"네이버에서 별점 낮은 식당이 있었는데 입소문은 좋아서 갔어요. 맛은 괜찮아서 나중에 페이스북에 확인을 해 보니 별점이 엄청 높았어요. 네이버랑 페이스북이 다른가 봐요."

> "어디에서 봤는데. 중학생 정도 되어 보였는데. SNS에 자신이 잘못했다며 디테일하게 사과문을 올린 것 봤어요. 근데 그 댓글에 욕이 엄청 써져 있었어요."
>
> "저는 날강두에 대해 말하겠습니다. 날강두가 한국에 와서 경기에 뛰기로 했는데 안 뛰어 그 후 몇 달 동안 날강두 인스타에 메시 사진 도배되어 통쾌했어요. 그 이후 날강두 SNS에 한국어로 된 글이랑 메시 사진 삭제했어요."
>
> "얼마 전에 아빠한테 들은 소식인데요. 장범준 아시죠? 어떤 사람이 28년생 김지영(82년생 김지영을 거꾸로 말해 한참 웃었다) 빨리 개봉했으면이라는 글에 장범준이 물음표 3개 올렸어요. 그래서 다른 사람들이 장범준 SNS에 물음표로 도배했어요. 누가 잘못했는지는 모르겠지만."

학교에 독감으로 등교 중지 중인 아이들이 18명이 넘는단다. 우리 반 아이들 열 체크를 해 보았는데 우리 반은 아직은 괜찮은 듯하다. 손 씻기랑 환기를 강조하는 나의 말에 면역을 길러야 한다며 체육을 외치는 녀석들. 그 말도 사실 맞다!

작년 아이들이 사탕을 받으러 왔다. 사탕 2개랑 초코파이 하나씩 챙겨 주었다. 첫 4명이 지나자 다음 쉬는 시간에는 10명. 그 다음에는 나도 잘 모르는 5학년 아이들 20명이 온 것 같다. 사탕이 모자라 다 주지는 못했다. 좀 더 사놓을 걸 그랬다.

"현재 수학 틀린 문제 다시 풀기 2명 미제출 상태로 우리 반 비상사태를 선포합니다." 이렇게 알렸더니 점심 먹고 아이들이 강제 학습 모드로 들어간다. 안 낸 2명은 결국 강제 학습 분위기에 휩쓸려 내게 되는데.

내일 전교 회의에서 우리가 원하는 급식 메뉴를 건의한다고 한다. 임원들이 우리 반 아이들의 의견을 모으는데, 아이들이 말한 것이 급식 메뉴로 될 가능성은 없어 보인다. 연어초밥, 광어 우럭 회, 매운탕, 라면(컵라면), 족발, 수육, 삼겹살….

아이들이 세 글자 게임을 한다. 박자에 맞춰 세 글자를 말하는데 문장으로 연결이 되어야 하나 보다.
친구가 / 있는데 / 기분이 / 좋아서 / 으으엉(탈락)
게임은 / 너무나 / 재밌어 / 그것은 / 거짓말 / 여친이 / 게인하자(탈락)

수학시간에 비례식에 대해 공부한다. 교과서 문제를 푼다.
– 비율이 같은 두 비 6:4와 18:12를 같게 식으로 나타내면 좋을지 말해 보세요.

이런 문제에 여러 답이 나올 리가 없다. 비례식이 바로 나온다. 아! 가르치는 나도 별로 재미가 없다.

아이들과 비례식이 되는 경우와 안 되는 경우로 나눠서 문제를 만들었다. 현민이가 만든 문제를 오늘 풀어 봤는데 이게 더 아이들에게는 인상 깊게 다가간다.

> 1. 비례식이 되는 경우
> 아빠와 약속을 했다. 영어 단어 50개 중에 아빠가 6문제를 내면 1문제당 퓌파(피파) 10분씩 해서 총 1시간을 할 수 있는 절호의 기회다. 이것은 1:10이라는 비가 있다. 내가 6문제를 다 맞히면 6:60이 된다.
>
> 2. 비례식이 안 되는 경우
> 친구와 악쓰는 토끼라는 노래방에 갔다. 그날따라 목 컨디션이 안 좋은지 내가 70점이 나오고 친구는 60점이 나왔다. 다음 날 친구가 너무 아쉬워해서 다시 갔다. 오늘은 목 컨디션이 좋은지 내가 60점이 나오고 친구는 80점이 나왔다. 이처럼 그날그날 친구의 목 컨디션에 따라 점수가 다르기 때문에 비례식이 될 수 없다.

5교시에 바람 쏘이러 나갔다. 그리고 면역력을 기르기 위해 피구를 한다.
"나 눈에 모래 들어갔어. 잠깐 멈춰."
경기가 멈춰지자 그러고는 날름 던진다. 이런 비매너! 아이들의 원성이 이어지자 사과에 또 사과를 했다. 그리고 또 사과를.
뒤로 빠지던 공을 잡다가 남자, 여자아이들이 부딪힌다. 자칫 큰 사고가 될 뻔했지만 한 방울의 피만 남기고 경기는 계속된다. (정말 한 방울씩 난 듯하다.)
경란이와 륜경이는 쌍종카드다. (남은 2명 둘 다 종말의 카운트다운을 가지고 있어 누가 아웃되더라도 팀 승리!) 아무나 아웃되어도 이기는 최고의 초능력들이다.

"선생님. 나이가 들어서 이제 못 해 먹겠어요."
"(아웃되고 나더니) 나 너무 나댔나 보다."
"전 피구 못 해 한이 맺혔어요. 다음 생에는."
"야! 아웃되려면 공은 우리 편에 떨어뜨려야지."
"너나 잘해. 넌 먼저 아웃되었으면서."
다행히 이 사소한 갈등도 경기가 끝나면 다 사라지리니.

6교시 동아리 활동 시간이다.

"다락방! 이제 손 씻고 오자!"

"(반죽을 하며) 손에서 맛있는 냄새가 나요."

"반죽은 이게 좀 더 잘 된 느낌이야. 꾸덕꾸덕한 느낌인데."

부탄가스도 넣고 팬도 달구고. 하지만 기름이 없다.

"헉. 식용유 안 샀어?"

"아이들이 참치 캔을 보더니 참치 기름 어때?"

"노~~~"

"버터는 어때?"
"냉장고에 있는 거 너무 오래되어서 상했을 것 같은데."

은비랑 태윤이는 할로윈 분장을 하고 있다. 은비의 분장실! 은비가 역시 이런 활동에 소질을 보인다. 태윤이는 이상하다며 거부하는 듯 보였지만 함께 한다. 점점 완성되어 가는 손 모양이 신기한가 보다.

교실체육부 아이들은 오늘 오목을 한단다. 학교에 분명 바둑판이 많이 있었는데. 아무리 찾아봐도 바둑판은 없고 바둑알만 있다. 판은 아이들이 종이에 그리고 알만 사용한다. 서준이와 상진이는 바둑알 없이 하는 게 더 재미있다며 그냥 손으로 그려 오목을 한다. 그리고 한 판이 끝나고 나면 판(종이)을 갈기갈기 찢어 버린다. 승부의 냉혹함인지 찢는 것은 패자. 오목이 끝나자 다른 녀석들은 직접 그린 판에 (서)다 바둑을 둔단다. 몇 달 배웠다는 준혁이의 실력이 압도적이다.

에이스 상진이와 서준이의 오목 대결은 계속된다. 상진이가 지기 직전 종이를 찢어 버렸나 보다. '증거 있어'라며 서로 웃으며 말하는데. 폐지함으로 들어가 있는 명백한 물증! 역시 완전 범죄는 없는 법. 하지만 이럴 때는 자백밖에 없다.
"상진이는 절대 질 일은 없겠네. 그치?"
"자백합니다. 제가 했어요."
이번엔 상진이와 현민이의 대결이다. 서준이는 오목판을 찢지 못하게 상진이를 마크하는 심판 역할을 한다.

여자 아이들은 나의 애장품 국자도 빌려 간다.
"우리 한 판씩 만들어 보자."
식용유도 어딘가에서 긴급 공수해 오고. 진짜 공수부대인가 보다. 어디서 구했지…. 오늘 륜경이가 열 일하며 뛰어다닌다.
교실 여기저기를 다니며 접시도 구하고 아니, 빌리고 맛있게 먹을 준비를 한다. 첫 판, 두 번째 판은 불 조절을 못해 좀 탔다. 그래도 준비해 온 메이플시럽을 뿌려 먹으니 나름 달콤한 맛이 인상적이다. 뒤쪽 차례에 구운 지윤이부터는 제대로 모습을 갖춘다. 지윤이는 오늘의 영광을 위해 집에서 연습을 했다나 뭐라나. 혼자만 예쁘게 구운 지윤이의 기분은 오늘 최고다.
반죽이 아직 많이 남았다. 시간이 부족해 일부는 팬에 올리고 일부는 전자레인지에 굽기로 한다. 종이컵에 바나나도 작게 썰어 넣는다. 바나나 써는 칼은 지윤이가 창의성을 발휘해 10분 전에 만들었다는데. 종이컵 끝을 날카롭게 잘라낸 후 칼로 사용! 이건 정말 아이디어인데.
"우리 할 거 없는 사람 치우자. 나 바로 학원 가야 해."
40분 시간이 짧기만 하다.

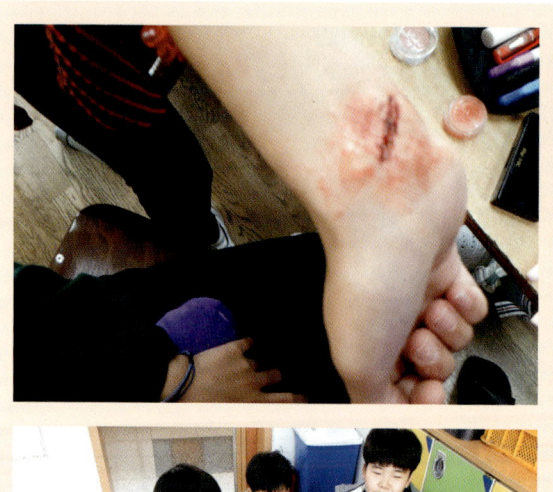

 **11월 1일 금요일**

"나 개근상 받기 글렀어. 한 번 아파서 못 나왔는데."
"독감은 결석 아니래. 작년에 나 독감 걸려 결석했는데. 출석 인정이라던데."
"나 1학년 때 독감 걸렸을 때 선생님 생각이 나. 그 선생님 엄청 무서웠는데."
"1학년 때 잘못하면 딱밤으로 막 맞았는데."
"그래도 그때가 좋았어요."
역시 추억은 저마다 다르게 적힌다.
아침에 남자 여자아이들이 모여 김밥말이 게임을 하고 있다. 중독성 있는 멜로디에 규칙도 간단하고 한동안 대유행할 듯하다.

오늘 전교 회의에 참석하기로 했던 규현이가 아직 오지 않고 있다. 8시 30분부터 전교 회의가 있는데 들리는 말에 의하면 뛰어오고 있단다. 일단 륜경이를 대타로 출발시켰다. 오늘 안건은 우리가 원하는 급식 메뉴 정하기인데 당연히 우리 반 아이들의 의견이 반영되어야지.

오늘은 경복궁 현장체험학습 가는 날이다.

"지하철 티켓이랑 점심 엽전은 언제 줘요?"

지하철은 140명 치를 한 번에 예약해서 그냥 통과! 엽전은 통인시장에서 준다고 여러 번 얘기했음에도 아이들의 질문은 반복된다.

신금호역으로 출발한다. "하나둘! (셋넷 고기!) 원투! (쓰리 포 고기!) 참새! (짹짹 고기!) 오리! (꽥꽥 고기!!)" 1학년 아이처럼 구호도 붙여 보지만 돌아오는 대답은 고기일 뿐이다.

"난 경복궁보다 창경궁이 더 좋은데. 창경궁 가고 싶다."

"난 장염 걸려 오늘 흰죽이랑 물만 먹으라고 했는데. 오늘 통인시장 가서 어쩌지?"

"죽은 팔 거야. 팥죽 어때?"

사진 몇 컷도 찍고 아이들은 어깨동무 대형으로 변신. 한 녀석이 며칠 전 과학 시간에 배웠던 차원을 다른 반 아이들 앞에서 큰 소리로 말한다.

"우리는 시공간 살고 있다."

"우리 다 빛의 속도로 움직이고 있다~"

역시나 지하철은 붐빈다. 종로 3가에서 갈아타고 경복궁역에서 하차한다. 경복궁에 들어선다. 아이들은 신났다.

"왕이 걷고 있던 길을 내가 걷고 있다!"

"근데 영제교 생각보다 진짜 밋밋하네요."

"자판기가 없어졌대요. 자판기 털려고 왔는데."

"저거 단군이 남긴 우물이야. 조심히 해. (이건 뭐지….)"

"이 댓돌은 조선시대 거야. 조심히 밟아."

"이 소화기로 고종황제가 불을 껐대."

남자, 여자 두 팀으로 나뉘어 활동을 시작한다. 오늘 나의 임무는 경회루에서 6학년 아이들에게 미션을 주는 것이다. 초반에 많이 오더니 조금 지나자 아이들이 오지 않는다. 우리 반 남자아이들을 따라갔다. 유목 생활을 준비하는 남자아이들. 한군데 모여 한참 이야기하다 어느 샌가 금세 사라진다. 두 녀석의 말이 재미있다.

"저기 일하는 분들 정규직이냐?"
"그럼 알바천국이냐?"

"○○이 몰래 게임해요. 하지 말라고 했는데도."
도둑도 제 발 저리는지 주인공이 나타난다.
"2번 정도만 했어요."
게임한 시간을 말하지 않고 횟수로 말하는 지혜로움!

코코아와 식혜를 파는 가게 앞은 불탄다. 아이들이 내 눈치를 살피며 하나둘 가게로 들어간다. 여자아이들은 시작과 동시에 헤어져 코코아 가게 앞에서 만났다. 대충 한 잔 마시더니 근정전 옆길에서 김밥 말아 게임을 하고 있다. 게임하다 관리하시는 분께 혼난다. 난 당연히 못 본 체하고 지나갔지만. 남자아이들은 쪽팔려 게임으로 외국인에게 말 걸기, 근정전 박석 위에서 춤추기를 했나 보다. 크게 눈에 띄지는 않았지만 외국인들이 정말 웃긴지 사진도 찍어 간다.

약속된 11시 30분이다. 6학년 아이들은 모두 왔는데 우리 반 여자아이들만 안 보인다. 5분 정도 지나자 전화를 했다. "지금 근정전인데 너네 안 보여! 근정전 앞쪽으로 빨리 와!" 그때 남자아이들이 선생님 화난 척 몰카 좀 해 달란다. 사실 진짜 좀 화난 상태라 오면 혼을 낼 생각이었다. 남자아이들은 여자아이들이 도착하자마자 '휴~ 휴~' 하며 한숨 쉬기도 하고 선생님 진짜 화났다며 독심술로 전해 준다. 심각한 표정 연기여. 이런 건 최고다.
"너희들 때문에 나머지 아이들이 10분 정도 기다린 거 생각해. 너희들은 통인시장 안 가고 쌤이랑 버스 타고 학교 가서 라면 끓여 먹는다! 알겠지?"
이 정도면 몰래카메라임을 눈치 챌 거라 생각했지만… 진짜 학교로 돌아가는 줄 알고 우는 아이도 있었다. 몰래카메라임을 밝혔지만 여자아이들이 내 말에 대꾸를 안 해 준다. 미안하고 또 미안해서 통인시장에서 엽전 몇 개를 더 챙겨 주었다. 한 녀석은 교실에서 라면 먹는 것도 괜찮다는 생각도 들었다는 후일담.
통인시장은 지난번에 와 보아서인지 사용법이 능숙하다. 엽전 10개를 들고 먹고 싶은 음식들을 담아

온다. 중간중간에 EBS 촬영팀이 다니지만 아이들은 인터뷰를 사양하는 눈치다. 찍으라고 손짓해도 오늘 컨디션이 별로란다. 다 먹고 아이스크림도 하나 사 먹는다. 하지만 붐비는 와중에 걷다 바닥에 쏟는 참사가…. 그 비명소리는 정말 컸다.

 돌아오는 지하철을 탄다. 정말 이상한 사람 한 명이 우리 무리들 틈에서 무임승차를 한다. 아이들은 신고해야 한다며 저 초록색 아저씨 잡자고 한다. 정의감에 불타오른 아이들! 그냥 눈감아 주자! 그 초록색 아저씨는 어느새 사라졌다. 다행히 돌아오는 지하철은 한적하다. 지하철에서는 기둥 잡기, 까치발 놀이를 하며 시간을 보낸다. 큰 소란이 없었기에 눈빛으로 살살하라고 주의만 준다. 예정보다 20분 일찍 도착해 교실에 들어가 종례를 하려 했더니. 그냥 배수지공원에서 놀고 싶단다.

 남녀아이들이 함께 하는 쪽팔려 게임이 너무나 재미있다. 다른 반 아이들은 남녀 따로 노는데 우리 반 아이들은 이렇게 함께 하는 모습을 보니 뿌듯하다. 이런 아이들은 정말 드문데. 물론 며칠 뒤면 또 다툼이 있겠지만…. 아이들은 쪽팔려 게임을 쪽팔려 판때기라고 한다. 영화 〈타짜〉의 명대사를 유튜브에서 본 아이들이 만들었다고 한다. 서로 춤추고 노래하고 귀여운 표정 짓고. 그렇게 싸울 때는 언제고 이럴 때는 6학년이 맞는지 싶다. 한 녀석은 여자아이들 앞에서 멋지게 폼 잡으며 말한다.

 "누님들 안녕! 띠드(치즈)버거 따두세요."

아이들 일기

어제 우리 6학년은 단체로 경복궁 체험학습을 갔다. 처음 근정전에 들어갔을 땐 가장 먼저 울퉁불퉁한 바닥이 보였다. 바닥이 생각보다는 눈이 부시지 않았다. 그리고 조금 앞으로 가니 쇠고리가 보였다. 엄청 작을 줄 알았는데 생각보다 크다. 우리 남자 조는 보다 빠르고 효과적으로 경복궁을 둘러보기 위해 우리가 본 대표적인 것을 빠르게 훑고 쉬기로 했다. 그래서 우린 경회루→근정전→강녕전→교태전→아미산→경회루의 코스로 돌았다. 우리는 돌아다니며 유목생활을 했는데 정착지를 정하는 것은 매우 까다롭다. 먼저 그늘이 있어야 하고 10명이 앉을 수 있어야 한다. 그러다 경회루 매점에서 음료수를 산 뒤 나, 영민, 준호, 민준, 상진, 준혁이는 게임하는 애들 빼고 경회루에 갔다. 가서 서로 연애사도 캐고 그랬다. 꽤나 재미있었다. 오면서 쪽팔려 게임을 했다. 내가 당한 벌칙은 소리지르면서 뛰어다니기, 애교 부리기 등이 있고, 준호는 신봉선 자세 30초, 준혁이는 관심을 주세요 삼창 등이 있다.

친구들이랑 경복궁에 가서 들떠 있었다. 애들이랑 사진 많이 찍으려고 했다.(와! 정말 재미있겠다.) 그런데 가는 날 미세먼지 지수는 최악이고 마스크는 안 쓰고 왔다. 가는 시간이 출근 시간이라 지하철에 사람도 많았다. 그래도 겨우 겨우 도착한 경복궁(벌써부터 다리가 아프면…) 원래 경복궁에 이렇게 사람이 많았나? 사람은 많고 경복궁 면적이 꽤 넓어서 힘들었다. 여기는 어디인지 모르고 친구들 따라가다가 꽤 멀리 온 것 같아서 다시 돌아가려고 했다.(한자를 못 읽어서…) 돌아다니면서 애들은 엄청난 양의 사진을 찍었다. 은비가 사진을 찍어줬는데 바닥에 앉아서 사진을 잘 찍어 주었다. 향원정 쯤에서 사진을 찍고 있었는데 외국인 분이 사진 좀 찍어 달라고 했다. 그래서 찍어 드렸다. 시간이 거의 다 되어서 근정전 앞으로 가려고 했다. 나는 그냥 아무 생각 없이 애들 뒤를 쫄래쫄래 따라다녔다.(??? 여기가 어디지?) 이상한 데로 왔다. 그때 먼저 연락하지 않는 최영민이 지윤이 폰으로 전화가 왔다. 아! 그때 알아차렸어야 했다. 우리는 아무것도 모른 채 후다닥 달려가고.(이 다음 내용은 제가 많이 기분이 그래서 생략할게요. 몰래카메라.)

나의 다짐: 다음부터는 의심부터 하겠습니다.

하고 싶은 말: 선생님! 악역하셔도 될 거 같아요. 전화 먼저 걸지 않던 영민. 남자아이들의 어색한 연기. 선생님께서 '라면이나 먹어'라고 할 때부터 뭔가 이상했습니다. 이상입니다.

 **11월 4일 월요일**

"저 주말에 화천에 가서 김장했는데 130포기 했어요."
"근데 130포기 많다. 어디에다 절였냐?"
"삼촌이 낚시 가서 큰 다라이 받아 왔어요."
"할머니가 저를 엄청 좋아하거든요. 그래서 하다가 물이 차다며 들어가라고 했는데.근데 삼촌이 정말 물이 차다고 하자 이렇게 미지근한데 얼른 해라고 했어요."
"현민이가 정말 이쁜 손자인가 보네. 아들보다 더 애정이 가는 거 보면 말이야."
"좋아하는 건 맞아요. 근데 저는 힘들어서 몇 포기 하다가 새총 쏘면서 놀았어요."

"선생님. 저는 핸드폰 알람 소리 개 짖는 소리로 바꿔서 오늘 깜짝 놀라 일어났어요."
"어떤 소리?"
"월월월월월!"

금요일 종례 때 아이들에게 집에 일이 생겨 월요일에 쌤이 학교에 출근 못 할지 모른다고 말했었다. 아이들이 이게 진짜인지 가짜인지를 놓고 주말 동안 의견이 분분했나 보다. 하지만 농담이라는 의견이 더 많았단다.

"근데 선생님은 농담할 때 콧구멍이 벌렁벌렁 해서 다 알아요."
"그날 벌렁벌렁 했거든요."
"맞아요. 오늘 나오실 줄 알았어요."

"지금 교실에 여자 대 남자가 3명 대 2명이네요. 여자 승!"
"선생님 빼면 3 대 1."
"선생님이 여자라면 4 대 1."
"그게 뭔 소리야?"
"비를 생활에 잘 활용하는 놀이예요."

아침에 자리를 바꾼다.
"내 인생에서 앞자리를 한 번도 안 걸려 봤는데. 6학년 때 드디어 맨 앞에 앉아 보네요."
태윤이랑 영민이는 짝이 되었다. 하지만 둘 다 엇갈려 일주일씩 가족현장체험학습을 가는지라 2주 동안 하루도 짝으로 앉아 보지 못할 모양이다.

준호가 말한다.
"어제 K리그 울산-서울전 보러 갔다 왔어요."
"김보경 마지막 프리킥 대박이었어요."
직접 카메라로 찍어 온 걸 보여 준다. 왼발 감아차기! 정말 예술이다.

상진이는 이쁘게 파마를 하고 왔다. 중학생 되기 전 마지막 파마라는데. 중학생이 되면 머리에 신경을 못 쓸 거 같아서 파마를 했단다. 아빠랑 동생이랑 모두 파마를 해서 가족 파마라는데. 상진이는 아이들의 반응이 궁금한가 보다. 다행히 여자아이들의 반응은 뜨겁다!!!

과학시간이다. 관심 있는 과학 관련 앱을 다운받아 실제 측정을 해 보기로 한다. 지난주에 하려고 했으나 학교에서는 데이터 사용에 문제가 있어 집에서 앱을 다운받아 오기로 했다. 받아온 앱이 다양하다. 15분은 실내 측정, 15분은 운동장에서 측정하기로 한다.
지진 측정한다며 핸드폰을 옷을 떨어뜨리기도 하고 책상을 치기도 한다. 소음 데시벨 측정한다며 비명을 지르다 혼내기도 했다. 그랬더니 울림통을 어디서 구했는지 그 속에서 소음을 측정해 본다. 너무 시끄러워 밖에 나가기로 한다.
지진 측정한다는 아이들은 모기를 12마리 잡았다며 온다. 모기랑 지진이랑 무슨 상관이 있는지. 책을 내리쳐 지진을 만들었는데 그때 잡혔단다. 공 속도 측정하는 팀이다. 거리를 정확하게 맞춰 놓지 않아서 그런지 측정 오류가 많다. 던지는 속도가 160km/h도 나오기도 한다. 달리기 속도를 측정하던 아이들은 네발 달리기, 손잡고 달리기를 비교 측정하기도 한다. 슈팅 속도 측정하는 팀은 공을 잘못 차서 담장 밖으로 공을 넘겨 버렸다. 공 찾는 데 15분을 버리고 말았다. 공이 넘어가자 담을 넘어가려는 영민이.

"저 여기 10번도 더 넘어가 봤어요."

그냥 넘어가 가져오라고 하려다 덜컥 겁이 난다.

"그냥 열쇠 받아 오자."

〈전자파 측정기(준팀: 서준, 준우, 민준)〉
피아노 → 위험
냉장실 → 매우 위험
냉동고 → 안전
결론: 냉동고의 쭈쭈바(JJB)는 안전하다. 연수가 디지털피아노 칠 땐 전자파에 위험하다.

스피드건(달리기)
준우 : 10km/h(평균) → 기본 속도 : 28.7km/h
서준 : 10.4km/h(평균) → 기본 속도 : 31.1km/h
결론 : 서준이와 준우가 달리기 시합을 하면 서준이가 이길 것 같다.

〈스피드건(팀 이름: 임현민이다)〉
영민이가 던진 공의 평균 속도: 166.7km/h (잘못 측정한 것 같다.)
네 발로 달리기 속도: 14.7km/h
토끼 뜀 속도: 6.7km/h

〈스피드건(준호, 상진, 연수)〉
달리기
연수: 18.6km/h , 준호 15.1km/h
준호가 더 연습을 해야 한다.
슈팅 속도
연수: 43.2km/h, 준호: 46.7km/h, 상진: 45.9km/h
연수는 속도가 느려 파워를 실어 공 차는 연습을 더 해야겠다.

〈스피드건(하쭈룬: 백하, 주희, 류경)〉
잘못 잰 것 같아요! 류경이 달리기: 1.3km/h

소음측정기(우리 반)
최대 82데시벨, 최저 62데시벨(조용한 서점)

〈지진계(모기가 되어: 효은, 은비, 규현)〉

우리가 지진계를 사용했을 때 최고 8.9였다. 주먹으로 때리고 덩궁덩궁덩도 하고. 폰도 돌리고 책으로 내리치고 모기도 잡고. 쿵쾅쿵쾅거렸을 때 이렇게 지진계의 효율을 알 수 있었다.
만약에 일본으로 여행 갔을 때 지진계를 켜 놓으면 뭔가 잡힐 것 같다.

〈Db 측정기(곰탕이빵탱이)〉

경란: 84~86
지윤: 80~83
승은: 79~82

역시 경란이가 제일 시끄럽다. 조용히 떠들아. 경란!

지진계
스탠드에서 발 구르기: 4.3~4.5
통 안에 넣고 폰 굴리기: 7.5

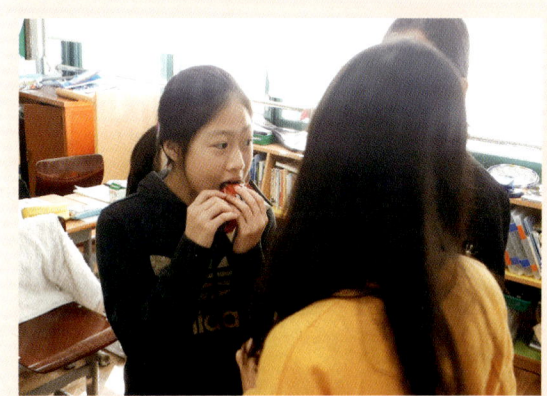

오늘 교육활동 발표회 조편성을 마쳤다. 이미 대략 예상을 하고 있던 조편성인지라 큰 반발은 없다. 하지만 오늘 공식적으로 확정 짓는다. 쉬는 시간임에도 조별로 모여 연습을 한다. 쉬라고 했더니.
"은근 경쟁심이 생겨서요. 쟤네보다 더 잘 하고 싶어요. 엄마들도 오는데."
"근데 엄마들 많이 올까요?"

수학 시간이다. 교과서에 양파 염색하는 비율 문제가 나온다. 양파 껍질 100그램에 물 4리터. 비율을 구하는 건 금방 했지만 아이들이 양파 염색이 뭐냐고 물어본다. 나도 궁금한지라 양파 염색하는 동영상을 찾아본다.
"저거 음식물 쓰레기 아니에요?"
"진심 낙엽 아니야?"
"머리 염색을 저렇게 하면 웃기겠어요."
"근데 양파 냄새 안 나요?"
"중국집에서 이렇게 하겠다."
"저건 탕수육 색인데. 탕수육에 양파 껍질을 넣어 색이 그런가?"
"탕수육은 전분이야."

"근데 꼭 양파 염색을 해야 할 이유가 있나요?"
"천연염색이잖아."
"염색하고 버려야 할 것 같은데요. 냄새 날 것 같아요."
"맥주 같아."
"말린 게 찜질방 수건 같아요."
양파로 염색한 완성품은 멋있다. 아이들 말대로 진짜 찜질방 옷 같다.

또 다른 문제다. '전기 자동차를 12분 충전하면 150킬로 갈 수 있어요. 전기 자동차가 500킬로 가려면 몇 분 충전해야 하나요?'
교과서 문제에 아이들이 이의를 제기한다.
"근데 배터리 충전은 이렇게 문제 내면 안 될 것 같은데요. 저렇게 비례식으로 못 푸는 건데요."
"배터리는 천천히 되다가 50%에서 엄청 빨리 되다가. 다시 천천히 되는데."
"실제로 배터리 충전은 비율로 안 돼요. 저렇게 안 돼요."
"문제가 있는 문제네요. 넘어가죠!!!"

점심 먹고 아이들이 '그대에게'와 '에너제틱'을 틀어 놓고 춤을 추고 있다. 저 에너지가 어디에서 나올까. '그대에게'를 듣는 순간 나도 모르게 같은 동작을 따라 하고 있다. 시대를 관통하는 명곡.

중학교 입학 배정 실거주 확인을 한다. 매뉴얼을 읽어 볼수록 학부모에게 말하기 어려운 내용이 많다. 이런 건 제도적으로 정비를 해야지. 이혼하고 사망하고 별거 중인 것을 증명서로 내라고 하다니. 이런 증명서를 제출해 달라는 말을 전달하는 나도 전화 받는 분도 서로 미안하기만 하다. 게다가 1년 이내 별거 중인 분은 담임교사 책임 하에 별거 중임을 확인하는 의견서를 제출하라는데. 참나….

※ 부모가 이혼한 경우
- (학생)기본증명서(상세) 1부
※ 부 또는 모가 사망한 경우
- 2007. 12. 31. 이전 신고한 경우: (학생)제적등본 1부
- 2008. 1. 1. 이후 신고한 경우: (학생)가족관계증명서 1부
※ 부모가 별거인 경우
- 1년 이상: 부, 모 두 명의 주민등록초본(거주변동내역 포함)으로 분리거주 확인
- 1년 이내: 담임의견서 작성 후 내부결재

오늘까지 식물관찰일지를 내라고 했다. 절반 정도밖에 안 냈지만. (근데 언제부턴가 이것도 대단한 성

과 같은 느낌이 든다.) 성실히 관찰일지를 쓴 녀석도 있고 마지못해 낸 녀석도 당연히 있다. 조작하지 말고 있는 그대로 쓰라고 했더니 반성문도 보인다. 누군가는 식물에 애착이 생겼을 테고 누군가에게는 스치는 인연이리라.

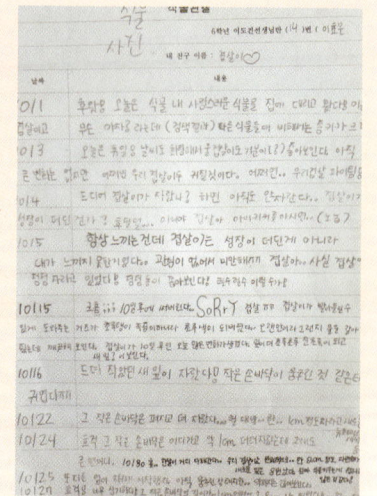

식물 이름: ROLY	
10/14 8시	심은 지 일주일 정도가 지났는데 딱히 변화가 없고 이파리가 3mm 자랐다.
10/15 22시	물을 벌써 1/4 먹었고 흙 속에 묻혀 있던 알이 3개 발견되었다. 이게 달팽이인가?
10/16 22시	관리를 안 해서인지 끝 이파리가 썩었다.
10/17 22시	한 줄기가 우뚝 갑자기 섰다. 무려 17cm이다.
10/24 8시	내가 모르는 사이에 거미줄인지 누에고치 실인지 생겼다.
10/25 21시	오랜만에 관찰했는데 다 안 썩고 조금만 썩어 다행이었다.
10/29 9시	달팽이가 깨어나서 이파리 쪽으로 기어가는 걸 보았다.
10/30 19시	달팽이가 죽어 있었고 시체 때문인가 줄기가 더 썩어 있었다.
10/30 19시	멀리서 보니 괜찮은데 가까이 와서 보니 식물의 상태가 안 좋았다.
10/31 22시	처음으로 물을 갈아 주고 실까지 떼어내니 좀 더 아름다웠다.
11/1 8시	이번 관찰일지를 너무 얕보고 소홀히 했던 것 같다. 식물은 몇 줄기 죽었지만 2/3 정도는 활발하다.

식물 이름: 달순이	
10/8	잎이 7개다. 잎이 우산을 닮았다. 잎이 매끈매끈하다.
10/15	줄기가 곱게 자라난다.
10/21	잎이 죽어서 검게 변해 떨어졌다.
10/26	잎을 보니 조그마 했던 잎이 조금 커진 것 같다.
10/30	잎이 시원시원하다. 잎이 조금 더 자라서 풍성해진 것 같다. 달순이 덕분에 공기가 더 깨끗해진 것 같다.

식물 이름: 은비	
10/23	7.75cm. 푸릇푸릇 새 잎사귀가 3가닥 더 돋아난 줄 알았으나 알고 보니 먼지 1가닥 아니 쪼그마한(큰 거의 반) 가닥 자라남. 너무 귀여움! 처음에는 왜 키우나 했더니 키우고 보니 매력에 빠져 들었다. 왜 이리 귀엽니??
10/25	7.75cm. 그대로. 주인을 닮은 건지 요즘 들어 키가 안 큰다. 이런!!! 한참 커야 할 나이인데 매우 아쉽다. 잎사귀 안 돋아남. 물 대신 우유를 갈아 넣어 줘야 하나. ㅋㅋㅋㅋㅋ 증말! 아직도 귀여운 은비가 돋아나도록 노력해야지.

10/28	7.76cm. 0.01cm라도 자랐으니 다행이다. 으하핫. 뭔가 기분이 좋다. 내가 키웠으니 뭔가 뿌듯하다. 잎사귀도 1개나 돋아났다!!! 오늘 기분이 되게 좋은 날인 듯하다.
10/31	오늘은 할로윈데이. 은비가 기분이 좋아 보인다. 7.82cm 쑥쑥 자라나고 있다. 기분이 굉장히 좋다. 잎사귀도 하나 더 돋아났다. 얘는 왜 밀당을 하는지. 아이 이뻐! 앞으로도 우리 은비가 쑥쑥 자라나길♡♡♡

식물 이름: 김체육

10/19	오늘은 체육이를 관찰하는 첫날이다. 이름을 참 잘 지었다. 키가 26cm.
10/20	키가 1cm 컸다. 썩은 잎을 제거해 주었다. 멀리서 보니 소형밀림이다.
10/21	변화가 없지만 오늘 따라 체육이가. 더욱 파릇파릇해 보인다.
10/22	흙이 말랐을까 걱정되어 눌렀더니 웬걸. 축축하고 뿌리가 깊게 박혀 있다.
10/23	거즈가 누리끼리해졌다.
10/24	물을 갈아 주었다. 체육이가 좋아하겠지?
10/25	이름이 체육이라 그런지 내가 체육한 날엔 더 이뻐 보인다.
10/26	오늘 키드밀리 생일이라 내가 기분이 좋았다. 체육이도 파릇파릇.
10/27	체육이가 2cm 컸다. 근데 줄기 하나가 썩었다.
10/28	체육이 잎이 또 하나 썩었다. 난 식물 키우기에 소질이 없어.
10/29	달빛을 받은 체육이의 모습이 한 폭의 그림 같다.
10/30	아침 햇살에 비친 체육이의 모습을 사진으로 찍어 봤다.
10/31	오늘은 거즈를 보았다. 체육이의 생명줄인 거즈. 뿌리가 파릇파릇 하단에 퍼진 게 웅장하다.

식물 이름: 뀨

10/28	뒤늦게 관찰을 시작했다.(변화 무)
10/29	잎이 조금 시든 것 같기도.
10/30	변화 무.
10/31	잎이 좀 떨어짐. 축 쳐졌다.

식물 이름: 누룽지	
10/30	식물의 상태는 가져왔을 때랑 변화가 없다. 물을 잘 주지 않아서 금방 죽을 줄 알았지만, 지금까지 별 이상 없이 잘 버텨 온 것 같다.
11/1	당연히 어제 모습과 다름이 없다. 아직은 푸릇푸릇해서 금방 죽지는 않을 것 같다. 잘 키운 거 같아서 뿌듯하다.

반성문: 식물관찰일지를 해야 하는 것을 까먹고 있다가 벼락치기를 하려고 했는데… 식물관찰일지가 없어졌다.

식물 이름: 밥	
10/22	아무런 변화가 없다. 갑자기 이 식물의 나이가 궁금해졌다. 그리고 크는 건 맞는지…?
10/25	오늘 물을 갈아 주다 엎었다. 그래서 욕실이 흙투성이가 되었다. 정리하는데 밥이 얄미워 보였다.
10/31	오늘이 마지막 관찰 날이다. 지금 방금 새로운 화분으로 갈아 줬다. 잎이 조금 풍성해진 것 같기도 하다. 관찰은 많이 못해서 아쉽지만 앞으로는 더 많은 관심을 줄 것이다. 새로운 화분에 있는 밥은 잎이 활기차 보인다.(솔직히 별 느낌이 안 들었다.)

솔직한 식물 관찰: 식물을 가져오고 거실 창가 쪽에 놓아 두다 보니까 식물을 본 일이 두 번 정도밖에 없었다. 물을 주지 않고 잘 봐주지도 않았는데 잘 자라 주었다. 중간에 동생이 식물을 뽑으려고 한 적도 있었다. 계속 봐주지 않다 보니까 많이 자란 건지도 잘 모르겠는데 자라긴 자랐다. 잘 봐주지도 않고 물도 안 줬는데 잘 자라 준 식물에게 고맙다. 몇 주 정도 우리 집에 있었던 식물을 두 번밖에 못 봤다는 게 정말 신기하다. 처음 들고 왔을 때는 귀찮긴 했지만 잘 키워 보자고 했는데. 쳐다봐 주지도 않았다. 식물관찰일지 쓰는 건 지났지만 잘 살아 있으니까 잘 키워 봐야겠다.

식물 이름: 그린이	
10/7	그린이에게 관심이 없었다가 오늘 봤다. 물을 안 줬는데 아직 파릇하다.
10/10	잎 두 개가 떨어져 있었다. 과자처럼 바삭해졌다.
	그린이에게는 신경을 1도 쓰지 않았어요. 죄송합니다. 미안해. 그린아.
10/26	그린이를 우리 집 식탁에서 발견했다. 확실히 키가 컸다.
10/29	흙 위에 동글동글한 게 엄청 많다.
10/30	물이 누렇게 되어 물을 갈아 주었다.
10/31	달팽이를 오늘 아침에 발견했다.

식물 이름: 식물	
10/25	식물이가 죽어서 마르고 잎이 떨어지기 시작한다.
10/26	잎이 거의 다 말라가고 있다.
10/27	학원 끝나고 집에 가서 보니, 잎이 거의 다 떨어졌다.
10/28	이제 가지와 뿌리만 남았다.
10/29	초록가지가 갈색으로 변했다.

식물 이름: ??	
	그 전에는 식물에 눈이 가지 않고 어딨는지도 몰라서 관찰을 못 했다. (그리고 내가 식물을 좋아하지도 않아서…)
10/28	물을 갈아 주지는 않았는데 잘 있다. 물이 부예져 있다.
10/29	물을 갈아 주었더니 깔끔해졌다.
10/30	그 전과 변화 없고 하루 사이 흙이 내려왔다.
10/31	전에 발견 못 한 건지. 시든 잎이 2개 있었다.
11/1(아침)	그 시든 잎 3개 말고는 변화 없이 잘 자랐다.

식물 이름: Bob	
10/15	오늘 우리 집에 식물을 데려왔다.
10/16	식물에게 분무기로 물을 주고 아래에 있는 물을 갈아 줬다.
10/17	나도 처음에는 몰랐던 달팽이 알이 있었다.
10/18	거실에다가 뒀던 식물을 베란다로 옮겼다.
10/19	바다가 화분을 넘어뜨려서 다시 세우고 물을 줬다.
10/20	식물의 이름을 Bob이라고 지어 줬다.
10/21	Bob에게 좋은 말들을 많이 해 주고 있다.
10/22	갑자기 날씨가 추워져서 내 방으로 옮겼다.
10/23	아직까지는 큰 변화가 없는 것 같다.
10/24	오늘 Bob의 친구 물고기가 죽었다.
10/25	Bob의 친구가 죽은 뒤로 많이 자라지 않았다.
10/26	그래서 오늘은 미꾸라지 친구를 데려와 줬다.

10/27	Bob이 다시 자리기 시작했다.
10/28	줄기와 잎이 많이 자랐다.
10/29	이제 Bob이 쭉쭉 크고 있다.
10/30	Bob이 나보다 커지면 더 큰 화분으로 옮겨 주고 싶다.
10/31	하지만 Bob은 아직 35cm이다.

아이들 일기

오늘은 아빠가 우리 바다 털을 강아지용 가위를 사서 미용을 시켜 줬다. 그 다음 엄마가 바다에게 재봉틀로 옷을 만들어 주셨다. 나는 바다에게 밥, 물, 간식, 과일 등을 줬다. 물론 강아지가 먹을 수 있는 사과, 바나나, 복숭아 등등이다. 바다가 다 먹자 살을 빼러 산책을 했다.

난 3학년 쯤에 파마를 해 봤는데 했을 땐 딱히 맘에 들지 않았다. 어색해서 그랬는데 중후반부로 갔더니 머리가 좀 더 깨끗한 기분이 들어 좋았던 기억이 있다. 그때 기억으로는 머리를 하고 한 달간은 좀 어색했다. 그런 생각을 하고 있었더니 풀 시간이 다가왔다. 결과는 뻔하다고 생각했지만 내심으로는 기대하고 있었다. 풀자마자 머리가 너무 꼬불해서 눈을 의심했지만 머리를 감고 말리니 나름 괜찮았다. 중학교 가면 머리를 건드리지 못해서 이번이 마지막 파마라고 생각하며 파마를 했다. 내 생각에는 머리가 귀여워서 나쁘지 않다고 생각한다. 월요일날 친구들의 반응이 궁금하다.

 **11월 5일 화요일**

영민이는 내일 출국해야 해서 아침 일찍 와서 십자수 과제를 하고 있다. 손놀림에 다급함이 묻어 있다. 오늘 얼추 마무리해서 과제물을 제출한다.

"저는 십자수 구석탱이에 했어요. 그리고 너무 초라한 것 같아요."
"이 정도면 S급이지. 고생했네."
"어제 준호랑 같이 하려고 했는데. 집에 십자수를 그냥 두고 와서 그냥 놀았어요."

아침에 준호랑 류경이는 저학년 아이들 발표회인 '나도탤런트' 사회를 보러 간다. 준비는 많이 해 온 것 같다. 마지막까지 대본을 읽고 있다. 대본을 정리하고 8시 15분이 되자 운동장으로 내려간다.

준호랑 륜경이가 마치고 올라온다.
"사회 잘 봤나?"
"오늘 '나도탤런트'에서 어린 애들이 그대에게 춤추는데 너무 잘 했어요."
"좀 긴장했는데 그냥 이 정도는 참을 수 있었어요. 근데 좀 많이 떨었어요."

지윤이는 내가 잠시 다른 곳에 가면 내 자리에 앉아 고개를 젖히고 있는다.
"왜 내 자리에 앉아?"
"허리가 이렇게 젖혀지는 자리는 선생님 자리밖에 없어요. 우리도 바꿔 주세요."
"그래. 이거 너 가져가라. 난 딱딱한 게 좋은데. 허리 아파서."
"허리 아프세요? 이제 할아버지예요? 갑자기 슬퍼지려 하네요. 앉으세요."

학교에서 딴 감을 숙성시키려 책상에 올려놓았다. 하지만 아이들 손을 타서 그런지 많이 만진 부분만 숙성되어 간다. 아니 물러져 간다. 그걸 보더니 이제 다 익었다며 먹자고 한다. 성격도 급하시지.
"우리 보고는 감 따면 안 된다면서 선생님만 몰래 드시려는 거예요?"
"아니. 너네 주려고 했는데. 그럼 지금 먹어라. 지금 떫을 텐데."
"이거는 다 익은 것 같아요."
하나만 먹어 보기로 한다.
역시나 떫다. 우주 최강 떫음. 아이들이 바로 뱉는다.

한글로 계이름이 적혀 있는 악보를 보면대에 올려놓았더니 아이들이 피아노로 쉽게 친다. 그중 대표곡인 '아기상어'를 누군가 연주하고 있다.

"역시 콩나물은 어려워. 한글로 적어 놓으니 쉬워요. 아기상어~ 뚜루루뚜루."
"그냥 한글로 계이름 적은 악보만 파는 데 없냐? 이거면 칠 수 있는데."
생전 처음 피아노를 쳐 본다는 아이도 있다. 의외로 아이들이 재미있게 연주해 준다.
"세종대왕은 대단해. 이렇게 한글 악보도 만들어 주시니."
한글 계이름이 적혀 있는 악보를 많이 뽑아 놓아야겠다.

오늘 우리가 정하는 급식 메뉴 스티커 붙이기 행사를 한다고 한다. 아이들이 속보를 전해 주고 있다.
"네. 지금. 급식 스티커. 파스타에 몰리고 있어요. 압도적으로 파스타가 1위입니다."
"어디에 있어?"

2반 앞 복도를 지나다 준우 쌍둥이가 선생님께 혼나고 있는 걸 봤다.
"준우야! 너 쌍둥이 혼나는 것 같던데… 집에 가서 위로해 줘라."
"오예! 지금 가서 놀려 주고 올게요."
사실 확인을 해 보니 혼난 건 아니라는데. 오해한 쌍둥이에게 미안하다.

요즘 영화 〈타짜〉에 나오는 "묻고 더블로 가!"가 우리 반 대유행이다.
"저희랑 가위바위보 해요. 우리가 이기면 체육이에요."
4명이나 나온다. 이들을 연속으로 이겨야 하니 모두 이길 가능성은 거의 없다고 봐야 한다.
"체육 내기에요. 가위바위보!" 첫 번째 경기는 무승부다.
"오늘 체육 묻고 더블로 가요."
다음 녀석과도 또 무승부다
"또 묻고 더블로 가요."
"선생님. 이번 판 지시면 4시간 체육이네요."

'신세계교향곡 4악장'. 경란이의 체육 응원곡 원곡을 들려주었다. 교황이 객석에서 관람하고 구스타보 두다멜이 지휘한다. 아이들은 두다멜의 지휘에 충격을 받았나 보다. 근데 따라 하는 녀석들이 많다. 좀비 지휘라는데.
"저 지휘자 멋져요. 오!"
"전 이 노래 선생님이 만든 줄 알았어요."
"내 소원이다. 이런 멜로디 만들어 보는 게."

오늘 타악기 치고 쉬는 시간에 사고가 났다. 남자아이들이 어디서 찾았는지 방석으로 슬라이딩을 하고 있다. 뭐 짧은 거리니 몇 번 하고 멈추려니 했다. 하지만 결국엔 사고가 난다. 옆에 있던 책상에 영민이가 부딪혔다. 영민이가 못 일어난다. 처음에는 장난치는 줄 알았는데. 영민이는 운동 에이스인지라 본능적으로 부상임을 느꼈나 보다. 나더러 잡아 달란다. 발목에 금이 간 것 같단다.

일단 병원에 가서 정밀 검사를 받기로 한다. 영민이 안부를 묻는 다른 반 아이들이 많다. 역시 슈퍼스타. 교실 앞이 문전성시다.

얼마 뒤 어머님 전화가 왔다. 금이 간 게 맞단다. 내일 오스트리아로 체험학습 가기로 했는데 못 갈 것 같은 예감이 든다.

오늘도 점심 먹고 DJ 음악에 맞춰 아이들이 교실 피구를 하고 있다.

5교시에 1학년 보결수업을 들어갔다. 1학년! 고학년만 주로 한지라 무엇을 해야 할지 무지하게 걱정된다. 담임선생님께서 학습지를 만들어 놓고 가셨다. 하지만 빨리하는 아이들은 20분 만에 다 해 버린다.

"다 한 사람은 동화책 보고 있으세요."

"저 다 했어요? 저 들어 보실래요?"

"저는 30킬로 넘어서 저 못 들 거예요? (번쩍 들어 준다.)"

그걸 보던 아이들이 한 명씩 나와 질문을 한다.

"근데 선생님은 나쁜 놈이이에요? 착한 놈이에요? (헉!)"

"여기 대장은 나다!"

"근데 저 화장실 다녀와도 돼요?"

"저도요."

담임선생님이 빨리 학교에 왔으면 좋겠다는 녀석들. 하교 지도를 하고 돌아서는데 한 녀석이 말한다.

"아저씨 다음에 봐요~"

충격이다. 언젠간 나도 이와 같은 1학년 아이들을 가르치겠지만 현재는 자신이 없다.

국어시간이다. 주장과 근거에 대한 글을 쓰고 친구들과 의견을 나눈다. 다른 친구가 쓴 글을 읽고 비평하는 시간을 가진다.

나는 운동을 꼭 해야 한다.
- 운동 안 하면 살이 많이 찐다.
- 운동 안 하면 키가 많이 크지 않는다.
- 운동 안 하면 건강해질 수 없다.

준혁: 밥이나 군것질 안 먹으면 운동을 안 해도 살이 그렇게 안 찌잖아요?
효은: 운동 안 하면 키가 많이 크지 않는다? 굳이 운동을 안 해도 밥을 많이 먹으면. 멸치나 우유나 키가 클 수 있는 요소를 먹이면 돼요.
상진: 운동 안 하면 키가 많이 크지 않는다? 줄넘기 같은 운동은 키가 크지만. 역도 같은 운동은 키 크는 데 관련이 없고요. 그린푸드(양배추, 상추) 많이 먹으면 건강해질 수 있어요.

사람은 밥을 먹어야 한다.
- 사람이 밥을 안 먹으면 쓰러지기 때문에
- 인간은 배고픔이라는 것을 느끼기 때문에
- 오래 살 수가 없다.

"라면처럼 밥 말고 다른 것을 먹으면 돼요."

"밥에는 열량을 내는 음식이 포함되는 거죠? 물만 먹으면 며칠은 버티는데. 꼭 밥 안 먹어도 돼요."

"여기서 밥이 음식이잖아."

"사람이 배고픔을 느껴도 무조건 그렇게 느끼는 건 아니잖아요. 수업시간에 축구를 하고 싶은 마음이 들어도 축구를 할 수 있는 건 아니잖아요. (무슨 말인지 잘 이해가 안 된다. 이 말을 들은 다른 아이들이 소란스럽다.)"

"밥에 대한 배고픔? 사랑에 대한 배고픔 아니야? 난 아직은 밥이 더 커~"

"거짓말하지 마. 넌 여친이 있다는 거야."

"무슨 말이야."

"너 왜 갑자기 준호 감싸냐?"

"나 사실 정신적 배고픔과 육체적 배고픔, 둘 다 고파."

"오호~~"

독서는 필요하다.
- 여러 지식들을 습득할 수 있다.
- 여가 생활이 될 수 있다.
- 공부(특히 시험)에 큰 도움이 된다.

서준: 공부 특히 시험에 큰 도움이 된다고 했는데 시험과 관련이 없는 책 읽으면 도움이 안 돼요. 과학 시험 보는데 소설책. 국어시험 보는 데 와이 곤충책 이런 건 도움 안 돼요.
은비: 시험은 문제집으로 충분히 대응할 수 있어요. 독서보다요.
○○: 저 같은 경우는 책을 읽어도 별로 도움이 안 되었어요. 책을 좋아하지도 않고요.

<아이들이 있는 곳에서 제발 담배를 피우지 말아 주세요>

안녕하세요. 저는 초등학교 6학년 학생입니다. 요즘 길거리나 학원 또는 식당 앞에서 담배를 피는 사람들을 많이 목격했습니다. 제발 아이들이 있는 곳에서 담배를 피우지 말아 주세요.

첫째, 아이들이 있는 곳에서 담배를 피는 것은 아이들의 건강을 해칩니다.

둘째, 특히 학원이나 식당, 학교 앞 50m, 아파트 화장실, 계단, 복도 등 담배를 피우지 말아 주세요. 얼마 전 아파트 계단에서 날아오는 담배 꽁초 때문에 피해를 입을 뻔 했습니다. 식당에서는 음식을 먹다 풍겨 오는 담배 냄새 때문에 숨을 제대로 쉬기도 힘들고 속이 매스껍습니다. 그리고 노약자, 임산부, 아기들이 있어 사람들의 건강을 크게 해칩니다.

셋째, 요즘은 흡연실도 있어 그곳에서 담배를 필 수 있습니다. 물론 없을 수도 있지만 많은 사람들을 존중해서 되도록 사람들 앞에서는 피우지 말아 주세요. 흡연은 암을 유발하는 암덩어리밖에 안 됩니다. 제발 죄 없는 아이들을 생각해서 아이들이 있는 곳에서 담배를 피우지 말아 주세요. 그 아이들은 누군가의 자녀나 가족입니다. 당신의 가족을 생각해서라도 아이들이 있는 곳에선 담배를 삼가 주세요.

현민: 흡연실이 있다고 거기서 담배를 핀다고 했는데. 휴게소 같은 데 가면 문 열린 흡연실이 무지하게 많아요. 흡연실 문을 열어 놓고 필거면 뭐 하러 흡연실을 만들었어요?
영민: 흡연실은 많은 사람들이 이용하는 곳이라 멀어요. 집에서 간단히 피고 싶을 때는 흡연실까지 가지 않을 듯해요.

라면은 최고의 생존식량이다.
- 라면은 끓이기 간편하다.
- 안 끓여도 부셔 먹을 수 있다.
- 배부르다.

경란: 라면을 먹어도 배부르지 않을 수 있어요.
승은: 라면이 간단하긴 한데 너무 많이 먹으면 병에 걸릴 수 있어요.
○○: 근데 님. 이건 생존이에요. 안 먹으면 죽고. 많이 먹어 병 걸리는 것이랑은 다른 거예요.

체육은 약이다.
- 체육을 하면 몸이 건강해진다.
- 공부를 하다가 체육을 하면 가슴이 시원하다.
- 운동을 하면 키가 큰다.

지윤: 근데 공부를 하다가 체육을 하면 시원해지는 건 혼자만의 느낌? 전 그렇게 시원하지는 않아요. JJB 먹으면 시원해지는데.
규현: 공부를 하다가 체육을 하면 가슴이 시원해지는 게 아니라 기분이 좋아져요. (그게 그거 아닌가? 달라요?)
준우: 운동을 하면 키가 큰다고 했는데 밥 안 먹고 스트레스 받으면 안 커요. 저 보세요.
태윤: 운동을 하면 키가 큰다고 했는데 운동을 한다고 꼭 키가 크는 건 아니고 밥이랑 유전 같아요. 저 보세요.

나는 잠을 7~9시간은 자야 된다고 생각한다. 그 까닭은 일단 잠을 자지 않으면 피로가 쌓이고 건강이 악화될 수 있다. 그렇다고 부엉이 즉 낮에 자고 밤에 노는 건 학생에게 큰 피해를 입힐 수 있다. 또 학교에서 졸다가 눈도 풀리고 꾸벅꾸벅 졸 수 있는 상황들도 볼 수 있다. (다만 더 자고 싶어서 그럴 수도 있다.) 그리고 잠을 설치거나 밤에 폰을 오래하면 부모님의 꾸중도 얻을 수 있다.

서준: 밤에 폰을 오래하는 건 그 다른 문제 같고요. 핸드폰 때문에 잠을 못 자는 건 아니에요.
태윤: 잠을 설치거나 밤에 폰을 오래하면 꾸중 듣는다고 했는데. 잠을 설친다면 엄마아빠한테 혼나지는 않아요. 저는 악몽 때문에 깨는데.
륜경: 이게 맞는 말 같아요. 요즘 숙제가 좀 밀려서 1시 30분에 잤는데 진짜 졸렸어요. 피로가 쌓여서 건강이 악화되었어요.
○○: 핸드폰을 하다가 늦게 자는 사람? 저는 폴더라서 할 게 없어요. (님~ 저는 엄마가 잠가 놓아서 어차피 못해요. 이게 더 고통스러워요.)

나는 스마트폰을 사야 한다.
- 우리 반은 스마트폰을 이용한 활동이 많기 때문이다.
- 사진을 찍고 싶다고 매번 카메라를 들고 다닐 수 없기 때문이다.
- 아이들(친구)과의 소통이 너무 제한되어 있기 때문이다.
- 폴더는 불편한 점이 많기 때문이다.
- 친구들도 스마트폰이 있지만 잘 살고(?) 있기 때문이다.
- 내가 갖고 싶기 때문이다.
- 인터넷으로 나의 지식을 넓힐 수 있기 때문이다.

효은: 스마트폰을 사야 하는 이유가 많이 있지만. 스마트폰 쓰면 뭔가 자꾸 산만하고 시력도 나빠지고 소통도 잘 안 되고 그래요. (근데 님은 쓰잖아요?)
영민: 인터넷으로 지식을 넓힐 수가 있다고 하는데 솔직히 인터넷으로 상대성이론 같은 걸 검색하는 사람은 별로 없어요.
현민: 폴더폰도 사진을 찍을 수 있는데요? 폴더로는 사진을 왜 못 찍어요? (찍을 수는 있는데 잘 안 보여요. 그리고 저장 공간이 없어요. 그다지 화질도 안 좋아요.)
연수: 전 님이 꼭 스마트폰 샀으면 좋겠어요. 휴대폰이 안 좋은 점도 있지만 다들 잘 살고 있어요. (잘 살고 있지는 않아요. 전 핸드폰 때문에 가족들과 사이가 안 좋아지고 많이 싸우게 돼요.)

아이들 일기

내가 제일 기대하고 또 기대했던 경복궁 가는 날이다. 준비를 하고 학교에 가서 지하철을 타고 가는 도중 경란이와 오목을 했는데 내가 이겼다. 그러다 보니 도착이었다. 가서 카카오톡 프로필을 맞추기 위해 몇몇 친구들과 같이 다녔다. 가서 이곳저곳 사진을 찍고 감상도 쪼끔 했다. 다른 반 아이들은 종이도 쓰고 그러던데 우리 반은 그러지 않아서 참 좋았다. 하지만 메인은 경복궁도 아니고 통인시장도 아니고 배수지이다. 그 까닭은 배수지에서 세글자 게임을 하는데 너무 재미있었다. 그렇게 배수지에서도 끝나고 학교로 가는 길에 ○○이가 이렇게 말했다. 히. 남자애들은 왜 자궁경부암을 안 맞을까? 근데 ◇◇이가 너무 당당하게 "남자는 자궁이 없잖아"라고 말하고 △△이가 놀라 "그럼 남자가 임신하는 거야?"라고 말해서 나랑 주희랑 빵 터져 한참을 웃었다. 오늘. 정말 엉망진창 같지만 잘 보면 정리가 돼 있는 반이랄까나. 다음에도 또 가고 싶다.

오늘은 내 인생 처음으로 축구 경기를 직관하러 갔다. 오늘 아침부터 설레서 빨리 경기장에 가고 싶었다. 지하철로 가는데 지하철을 놓쳐서 좀 늦었다. 도착하니까 사람들이 엄청 많았다. 그래도 거기에 이벤트를 하길래 줄 서고 했는데 실패했다. 이렇게 생긴 것에 있는 구멍에 공을 넣는 거였는데 아쉽게 실패했다… 아! 참고로 난 울산을 응원했다. 응원하니까 경기가 2배는 재미있었다. 그러다 김보경이 프리킥을 얻어내고 그 공이 야신 사각지에 빨려 들어갔다. 오늘 첫 직관이었는데 진짜 재미있었다.

통인시장에도 갔는데 엽전을 사용해서 맛있는 것을 사 먹는데 나는 기름 떡볶이, 슬러시, 주스 등등 먹었다. 조선시대 사용했던 엽전으로 음식을 사 먹으니 내가 조선시대에 온 것 같다. 오늘은 여러 가지로 우리 옛날 모습을 떠올리며 내가 이 시대에 태어난 것이 참으로 감사하다는 생각이 들었다.

11월 6일 수요일

주희와 륜경이가 급식 메뉴 선정 봉사를 하고 있다. 등교하는 아이들에게 스티커를 나눠 주고 큰 판에 붙일 수 있도록 안내한다. 소중한 한 표를 행사하는 아이들. 과연 파스타의 우세가 지속될 것인지. 하지만 LA갈비의 맹추격이 심상치 않다.

며칠째 가져다 놓지 못한 우유상자가 6개 있다. 일찍 온 현민이가 봉사하겠다며 가져다 놓는다. 6개를 가져다 놓고 고생했다고 하자 지난번에 10개도 치웠는데 그까짓 것이란다. 아! 우유니사탑의 추억이 떠오른다.

"교육활동발표회 20일 날 몇 교시에 해요? 엄마가 물어보라는데요."
"오늘 가정통신문 나갈 거야. 엄마들도 함께 할 수 있는 코너를 마련할까?"

"도레미송 부를 때 엄마들이랑 같이 부르는 건 어때요?"
"근데 같이 부르실까… 싫어하실 것 같은데."
"선생님이 지휘하고 같이 부르라고 바람 잡아 주세요. 엄마들도 이런 거 당해 봐야 해요."

"선생님. 손흥민 레드카드 철회되었대요?"
"다행이다. 정말."
"막으려다 가서 태클했는데."
가짜 뉴스도 들린다.
"손흥민 충격 먹어 정신병원 갔대."
"라커룸에서 정말 많이 울었다던데요."
"며칠 쉬면 괜찮아질 거야."

아침에 보물찾기를 한다고 했더니.
"진짜요?"
"어디서 해요?"
"보물이 뭐예요?"
"찾으면 우리가 가지는 거예요?"
"보물은 아니고 보물 종이."

오스트리아로 출국한 영민이가 깁스한 사진을 카톡에 올려놓았다. 어제 발목을 다친지라 출국이 어려울 것 같아 걱정이 되었다. 하지만 결국 목발 짚고 여행 가기로 했나 보다. 비행기 타고 많이 불편했을텐데. 축구 관련 여행인지라 정말 가고 싶어 했던 영민이. 아무쪼록 황희찬도 보고 즐거운 시간 보내고 오길. 그리고 사인도 받아 오시길!

한 녀석이 막대 사탕을 먹고 있다.

아이들 오기 전에 얼른 먹고 버리라고 했더니 다른 녀석이 말한다.

"애 담배 펴요."

1교시에 보물찾기를 한다. 보물은 아니고 보물종이다. 보물종이는 꽝, ★, ★★, ★★★ 세 종류가 있다. 두 팀 보물종이 색이 다르다. 보라색과 노란색. 별표를 많이 찾은 팀이 이기는 걸로 안내한다. 단, 보물종이가 절반 이상 보이게 해야 할 것! 부루펜팀이 먼저 숨긴다. 화단에 들어가지 말라고 그렇게 당부했지만 그곳엔 숨기기 좋은 장소들이 많다. 숨기다 보면 자기도 모르게 들어가 있다는 녀석…. 노란 꽃 안, 나무 위, 낙엽 등에 숨긴다. 아무래도 가을에 어울리는 노란색 보물종이를 숨기는 팀이 많이 유리해 보인다.

3분 정도 숨기고 바로 찾기 시작! 타이레놀팀에서 찾았다는 소리가 계속 들린다. 하지만 꽝이 많다. 별표가 그려진 종이는 확실히 어려운 곳에 숨겨 놓았다. 부루펜팀 키 큰 녀석들이 높은 나뭇가지에 숨겨놓아 타이레놀팀 아이들이 보고도 꺼내지 못하는 경우도 있다. 발견을 했지만 점프해도 닿지가 않는다. 나무를 흔들며 결국 떨어뜨린다. 눈치 빠른 녀석은 내 시선을 보며 숨긴 장소를 유추하기도 한다. 하지만 모두의 관심을 받은 한 마디가 있었으니…. "진짜 돈을 찾았다!" 100원짜리 동전이지만 아이들의 관심이 순간 집중된다.

결과는 타이레놀팀이 별 20개, 부루펜팀이 22개를 찾는다. 15분 정도가 남았다. 오랜만에 운동장이 깨끗하게 비어 있다. 축구 경기 시작! 축구를 잘하는 몇 녀석은 어시스트만 할 수 있는 핸디캡 경기다. 필드골은 경란이와 준우가 한 골씩 넣는다. 1 대 1에서 시간이 없어 바로 승부차기. 축구 에이스 연수와 준호가 승부차기에서 한 골씩 2 대 2 상황. 다른 아이들은 모두 실축하고 마지막 주자 지윤이와 백하만 남는다. 지윤이의 선축. 그림같이 구석으로 차 3 대 2 역전. 마지막 주자가 남았지만 이미 승리 세리머니를 한다. 하지만 이 기쁨도 잠시. 백하가 골을 넣고 무승부로 아름답게 마무리된다. 번외 경기로 준호와 나의 일대일 대결. 예전에 교실 피구 하다 준호의 공에 맞은 트라우마가 있는지라 준호가 찰 때 상당히 긴장되었다. 하지만 준호는 대기권 돌파슛~ 2층 1학년 교실 창문을 맞춘다. 나의 성공으로 그대로 끝!

2교시는 컴퓨터실로 간다. 체육 하다 좀 늦어 서두른다. 교원능력개발평가!

"그게 뭐예요?"

"그거. 선생님 만족도 조사."

"알겠어요."

"걱정 마세요. 저희 잘하고 올게요~"

이제 6학년이라 세상 돌아가는 걸 아나 보다.

연극시간이다. 먼저 지난주에 만든 작품 소개를 했다. 슈퍼 거북의 탄생 비화와 눈물겨운 극복 스토리가 시작된다.

거북이랑 토끼가 다시 시합하는 도중에 너무 배가 고파서 주변에 있는 마트에 간다. 하지만 나쁜 마트 주인장은 거북이가 너무 맛있게 생겼다고 튀겨서 과자를 만든다. 그게 바로 우리가 먹는 꼬북칩이 된다. 우리가 먹었던 꼬북칩은 사실 슈퍼 거북이로 만들었다.

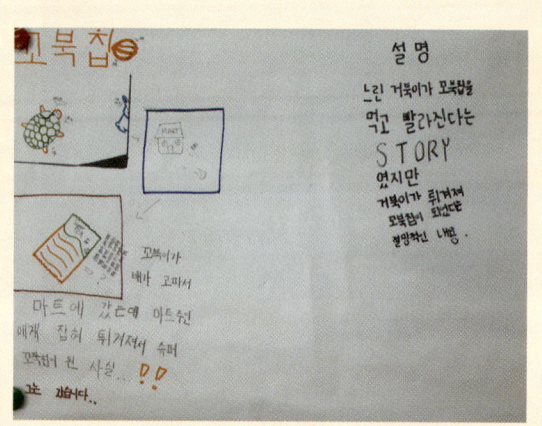

슈퍼 거북이가 되기 위해 4시에 기상해서 15킬로미터 달린다. 헬스 1시간 후 휴식하고 고구마 먹고 또 헬스. 저녁 식사 하고 샤워하고 취침한다.

드디어 세계 달리기 대회! 상금은 천 억. 슈퍼 거북이는 상금을 획득한 후 가오 거북이로 변신한다. 가오를 RESET! 밴틀리 타고 돈을 막 쓰고 다닌다.

9시부터 6시까지 잠을 잔다. 기상 후 운동장 5바퀴. 아침은 닭 가슴살. 바로 헬스장 가서 운동한다. 거북이도 생명체이기 때문에 1시간 휴식. 다시 운동. 쉐이크를 먹고 등산(한라산 등반) 한 시간. 또 UFC 한 시간. 러닝머신 조금. 저녁은 단백질 섭취를 위해 삼겹살. 마지막 일정은 지식을 먹기 위해 독서. 이렇게 해서 슈퍼 거북이가 되었다.

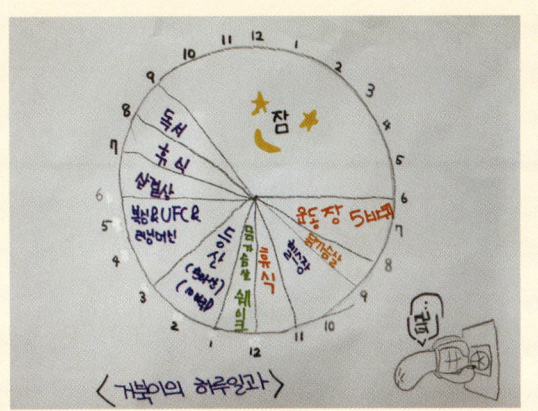

호랑이가 담배 피던 시절. 토끼와 거북이가 결혼해서 알을 낳아 토끼와 거북이가 태어난다. 거북이 엄마가 거북이한테 출생의 비밀을 알려준다. 거북이 아이는 토끼 유전자를 99.99% 이어 받았다. 외모는 거북이이나 사실 토끼인 셈이다. 이를 우리는 슈퍼 거북이라 부른다. 이길 수밖에 없었다. 게다가 토끼와 거북이의 재대결은 쌍둥이 토순이와의 대결이었던 것이다.

토끼를 이긴 거북이가 운동을 열심히 안 하고 만화책을 보며 시간을 보낸다. 살이 쪄서 이번엔 이기기 어려울 것 같았다. 거북이는 이기고 싶은 마음에 배에 참기름을 바르고 봅슬레이 타고 내려갔다. 이겼어요!

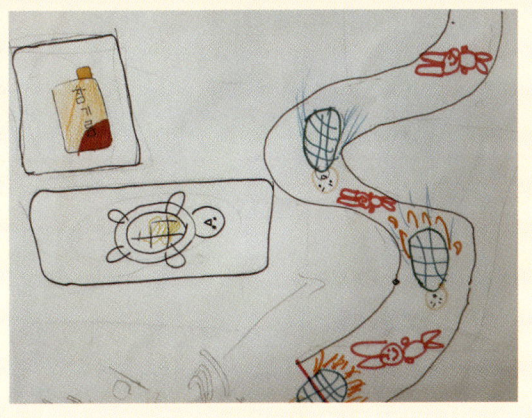

슈퍼 거북 발표를 하고 오늘은 대본을 읽으며 연극을 한다. 〈별주부전〉과 〈흥부전〉 중 모둠별로 선택!
"〈별주부전〉이 뭐예요? (이 질문은 나올 것으로 이미 예상.)"
"대사 바꿔도 돼요?"

"그럼. 오늘은 역할을 나누고 일단 한 번 전체적으로 맞춰 봅시다."

역시나 배우보다는 해설자가 인기가 많다. 우리 반 아이들처럼 표현력 좋은 아이들에게도 해설자는 최고 인기다. 왜 아이들은 해설자를 좋아할까…. 10분 정도 연습 시간을 가진다.

1모둠 아이들은 짧은 연습시간에도 불구하고 대사의 감정을 잘 살려 연기한다. 자라가 활을 들고 토끼를 잡으러 오는 장면에서 시작. 용왕을 맡은 효은이는 정말 연기를 잘 한다. 애드립도 인상적이다. 활로 토끼를 다시 잡아 토끼 간을 가져왔는데 용왕님이 화가 났다.
"이게 토끼 간입니다."
"이건 순대 간 아니냐?"
"아니옵니다. 토끼 간이 맞습니다."

2모둠은 자라 타고 오는 토끼! 칙칙폭폭 땡!을 노래하면 용궁으로 즐겁게 온다.
"북어야! 더우니 부채질 좀 해 다오. 그리고 토끼의 간을 빼거라."
용왕님 준혁이는 표정 연기가 탁월하다. 이번 교육활동 발표회 때 준혁이가 용왕역을 하게 될 것 같다. 아이들은 한잔한 기분으로 연기한 것 같다는데…

3모둠은 대사를 아주 코믹하게 바꾸었다. 토끼가 용궁으로 갈 때 '언더 더 씨' 노래도 들리고 용왕인 준호의 연기도 대단하다.
"콜라 한 잔 가져오너라."
"이거 펩시가 아니잖아. 다시 가져오너라."
"펩시가 없사옵니다."
"펩시가 없으면 사이다 가져오너라."
"네 이놈. 스프라이트 가져오면 어떻게 하느냐."
"역시 사이다는… 칠성이지."
"토끼야. 이 불닭을 먹어 보거라. 맛있단다."
용왕의 특이한 음식 취향을 반영했단다.

4~5모둠은 흥부전 합동 공연.
흥부 아내인 주희의 간드러진 목소리.
"서방님 뭐 좀 얻어 왔어요?"
"별로…."
"어! 근데 저기 제비 아니에요? 서방님 여기 좀 와 보세요. (여사님 같아~)"

"내 이름은 도깨비!"라며 등장하는 준우. 무서운 도깨비여야 하는데 박에서 나오자마자 아이들에게 잡혀 버린 준우 도깨비.

"다리를 고쳐 주었습니다"라는 해설자의 진행. 하지만 실제로 다리를 고쳐 주지 않는 배우들 때문에 한참을 웃었다.

점심 먹고 올라왔더니 오늘도 아이들이 피구를 하고 있다. 오늘 숙제가 있는지 승은이랑 은비는 앞문 그 좁은 공간에 들어가 문제를 풀고 있다. 나와서 하랬더니 여기가 은근 아늑해서 좋단다. 그래라!

요즘 일기를 잘 내지 않는 아이들에게 소리를 좀 질렀다. 몇 주 안 쓰다가 다행히 어제 냈다는 녀석. 이 녀석은 구사일생이란다. 내일 십자수 과제 제출도 있는데 십자수일생이라며 개그감 살려 혼냈다. 아이고. 일기가 뭐라고.
"너네 4명은 이제부터 매일 일기 쓰기다."
"네? 휴~" 깊은 한숨 소리가 들린다.
"단 내일까지 매일 일기 쓰기 잘하면 용서해 주마."
잠시 멀뚱멀뚱해 보였지만 금세 말뜻을 알아차린다.

옆 반 아이가 오늘 내가 소리 지르는 것을 보고 놀랐단다. 그래서 우리 교실에 전달할 게 있었는데 다른 반에 먼저 갔단다.

은비가 "그런 건 일상이야"라며 아무렇지도 않게 말한다.

"우리 쌤은 화나면 용도 해!"

"욕?"

"아니 용처럼 불을 내뿜는다고."

나는 결단코 욕은 한 적도 없고 용이 된 적은 더더욱 없는데….

한 녀석이 수업시간에 피곤하다며 수액 맞는 자세 취하다 연필로 정말 자기 팔을 찌르고 말았다. 피가 조금 났다. 자기를 희생해 우리를 웃겨 준 녀석에게 박수를 쳐 준다. 피를 봤지만 국어시간은 계속된다. 주장과 근거 글쓰기와 발표가 이어진다. 역시 체육 이야기가 압도적이다.

우리 반은 체육을 해야 한다. 왜냐하면 가을은 체육의 계절이고 미세먼지 때문에 체육을 많이 못 하고 겨울이 오면 추워서 체육을 못 할 수 있어서 지금 체육을 해야 한다.

JJB를 많이 먹어야 한다. 왜냐하면 JJB는 아이스크림인데 겨울에 먹으면 이가 시렵기 때문에 가을인 지금 JJB를 많이 먹어야 한다.

우리 반이 축구를 해야 한다. 왜냐하면 축구를 좋아하는 사람이 많고 축구를 하면 재미있기 때문에.

물을 먹어야 한다.
- 안 먹으면 죽기 때문에.
- 물을 먹으면 몸에 좋다.

체육을 자주 매일 꼭 해야 한다.
- 체육을 하면 운동을 하게 된다.
- 친구들이 좋아한다.
- 화났던 것이나 기분이 안 좋을 때 기분이 좋아진다.

우리는 숙제를 해야 한다.
- 숙제를 안 하면 체육을 못한다.
- 쌤한테 혼난다.
- 혼나서 기분이나 분위기가 안 좋아진다.

우리는 체육을 해야 한다. 왜냐하면 햇빛을 받으면 우리는 비타민 D를 받게 되는데 이는 우리를 더 건강하게 해 줄 수 있기 때문이다.

우리들은 여러 가지 과목들 중에서 체육을 제일 좋아한다. 이래서 체육을 하면 우리의 행복지수가 높아지기 때문에. 우리가 더 행복하게 지낼 수 있(을)기 때문에.

우리가 그동안 수학을 하며 쌓인 스트레스를 풀 수 있기 때문이다.

규현이는 날 좋아할 수밖에 없다.
- 내가 귀엽기 때문에.
- 나도 규현이를 좋아하기 때문에.
- 내가 매력 있어서(?).

우리 반은 찜질방에 가야 한다.
- 겨울에는 어디 따뜻한 데 늘어져 있어야 스트레스가 없기 때문에.
- 우리 반이 방학에 같이 놀러 가면 협동심을 기를 수 있기 때문에.
- 학급회의에서 제일 인기가 있어서.

내가 내 방 청소를 안 해도 되는 이유
- 어질러진 게 매력 있어서.
- 가끔은 더럽게 살아도 되기 때문에.
- 적당히 더러워야 사람 사는 것 같기 때문에.

내가 난타를 못하는 이유
- 소질이 없기 때문에.
- 난타 악보를 외우기엔 내가 너무 멍청해서.
- 난타를 좋아하지 않기 때문에.

우리 반이 피구를 좋아하는 이유
- 그냥 피구가 아닌 초능력 피구라서.
- 그냥 피구 자체가 좋아서.
- 교과서를 펴고 공부를 하지 않아도 돼서.

숙제를 해야 하는 이유
- 숙제를 해야 체육을 하기 때문이다.
- 숙제를 해야 즐겁게 놀기 때문이다.
- 숙제를 해야 선생님한테 안 혼나기 때문이다.

우리는 체육을 하루에 한 번 해야 한다.
- 우리는 성장기이므로 많이 먹고 많이 운동을 해서 키를 키우고 몸을 정리해야 하는 시기이다.
- 우리는 운동을 많이 해야 하는 시기인데 요즘 아이들이 공부하느라 운동을 많이 하지 못하기 때문에 학교에서라도 체육 수업을 하루에 한 번씩 해야 한다.
- 요즘 아이들은 학교뿐만 아니라 학원에서도 스트레스를 많이 받는다. 학교 공부와 학원 예습은 우리에게 큰 스트레스를 준다. 특히 학원에서 하는 예습은… 매일 학원을 다니니 매일 스트레스가 생긴다. 스트레스를 풀기 위해서는 우리가 원하는 것을 해야 한다. 그러므로 우리 모두가 원하는 체육을 해야 한다.

체육시간에 풋살을 더 많이 해야 된다.
- 우리 반 대다수의 친구들이 축구를 좋아한다.

- 축구는 팀 스포츠이기 때문에 우리 반이 똘똘 뭉쳐 협동심을 더 높일 수 있다
- 축구는 다른 운동에 비해 규칙이 복잡하지 않아 누구나 쉽게 할 수 있다.
- 체력을 키워 주고 몸의 균형도 좋아진다.

주장은 간단명료하고 모든 근거를 간추린 하나의 가장 중요한 문장이어야 하고 나처럼 지금 이렇게 구구절절 쓰면 안 된다.
주장이 너무 길면 다른 사람들이 어느 것이 중요한지 핵심인지 잘 모른다.
읽기 편하다
이해하기 쉽다.

카톡을 읽씹하지 말아야 한다.
어쩔 수 없는 경우에는 괜찮지만 무시하는 거나 다름 없다
무시하는 거니 당연히 기분이 더러울 수 밖에 없다
그 사람에 대한 악감정이 매우 커진다.

나는 우리 반 학생들이 하루에 한 번은 체육을 해야 한다고 생각한다.
- 체육은 physical education으로 학생들에게 운동이 된다.
- 체육은 모두 즐겨할 수 있으니 학교 생활을 힘들게 느끼지 않고 재밌게 느낄 수 있다.
- 체육은 리더십, 매너, 페어 플레이 등등 많은 것들을 배울 수 있다.

"메시. 지금 몇 시야?"
"인도네시아. 이거 하다가 망했어요."
"얼른 정리합시다. 아까 그 안내문 꺼내세요."
"안내문 진다 가위바위보!"
종례를 하려는데 말장난이 길어진다. 그만 집에 가자!
"집에 안 가는데요? 학원 가는데요?"

아이들 일기

새벽 3시부터 일어나 각오를 하고 할머니 댁으로 출발했다. 드디어 김장하는 날이다. 우리 집은 소소하게 하지 않는다. 이번에는 작년보다 많아졌는데 130포기다. 6시쯤 도착하여 LA갈비를 먹고 130포기를 씻기 시작했다. 할머니께서 소금에 절여 놓으신 배추를 난 옮기고 할머니, 삼촌, 엄마 3단계에 걸쳐 씻기 시작했다. 그러다가 삼촌은 무를 채 썰고 나는 옆에서 남은 무로 조각해서 무 친구를 만들었다. 커다란 통에 다대기를 완성하고 좀 묻혀서 수육과 점심을 먹었다. 다들 양념을 묻히는데 나는 너무 힘들어서 새총이나 쐈다. 옥상에 올라가서 쏘다가 철지붕에 맞아 쾅 소리가 나서 삼촌한테 혼날 뻔했다. 얼떨결에 130포기를 완성했다. 한 게 없지만 대단하다.

11월 7일 목요일

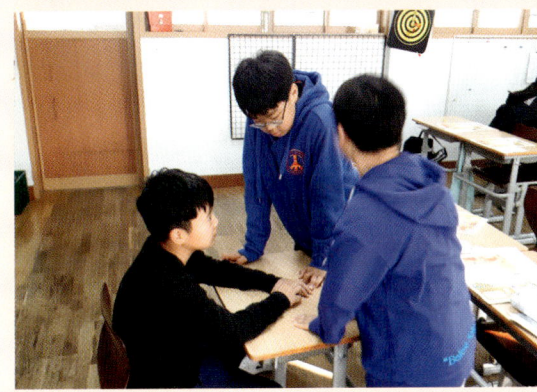

아침에 지윤이가 일찍 와서 비례식 숙제를 한다고 한다. "월요일까지인데 왜?"라고 했더니 "오늘까지 아니에요?"라며 되묻는다. 한 남자 녀석이 오늘까지 해야 한다고 어제 알려 줘서 어제 내내 심장이 쫄깃

쫄깃 아슬아슬했다는데. 실컷 다 해 놓고는 글씨를 너무 날려 썼다며 월요일에 다시 내도 되냐고 묻는다.

서준이가 새로운 신상펜을 만들어 왔다며 내게 보여 준다.
'I am pen' 처음 보는 건데….
'name pen'에서 n과 e를 손본 모양인데, 깜빡 속을 뻔 했다.

은비는 "선생님, 안 잊고 계시죠?"라며 지나가듯 말을 건넨다.
"뭘?"
"빼빼로데이 때 빼빼로 사 주세요."
"요즘 그런 거 안 하잖아."
"아니요. 다른 데이는 다 사라져도 빼빼로데이는 안 돼요. 사 주세요."
"그럼 11월 11일 밤 11시 11분 11초에 만나자. 빼빼로 사 줄게."
"유치해요. 근데 저 진짜 나오면 어떻게 하시려고요."

백하는 올해 2월까지 살았던 하얼빈 이야기를 한다.
"하얼빈 추워?"
"겨울에 영하 36도예요."
"거짓말?"
"얼음축제도 유명하고요."
"우리나라에서 하얼빈 직항은 있어? 옌지 가서 갈아타나?"
"선생님, 직항 있어요~ 하얼빈 큰 도시예요."

쉬는 시간이다. 책상에 모여 타악기 연습을 하는 아이도 있고 뒤편에서는 피구 연습을 하는 남자아이들도 보인다. 날씨가 차져서 그런지 기운이 좀 없어 보인다. 피구공도 비실비실 날아다니고. 피구를 하던 한 녀석이 벽에 걸린 시계를 맞혀 흔들흔들. 못을 새로 박아야겠다.

국어시간이다. 《열하일기》를 읽기 전에 'OUN 열하일기 동영상'을 먼저 보기로 했다. 영상에서는 북경까지 간 박지원 일행이 열하로 가는 과정을 보여 준다.
"얼마나 뜨겁길래 열하예요?"
"대하 같은 뜻인가요? 새우 종류 아니에요?"
"뜨거운 여름이라는 뜻 같은데요."
"하 자가 강 하 자야. 뜨거운 강이라는 뜻이야."

박지원이 만리장성에 글을 남겼다는 이야기가 나온다. 이 부분에 대한 아이들의 추론이 재미있다. 고북구 만리장성에 와서 박지원이 무엇을 했을까?

"만리장성에 손도장 찍기요."
"장난으로 벽 부수기요."
"만리장성에 박치기."
"땅 파기."
"똥 쌌나?"
"똥 싸고 기왓장으로 덮어 놓았을 것 같아요."
"정말 거대한 모습 보고 쫄았을 것 같아요. 조선의 천리장성이 초라하다는 생각이 들었을 것 같아요."
"내가 왜 이 쌩고생하고 있지?"
"엄마 생각나면서 집밥이 그리웠을 것 같아요."
"옛날 사람들은 시를 지었을 것 같아요. 삶은 달걀~"

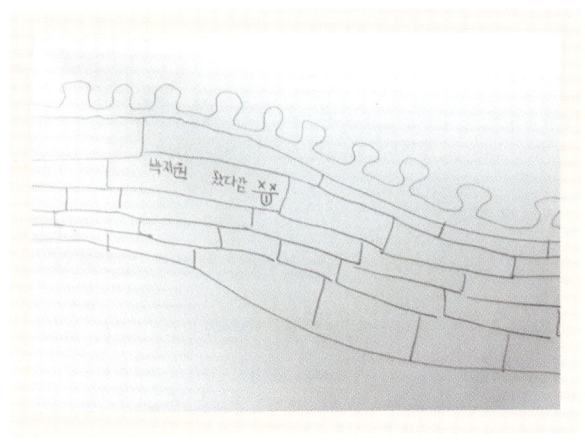

이어서 북경에서 열하까지 가는 장면을 보고 아이들과 이야기를 나누었다. 열하로 가는 중에 인상 깊은 말이 나온다. 열하로 가다 건너기 힘든 강을 만나 힘들다며 일행이 불평을 하자… 연암이 말을 한다.

"지금 우리는 장님이 애꾸 말을 타고 한밤중에 물가에 선 것과 같다."
　장님을 보는 사람은 눈이 성한 사람. 장님을 보고 스스로 위태로움 느끼네. 하지만 그의 눈에 아무것도 보이지 않아 장님은 위태로움을 느끼지 않네. 결국 자기 눈이 아는 것의 유일한 창이라 믿는 것이 문제네. 지금부터 눈을 감고 강을 건너세.
　아이들이 말한다.
"저가요. 멀리뛰기 할 때 눈 질끈 감고 뛰었는데. 1등 했어요. 보고 뛰면 이상하게 겁이 나더라고요."
"눈앞에 엄청 큰 강이 있는데 이거 말 타고 건너라면. 전 포기할 거예요."

"드라마에 보면, 주인공들이 위기가 오면 그래서 눈을 감고 생각하는 거예요?"
아이들이 짧은 글짓기를 하고 마무리한다.

박지원은 열하에 갔다 와서 어떻게 뭘 보았길래 3년 동안 열하일기를 쓴 건지 그렇게 쓸게 많았나… 아무리 많이 봐도 3년 동안 쓸 거는 없을 것 같은데… 박지원은 열하에 가서 아주 많은 걸 보아서 많은 걸 남기고 싶었나 보다. 그래서 낙서까지 ㅋㅋ 그냥 박지원이란 사람이 대단한 것 같다.

조선 후기 실학자 연암 박지원이 중국에서 짜장면을 먹었을까? 궁금하다. 너무너무. 중국의 열하는 지금은 다른 이름으로 불리고 있다고 한다. 그냥 열하로 남겨 놓았으면 좋았을 텐데. 난 일기는 쓰고 싶지는 않고 열하에는 한번 가 보고 싶다.

중국에 열하라는 곳이 있다는 것을 알게 되었고 그곳에 박지원이 방문했다는 것도 알게 되었다. 그 당시에 박지원이 열하에 가는 길에서 만리장성에 다녀갔다는 것을 표시하기 위해 글을 적었다는 것도 알게 되었다. 뭐라고 적었을지 궁금하다. 세계문화유산에 낙서하지는 않았을 것 같다.

연암 박지원이 무슨 생각으로 성벽에 낙서를 했는지 궁금하고 새벽 1~3시에 그곳에 갔다는 것은. 그런데 밤에 가면 귀신 나오는데. 되게 담담하고 빠릿빠릿한 분이신거 같다.

중국을 아무나 갈 수 있던 것도 아니었고 아무도 간 적이 없는데 호기심으로 간 게 대단하다. 사실 아직은 잘 모르겠지만 박지원은 대단한 거는 맞는 것 같다. 위인전에 나올 만한 것 같다.

왜 낙서를 하였을까? 중국에서 무엇을 하였을까? 이런 여행은 별로 하고 싶지는 않다. 난 열하라는 곳도 처음 알고 그 뜻도 알게 되었다. 열하보다는 온천이라는 지명이 더 어울릴 것 같다.

연암 박지원이 한밤에 강 9개를 건너면서 어떤 생각을 했을까? 아~ 이제 죽었다. 왜 따라와서 생고생인지. 집에 가고 싶다. 청나라 황제는 몽골을 왜 계속 경계했을까? 데리고 와서 같이 지내면 되는데. 박지원이 만리장성 성벽에다 낙서를 왜 했을까? 이건 정말 정말 궁금하다. 그림은 안 그렸을 것 같고 글자를 썼을 것 같다.

연암 박지원 선생은 진짜로 모험심이 많고 용기가 있는 사람 같다. 그때 중국에 갔다는 자체부터가… 뭔가 대단하다. 게다가 성벽에 낙서를. 그것도 한밤중에 했다는 것. 참 신기한 사람이다. 가장 궁금한 건 이 사람은 안 졸리나이다. 밤에 강 9개도 건너고 졸릴 법한데 안 자나? 체력왕이셨던 것 같다.

왜 성벽에 글을 썼을까? 근데 좀 더 유니크하게 자신의 흔적을 남기지 못했을까? 이런 방법은 몇 천 년 전에도 했을텐데. 하루에 강 9번 건너고 나면 수영한 것처럼 배가 엄청 고팠을 텐데 뭘 먹었을까? 간식을 가져갔겠지? 떡? 만두? 술? 고기?

열하를 왜 뜨거운 강이라 했을까? 별로 뜨겁지도 않은데. 9개의 강을 건널 때 죽은 사람은 없었을까? 강을 하루에 9개 건넌 것이 사실일까? 이건 좀 영웅 같은 이야기를 만들려고 꾸며낸 거 같기도 하다. 만리장성에 낙서할 때 중국인이 발견했으면 어땠을까?

열하일기에서 열하가 유명해질 것 예상하고 그렇게 쓴 걸까? 진짜 눈을 감고 종일 걸었을까? 열하까지 가는 동안에 뭘 먹었을까? 열하는 왜 겨울이 되어도 얼지 않을까? 박지원의 낙서를 본 사람들의 반응은 어떨까?

열하는 겨울에 얼지 않는다. 중국의 황제는 열하에 있었다. 박지원은 황제를 만나러 열하에 가서 그들의 문물에 감탄했다. 만약 연임이 만리장성에 글을 쓸 때 걸렸다면 연암은 어떻게 되었을까?

박지원은 현명하고 지혜로운 것 같다. 장님 이야기에서 신선한 충격을 받았다. 장님은 혼자서 위태로울 거라서 두려울 거라고 하지만 정작 아무것도 보이지 않는다. 나도 장님 이야기를 꼭 기억해 놓아야겠다. 낙서한 것도 다른 학자들보다 다른 것 같다. 하지만 낙서=실례.

황제가 열하에 있단 걸 알고 빡 돌아서 때려 친 사람은 없을까? 열하에서 한양까지 몇 km일까? 한양에서 열하 가는 데 몇 명이나 죽었을까? 성벽의 낙서가 아직까지 남아 있을까? 탕수육은 먹었을까? 돈은 얼마나 썼을까? 사기는 안 당했을까?

조선 사람 중 아무도 가보지 못한 곳을 가기가 두렵고 싫었을 텐데 호기심으로 갔다는 게 대단하다. 9개 강을 건너는 게 힘들지 않았을까? 중간중간 불 피우고 쉬었을 것 같다. 어디서 몇 분을 쉬었는지 궁금하다. 장님 이야기는 좀 많이 감동적이다.

장님은 두려움을 못 느낀다. 난 이 말이 멋있다. 보고 나면 두려운 거 맞는 거 같다. 열하는 강물이 차갑다. 근데 왜 열하일까? 안 뜨거워져서 그래서 열하가 승덕으로 바뀐 것 같다. 내가 그때 만리장성에 갔다면 나는 어떤 글을 썼을까?

9개 강을 건널 때 정말 힘들었겠다는 생각이 들었고 만리장성에 글을 쓴 것이 인상 깊었다. 뭐라고 썼을까? 자기 눈으로 보는 게 유일한 창이라는 말이 참 신선하다.

연암 박지원이 셀프디스를 하며 인정할 건 인정하는 모습이 인상 깊다. 다른 사람은 분함이 가득할 때 박지원은 인정하며 조선에는 왜 없을지에 대해 생각하는 것이 현명하다고 생각한다. 화낼 시간에 더 조사하여 우리나라도 발전시킬 생각을 해야지 오랑캐라고 화내던 사람들이 어리석다. 자신을 낮추고 남을 인정해서 자신도 발전하겠다는 생각을 가진 박지원이 멋지다.

중국에서 살다 온 백하가 중국 짜장면보다 우리나라 짜장면이 더 맛있다고 한다. 아이들이 중국 짜장면에 궁금한 게 많나 보다. 결론은….
"하긴 카레도 그렇잖아. 인도보다 우리가 더 맛있어."

내일 성동구청 청소년 꿈키움 방송교실에 갈 것을 안내한다. 운동 겸해서 갈 때는 성동구청으로 걸어가기로 했다. 올 때는 마을버스!
"성동구청이 어디에 있어요?"

"곱창 집 맞은편."
"그 맛나 곱창요?"
"끝나고 곱창 먹으러 가요."
"저 왕십리 맛집 다 알아요."
"근데 몸에도 안 좋은 창자 말고 다른 거 먹어요."
"그럼 뜨끈한 게 소고기 전골 드실래요?"

여자아이 세 명은 엉덩이를 바닥에 붙이고 달리기 시합을 한다. 한참을 보아도 멈출 기미가 보이지 않는다. 옷 더러워진다며 그만하라고 했더니 금세 일어는 난다. 엉덩이를 확인하더니 절망한다.
"엄마한테 나 죽었다!!!"

그 옆에 있는 아이들은 좋아좋아 게임이라는 걸 하고 있는데. 신종 게임이 많아져 규칙은 잘 모르겠다.
"좋아 좋아 얼마큼?"
"하늘만큼 땅만큼."
"애완동물만큼."
"니가 수학을 싫어하는 만큼."
"우주만큼."
"한쪽거리 사랑하는 만큼."
"너가 나 좋아하는 만큼."

륜경이가 배 아프다며 보건실로 갔다. 아이들이 륜경이의 건강을 기원하는 의미로 팝콘을 돌려 먹자는데. 무슨 관련이 있는지. 준혁이도 아프다며 보건실에 가서 타이레놀을 먹고 왔다. 날씨가 차져서 그런지 아이들 컨디션이 많이 떨어져 있다. 아픈 아이를 위로한다며 '아기상어'를 피아노 연주로 연주해 준단다. 기운 내라! 친구들! 3명이 달라붙어 연주하는데. 이 노래는 역시 중독성이 장난이 아니다.

수학 5단원 원주와 원의 넓이에 대해 공부한다. 〈다큐프라임〉 '넘버스' 편을 보고 원주에 대해 알아본다. 아르키메데스가 원주를 구한 방법보다는 루치오라는 중국 사람이 파이값을 67,890자리까지 외웠다는 기네스 기록이 더 인상 깊은가 보다. 중국어가 나오자 우리는 자막을 보고 백하는 알아듣는다는 듯 고개를 끄덕인다.
"동영상은 재미있는데. 근데 쌤이 수학 설명만 하면 왜 졸리지?"
"애들아. 오늘 체육 있다. 버티자. 견디자."

과학 선생님이 태양의 남중고도를 일주일에 한 번씩 12시 30분에 운동장에 나가서 측정하라고 하셨나 보다. 그래서 우리 반도 5교시에 체육을 하는 게 자연스럽다는 의견이 들어온다.

"남중고도 대충 측정하고 마음 급히 교실 들어오는 것보다요."

"…"

"온 마음을 바쳐 과학적으로 측정하고 여유롭게 체육하는 게 어때요."

점심 먹고 남중고도를 측정하러 나간다. 그리고 여유롭게 5교시에는 체육을 하기로 한다. 마이클 조던처럼 우리도 눈 감고 농구 골 넣기를 해 보기로 했다.

"오케이! 눈 감고 던지기 시작."

눈 감는 게 익숙하지 않을까 생각되어 안대를 끼고 던지기로 했다. 안대를 끼지 않은 짝이 골대 역할을 하며 연습을 한다.

"나 이제 감 잡았어."

"안 보이니 박지원이 말한 장님 같아요. 자신감이 붙어요."

"난 그냥 안대 끼고 살아 볼까?"

"조금만 운 따라 주면 넣을 것 같은데."

"우아. 낙엽이 떨어진다. 이건 안대 껴도 느껴져."

"나는 위로 농구 슛 못 해. 아줌마 슛이다. 받아라."

연습하다 본인의 목젖을 친 아이가 상당히 고통스러워한다.

"저 감 잡았으니 한번 봐 주세요."

"한번 쏴 봐!"

"자! 돌 굴러가유~~"

연습을 한참하고 나서 실제 농구 골대로 자리를 옮긴다. 몇 번 아이들이 시도를 하더니 드디어 한 명이 성공했나 보다. 뛸 듯 좋아하는 녀석! 하지만 뒤에서 기다리는 우리는 다른 이야기를 하느라 그 장면을 막상 보지 못했다.

타이레놀팀 대 부루펜팀의 눈 감고 자유투 대결. 안대 없이 시작한다. 실패가 계속된다. 부루펜팀 효은이가 첫 번째 클린 샷. 타이레놀팀 서준이가 만회골. 다음 턴에서 서준이가 또 한 골. 부루펜팀 경란이가 골. 2 대 2 상황이다.

타이레놀팀 준우가 넣어 3 대 2로 역전. 이때 아이들이 붐바스틱 춤도 춘다.

부루펜팀 연수의 동점골. 연수는 골을 넣고도 침착하게 "무조건 높게 던져. 잘 던지라고 응원하자!"를 외치며 팀 정신도 강조한다.

"나는 안 돼"라며 자유투 하러 온 타이레놀팀 주희… 근데 골이다. 막상 골이 들어가니 춤추며 세리머니도 한다. 박지원처럼 말한다. 장님이 농구 골대 앞에 서 있다! 다른 친구들은 위태로워 보이지만 난 아니다!

상진이는 눈 감을 때 비범하고 장엄한 표정이다. 다들 숨죽이며 지켜본다. 하지만 노 골!

"연습할 땐 잘 되었는데 실전은 역시 다르네요."

6교시 동아리 활동 시간이다. 이제 정말 몇 번 남지 않았다.

"저희 2학기 때 큰 싸움 날 거라 했죠? 괜찮죠? 선생님 예상이 틀리셨네요. 우리 정말 다정하게 잘 지내죠?"

"대신에 작은 싸움이 많았잖수."

태윤이랑 은비는 편지를 쓴다고 한다. 태윤이는 타임캡슐에 들어갈 편지. 뭔가 작은 글씨로 빼곡히 적혀있다. 그 편지는 타임캡슐 안으로 들어간다. 은비는 나에게 편지를 쓴다고 한다. 한참 후 편지가 도착한다.

"착하게 살 테니 제발 화내지 마세요."
"알았어. 화 안낼 게."

서준이는 오늘 갤럭시 A30을 산단다. 드디어 폴더를 벗어날 수 있다며 A30의 스펙을 살펴본다. 스마트폰을 가지게 된 즐거움에 싱글벙글하다.

요리부 아이들은 달걀볶음밥을 한단다.
"참치캔 좀 따 주세요."
"참치캔도 못 따면서 무슨 요리냐."
"참치캔은 저희한테 너무 위험한 물건이에요."
"혹시 숟가락 있어요?"
"없는데."
"그럼 젓가락은요?"
"있어."
이제는 준비물도 제대로 안 가져오는 걸 보니 끝물인가 보다.

교실체육부 아이들은 야구게임을 한다. 워낙 공이 가볍고 느려 잘 날아가지는 않지만 그래도 나름 자동화 시스템인지라 재미있어 한다. 느린 커브에 헛스윙하는 모습이 즐거워 보인다.
"이 커브. 은근 치기 어려워."

"이제 우리 달걀말이하자."
"그건 어려울 텐데."
"저희 할 수 있어요. (하지만 결국 스크램블이 되어 버린다.)"
그렇게 한참이 지나자 재료가 좀 남아 있다. 그냥 버릴 것 같아 내가 갖은 재료를 넣고 볶아 주었다. 레시피는 밥 2개, 식용유 약간, 참깨 약간, 참기름, 소금 약간, 고춧가루 약간, 간장. 마지막에는 남은 재료를 몽땅 때려 넣고 그냥 볶았다.
"세상에. 이게 먹을 수 있다니."
"근데 정말 맛있어요."
"선생님 혜자스러운데요?"
"라면 스프 좀 주세요. 조금만 뿌려 먹게요. 그럼 완벽할 거 같아요."
"통인시장 기름떡볶이에 버금가는 기름밥 레시피."
마지막에 아이들이 모두 둥글게 모여 먹는다. 오늘도 나름 식구다.

코로나시대에 다시 만나고 싶은 교실이야기

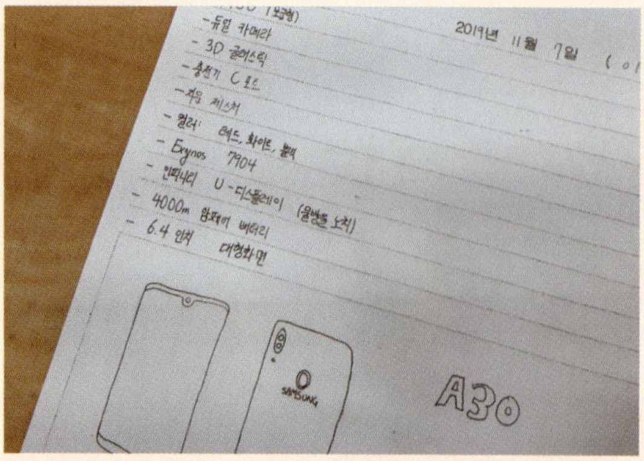

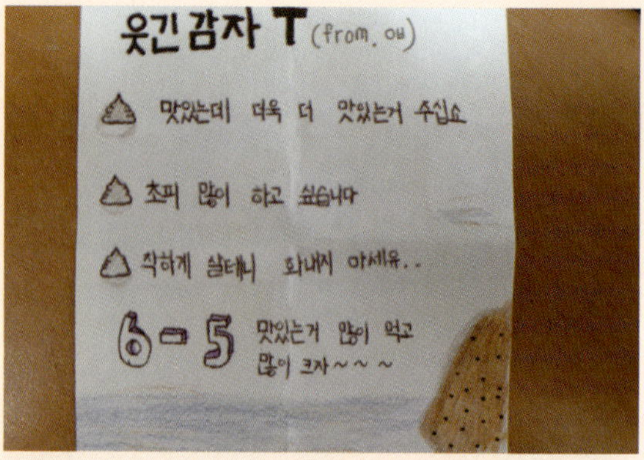

 **11월 8일 금요일**

  오늘 아침도 종알종알 아이들이 내게 와서 본인 이야기를 하고 들어간다. 동시에 너무 많이 왔다리 갔다리 해서 뭔가 대답을 했는데 기억이 나지 않는다. 한 녀석은 오늘 급식 메뉴를 보더니 정말 먹을 게 없단다. 된장찌개에 그냥 밥 말아 먹어야겠다는데.

  민준이는 어제 갈비뼈가 많이 아팠었다. 혹시 모르니 엑스레이 찍어 보라고 했다. 병원에 가보니 장염이었단다. 며칠 고생할 것 같단다.

 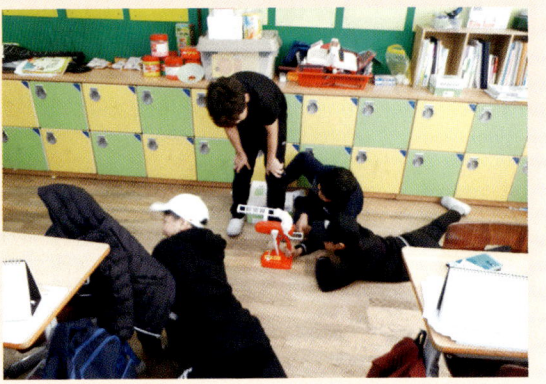

"선생님. 륜경이 좀 혼내 주세요."

은비가 어제 놀다가 륜경이 어머니 전화를 받았나 보다. 사연인즉 륜경이가 버스를 잘못 타서 엉뚱한 곳에 내렸단다. 하필 배터리가 없어서 전화는 안 되고. 그래서 륜경이 어머님은 은비에게 전화를 걸고. 륜경이는 분명 행당역이 적혀 있는 버스를 탔는데 다른 곳에 갔단다. 이젠 성동 02번은 륜경이에게는 추억의 번호가 되었다.

"성동 02번은 행당역을 갈 거라 믿고 계속 기다렸다는데 다른 곳에 갔어요."

"기다릴 게 따로 있지. 중간에 물어보든지 하지."

"다음부턴 물어볼게요. 요새 날이 빨리 깜깜해지고. 얼마나 무서웠는데요."

서준이가 갤럭시 A30을 보여 준다. 이제 우리 반에 한 명만 스마트폰이 없단다. 그 마지막 녀석은 엄마한테 졸라 봐야겠다는 결연한 의지를 보이지만 승산이 높아 보이지는 않는단다.

"방법이 안 보여요."

"뭐 엄마한테 점수 딸 게 없을까?"

"시간이 더 흘러야…."

"우리 다음 주 과학시험이야. 또 시험이야."

"아! 그래도 고등학생보다는 적게 보잖아."

"그래도 우리도 언젠간 그렇게 될 텐데."

상당히 냉소적이다.

오늘은 청소년 방송교실 현장체험이 있다. 성동구청으로 가는데 아침 출근길이라 버스가 붐빌 것 같아 갈 때는 걸어간다. 운동도 되고 좋다. 15분 정도 걸릴 것 같다. 다른 곳은 인도가 넓어 괜찮은데…. 인도가 좁은 행당시장 구간을 건널 때 한 줄 서기로 꼭꼭 약속한다. 줄 벗어나면 1학년처럼 손잡고 간다는 말에 설마하면서도 눈빛이 진지해진다. 행당시장 초입 횡단보도 앞에서 효은이가 누군가와 반갑게 인사를 나눈다.

"이모~"

효은이 7년 지기의 어머니란다.

지윤이는 오늘 인형처럼 옷 입고 왔다. 처키 옷 같다고 농담을 건넸더니 진담으로 받아들였나 보다.

"처키라니요. 제가 얼마나 귀여운데요."

신속한 사과다!

"춥긴 춥다. 입김 난다~"

"근데 난 왜 안 나지?"

"넌 몸에 수분이 적나 보지?"

"그런가? 요즘 물을 적게 마시긴 했어."

아이들은 걸어가며 우수수 떨어지는 낙엽을 발로 찬다.

"근데 이거 한번 먹어 보고 싶다. 낙엽이 바삭바삭 과자 같아."

걸어가는 길에는 다양한 풍경들이 자리 잡고 있다. CU에 납품을 하러 지나가는 트럭을 본다. 트럭 안에는 뭐가 있을까 하는 행복한 상상. 동네 치킨집, 밥통령, 피자 가게는 아직 문을 열지 않았다며 웅성웅성. 9시에는 당연히 문을 안 열지 않아?!

"여기 너 다니던 미술학원!"

"○○이 학원에서 엄청 혼나요. 선생님이 하라고 하면 딴짓하고. 연필 굴리고."

깨알 같은 디테일로 묘사한다.

한 녀석은 우리가 걸어갈 길을 내비게이션처럼 안내한다.

"30미터 앞에 한우 고깃집이 나옵니다. 그 바로 앞에는 돼지고기 맛집!"

"너는 모르는 게 없냐?"

"저 이 동네 고인물이에요."

성동구청 인터넷 방송국에 도착한다. 도착하자마자 초치는 멘트.

"키자니아만큼 재미있지는 않을 것 같아."

성동구청에 들어가니 담당 선생님이 나오신다. 우리를 자리로 안내한다. 곧바로 수업시작이다.

"성동구청 인터넷 방송국에서 뭘 만들까요?"

"광고요, 드라마요, 뉴스요, 예능요."

"여기는 성동구에 관한 영상 만드는 곳이에요. 근데 여러분. 세상에 직업이라고 명명할 수 있는 게 몇 개 정도 있을까요?"

"5개, 11개, 108개, 3,000개요."

"사람들에게 직업을 적어 보라고 하면 많이 적으면 100개 정도 적어요. 하지만 세상에는 자잘한 직업이 정말 많아요. 3~4년 전 정보지만 직업은 2만 개에서 2만 5천 개 정도 된다고 하네요. 당연히 방송에도 세부적으로 직업이 나뉘어 있겠죠? 거기 학생은 장래 희망이 뭐예요?"

"저는 장래 희망은 검사예요."

"얘는 일기 검사예요."

"그럼 전 일기 검사 살살 하는 선생님이 될래요. (날 한 번 본다.)"

"방송 피디 되려면 어떻게 해야 되는지 알아요?"

"서류 넣어야 해요."

"자기소개서요."

"면접 해야 해요."

"예전에는 MBC, KBS, SBS 피디가 되려면 토익, 토플 최상급 점수 받아야 하고요. 한국어 능력 시험도 잘 봐야 해요. 근데 아저씨는 공부를 잘했다? 못했다?"

"못했으니 성동구에 있죠. (헉!)"

〈위기탈출 넘버원〉, 〈무한도전〉 FD로 참여한 이야기도 들려주신다.

"선생님은 위기탈출 넘버원에서 도와주세요 하는 그 역 나온 거 같은데요?"

"맞아요. 닮았어요."

"도와주세요는 안 했어요. FD 했는데. 여러분. 먼저 방송의 역사부터 할 텐데. 방송이라는 것의 시작 아는 사람?"

"연극에서 방송으로 진화했어요!"

"조선시대 파발에서 방송이 시작되었어요!"

"사실 라디오에서 방송이 시작되었고요. 우리나라는 일제 강점기부터. 라디오 다음은 흑백텔레비전인데 혹시 알아요?"

"그 두두둑 돌려서 채널 바꾸는 거요?"

"우리나라는 60년대 시작했는데. 그 당시 드라마는 생방송을 했대요. 애드립도 많고요. 이순재 할아버지 알죠? 그분이 그렇게 말해 줬어요."

"전설의 고향도 그렇게 찍었어요? 생방 드라마 재미있겠다."

"그게 연극 아니에요? 그래서 방송의 시작은 연극이 맞는 것 같아요."

"흑백 다음은? 당연히. 컬러겠죠? 몇 년도에 나왔을까요?"

"1988년. 응팔에 나와요."
"86년. 그 이상한 아시아 운동회 했다는데요. (서울 아시안게임을 말하나 보다.)"
"그 전이에요. 80년 초반에 시작했어요. 오래되었죠? 컬러텔레비전 가로 세로 비 혹시 알아요? 맞추는 사람에게는 당연히 보상이 있습니다."

우리가 공부했던 1:1.6 황금 비율부터 시작한다. 5:3, 8:9, 3:2!
손가락으로 앞에 있는 텔레비전의 가로 세로 비율도 재어 본다. 결국 정답은 나오지 않는다.
"초창기는 4:3인데 요즘 나오는 텔레비전은 몇 대 몇일까요?"
21:9, 13:9, 7:5, 14:9, 9:16!
"16:9에요!"
정답 발표 후 마지막에 말한 녀석이 이의를 제기한다. "그게 그거 아닌가요?"
"넌 텔레비전을 세워서 보니? 세로로?"
"2002년 월드컵 알죠?"
"유튜브에서 봤어요."
"2002년부터 16:9 방송이 많아졌어요."
"비 공부했으면 다음은 비율 아닌가요? 16/9 맞죠?"

"여러분 혹시 파일럿 프로그램 알아요? 시청률 체크하는 프로그램인데요. 방송은 뭘 먹고 산다?"
"시청률요. (오호! 한 방에 맞힌다.)"
"아저씨도 예전에 〈킹콩〉. 혹시 알아요? 그 〈킹콩〉 시청률이 안 좋아서. 흑흑. 그래서 아저씨가 여기에 있어요. 박수홍, 윤정수도 나왔는데. 〈러브체인〉 알아요? 시청률이 좋았다? 안 좋았다?"
"안 좋았겠죠!"
정말 진행을 잘 하신다. 오로지 말로만 진행하시는데 경험의 생생함 덕분인지 설명이 팔딱팔딱 살아 있다. 아이들도 레크리에이션 같다는 반응이다.
"모든 방송에는 대본이 있어요."
"선생님. 전지적 참견 시점은 대본이 없다는데요."
"정글의 법칙도 대본 없이 하는 거잖아요. 리얼~"
"아니에요. 정글의 법칙도 대본이 있어요. 답사도 꼼꼼히 하고요. 위험한 체험 프로그램은 대본이 더 꼼꼼해야 해요."
"근데 김병만이 갑자기 물에 들어가고 애드립도 하던데요."

중간 휴식 시간을 가진 후 질의응답 시간을 잠시 가진다.
"아까 피디가 커트한다고 했는데요. 런닝맨 할 때 이광수, 지석진이 재미없으면 유재석이 그만하시죠?

하는데 이런 것도 피디가 시키는 거예요?"

"유재석, 강호동은 전체적인 흐름을 볼 줄 알아요. 그러니 그분들이 일류죠. 본인 판단에 재미없으면 잘 끊어요."

"독재자네요. 절대신~"

"무한도전에서 뭐 했어요?"

"FD라고. 플로어 디렉터에요. 거기서 AD, PD로 승진한다고 보면 돼요."

"뜻 깊었던 연예인 있어요?"

"음. 김희철이에요. 우주 대스타죠. 여러분들이 앉아 있는 여기에서 군복무를 했어요. 성동구청에서 공익 근무했었어. 술도 마시고. 아니다 밥도 마시고. (술 이야기에서는 상당히 당황하신 듯 보였다.) 참. 배칠수도 여기서 팟캐스트 해요. 배철수가 아니고요. 배칠수."

분위기 전환 겸 서준이에게 방송실 조명을 껐다 켰다 할 수 있는 기회를 주신다.

"오! 느낌 있다!"

"실제 방송국도 여기만 해요?"

"우리가 있는 곳은 실제 방송국의 10분의 1 크기예요."

"근데 아저씨는 여기에서 뭐해요?"

"성동포커스라고. 뉴스 만들고 있어요."

"나이는요?"

"여자친구는요?"

"이 사진 보여 주는 걸로 대신. 아저씨 딸, 아들이에요."

"근데 진짜 궁금한 게 있는데요. 방송하다 카메라 떨어뜨리면요?"

"간단해요. 수리!"

"수리비는요? 월급에서 빼요?"

"보통 회사에서 정산해요."

"카메라는 얼마해요? 저거요?"

"저기 보이는 카메라는 800만 원 정도예요."

"선생님은. 방송 일하기 전에는 뭐 하셨어요?"

"대학생이었고요. 얼굴이 커서 연예인은 못 되었어요."

"방송국에서 갈구는 사람 없어요?"

"여기는 없어요."

"아저씨가 갈구는 사람이라 모르는 거 아니에요?"

"통합해서 월급이 얼마예요?"
"처음이 2005년이었는데. 한 달에 60만 원. 연봉 720만 원 정도였고. 지금은 비밀!"
"적다! 우리 학원비보다 적네요."
"선생님 아들을 유튜버로 키울 생각은 없어요?"
"아이템이 문젠데. 요즘 좋은 아이템이 별로 없어서. 본인이 원한다면 말리지는 않을 거예요."

이제 실제 카메라로 방송을 체험하는 시간이다. 준호와 현민이가 아나운서다. 남남 커플! 여자아이들 지원자가 없어서이다. 두 녀석은 오늘 옷에 적힌 브랜드가 아나운서 이름이 된다. 준호는 'GET IT', 현민이는 '평창'이다. 둘 다 오늘 화면을 잘 받는다. 두 녀석은 신이 났다. 두 녀석을 대상으로 화이트 밸런스부터 시작한다.

"카메라로 색 온도를 맞춘다!"
"신기하다."
"여러분 핸드폰에도 프로모드로 들어가면 WB, 화이트밸런스가 있어요. 이따가 한번 해 보세요."
"다음은 뭘 할까요? 맞춰 보세요."
"간식 타임?"
"땡. 초점이에요. 포커스라고 하는데."

이리저리 초점을 흐렸다 잡았다 시범을 보인다. GET IT 준호와 평창 현민이의 초점이 흐려지자 아이들은 〈그것이 알고 싶다〉에서 많이 봤다는데.

"저거 되게 신기하다."
"요즘 핸드폰은 터치로 자동 초점을 잡아 주죠? (격하게 공감한다.)"
"마지막은 밝기 조정이에요."

오늘 열연을 펼쳐 준 평창 현민이와 GET IT 준호. 배경화면에 그들이 나와 우리는 재미있었지만 정작 본인들은 화면에 어떻게 나왔는지 모른다.

돌아오는 길에 성동구청 앞에서 사진도 찍었다. 아이들은 배고프다고 하는데 주변에 붕어빵 가게라도 있으면 하나 먹고 가려고 했다. 눈앞에 보이는 라면집에 들어가고 싶은 유혹을 이기고 학교로 출발한다.

코로나시대에 다시 만나고 싶은 교실이야기

　점심시간 풍경. 뒤편 야구인들은 번트로 한 게임 중이고 앞쪽에는 감정을 가득 실어 노래를 부르는데. 난 모르는 곡이다. 제대로 감정을 담아 부른다.

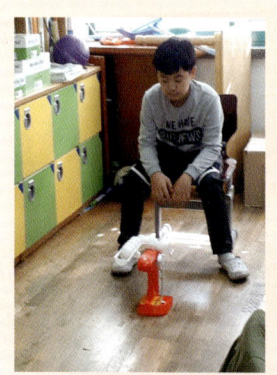  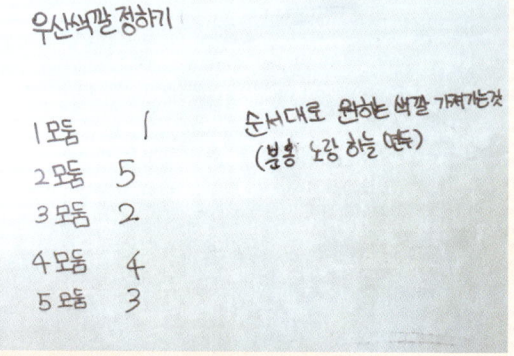

　5~6교시는 미술을 한다. 우산 꾸미기를 하기로 한다. 아무리 싼 우산이라도 그렇지 품질이 좀 떨어지긴 한다. 아이들도 메이드인 차이나라며. 우산 색을 먼저 고른다. 노란색, 초록색이 인기가 많다. 한참 우산에 디자인을 하더니 우산의 한 면을 자르면 안 되냐고 묻는다. 당연히 NO! 실제로 쓸 수 있는 우산인데. 아이들이 한 시간 하고 10분 만에 전원 완료다. 20분 정도 운동장에 나가서 종합예술활동을 하자

고 한다.

"저희 주말에 와서 청소할게요. 네?"

"얼른 나가요! 오늘은 왠지 피구종합예술활동을 하고 싶어요."

"애들아. 빨리 정리하자. 선생님 마음 흔들리는 거 보여. 콧구멍이 벌렁벌렁. 눈동자가 흔들흔들."

"토요일에 방과후 하고 교실 와서 저희가 청소할게요. 청소 걱정은 마세요."
"바닥이 윤이 나요. 너무 미끄러우면 아이들이 다쳐요."
"그래도 청소 대충이라도 해야지. 얼른 다 같이 청소하고 나가자!"
"사랑해욧. 고맙습니다."
"근데 너 아빠한테 그러면 정말 좋아하시겠다."
"저는 아빠랑은 상업적 관계예요. 아빠! 이거 사주세요 하는 관계요."

몸을 풀던 한 녀석이 내 옷에 묻은 개미를 치고 있다.
"내 애완동물 왜 치냐?"
정말 어이없는 표정. 웃기려 했는데 이런 반응을 받으니.

"난 너한테는 안 죽을 거야. 난 자존심이 더 중요하거든."
"공을 왜 이리로 주는데?"
"선생님. 팀 밸런스가 안 맞아요. 한번 바꿔야 할 것 같아요."
그래서 오늘은 남자 대 여자 경기로 했다. 대신 여자팀 경기장을 남자팀의 2배 크기로. 여자아이들은 할 만하다고 하고 남자아이들은 불만 가득이다. 막상 경기는 남자아이들의 압승이다. 일명 토끼몰이 작전! 여러 번의 패스로 여자아이들을 지치게 만든 후 한쪽에 몰기 작전. 하지만 오늘은 20분밖에 못 해서 아쉬운가 보다.
"저희 시간 많아요. 한 판 더 해요!"
"미안. 난 학원 가야 해!"
"주말 잘 보내라! 빠이~" 얼른 공 챙겨 난 교실로 올라간다.

11월 11일 월요일

한 녀석이 지난주 만든 예술작품 우산을 버리고(놔두고) 간 모양이다. 이것을 3반 아이가 찾아서 우리 반에 주고 간다. 전해 주는 녀석의 말이 재미있다.

"○○이, 참 손이 많이 가는 아이에요. 신경 쓰이시죠?"

등교하던 아이들을 복도에서 만났다.

"저 빼빼로 주게 마중 나오신 거예요?"

"헉. 너 왜 그러냐? 빼빼로데이 학교에서 사라진 지가 언제인데."

"준비해 놓고 놀래키려고 그러는 거죠?"

"뭘?"

"오늘도 깜짝 파티 있는 거죠? 눈빛 보면 다 알아요."

정말 아무것도 없는데….

"아침에 ○○이가 여자친구에게 빼빼로 줬어요."
"소문내지 마. 너 학폭이다!"
"빼빼로 준 게 뭘?"
"근데 빼빼로 먹어도 돼요?"
"가져온 건 나눠 먹어라!"
"근데 빼빼로가 순삭이에요. 왜 다 사라지죠?"

한 녀석은 빈 가방을 들고 다른 반에 빼빼로 받으러 다닌다.
"우리 나가서 전국 순회공연하고 오자."
아이들이 우루루 나간다.
"떠들지 말고 들어와."
"저희 화장실 가는 건데요."

"너희는 어떻게 그렇게 빼빼로 많이 들고 왔나?"
"여자아이들은 원래 기브 앤 테이크예요."
"주고받을 거면 뭐하러?"
"이게 나눔이라는 거예요. 선생님은 그 뜻을 모르시네요."
"선생님은 뭐 없어요?"
한 녀석은 20개 들고 와서 골고루 나눠 준다. 이 기이한 풍습을 막을 방법이 진정 없단 말인가!

"아침에 빼빼로 챙겨서 엘리베이터 탔는데요. 덜컥 하며 엘리베이터가 섰는데요."
"비상벨 눌렀냐?"
"근데 하나도 안 무서웠어요."
"같이 탄 아저씨가 열림 계속 누르니 열리던데요."
무용담이라 좀 과장이겠지….

"선생님. 저 목감기 걸려서 목도리 하고 왔어요. 이 목도리는 우리 집 가보예요. 길이길이 남길 거예요."
"어~ 보물로 꼭 남겨라. 근데 때가 좀 많이 탔네."
"때가 되면 이 목도리 박물관에서 줄 서서 볼 거예요."

"선생님. 빼빼로데이랑 수학능력시험은 항상 가까이 있는 것 같아요."
"수능시험이 11월 둘째 주 목요일이라 그래."
"수능시험은 왜 11월 둘째 주 목요일에 봐요?"
"엉? 그건 그렇게 정해진 것 같은데."
"근데 우리 오빠 수학능력시험 봐요."
서준이가 주희에게 수학능력시험 잘 보는 비법을 전해 준단다. 주의해서 보라며 둘이 깔깔깔.

"선생님. 실내화 바뀌었네요?"
눈썰미 좋다. 디자인도 비슷하고 검정색도 바뀐 게 없는데 금세 알아본다.
인해는 헤어스타일이 바뀌었다.
"인해야~ 머리했네?"
대답 없이 빙긋 웃는다.

오늘 십자수 완성 작품 제출일이다. 조금씩 천천히 한 녀석들은 지난주에 이미 냈는데 마감일까지 견딘 녀석들은 주말이 힘들었나 보다.
"저 장장 7시간 걸려서 십자수 완성했어요."
"저는 엄마가 해 보고 싶다고 해서 같이 했어요."
"저는 하루 종일 했는데 실력이 형편없네요."
"저는 하다 만 느낌이에요."

십자수 만든 작품 발표하는 시간을 가졌다. 질의응답의 시간은 가지지 않고 간단하게 작품 설명하는 것으로 한다.

호빵맨을 만들려고 하다가, 중간에 이상해졌어요. 제출하기 이틀 전 게임캐릭터 커비로 바꿔서 했어요.

해바라기는 십자수로 뭘 할까 고민하다가 갑자기 떠올라서 했고. 포인트는 감귤색이랑 노란색이 나눠져 있는 부분이에요.
펭귄은 머리부터 발끝까지 완성하려면 힘들 것 같아서 머리만 했어요. 실이 많이 필요할 것 같기도 했고요.

처음에 사과나무 십자수 하려다가 나무 초록색을 어떻게 해야 할지 몰라 사과만 했어요. 사실 시간이 없어서….

원래 예쁜 사람을 만들려고 했는데 만들다 보니 저주 인형을 만들어 버렸어요. 망했어요.

검정색 돛단배는 원래는 숫자 1을 그렸는데 망해서 돛단배로 바꾸었어요.

사실은 열 글자를 만들려고 했는데. 여섯 번째 하다가 실이 풀려서 이건 안 되겠다 생각이 들었어요. 십자수 하는 날 런닝맨 보다가 왕코 지석진이 나왔는데. 왕코의 어린이 버전 키드코로.

준호님이랑 이유는 비슷한데 메시를 제일 좋아해서 했어요. 검은색은 하다가 실이 부족해 집에 있는 실을 사용했고요. 등번호도 안에까지 다 하려고 했다가 실이 부족해 여기서 그만했어요. (이게 더 심플해서 예뻐! 이게 제일 잘했어!)

손흥민이 좋아서 했고 S자부터 망했다는 생각이 들어서 S는 아무 생각 없이 했어요. 그러다 정신 차려 나머지는 정성 들여 했어요. 근데 제가 원하는 대로는 안 나왔어요. 원래는 진한 파란색으로 하다가 줄이 계속 엉켜 버려서. 그리고 실이 부족해 나중에 연한 파란색으로 했어요.

원래는 엄청 많이 되어 있었는데. 학교에서 할 때 잘 안 되서 짜증나서 집에서 하다가 엉켜서 다시 풀었는데. 실이 엉키고 엉망이 되어서 그냥 하트 하나만 했어요. 원래는 양이 많았는데. (이거 의자 아니야?)

뭘 하고 있었는데 기억이 안 나요. 또 하려다 생각이 안 나서요. 주희가 저를 핸드폰 카메라로 사진을 찍고 있었는데 배경화면이 스누피였는데 그걸로 그릴까 말까 고민하다가. 가운데가 사실 스누피예요.

이 나무는 할 게 없어서 한 거고요. 옆에 있는 거는 대충 한 거예요. (아낌없이 주는 나무?) 나무 옆에는 사람 얼굴이에요. (버섯이야? 마인크래프트야?)

이 하트는 뭔가 이상하긴 한데 엄청 열심히 했어요.

사과랑 오렌지고요. 처음에는 과일이 엄청 풍부하게 들어간 바구니를 하고 싶었는데. 포도도 정말 하고 싶었는데 시간이 없어서 못했어요.

콜라가 먹고 싶어서요. 위에 글자는 롤은 아니에요. (근데 롤 같아~)

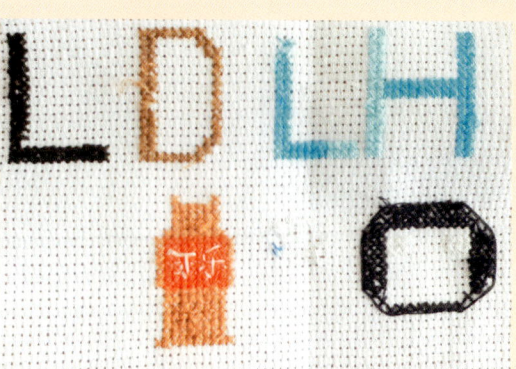

처음에 바나나랑 포도 같은 과일을 하려고 했는데 갑자기 포도 하려는데 실이 안 나와서. 그리고 뽀로로 하려다 시간이 없어서 뽀로로 얼굴을 바로 그려서 위에 다 십자수 했어요. 놀러 가서 하루 종일 십자수만 했어요. 뽀로로는 처음 글씨부터 너무 힘들었고요.

제 영어 이름을 해서 만들려고 했는데. 선생님이 주신 종이가 없어져서. 엄마가 프린터로 뽑아 주셨는데 그게 너무 커서 정말 힘들었어요. 그래서 진한 파랑이랑 빨강색 실 다 썼어요.

처음에는 다른 걸로 하고 있었는데. 하트 같은 걸 해 보고 싶었는데 계속 꼬이고 엉키고. 그래서 엄마랑 합작해서 꽃을 십자수로 만들었어요. (삼겹살처럼 생겼어! 마블링이 예뻐.)

십자수가 마음처럼 잘 안되더라고요. 짱구를 하려고 했는데. 망한 짱구가 되었네요. 망구!

쉬운 하트를 하려다가 망해서 집에 있던 강아지 얼굴을 보고 했어요. (곰 같은데? 리락쿠마?)

고민하다가 할 게 없어서 십자수 거기 나오는 거 아무거나 골랐어요. 구름을 마음먹고 하려고 했는데 실이 엉키고 시간이 없어서 못 했어요.

국어시간이다. 오늘도 열하일기 동영상을 보고 이야기를 나누었다. 생각보다 열하일기에 대한 반응이 좋다. 하지만 막상 도서관에 있는 열하일기 책 빌리라는 말에는 동영상이면 충분하단다.

박지원이 조금만 더 솔직했으면 더 많이 알았을 수 있었을 것 같다. (관묘, 뜨겁지 않게 술을 마신 것. 스님을 만나고 불상을 받음. 술잔이 작음. 큰 접시를 가져와 대한의 기상을 뽐내며 마심.) 이것들이 신기했다.

중국은 집집마다 제사 지내는 묘가 많아서 신기했다. 이거 약간 주작 같다.

만약에 박지원 중국 천문대에 들어갔다면 우리가 어떻게 변했을까? 이건 좀 용기가 부족했다. 내 생각에는 박지원이 중국에서 시간을 너무 낭비한 것 같다. 그냥 구경하고 놀고를 반복한 것 같다.

중국 동네마다 관묘(사진)가 있다는 게 교회 다니는 사람들 집에 십자가나 교회 그림(최후의 만찬 등)이 있는 것과 같다고 생각한다. 근데 우리나라 단오에 제사를 지내는 모습이 중국 관묘랑 같은 것일까?

박지원은 하나하나 자세히 기록하고 남긴 게 대단한 것 같다. 내가 박지원이였다면 하다가 피곤하고 힘들어서 중간에 그만둘 것 같다.

박지원의 열하일기는 참 신기한 것 같다. 그중에서도 동네마다 있는 관묘가 놀라웠다. 관묘가 동네마다 있다니. 중국이면 한 5,000개 정도 될 것 같다. 이 정도 숫자는 가늠이 되지 않는다. 그리고 만력제는 왜 우리에게 병사를 보급했을까? 이 사람도 참… 그리고 조선 사신들이 티베트 불교의 지도자를 만나고 불상을 받았는데. 같이 받은 사람이 70명이니까 당당히 불상 들고 가서 조선에 보여 줘도 되지 않을까? 왜 중간에 놓고 왔을까.

파티를 할 때 박지원은 뭘 하고 있었을까? 황제는 도대체 어떻게 생겼을까? 그 때 황제의 나이는 몇 살이었을까? 파티를 할 때 뭘 먹었을까? 중국에서 모시는 신은 몇 명일까? 당시 중국의 인구는 어느 정도

였을까? 이 동영상을 보면 그 때 중국과 한국은 많이 달랐던 것 같다. 하지만 그때도 계급이 높아야지 뭐든 할 수 있다는 관념이 있는 것 같다.

아기 그림이 천장에 붙어 있을 때 그게 그림인 것을 박지원은 왜 몰랐을까? 그림을 보고 아기가 떨어진 다며 두 팔로 받치는 건 좀 과장인 듯.

관묘는 왜 조선에 하나밖에 없어진 걸까?

왜 조선시대에서는 외국 나가서 불교를 믿으면 안 되었을까?
만력제는 왜 우리를 도와주었을까? 만력제가 보기엔 조선은 돈이 안 아까운 나라 아니었을까? 조선이 망하기엔 뭔가 아쉬워서?

연암이 천장에 그려진 아기 그림을 보고 진짜 아기인 것처럼 받으러 갔는지 궁금하다. 관우가 얼마나 대단한 위인인지 중국 사람들이 그렇게 관우를 섬기는지 궁금하다. 중국 황제가 라마교 대장을 만나라고 했을 때 다른 조선 사람은 만날지 안 만날지 어떤 판단을 했는지 궁금하다.

연암 혼자서 책방 가고 천문대 갔는지 궁금하다. 누가 같이 간 것 같은데. 영상 봤을 때 중국의 옛날 궁궐에 시계가 있었는데 청나라의 기술이 정말 놀라웠다. 불교랑 천주교 둘 다 받아들이기 어려웠을 텐데 받아들인 청나라 황제가 대단하다. with 다른 나라 기술. 연암 박지원이 놀랄 수밖에 없었던 이유는 청나라가 발전을 해서인데 조선은 뭔가… 고집스러움? 다른 나라 문물을 안 받아들이는 대단한 끈기! 정말 존경스럽다. 조선!

연암은 중국에 대해서 좋게 썼는데 왜 다른 사람들은 중국에 대해서 나쁘게 글을 썼을까? 우리나라에는 왜 관묘가 1개만 살아남았을까? 연암은 왜 술집에서 소란을 피웠을까? 술잔 크기로 너무 소란을 피운 것 같다.

연암이 술집에 가서 너무 허세를 부린 것 같다. 로마에 왔으면 로마법을 따르라는 말이 있듯이 중국에 왔으면 중국 방식으로 술을 마시는 것도 괜찮다고 생각한다. 술을 차갑게 마시는 것까지는 어느 정도 스타일이니 이해한다. 하지만 큰 바가지엔가 마신 건 살짝 조선의 클라스다 하고 허세를 부린 것 같다. 큰 바가지에 마실 바엔 작은 중국 잔을 어떻게 만들었는지 생각도 해 보고 한번 작은 잔에 마셔 보기라도 할 것 같다.

중국에 있는 관묘의 개수를 알고 싶다. 청나라 천문대에서 3일 후에 비가 내린다고 했는데 진짜 3일 후에 비가 왔는지? 맞힌 것 같은데 신기하고 놀라고 그랬을 것 같다.

거기 아기 그림이 있는 곳에서 실제 아기인 줄 알고 떠받는 거. 어떤 점에선 바보 같지만 어떤 점에서는 착한 박지원. Unique. 뭔가 독특한 Person.
그리고 황제가 되면 좀 원래 오만해지나? 뭐든지 할 수 있는 능력자 같음. 황제에게 박지원이 불상 가져가기 싫어요 했으면 곧장 die.

"선생님. 지금 멕시코랑 경기하고 있는데요. U-17 월드컵요."
"이겼냐?"
"지금 하고 있어요. (이건 어떻게 알았는지.)"
생방송을 찾아도 중계를 해 주지 않는다. 어쩔 수 없이 문자 중계를 보는데. 후반전인데 0 대 1로 멕시코에 지고 있다.
"우리 중계 안 봐요? 우리 지고 있는데요."
"아프리카 티브이 들어가면 볼 수 있어요."
아프리카 티브이로 보는 건 좀 심한 듯해서 그냥 문자 중계를 틀어 놓았다. 후반전 막판 10여 분. 결국 0 대 1로 끝난다. 아쉬움이 남는지 골대 맞힌 영상을 찾아보자고 한다. 하지만 아직 유튜브에는 올라오지 않았다.

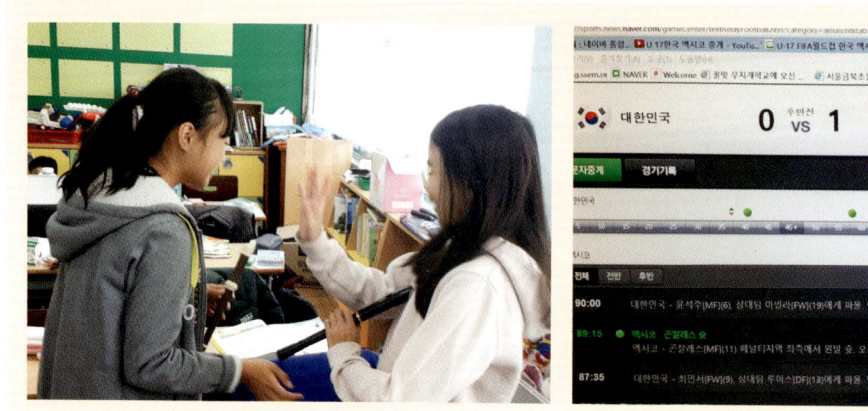

음악시간에 가림판을 하나씩 나눠 준다.
"시험이래? 아니야? 뭐야?"
교육활동 발표회 때 부를 노래가사 붙이라고 했더니 안도한다. 발표회 때 리코더를 불기로 했던 지윤이. 리코더는 꺼내지 않고 볼펜 들고 운지를 확인한다. 그 모습이 너무 진지해서 웃다 지윤이에게 혼나고 말았다.

이어서 경란이랑 지윤이의 리코더 합주 연습이 있다.
"한번 해 봐."
"저 지금 자신감도 자존감도 너무 떨어져 있어요. 그래서 안 되겠네요."
또 다른 발표조인 남자아이들은 붐바스틱 연습을 하고 있다. 정말 웃기다. 이걸 발표회 마지막 프로그램으로 넣어야겠다.

교육활동 발표회에 함께 부를 노래도 연습했다. 소리가 잘 안 나온다. 변성기라는 무기로 날 압박하지만 오늘은 어김없다. 학예회가 며칠 안 남았는데. 그래도 이건 아니잖아.

노래를 20여 분 부르고 피타고라스 음계를 비율로 나타낸 학습지를 나눠 주었다. 간단한 자연수 비로 나타내는 음악 같은 수학시간이 되었다. 수학시간과 음악시간이 이렇게 이어진다.

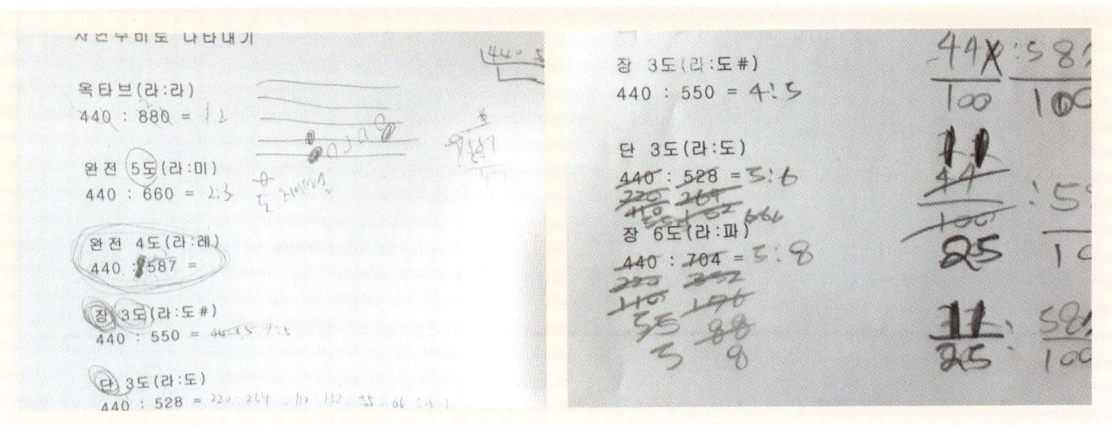

"2/3라는 비율로 7음계를 만든 피타고라스가 정말 대단하다고 생각이 든다. 어떻게 이런 생각을 할 수 있었는지. 다시 생각해 봐도 의문이다."

"피타고라스는 자연수의 비에 미× 사람이다."

"근데 진짜 2:3이 화음이 될까? 피타고라스는 대장간 소리가 음으로 들렸다면 그냥 음악가만 했으면 좋겠다. 수학자는 안 했었으면…."

"작년에 피타고라스에 관한 글쓰기 숙제가 있었는데 그때는 어렵고 재미없고 그랬었는데 오늘 다시 봤지만 아직도 어렵다."

"계이름이 자연수의 비로 이루어져 있다니 신기했고 피타고라스가 어떻게 이런 생각을 했는지 궁금하다."

"피타고라스가 수학으로 음악을 설명하다니 신기방기하다."

"게으름은 자연수비가 될 수 있기도 하고 없기도 하다. (일부러 계이름 대신 게으름이라 적었다는데. 좀 명언의 향이 난다.)"

"피타고라스가 이걸 발견했다니 정말 놀랍다. 아무래도 음악적 감각이 있는 것 같다. 소리만 듣고도 발견하다니 놀랍다."

"음만 듣고 숫자가 생각난다는 게 너무 이상한 사람 같다."

"피타고라스 위대 But 똥고집. 지 말만 하는… 하지만 위대함 인정. GENIUS."

> "도레미의 기준이 뭔지 궁금했는데. 기준이 비라는 것이 진짜 신기했다. 그것도 피타고라스가 발견했다는 것이 신기했다."
>
> "현대음악에는 자연수 비가 되지 않는다는 게 어려웠다. 이게 무슨 말인지."
>
> "피아노를 자연수 비로 만들었다는 게 신기하다. 현대에 들어와서 자연수 비가 안 되는 게 있다는 것도 발견되었다."
>
> "비율이 음악에도 존재한다는 것을 알게 되었다. 도레미는 음악이 아니라 수학이었다!"
>
> "계이름을 다 비와 비율로 나타낸다는 게 좀 화가 났다. 수학도 원래 어려운데 또 음악시간에 수학이라니."
>
> "내 생각에는 피타고라스 아저씨가 좀 잘못한 것 같다. 자연수로 했을 때 소리가 아름답다는 걸 알아낸 건 좋은데 1절만 하시지 2절로 세상을 설명하려고 한건 잘못한 것 같다."

오늘 4교시를 가득 수업했더니 아이들이 많이 지쳐 보인다. 4교시를 10분 일찍 끝내 주었다. 여자아이들은 교실 뒤편에 누워 있다. 남자아이들은 연수를 들고 무슨 놀이를 하는 것 같은데….

여자아이들은 일어나 검은 칠판에 일정을 정리하고 있다. 주희는 옆에서 '스피치리스'를 부른다.
"노래방에 가서 주희가 불렀는데 정말 정말 잘 불렀어요."
"영상 보내 드릴까요?"
"코인 노래방 500원에 2곡이라 싸요. 쌤도 같이 가실래요?"

점심 먹고 교실에 오니 아이들이 황인욱의 '포장마차'를 부르고 있다. 같이 떼창을 하는데. 정말 이런 게 코인 노래방 분위기인지. 마이크 잡는 자세까지 취하며 감정을 노래에 싣는다. 그 시끄러운 와중에 경란이는 리코더를 잡고 교육활동 발표회 연습을 하고 있다. 정말 내적 소리로 들리는지.

몰래 음료수를 먹는 녀석들이 있다. 불렀다.
"가져와도 된다고 생각했어요. 근데 이건 비타민 음료예요. 아이들 건강에 좋은 거예요."
"그럼 5학년 때까지도 그게 가능했니?"
"아니요."
"선생님. 근데 ○○이도 가져왔어요."
줄줄이 사탕으로 엮인다.

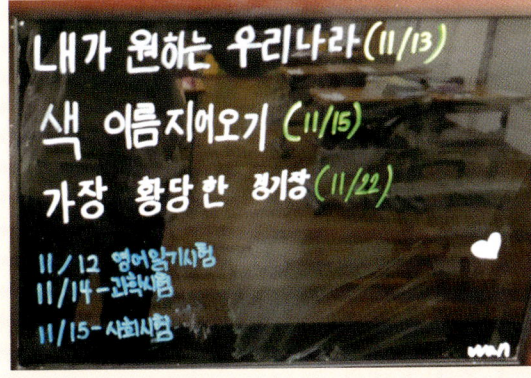

코로나시대에 다시 만나고 싶은 교실이야기

아이들 일기

오늘은 내 생일이다. 별로 한 일은 없지만 즐거웠다. 나도 내가 벌써 이렇게 컸다는 게 믿기지 않았다. 내 생일이 되어 즐거울 뿐만 아니라 내가 13살이 됐다는 사실에 대해 생각할 수 있는 시간이었다. 요즘 학교 생활이 참 즐겁다. 남은 3~4개월도 잘 소화하면 좋겠다. 그리고 우리 반 친구들과 해보고 싶은 게 생겼다. 바로 티볼이다. 왠지 재밌을 것 같은 느낌이 든다.

그 많았던 용돈을 다 쓰고 말았다. 친구 집에 놀러갈 때 음료수, 과자, 초코우유 등등 먹다 보니 그리고 PC방 가서 게임하고 음식을 먹었더니 금세 돈이 없어졌다. 그래서 나는 심부름하고 신발장 정리도 하고 엄마 안마도 해드리면서 용돈을 벌려고 한다.

 ## 11월 12일 화요일

    어제 상진이 일기 검사하며 은비인 줄 잘못 알고 은비에게 생일 축하한다며 카톡 메시지도 보냈다. '일기장에 쓴 소원을 꼭 들어주겠노라!' (은비는 너무 놀랐단다. 몇 달 지난 자신의 생일을 챙겨 주는 선생님의 섬세함에 놀랐다는.)

    은비 일기(사실은 상진이 일기)에는 내일 티볼 하고 싶다고 적혀 있었다. 야구를 원래 엄청 싫어했던 은비인데 갑자기 좋아졌나라고 생각은 했지만 내 생각은 딱 거기까지였다. 암튼 상진이가 글씨를 너무 예쁘게 써서 이런 일이 벌어졌나 보다. 음. 신기한 일은 오늘 아침 상진이가 글러브를 들고 왔다는 사실. 일기에 적힌 나의 답글을 예상했는지. 일기에 써 놓은 일이 현실이 되었다며 좋아한다.

"어제 엄마랑 삼촌이 새벽까지 술 드셔서 늦게 잤어요. 2시에 잤어요."
"그래서 7시 40분에 일어나 아침도 못 먹고 왔어요."
"시끄러워서 못 잔 거야?"
"아니에요. 이야기가 재미있어서요."

그리고 삼촌이 제대한 지 얼마 안 되어 훈련해야 한다며 104동 앞 계단에서 하나둘 하면서 뛰어 올라갔는데 우리 반 효은이랑 엄마를 만나서 너무너무 부끄러웠단다. 이 이야기를 들은 효은이가 답한다.
"너 정말 웃겼어! 삼촌이었구나."

간식으로 자유시간 한 개씩 주려 사왔다. 어제 빼빼로 달라는 아이들의 아우성이 환청으로 남아 있었다.
"여러분들의 자유로운 삶을 위해. 자유! 마음껏 하고 싶은 대로."
"빼빼로 대신 주는 거예요?"
"아니야. 우리의 자유로운 삶을 위해."
"쌤 말대로 먹고 자유 한번 누리자."

자유시간이 양이 안 찼는지 빼빼로를 쟁여 놓은 아이들이 하나둘 꺼내 먹겠단다.
"나 빼빼로 하나만 주라."
"나 그럼 언니라 부를게. (이 녀석은 남자다!)"
"○○이가 지나가다 일부러 제 빼빼로 골절시켜요."
정말 웃기다.
"관련자들 모두 모여. 접합 수술 하자~"
"얘들아. 우리 빼빼로만 먹고 원푸드 다이어트 할래?"

여자아이들의 요즘 유행어.
"우리 배쓰룸 같이 가자~"
우르르 화장실로 출동한다.

여자아이들이 필통 사진을 찍고 있다. 한쪽거리 패밀리 아이들이 똑같은 걸로 샀나 보다. 중학생이 되어서도 이 녀석들이 서로 만날까! 평생 인연으로 남으면 좋을 텐데. 나보다 성능 좋은 폰들이 총출동해 필통 사진을 찍고 있다.

체육팀 밸런스 패치를 했다.

> **황금마차팀:** 은비(BOSS), 효은, 승은, 태윤, 백하, 준호, 상진, 연수, 준우, 인해
> **포장마차팀:** 지윤(BOSS), 경란, 륜경, 주희, 규현, 민준, 서준, 준혁, 현민

"왜 은비랑 경란이는 한 번도 같은 팀이 안 돼요?"
"둘이 잘하니까."
"패치가 맞는지 오늘 한 판 붙어 봐야겠어요."
"이번엔 밸런스 잘 맞는 것 같아요."
하지만 황금마차가 유리하다는 의견이 많다.
"황금마차는 피지컬이고 포장마차는 스킬이에요."

전교임원 회의가 11월 15일 8시 30분~50분에 있다고 한다. 전교 회의 시간이 아침시간으로 고정되려나 보다. 요즘 오후에는 아이들이 시간 내기가 여간 어렵지 않다. 이들의 일정도 오후 스케줄이라는 이름으로 불리며 빡빡하긴 매한가지다.

수학시간이다. 비례식이 되는 경우와 비례식이 되지 않는 경우에 대해 과제를 내 주었다. 오늘은 아이들이 만든 문제를 같이 풀어 본다.

비례식이 되는 경우

아빠와 약속을 했다. 영어 단어 50개 중에 아빠가 6문제를 내면 1문제당 퓌파(피파) 10분씩 해서 총 1시간을 할 수 있는 절호의 기회다. 이것은 1:10이라는 비가 있다. 내가 6문제를 다 맞히면 6:60이 된다.

우리 요리 동아리에서 핫케이크 레시피를 찾아오기로 했다. 네이버에서 쳐보니 1인분 기준 핫케이크 가루 200g, 우유 80g.
근데 우리 동아리는 7명이라 7인분 기준으로 해야 한다.
200 : 80 = 200 × 7 : 80 × 7 = 1400 : 560
그리고 정확한 비율로 나눠야 할 때는 비례배분이 당연히 필요하다.

뷁이라는 과학자가 한 명 있었다. 그 사람은 천재 과학자로 온 동네에서 불릴 정도로 실력이 대단했다. 근데 그에게도 라이벌 쀏이라는 과학자가 있었다. 뷁은 어느 날 예뻐지는 물약을 만들기로 결심하고 온 갖 노력 끝에 조제법을 공책에 적었다.

1인분 기준(가오리 꼬리 30g, 개구리 발가락 10g, 가오 300g)
피곤했던 뿭은 공책을 책상 위에 두고 잠에 든다. 그때 라이벌 쩰이 그 공책을 훔쳐가 양을 더 늘려 특허를 내려고 한다. 실험해 볼 사람은 총 2명이라 일단 2배로 늘리려고 한다면?
30 : 10 : 300 = 30 × 2 : 10 × 2 : 300 × 2 = 60 : 20 : 600

파스텔 3개로 A4용지 한 장에 그림 그리기. 파스텔은 다 크기가 같은 거일 때 비가 될까요.
(이건 문제가 잘못된 거 같아요. 파스텔 3개로 A4 한 장을 다 채울 수 있다라고 했어야…)

AIN stein 샤프심 한 통당 샤프심 40개. 2통에는 몇 개? 1 : 40 = 2 : 80
베베숲 물티슈 봉지당 70매. 2봉지는 몇 개가 들어 있을까요? 1 : 70 = 2 : 140
학교 수업시간 40분당 쉬는 시간 10분이라면. 3시간 수업하면 얼마나 놀 수 있지? 40 : 10 = 120 : 30
학원 수업시간 2시간당 쉬는 시간 10분. 나는 학원에 6시간 있었다. 120 : 10 = 360 : 30

2인분 피자를 만들려고 한다. 1인분에는 밀가루 10g, 치즈 200g, 빵 300g. 이건 가상의 상황입니다!
10 : 200 : 300 = 10 × 2 : 200 × 2 : 300 × 2
2인분은 비례식으로 구하면 된다.

오늘 공부 다 하면 게임 1시간.
일주일 지날 때마다 풋살 1번.
1주일 지날 때마다 용돈 4000원.
(오늘 공부 다 하면은 좀 이상한 것 같아요. 끝이 없어요!)

오빠님이 심부름 1시간에 자유시간이 10분씩 있다고 했다.

요리부에서 달걀빵을 만드는데 1인분에 달걀 3개랑 우유 200ml를 부어야 한다. (이렇게 많이?) 이것을 2인분으로 하면 3:200의 비가 6:400이 되므로 비율이 같다.

지윤이와 내가 콧구멍에 10원 넣기를 하였는데 총 5개 동전이 있다. 나와 지윤이가 2:3으로 넣었을 때 지윤이와 내가 콧구멍에 넣은 동전의 개수는?

부모님이 심부름을 한 번 하면 500원을 주신다. 부모님께서 한 번에 500원을 주신다는 것은 절대 바뀌지 않으므로 비례식이 된다.

귤 1kg 박스에 귤이 20개 들어 있다. 귤 2kg 박스에는 몇 개가 들어 있을까?

A기계가 하루에 30만큼의 일을, B기계는 하루에 15만큼의 일을 한다. A기계와 B기계가 하루 한 일을 하는 비는 30:15이고 2일간 일을 하면 비는 60:30이 된다. 기계가 아니라 사람이라면 비율이 안 된다고 생각한다.

수학천재 땡땡이가 학교를 마치고 수학학원에 가려고 한다. 그런데 땡땡이가 축구를 하다가 학원 차를 놓쳤다. 그래서 빨리 가려고 골목길로 갔는데 담배 피고 있는 무서운 깡패 형님들이 나와서 "돈 좀 있냐?"

라고 물어서 겁에 질린 땡땡이는 없다고 거짓말을 했다. 그래서 깡패 형들이 "100원 나올 때마다 1대씩이다"라고 했다. 깡패 형들이 제일 먼저 땡땡이의 가방을 털었는데 100원은 안 나오고 여기저기서 10원이 나왔다. 지갑도 털었더니 10원만 끝도 없이 나왔다. 결국 그 형들은 10원을 하나하나씩 세는데 정신이 팔렸다. 그 사이에 똑똑한 땡땡이는 "돈 다 세면 100원:1대 비율을 이용해 몇 대 때릴지 구해라. 내일 우리 아빠랑 쇠파이프 들고 올께ㅎㅎ"라고 쪽지를 남기고 도망갔다.

(선생님 때는 10원에 한 대였는데.) (그때 짜장면은 얼마였어요? 100원?)

과자 만드는 회사 오뚜기에서 과자를 안 부서지게 한다는 핑계로 과자봉지 300g에서 질소 6, 과자 4의 비율로 넣는다고 한다. 그럼 질소 180g 과자 120g이다.

A씨는 배가 고파서 인터넷으로 간단하게 먹을 수 있는 음식을 검색해 보았다. 즉석떡볶이를 만들 수 있는 레시피가 있었다.
1인분 기준으로 설탕 10g, 고추장 20g, 소금 20g, 떡 200g을 넣어야 한다.
하지만 A씨의 친구 B씨와 C씨가 온다고 해서 3인분을 만들려 한다.
그러면 설탕 30g, 고추장 60g, 소금 60g, 떡 600g을 넣어야 한다.
그러므로 이 상황은 비례식이 된다.

어느 가게가 1달에 3,500만 원을 벌었다. 그 가게에는 사장님과 직원 두 명이 있다.
사장님이 3, 직원이 1씩을 가지고 1,000만 원을 건물주에게 준다면 각각 몇만 원씩 가지게 될까?
3,500만 원 − 1,000만 원 = 2,500만 원
2,500만 원/5 = 500만 원
사장님: 500만 원 × 3 = 1,500만 원
직원 E씨: 500만 원
직원 F씨: 500만 원
1,500만 원 + 500만 원 + 500만 원 + 1,000만 원 = 3,500만 원

비례식이 안 되는 경우

친구와 '악쓰는 토끼'라는 노래방에 갔다. 그날따라 목 컨디션이 안 좋은지 내가 70점이 나오고 친구는 60점이 나왔다. 다음날 친구가 너무 아쉬워해서 다시 갔다. 오늘은 목 컨디션이 좋은지 내가 80점이 나오고 친구는 80점이 나왔다. 이처럼 그날그날 목 컨디션에 따라 점수가 다르기 때문에 비례식 될 수 없다.

반 대항전으로 3반과 피구 경기를 하려고 한다. 오늘은 우리가 3:1으로 이겼다. 근데 만약 2달 후 다시 경기를 한다면 우리가 3:1이나 각 항에 자연수를 곱한 스코어로 이길 거라는 보증이 있나? 그 확률도 낮다. 아무도 모른다. 누가 몇 대 몇으로 질지 이길지. 이걸 알면 전지전능한 신.

우리 반 남자애들이 팀을 나눠 축구를 하려 한다. 팀은 내가 뽑기로 정했다.

A팀= 양연수, 김민준, 윤준호, 이서준, 최영민
B팀= 임현민, 방준혁, 박문원, 김상진, 강인해 (박문원이라는 아이는 없는데? 아이폰에서 박준우라고 치면 박문원으로 자동으로 바뀌어요. 아이폰이 자동으로 바꿔 버린다는데.)
A팀이 B팀을 4:3으로 이겼다. 근데 다음 경기도 4:3이나 그 비에 자연수를 곱한 각도기 같은 스코어가 나올 것인지 알 수 있나? 아까도 말했지만 아무도 모른다.

포카칩을 한 사람당 10개씩 먹는 것은 과자 크기가 다 달라서 비가 안 된다.(우리 아빠는 포카칩 큰 거 다 먹고 저한테 부스러기 줘요.) (근데 그게 더 맛있잖아.)

낚시터에서 나는 피라미 2마리, 친구는 5마리 잡았다. 2:5=8:20(???) 내가 8마리 잡을 때 친구가 20마리 잡을까? 물고기는 일정하게 잡히지 않는다. (피라냐 아니야? 공포영화?)

A팀과 B팀이 축구를 했다. 4:3으로 A팀이 이겼다. 하지만 다음 경기는 누가 이길지 알 수 없다. 8:6은 절대 안 된다. (될 수도 있다?)

야구경기에서 3대 8로 이겼다고 다음은 6대 16? 이런 건 비례식이 안 된다.

한쭉거리가 고래고래라는 코인노래방에 가서 이뻐이뻐를 불렀는데 나는 그날 목이 쉬어서 30점이 나오고 주희는 90점이 나왔다. 나는 목이 쉬지 않았을 때 다시 부르니 90점이 나오고 주희는 목이 갑자기 쉬어서 80점이 나왔다. 목이 쉬었을 때와 안 쉬었을 때는 불규칙하기 때문에 비가 안 된다.

한쭉거리 친구들과 노래방에 가서 모르는 노래를 부르기로 하였는데 나와 효은, 지윤이는 40점이 나오고 은비, 주희는 70점이 나왔다. 다음 판은 우리 팀이 더 잘 불러서 60점. 은비와 주희팀이 64점을 받았다. 이것은 40:70=60:64로 비례식이 안 된다.

친구와 내가 달리기를 했는데 친구 5초, 나 6초로 친구가 이겼다. 기분이 나빠 거리를 2배로 달렸다. 근데 내가 이겼다.

버블티가 있었다. A와 B는 버블티를 사 먹으려고 했다.
A의 버블티의 펄과 물은 1:3이 들어 있고 B의 버블티의 펄과 물은 2:3이 들어 있다. 1:3=2:3?(계산 안 됨!) 버블티에 들어가는 펄과 물의 비는 가게마다 다르다.

○○가 오늘 축구를 하는데 2시간 동안 한 골도 못 넣어서 한 번 울었다. 만약 4시간 동안 한 골도 못 넣으면 두 번 울까? 아니다. ○○이는 상남자이기에 때문에 안 울 수도 있다.

야구 선수 D씨는 이번 시즌에 타석에 20번 나와서 안타를 4번 쳤다. 그러므로 D씨의 타율은 2할이다. 그렇다고 D씨가 60번 나와서 안타를 12번 친다는 보장이 없다. 하지만 좀 잘 쳤으면 좋겠다. 그러므로 이 상황은 비례식이 되지 않는다.

오늘 체육시간에 상진이의 소원대로 티볼을 했다.
"근데 티볼이 뭐예요?"

"그 야구 같은 거. 지난번에."
"아! 맞다. 해 봤어요."

오랜만에 티볼을 하다 보니 에피소드가 많다. 강타를 날리고 배트 들고 1루로 전력 질주 하는 백하. 공을 치고 3루 쪽으로 서너 걸음 뛰다 우회전하는 아이. 파울 치고 전력 질주 하는 아이. 야구를 잘하는 준혁이는 오늘 아이들에게 규칙을 알려 주는 잔소리 전담코치 역할을 한다.
"나 못 친다니까!"
"그럴수록 자신 있게! 밀어 쭉! 치고 1루로 달려."
주차된 차 밑에 공이 들어가 잠시 경기가 끊기기도 했지만 준혁이 덕분에 나름 전반적으로 시원스럽게 경기가 이어진다.

포수는 내가 보는데 3루에서 질주하던 지윤이를 아웃시킨다. 태그를 시키자 이것도 아웃이냐며 되묻는다. 은비는 풀 스윙 번트 후 달리다 1루에서 서준이랑 충돌한다. 아슬아슬한 상황이었지만 금방 일어난다. 너무 부끄러웠다는 녀석! 한 아이의 장거리 2루타! 2루에 있던 규현이는 3루를 돌며 뛰라는 아이와 멈추라는 아이들 말 속에서 이러지도 저러지도 못하고 왔다 갔다 하고 있다. 교란 작전 성공이라는 상대팀! 한 여자아이는 "공 잡을 일도 없는데요 뭘" 하다 공에 맞기도 한다.

연수 직선타에 민준이 점프 캐치! 오늘 최고의 명장면이다! 두 아이의 표정이 오버랩 되는 짧은 순간. 승은이는 플라이 볼 장면을 모르고 뛰다 다시 돌아가고. 바쁘다. 바빠.

은비가 공을 친다. 치고 나서 뛰지 말라는 아이들의 말에 은비가 멈춘다. 1, 2루가 비어 3루에 있는 녀석에게 뛰지 말라고 한 말인데. 타자 은비가 멈춰 버린다. 헉! 주희는 3루에서 홈으로 슬라이딩을 한다. 본인 의지가 아니라 스텝이 꼬였다고 하는데. 실전에서 나온 주희의 슬라이딩은 프로야구에서나 볼 수 있는 장면이었다! 승부욕 때문에 달렸는데 넘어지자 부끄러움에 심폐소생술을 했다는데.

경기가 끝나고 아이들이 슬라이딩 릴레이를 펼친다. 당연히 연출 장면이다. 다양한 슬라이딩이 나온다. 막상 넘어지려니 관객이 많아 그게 잘 안 되나 보다. 주희의 이야기.
"아까 게임할 때는 홈으로 가야겠다는 생각만 들어서 안 무서웠는데. 두 번째 슬라이딩 쇼 하려니 안 넘어져요. 못 넘어지겠어요. 안 되네요."

    4교시에 교육활동 발표회 전 마지막 타악기 연습이 있었다. 드디어 다음 주가 발표회이다. 오늘은 평소대로 한 번 연습하고 최종 무대 리허설까지 마쳤다. 조명 앞에 선 아이들! 떨고 있다. 역시 무대라는 중압감은 무시 못 하나 보다.

    아이들은 1시가 넘어서야 우유를 찾는다. 오늘 우유를 아침에 안 나눠 줬나 보다. 점심 먹고 교실 피구 하니 더운가 보다. 시원하다며 원샷이다.
    "선생님. 학원 숙제, 학교 숙제 너무 많아요."

"학원 숙제는 현실이에요."

그렇다고 학교 숙제를 대충하라고 할 수는 없고, 그냥 즐겁게 열심히 하라는 뻔한 말만 한 듯하다.

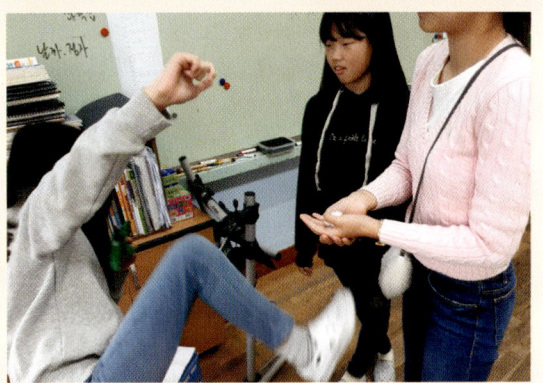

청소시간이다.

"선생님! 나이가 어떻게 되세요?"

"나이 알아서 뭐하게?"

"저 나이 알거든요. 지난번에 선생님 이메일 아이디에 98이 들어가 있었어요. 그래서 엄마가 98학번이면 41세라고 했는데."

"아니거든."

"역시… 문제는 선생님이 수능을 여러 번 봤다는 거. 그러면 최소 41에서 최대 50."

최대 50??? 이런….

아이들 일기

오늘은 정말 뜻 깊은 날이다. 한 방에 날아갈 것 같다고 해서 창조된 한쪽거리들. 그래서 한쪽거리 애들과 놀기로 했다. 한쪽거리의 멤버는 은비, 주희, 규현, 지윤, 효은 총 다섯 명이다. 우리는 커플템으로 맞출 필통을 구경하다가 디즈니 필통으로 맞췄다! 예전엔 꼭 볼펜, 샤프나 공책 팔찌 등으로 맞췄지만 이번엔 색 다르고 멀리서 봐도 커플 같은 필통으로 맞추고 국대떡볶이를 먹으러 갔다. 넓적당면 or 짜장떡볶이를 시켰더니 우동 국물을 먹으라고 주셨다. 배가 꽉 차진 않았지만 그래도 버블티를 먹으려고 차얌에 갔다. 초코버블티를 먹고 고래고래라는 코인노래방을 가서 노래를 대략 2시간 정도 불렀다. 나랑 주희가 대표로 부른 신용재라는 노래가 100점이 나와서 좋았다. 이제 슬슬 왕십리라는 곳이 지겨워져 우리 집 앞으로 와 애들과 함께 치즈(고양이)를 보고 난 후 얘가 졸려해 집에 두고 다시 나와 그네 쪽에서 놀기까지 했다. 그네에서 놀 때 애들의 유연함을 알 수 있어서 진짜 웃기고 좋은 날이었다. 그 어느 날보다 특별하고 좋은 날이었다.

오늘 보니 피부가 매우 안 좋았다. 얼굴에 뭐가 다닥다닥 났다. 원래 그럴 때는 그냥 노니 비누로 세수하고 수딩젤 바르는데 오늘은 심해서 노니 비누로 헹구고 볼에 담겨진 녹차물로 얼굴을 가볍게 쳐주면서 헹궜다. 근데 이렇게 쉬운 과정을 하나하나 엄마한테 물어봤다. ㅋㅋ 얼굴을 씻으면 또 하나 물어보고 계속 물어봤다. 내가 왜 그랬지? 확실히 녹차로 씻으니 얼굴의 트러블이 줄어든 것 같다. 내가 좋아하는 고소한 향기도 나는 것 같고. 세수를 한 3번 정도 한 것 같다. 세수를 한 다음 녹차물을 얼굴에 흡수시키고 수건은… 웬만하면 쓰지 않았다. 그 다음 알로에베라를 얼굴에 바르고 수딩젤을 얼굴에 발랐다. 휴~ 과정이 뭔가 이상하다. 엄마는 이렇게 세수를 하고선 이번엔 노니 주스를 마시라고 했다. 안돼!! 주스라고 해서 다 맛있는 거 절대 아니다. 내가 노니 주스를 싫어하는 이유 3가지. 첫째, 시큼하고 이상한 냄새 난다. 두 번째, 맛도 식초 같고 게다가 뭔가 쓴 맛이 나서 구역질이 난다. 세 번째, 이름은 주스이지만 아이들을 속이려는 의도(???) 같다. 뻔뻔. 칼칼. 한마디로 색깔이 까매서 포도주스인 줄 먹다가 시큼한 맛을 느낀 아이들은 곧바로 뱉어 낸다. 살아나라 피부! 피부!

창덕궁은 경복궁과 다르게 뭔가 더 빽빽한 것 같고 그늘이 더 많고 시원하고 이쁘고 가을 분위기 제대로 나고 날씨도 좋아서 대박이다. 들어가자마자 경복궁의 웅장함과 거대함과 달리 창덕궁은. 휴식처? 공원 같아서 쉬다 가는 것 같았다. 근데 환상과 달리 수업 받는 도중 동생의 친구들과 동생은 막 술래잡기하고 펄떡펄떡 뛰어다녀서 산만하고 걸 게 많아서 은근 힘들고. 휴. 선생님은 참 고생하셨다. 애들 집중 안 하고 뛰어다니니까. 물 만난 물고기들 같으니라고. 얼마나 놀고 싶었으면. 난 개인적으로 창덕궁이 경복궁보다 자연 자연 nature 해서 좋았다.

11월 13일 수요일

"삼촌 결혼식이 있는데 아빠가 축하곡으로 피아노 연주하라고 했는데요. 엄청 싫었거든요."
"데뷔하는 좋은 기회인 것 같은데."
"일단 하기로 했어요. 아빠가 피아노 치면 수학 숙제 반으로 깎아 주겠다고 해서 하게 되었어요."
"조건은 괜찮은데… 무슨 곡?"
"이루마요. '리버스 플로우 인 유'!"
"굿 초이스."

"선생님 머리 좀 길러 보세요."
오늘 머리 감고 안 말리고 급히 왔더니 정리가 안 된 내 헤어스타일에 대해 돌려서 말하나 보다. 거울을 보니 좀 엉망이긴 하다.

오늘 중입배정 원서를 받는 날이다. 유공자 관련된 사항을 어제 안내했었다.
"저희 어머니의 할아버지가 유공자래요."
"무슨 유공자지?"
"어디서 어쩌고 싸우고 했다는데. (말하는 톤이 엄청 진지했다.)"
"근데. 저는 중입 원서 쓸 때 해당이 안 된다고 했어요. 4대는 안 된대요."

"선생님. 저 집에 잠깐만 다녀올게요."
"왜?"
"숙제한 거 안 가져왔어요."
"그냥. 괜찮아. 체육 안 하면 되지."
"살려주세요. 제발. 김체육 씨 살려주세요."

앞쪽에 앉아 있던 아이들이 우유를 먹으며 대화한다.
"이게 딸기 우유라면. 얼려 먹으면 맛있다."
"난 빙그레 바나나 우유."
"귤맛 우유도 있어."

"고구마맛 우유도 있어."
"난 빵빠레 초코렛 맛이 제일 좋아."
"그건 우유가 아니잖아."
"그런 걸 유제품이라 해~"
"아! 근데 치킨 먹고 싶다."
"아~~~ 치킨."
한 아이는 내게 집에서 있었던 일을 이른다.
"우리 오빠가 만행을 저질렀어요. 제 지우개가 반으로 쪼개져서 돌아왔어요. 새 지우개를 오빠 놈이…"
"오빠 놈이 뭐야? 님이지."
"이럴 때는 놈이죠."

미세먼지가 심해 보이는데 아이들은 안개란다.
"오후에 비만 온대요. 기상청 조회 결과!"
"가을이에요. 가을이라면 1교시 체육."
이 추운 날을 가을이라니… 비 온다니 1교시에 내려가자!

체육의 즐거움도 설렘도 주희에게는 없다. 주희는 오늘 방과후 학교 발표회 사회를 보는데. 어제 새벽까지 작업한 대본 파일이 다 날아갔단다. 근데 겉으로 보이는 주희의 행동에서는 왜 여유가 느껴지는지…. 느릿느릿하기만 하다. 이미 머릿속에 시나리오가 다 들어가 있는지.
"저 방과후 발표회 사회자 준비하다 탈모될 뻔했어요."
"고생 많았수!"
"근데 왜 선생님 머리카락이 없어 보여요? 다 빠진 거예요?"
"나 머리 쳤잖아. 짧게."

"애들아. 아무래도 중간에 비가 올 것 같은데. 그냥 강당 가서 피구할래?"
"아니에요. 밖에서 던지면 더 손에 착착 감겨요."
일단 운동장에 내려간다.
"선생님. 저 엉덩이가 아파요."
"왜?"
"제기 차다 방뎅이를 찢었거든요."
방뎅이라는 말에 한참을 웃었다.
"지금 웃긴 상황 아니에요. 저 보건실 다녀올게요."

남자 녀석 3명이 있길래 대표 미녀 3인방이라 말을 건넸더니.
"초절정 미녀라고 해야지요. 우린 예쁘니까요."
"우리 반 여자애들보다는 예쁜 게 맞아요."
그 짧은 머리를 찰랑인다.

"우리 아웃시킬 수 있을 때 세게 던지자! 조금이라도 젊었을 때."
남자아이들의 지루한 패스가 이어진다. 서로 한 명씩 남은 상황에서 두 팀 모두 신중하다. 한 녀석이 패스 계속해서 힘 빼기로 한 전술을 깨고 그냥 던진다. 이런 경우 아웃시키면 영웅. 반대의 경우 역적이 되는 순간이다. 아이들의 탄식!

우리 옆에는 5학년 아이들이 축구를 하고 있다. 피구에서 아웃된 한 녀석이 팔짱을 끼며 말한다.
"우리 때는 상상도 못했는데. 5학년이 축구라니."
"맞아. 작년에는 6학년 형들 때문에 못했는데."
"세상이 좋아졌어."
"요즘 6학년은 5학년 눈치 보고…."
아이들이 초능력 카드를 두 글자로 줄여 뒤에 인간을 붙인다. 초무인간아!(초능력 무효화 가진 인간) 능부인간아!(능력부활자 가진 인간) 공내인간아!(공을 내놓아라를 가진 인간)

과학시간이다. 생물(生物)과 비생물에 대해 알아본다. 生을 중국에서는 어떻게 발음하는지 백하에게 물어보았다. '썅'이란다. 성조가 들어가니 정말 욕 같은 느낌이 든다며 아이들이 웃는다. 다시 확인을 해 보니 '썅'이 아니라 '셩'이다.

오늘은 호주의 회색토끼 동영상을 보고 이야기를 나누었다. 호주에 없던 토끼 24마리를 영국에서 가져오면서 영상은 시작된다. 토끼가 많아지자 호주 정부는 1901년 4,000km 울타리를 쳤단다. 4,000km라는 말이 잘 와 닿지 않는 듯해 보인다. 서울 부산 왕복 다섯 번 되는 거리라고 했더니 아이들이 거리를 실감한다. 하지만 1920년 울타리가 뚫린다. 이후 보상금 지급, 군인 투입이 시작된다. 호주 정부는 전염병으로 토끼수를 줄이려고 노력했다.

하지만 1929년 대공황이 일어나자 상황이 급변한다. 호주에서는 토끼 덕분에 굶어 죽는 사람은 없었단다. 이어서 1939년 2차 세계대전에 호주가 연합군으로 참전했을 때는 토끼고기 통조림도 등장한다. 잠깐 토끼가 영웅이 된 시기! 이후 다시 토끼 수가 늘어난다. 울타리 치기, 사냥, 전염병도 통하지 않자 호주에 여우를 도입한다. 토끼가 넘쳐나는 호주는 여우에게 파라다이스! 하지만 여우는 도망 다니는 토끼보다는 호주의 토착 생물인 코알라, 오리너구리 등 다른 동물을 다시 잡아먹는다. 이젠 이 여우가 문제가 된다. 이후 점액종 바이러스를 사용해 6억 마리이던 토끼를 1억 마리로 줄인다. 하지만 내성이 생긴 토끼는 슈퍼 토끼로 진화!

"코딱지 먹으면 바이러스가 못 들어온대! 감기에도 안 걸린다는데."
"나는 털 알러지 있어서…. 토끼털 알러지가 있는 것 같아요. 동영상 보고도 간지러워요."
"토끼는 누가 들여왔어요? (어떤 사람이?! 토마스 오스틴.)"
"토마스는 열차 아니야?"
"토마스 그거 동심 파괴예요. 너무 못생겼어요. 무섭게 생겼어요."
"토끼 잡으면 현상금은 얼마예요?"
"잘 모르겠는데."
"호주 토끼 사진 좀 보여 주세요."
호주 토끼를 보더니….
"생각보다 너무 귀여운데… 키우고 싶어요."

아이들이 자기주도학습장에 본인의 생각을 적는다.

> 바이러스로 야생 토끼가 90% 사망했다고 하는데. 이겨낸 10%의 토끼가 대단한 듯. 호주에 토끼가 한국 인구보다 많다는 게 끔찍해요. 내가 호주에 가서 토끼들을 하늘나라로 보내고 싶어요.

토마스 오스틴이 사냥을 위해 토끼를 호주에 들여왔는데. 도망쳐 나온 토끼가 급격히 늘어나 지금까지 엄청난 토끼가 있다고 한다. 호주가 불쌍하다. 역시 한국이 좋다!

우리나라에도 토끼가 많다. 근데 비둘기가 더 많다. 우리나라는 왜 비둘기가 토끼보다 많을까? 겨울이 호주보다 더 추워서 그런 것 같다.

토끼 번식력 짱! 토끼 잡는 것처럼 우리나라도 비둘기를 잡아야 할 것 같다. 그리고 호주 토끼가 얼마나 큰지 궁금하다. 생긴 건 일단 귀여운데.

토마스 오스틴은 무슨 생각으로 토끼를 데려왔을까? 토끼 고기는 무슨 맛일까? 우리나라에도 비둘기가 많은데 비둘기를 줄이는 바이러스 같은 방법을 생각해야 하지 않을까?

여우보다는 일단 호주에 늑대를 출전시킨다. 그러면 호주는 토끼가 없는 평화다. 근데 늑대는… 어떻게 하지?!

현재 토끼는 몇 마리 남아 있을까? 마리를 세어 보다가도 그때 또 태어나서 지금은 몇 억 마리 될 것 같다. 토끼를 없앨 방법은 북쪽, 서쪽, 동쪽, 남쪽 한꺼번에 호주인들이 모여 단체로 몰이를 한다.

영상을 본 후 떠오르는 낱말은 나비효과이다. 작은 나비의 날갯짓이 태풍을 일으킨다는데. 토끼 몇 마리로 인해 생태계가 무너진 것을 보니 진짜 나비효과라는게 있구나라는 생각이 들었다.

옛날에 우리나라에 생쥐를 잡아가지고 학교에 생쥐 꼬리를 가져가는 게 있었는데. (얘는 이걸 어떻게 알고 있지?) 호주에서도 학생들에게 토끼를 잡아서 토끼 꼬리 내라고 했을까?

해결방안: 호주 사람 이민 잠시 시키고 토끼를 잡을 이동식 장벽을 더 크게 만들기. 이동식 장벽을 조금씩 앞으로 전진시켜 토끼를 몰아내기.

토끼수가 6억 마리나 되는지 몰랐는데 진짜 많은 것 같다. 지금은 토끼가 몇 마리일까? 토마스 오스틴은 나중에 어떻게 되었을까? 이 사실을 알고나 있을까? 후회할까?

호주에 토끼가 넘쳐나는데 토끼털 알러지가 있는 호주 사람들은 어떻게 되었는지 궁금하다. 토끼가 정말 이렇게 번식이 빠른줄 몰랐다.

토끼를 푼 사람이 어떻게 되었을지 궁금하다. 그 사람 때문에 호주 생태계가 지금까지 고통받고 있다고 생각하니 우리 반이 한 명 숙제 안 해 오면 체육 못 하는 상황과 비슷한 것 같다. 또 원래 살고 있던 캥거루, 코알라, 오리너구리가 너무 불쌍하다.

이 사건을 많이 들어 보기는 했지만 자세히 알지 못해서 잘 몰랐는데 이렇게 자세히 보니까 호주 토끼 문제가 심각했다는 것을 알게 되었다.

근데, 토끼가 다시 사라지면 또 다른 문제가 발생하진 않을까?

Super Jjang Jjang TOOKI! The circle of life! (백하의 답변!)

3교시 쉬는 시간. 아이들이 천장에 손바닥 찍기 놀이를 한다. 며칠째 계속된다. 정말 저게 저렇게 재미 있는지. 도움닫기 해서 천장 치기! 그만하라고 했더니 복도로 슬그머니 나가서 한다.
"손끝에 정말 닿았다고."
"너 실패야. 안 닿았어."

"얘들아. 저거 근데 왜 하냐?"
"애들이 키 자랑 하는 거예요."
하긴 한참을 보니 키 큰 녀석들이 많긴 하다.

연극시간이다. 영화 〈Sound of Music〉 중 '도레미송'을 연극으로 표현한다. 워낙 익숙한 곡이라, 오늘은 세 팀으로 나눠 표현한다.

- '도레미송' 음악에 맞춰 동작 만들어 보기!
- 마지막 소절 포인트 안무 넣기!

갑자기 연습하다 말고 종이를 집어 던지는 한 아이가 있다. 참았어야 했는데 버럭 화가 올라왔단다. 우리 반은 그 순간 엄청난 겨울왕국!

첫 번째 팀: 처음에는 원곡으로 재생하다 중간에 0.75의 속도로 재생해 달란다. '도레미송'의 정석을 보는 듯 한 명씩 동작을 한다. 시에서 시냇물 표현은 칼 군무!

두 번째 팀: '도레미송' 마지막 부분을 강강술래로 표현하다니. 준비한 것인 줄 알았는데 발표할 때 할 게 없어서 서로 눈 맞아 춘 즉흥 춤이었단다.

세 번째 팀: 머쓱해하며 노래를 부른다. 원곡 따라 부르는데 실수가 좀 있다. 하지만 이후 오로지 개그에 초점을 두는 녀석들!

점심 먹으러 가는데 한 녀석이 귓가에 속삭인다.
"선생님. 많이 화 나셨어요?"
"…"
"일단 화 푸세요. 무서워요."

4교시에 혼을 냈더니 5교시 수업하려는데 우리 모두 기분이 꿀꿀하다. 다음 주쯤에 먹기로 했던 떡볶이랑 어묵을 냉장고에서 꺼낸다. 한 녀석의 말이 인상 깊었다. 쌤 표정에서 화가 풀린 게 확~~ 느껴졌단다.

"난 배고픈 애벌레야."

"넌 결국 나방 될 거야. 난 나비 될 거야."

"난 너의 꽃이 될게."

한 녀석에게 시식을 시켰다.

"떡볶이 짱이에요."

'짱'이라는 말을 '짜요'로 잘못 들어서 물을 좀 더 넣었더니 좀 싱거웠다. 이후 다시 소스 한 봉지를 투입했지만…!

역시나 매워서 떡볶이를 못 먹는 두 녀석이 있다. 사실 그 마음 안다. 떡볶이가 매운 게 아니라 오늘 혼나서 그랬겠지만. 그래도 아이들 틈에 둘러앉아 있다.

"비 오는 날이에요. 라면도 추가요."

우리 교실에는 라면이 많다. 물을 끓이고 라면을 익힌다. 아니 불린다. 배고픈 사람은 한 젓가락씩 먼저 먹으라고 했더니 3봉지가 순삭이다.

"얘네 한 젓가락 더 가져가요!"

"난 반 젓가락이었어."

"난 6/10 젓가락."

"난 1/3 젓가락."

수학의 생활화!

"근데 우리 전쟁 나서 피난 온 사람들 같아요. 책에서 봤는데 초등학교에서 대피했대요."

5봉지를 더 끓인다.

"이거 정말 기다리기 힘들어요."

"얘네 참을성이 없죠?"

물이 끓자 "기적이다"를 연발한다.

"흘리지 마."

"나이스다. 야. 이거."

"너무 면이 꾸덕꾸덕해서 나 국물 조금만 줘."

여자 애들이 국물을 차지하기 위해 라면 주위를 장악한다. 남자 애들은 면 위주로 공략해 국물은 양보할 모양이다.

"손 다쳐 빼~"

"이것만 먹고."

한 녀석은 바닥에 흘린 떡을 밟아서 화장실에서 씻고 왔단다. 벽에 다리 붙이고 씻는데 너무 힘들었다는데. 무슨 상황인지….

"다 먹었으면 자 퇴근이다. 오늘! 내일은 많이 웃자!"

오늘 오후에 방과후 학교 발표회가 있다. 준혁, 태윤, 효은이가 흰색 티셔츠를 예쁘게 입고 왔었다. 오후에 잠깐 내려가 보려 했는데 6학년 사제동행 체험이 있었다. 도자기 만들기 체험이 있어서 못 가서 아쉽다. 내일 아침에 수고했다고 전해 줘야겠다.

작년 4학년 때 우리 반이었던 녀석이 자기가 드디어 삼촌이 되었다며 자랑을 하고 간다.
"저 이제 삼촌 되었어요."
"조카도 생겼으니 이제 다 컸구만."
"철만 들면 돼요. 조카랑 같이 클려고요."

아이들 일기

우리 반 친구들은 모두가 친화력이 좋은 것 같다. 모두가 성격이 밝고 사람들을 사귀는 걸 좋아한다. 1번부터 쭈루룩 훑어 나가 보자. 1번 강인해. 인해님은 현재 내 짝이다. 평소엔 말을 별로 안 하고 질문을 자주 한다. 우유를 좋아하는 것 같다. 계속 내 우유를 탐낸다. 점프해서 공을 피할 때 자세가 뭔가 웃기다. 2번 김민준. 민준님은 피구를 잘 한다. 평소에 고집이 세지만 보통 때는 공부 잘하는 듯싶다. 3번 김상진. 상진님도 피구와 야구를 잘한다. 웃긴 드립을 많이 치지만 점점 이서준을 닮아 가서 아재개그를 많이 한다. 야구할 때 진짜 잘해서 놀랐다. 4번 김주희. 나다. 나도 평소에 고집이 좀 세지만 친구들이랑 노는 걸 좋아하고 즐겨 한다. 근데 내가 내 평가를 하자니 뭔가 쑥스럽지만 그래도 할 수 있는 칭찬은 모조리 적어 보겠다. ㅋㅋ 나는 공부를 잘하고 싶어 한다. 예전엔 노력을 자주 했었는데. 요즘엔 노력을 안 해서 다시 시동 걸 준비를 하고 있다. 5번 박가온님. 키가 커서 부러웠다. 지금은 제주도로 이사를 가서 또 부럽다. ㅋㅋ 나도 언제 자연환경 막 이런 게 풍부한 곳에서 살고 싶었는데. 하지만 지금 친구들이 너무 좋아서 이사는 가고 싶지 않다.

6번 박경란. 울 계란이다. 계란이는 정말 착하다. 5학년 때 같은 반이었는데 너무 착해서 친해지길 잘한 것 같다. 7번 박준우. 준우님은 5학년 때도 같은 반이었다. 딱히 성미가 고약하다거나 그런 점은 없다. 게임을 잘한다. ㅋㅋ 8번부턴 누군지 잘은 기억 안 나니까 그냥 랜덤으로 가겠다. 우리 효개. 효개는 진짜 체육 관련한 모든 것을 다 잘하는 것 같다. 날씬하기까지. 너무 부럽다. 다음은 이서준. 이서준은 1, 2, 3학년 때 같은 반이었다. 반을 너무 자주해서 익숙해 죽겠다. 이서준 어머니께서 내 과외 쌤이다. 설명을 너무 잘해 주신다. 다음은 은비. 은비도 활기차고 이쁘다. 착하기까지. 날씬하고. 으악 좋겠다. 나도 나도 니 미모의 1/4만…

다음은 임현민. 변기는 4학년 때 같은 반이었다. 학원을 2년째 같이 다녀서 친해졌다. 또 다음은 지윤이. 지윤이는 모든 걸 다 가졌다. 이쁘고 귀엽고 날씬하고. 다 가진 게 분명하다. 마지막으로는 최영민. 최영민은 2학년 때 같은 반이었지만 그다지 친하지 않았다. 지금은 날 계속 돌이라고 부른다.
더 많은 친구들이 있지만 다음 편에 대개봉!

얼마 전 나는 새 휴대폰을 샀다. 만년 2G 폴더 유저였던 나는 기쁜 일이 아닐 수 없다. A30 보급형 모델이라 플래그십은 아니지만 어떠랴. 정말 너무 행복했다. 나는 6학년이 되어서 핸드폰이 생겼기 때문에 또래보단 많이 늦게 생겼다. 친구들은 4~5학년 때 다들 산 걸로 안다. 어쨌든 이제 새 폰 샀으니 리뷰해야겠지? (사실 사기 전부터 맨날 유튜브로 리뷰만 봤다.)

아침이 되었다. 7시 30분이었는데 일어나서 멍 때리다가 정신 차리고 폰을 들었다. 그렇게 폰을 들고 뒹굴거리다가 엄마께서 아침 먹으라고 하셔서 아침을 먹고 양치 세수를 했다. 다 씻고 다시 폰을 들고 뒹굴거렸다. 내가 생각해도 내가 좀 문제인 게. 내 일상 속 80%는 폰 보기인 것 같다.

11월 14일 목요일

　수능일인지라 역시나 춥다! 오늘은 롱패딩을 입은 아이들이 많이 보인다. 아무리 추워도 수능일은 아이들에게는 마냥 행복한 날인가 보다. 10시까지 등교! 9시 10분 출근길이다. 아파트 놀이터부터 축구하는 아이들 많다. 학교 앞 편의점에는 컵라면을 들고 나오는 아이들도 보인다. 학교 운동장에도 오랜만에 조기 축구를 하는 아이들. 운동장에 지나다니는 아이들이 별로 없어서 그런지 강슛을 날린다. 하루가 평소보다 활기찬 느낌이다.

"선생님도 〈어하루〉 보셔야 해요!"
"그게 뭔데?"
"〈어쩌다 발견한 하루〉요. 오늘 본방 사수해야 해요."
"아이들 아직 안 왔는데 저희 메이킹 영상 좀 봐도 돼요?"

"저는 오는데 다리가 어는 줄 알았어요."
"수능일이잖아~"
"바지 진짜 얇은 거 입었어요."
바지를 흔들며 보여 주는데 거의 한여름용으로 보인다.

"오늘 시험장 학교는 중고등학생 형들은 쉬죠? 아! 좋겠다."
"우리 교실도 시험장으로 써도 되는데."

오늘은 과학 단원평가가 있다. 여기저기에 공부하는 아이들이 보인다.
"질문 좀 해 봐! 계절이 바뀌는 까닭?"
"넌 직렬이 뭔데?"
"저는 전기단원 재시험 봐야 하는데 지난번에 맞은 건 기억이 안 나고 틀린 것만 공부해서 잘 아는 것 같아요."
옆에 있던 현민이가 약 올리고 있다.
"지나간 것은 지나간 대로~ 이 노래 몰라?"
"제발 오늘 과학 선생님 지각해라~"

오늘 아침에 아이들이 교실 앞에서 뒤까지 농구 골 넣기 연습을 하고 있다. 그 골을 방해하기 위해 남자아이들이 골대를 장악하고 있는데. 1학기에 참 많이 하던 놀이인데. 골 넣기는 쉽지 않다. 그 장벽을 뚫을 수는 없나 보다.

수능일이라 10시부터 시작해 오늘은 쉬는 시간이 없다. 점심시간도 40분. 수업시간을 1시간 줄여서 운영하는 줄 알았는데 그게 아니었다. 아이들이 힘들어해서 오늘은 수업시간을 조금씩 줄였다. 아이들은 이런 게 상대성이론이라는데. 말이 착착 감겨 온다.

1교시	2교시	3교시	점심	4교시	5교시	6교시 (동아리)
10:00~10:40	10:40~11:20	11:20~12:00	12:00~12:40 (40분)	12:40~13:20	13:20~14:00	14:00~14:40

교실에 장어 4마리가 돌아다닌다. 아이클레이로 만든 모양인데.

"이 장어들 제가 다 만들었어요. 그래서 준혁이, 규현이 한 마리씩 줬어요."

"나중에 우리 만나서 장어 사 먹기로 했어요."

"뱀 아니었어? 어제 봤을 때 분명 뱀이었는데. 언제 만나기로 했는데?"

"술 마실 나이쯤 되면 장어집에서 한잔하기로요."

국어시간이다. 백범의 〈내가 원하는 우리나라〉라는 글을 읽고 우리도 내가 원하는 우리나라를 주제로 글짓기를 했다. 아이들은 백범일지에 나오는 문투를 제법 흉내 낸다.

나는 우리나라가 쓰레기를 줍진 못할망정 길거리에 쓰레기를 버리는 사람이 없는 나라가 되길 원한다. 나라의 주인이 우리인 만큼 우리가 우리나라를 잘 가꾸어야 된다고 생각한다. 아름다운 우리나라! 아름다운 우리가 아름답게 가꾸자.

나는 우리나라가 그 어느 나라도 넘보지 못할 만큼 강하고 당당한 나라가 되었으면 한다. 우리는 항상 주변 나라들에게 흔들리곤 하였는데 다시는 반복되지 않으면 좋겠다. (항상 흔들리는 건 아닌 거 같은데?)

나는 우리나라가 여러 나라와 친하게 지내고 다양한 나라와 친분이 있는 나라였으면 좋겠다. 발이 넓은 사람은 도움 받을 사람도 많다. 또 옆에 도와줄 사람이 많으면 많을수록 편해지는 것처럼, 우리나라도 발이 넓은 나라가 되어 교류할 곳도 많아지고, 도움 받을 나라가 많은 인기 나라가 되면 좋겠다. (방탄급 인기 나라!)

나는 우리나라가 가장 강한 나라가 되길 원한다. 강한 나라가 되면 우리나라를 만만하게 보는 나라들도 없을 거고 할 말을 참기만 하진 않고 할 말도 대부분 다 할 수 있을 거 같아서 우리나라가 가장 강한 나라가 되기를 원한다. 강한 나라가 돼서 과거에 일본이 우리나라에게 했던 짓을 2배로 복수해 주고 싶지만 똑같이 하면 일본과 똑같은 나라가 되는 것이기 때문에 똑같이 하지는 않겠지만 일본이 우리나라에 다시는 그런 짓을 못 하게 해 주고 싶다. 우리나라가 가장 강해지면 힘이 없는 나라나 옛날의 우리나라와 비슷했던 나라들을 도와주고 싶다. (이 글은 복수심에 불타는 사나이 같은데? 저 여자인데요.)

나는 우리나라가 세계에서 가장 아름답게 야구를 하는 나라가 되기를 원한다. 야구 경기를 1등 하는 나라를 원하는 것은 아니다. 내가 남의 반칙에 가슴이 아팠으니, 우리나라가 반칙하는 것은 원치 아니한다. 우리의 야구 실력은 충분히 상위권에 위치할 만하고, 우리의 응원은 상대의 기를 누를 만하면 족하다. 오직 한없이 가지고 싶은 것은 아름다운 경기를 하는 힘이다. 아름답게 경기를 하는 힘은 우리 자신을 행복하게 하고, 나아가서 남에게도 행복을 주기 때문이다. 지금 선수들에게 부족한 것은 실력도 아니고 응원력도 아니다. 바로 아름답게 경기를 할 수 있는 힘이다. 예를 들어, 경기 도중 상대방이 기분 나쁜 일을 해도 화를 참으며 경기를 이어 나가는 것이 아름답게 경기를 할 수 있는 힘! 경기가 끝나고 예를 갖추며 인사하는 것도 아름답게 경기를 치를 수 있는 힘에 해당된다. 그래서 앞서 말했듯이 우리는 아름답게 경기를 치를 수 있는 힘이 필요하다. (최고의 작품! 극찬!)

나는 우리나라가 축구를 잘하는 나라가 아닌 축구를 좋아하고 즐기는 나라가 되길 원한다. 물론 축구를 잘하는 나라도 좋지만 이보다 중요한 건 축구에서 느끼는 행복과 즐거움이다. 또 나는 축구를 좋아하고 즐기는 나라가 된 후에는 학생을 위해 축구를 할 수 있게 방학을 늘려 주었으면 한다. 마치 브라질처럼 말이다. 그럼 그 어느 나라도 부럽지 않게 될 것이다. 즐기는 자를 이길 수 없다는 말이 있듯이 말이다. 하지만 나의 진짜 꿈은 월드컵 우승이다. 축구를 즐기면 잘하는 건 시간문제라 생각한다. (방학을 늘려주면 우아! 너 80살이 되는 해에 우승하면? 우리 죽기 전에 우승이 이뤄질까?)

나는 우리나라가 전 세계 국가들 중에 문화가 대중화되었으면 좋겠다. 우리는 우리나라 고유의 한글과 다양한 옛날 발명품들도 많지만, 현재 우리는 K-POP 인기가 높다. 세계적으로 유명한 아이돌들! 예를 들어 방탄소년단. 그 아이돌의 유명한 곡들과 같이 모든 국가들 중에 대중문화는 월등하다고 평가받고 있다. 그리고 우리 문화의 인지도를 좀 더 높여 모두가 한국하면 K-POP이나 한글이 떠오를 수 있게.

내가 원하는 우리나라. 학교에서는 공부 말고 게임하고 숙제는 게임 키우기 시험은 게임 대결. 시간표는 1교시 브롤, 2교시 옵치, 3교시 롤, 4교시 배그 후 하교. 집에서는 말만하면 요리, 빨래, 불 끄기 등이 다 되는 집이 있는 나라. (200년을 앞서간 남자. 너 교장선생님 돼라!)

나는 우리나라가 세계에서 가장 평화로운 나라가 되기를 원한다. 가장 안전한 나라가 되기를 원하는 것은 아니다. 나라가 남북 분단으로 인하여 힘들었으니 다시는 나라가 위험에 빠지는 것은 원하지 않는다. 우리는 싸울 만큼 싸웠고 우리는 더 이상 싸우지 않고 참는 것만으로도 충분하다. 우리는 갈등이 생기면 전쟁으로 풀지 않고 대화의 힘으로 해야 한다. 대화의 힘은 나라 간을 행복하게 하고 세계 전체를 행복하게 해 줄 수 있기 때문이다. 지금 우리에게 가장 중요한 것은 경제, 정치가 아닌 평화이다. 이 평화만으로도 인류가 살아가기에 넉넉하다.

나는 우리나라가 세계에서 가장 맛있는 것을 많이 먹는 나라가 되기를 원한다. 뚱뚱해져서 비만이 되는 것이 아니라 맛있는 걸 많이 먹고 운동도 해서 건강하게 살이 찌는 나라가 되었으면 좋겠다는 것이다.

나는 우리나라가 세계에서 가장 체육을 많이 하는 나라가 되길 원한다. 체육을 가장 잘하는 나라가 되길 원하는 것은 아니다. 내가 체육 취소에 가슴이 아팠으니 우리나라가 체육을 더 하는 것을 원한다. 우리의 행복은 우리 생활에 체육을 늘리는 것이고 우리의 힘은 체육 취소를 막을 만하면 족하다. 오직 한없이 체육 하고 싶은 것은 높은 의지의 힘이다. 의지의 힘은 우리 반을 행복하게 하고 나아가 다른 반도 행복을 주기 때문이다. 지금 인류에게 필요한 것은 공부도 교과서도 아니다. 공부의 힘은 아무리 많아도 좋으나 우리 반 전체로 보면 지금 공부 실력으로도 편안히 살아가기 넉넉하다. 우리 반이 현재 불행한 이유는 피구가 부족하고 야외활동이 부족하고 자유가 부족하기 때문이다.(이 글을 읽고 나의 초등학교 6학년 시절. 비 맞고 축구한 후 라면 먹은 이야기를 해 주었다. 국물이 피를 타고 온몸으로 퍼지는 느낌을 말해 주었다! 우리도 비 맞고 라면 먹어요! 요즘 그러면 바로 신고 전화 올걸. 애들이 비 맞으며 축구한다고.)

나는 우리나라가 세계에서 가장 밥을 행복하게 먹는 나라가 되기를 원한다. 아이들이 행복하게 밥을 먹으면 당연히 아이들이 더 행복해 보인다. 그리고 행복한 이 아이를 보고 있으면 자신도 덩달아 행복해질 것이다. 물론 사람들마다 행복의 기준은 다르다. 우리나라는 156개국 중 세계 행복 지수가 57위이다. 하루 세끼를 행복하게 먹어(맛있는 걸로) 시간을 행복하고 밝게 만들었으면 좋겠다. (아이들이 공감을 많이 한 글이다. 아하!)

나는 우리나라가 깨끗한 나라가 되었으면 한다. 왜냐하면 요즘 길거리에 쓰레기도 많고 분리수거 안 하고 가는 사람들도 많아서 깨끗하고 아름다운 나라가 되었으면 한다. (이 글은 양념이 좀 부족! 이 글은 생면 같아요. MSG 투척해야 해요!)

내가 원하는 우리나라는 축구 경기를 이기기 위해서 싸우면서 한다거나 게임에 목숨 걸지 않고 안전과 재미를 위해서 아름답게 축구를 하는 것이다. 왜냐하면 게임에 목숨을 걸고 너무 승부욕이 강하면 서로의 사이도 안 좋아지고 점점 경기가 거칠어지기 때문이다.

나는 우리나라 경제가 아무리 약해져도 일본보다 세고 우리나라가 군사력도 다른 나라들보단 못해도 일본보다 세고 공부를 아무리 못해도 일본 애들보단 잘하고 그리고 문화 등등의 것도 다른 나라보다 약해도 일본보다 센 나라가 되었으면 좋겠다. 그렇기 때문에 나는 계속 노력하고 도전할 것이다.

나는 우리나라가 일본보다 많이 강한 나라가 되기를 원한다. 위안부 문제도 인정하지 않고 독도도 자기네 거라고 우기는 일본이 진정으로 사과하고 인정할 수 있게 우리나라가 강한 나라가 되길 원한다.

나는 우리나라가 축구를 좋아하는 나라가 되길 원한다. 가장 축구를 잘하는 나라가 되기 원하는 것은 아니다. 우리나라가 축구를 지금 못하지 아니하니 우리나라가 남의 나라 축구를 욕하는 걸 원치 아니한다. 우리나라는 지금 다른 나라와 시합하기도 족하다. 내가 원하는 것은 축구를 즐거워하는 것이다. 축구의 힘은 사람들에게 행복을 주는 것이기 때문이다.

수학시간이다. 문명과 수학 동영상 한 편을 보고 고대 이집트 사람들의 수학 사랑(?)에 대해 알아보고 현재 우리가 원 넓이 구하는 방법과 비교해 보기로 한다.

에티오피아와 우간다의 우기가 이집트인들에게 하피신이 가져다준다는 내용으로 시작한다.

"아메스라는 사람 무섭다. 눈 주위가 화장이 되어 있어."

"파라오가 자신의 이미지에 공을 많이 들이네요."

"이름이 특이해요. 아문. 아문 리."

15미터 둘레에 23미터 높이. "정말 크다."
사람의 머릿수만큼 많은 신! "이게 무슨 말이에요? 머릿수만큼 많다니요?"
하피신! 나일강의 신! "이 사람(신) 때문에 수학이 생겼다니…."
"이슬비가 땅을 좋게 만드는데. 터프한 비도 범람을 일으키고 이집트 여기 좋을 거 같아요."

달! 보름달의 넓이!로 이어진다.
"파라오의 책무가 원의 넓이를 구해야 한다는 게 웃겨요."
"파라오도 우리 같이 원의 넓이 구했네요. 그래서 일찍 죽었나?"
지름이 9케트인 원의 넓이를 구하라!
손가락 4개의 폭은 구부린 팔 길이와 비슷. 이를 규빗이라 하는데. 규빗이 100개 모인 게 케트. 결국 9 게트는 구부린 팔 길이 900개의 길이! 동영상에는 900명이 줄지어 있다.
"900명이 서로 팔을 맞대어 늘어서 있는데 저거 합성 같아요."

이집트 방식으로 지름이 9케트인 원의 넓이를 구한다. 파이값이 없다. 가로 세로가 8케트인 정사각형의 넓이가 지름이 9케트인 원의 넓이와 거의 같음에 대해 알려 준다.
"오! 진짜?"
크기가 같은 64개의 돌멩이로 8×8인 정사각형을 만든다. 정사각형 만드는 데 사용한 64개의 돌멩이로 지름이 9인 원을 만든다. 둘은 결국 넓이가 같다.
"이게 어떻게."
"신기하다. 이거. 이 사람들 대단한데."
"너희들은 이미 이 시절 서기관보다 훨씬 앞선 수학적 지식을 가지고 있어."
"이 사람들은 파이값도 잘 몰랐는데 어떻게 구했지."

리코더를 불던 한 녀석이 말한다.
"저 손가락이 작아서 도가 잘 안 잡히는데요?"
"그럼 도 불 때는 더 살살 불어."
"아! 된다."
아무 말이나 한 것 같은데 이게 솔루션이 되었다니. 하지만 우리 경란이와 지윤이의 발표회를 위한 리코더 연습 과정은 눈물겹다. 악보가 잘 안 보인다며 돋보기로 보기도 하는데.

오늘 올해 동아리 활동 마지막 시간이다.
달콤한 다락방 요리부 아이들은 기념식과 함께 과자 쫑파티를 하기로 했나 보다.

"이게 요리야?"

"아니에요. 기념식 겸해서 하는 거라 시간이 부족해서 어쩔 수 없었어요."

정말 기념식이 있다. 다락방 아이들은 서로 편지를 써 와 교환한다. 내용은 보여 주지 않아서 모르겠으나 서로 웃는 모습을 보니 낯간지러운 내용이 들어가 있나 보다. 둥글게 모여 과자를 쌓아 놓고 먹는다. 교실 뒤쪽의 교실체육부와 메이커부 아이들도 결국 과자 향을 맡고 앞으로 모인다.

"우리 사비로 사 온 거야. (우리 반 아이들은 '내 돈'이 아니라 '사비'라는 말을 자주 쓴다.)"

"쫄병스낵 3개만 줘."

"너네 입 크기가 왜 이리 크냐? 좀 조금씩 먹어라."

"스미마셍."

아이들은 과자쌈과 과자탑을 만들어서도 먹는다.

"귀여운 말 하면 과자 쌈 줄게!"

남자아이들은 한마디씩 하며 한 자리를 차지한다. 난 눈과 귀를 가렸어야 했다.

다른 과자에 비해 새우깡이 한가득 남아 있다. 새우깡을 공중에 던져 받아먹으면 무한리필이란다. 운동신경이 좋은 상진이는 무난히 성공한다. 상진이는 영웅 대접을 받으며 새우깡 무한 제공 서비스를 받는다. 10분 남기고 과자를 다 먹는다. 아이들은 모여서 마피아 게임을 하며 하루를 마무리한다.

교실체육부 아이들은 야구머신을 가지고 놀고 있다. 공을 던지는 기계 부품이 부러져 글루건으로 붙이는 대수술 끝에 이루어 낸 기적이다. 방향을 제대로 고정하지 못해 공 방향이 살짝 휘었지만 이게 더 스릴 있다는데. 기계를 부순 녀석에게 괜찮다고 했지만 미안한지 고개를 푹 숙이고 있다.

태윤이랑 은비는 타임캡슐에 들어갈 편지를 쓰겠다고 한다.

"2026년 3월 2일날 동창회 해요. 그날 타임캡슐 열어 봐요."

"난 그날 출근하는데…."

과자를 다 먹은 남자 아이들이 10분을 남기고 골프 프로그램 좀 돌려 달란다. 몇 번 못 칠 텐데…. 그래도 켜 달란다. 남자 아이들이 멀리 치기 경기를 하나 보다. 과자를 먹어 힘이 난다며 220미터나 날리는 녀석도 있다. 한 녀석은 다른 친구의 탄두가 낮다며 스윙 폼을 고쳐도 주는데. 선무당이 사람 잡는다고 바뀐 폼으로 치던 아이가 허리가 좀 아프다고 한다.

11월 15일 금요일

오늘 아침 교실이 허전하다. 저학년 아이들에게 스토리텔링(책 읽어 주기) 봉사하러 간 효은, 민준이는 8시 30분에 출발하고 전교 임원 회의를 하러 주희, 류경, 준호 세 녀석이 출발한다. 류경이가 전교 회의에 같이 따라가는 사람은 떡볶이 같을 먹을 기회를 준단다. 은비가 냉큼 따라 간단다. 구경하러! 오늘 아침은 체험학습 1명에 지각 2명. 아이들이 절반밖에 없는 듯하다.

남자아이들은 요즘 장거리 골 넣기 경기를 계속하고 있다. 1학기에 무지하게도 던졌으나 다시 인기 바람이 분다. 잠시 노려보아도 태연히 웃으며 하고 있는 모습.

"그만하지?"

"선생님. 태양의 남중고도 측정하고 있습니다. 골대로 방향은 잘 맞는데 남중고도가 안 맞아서 골이 안 들어가네요."

남중고도라는 말에… 졌다.

연일 비가 내린다. 어깨가 찌뿌둥하다며 날씨 탓을 한다. 웃긴 녀석들이다.

1교시에 수학능력시험 국어 문제 1쪽 지문을 같이 읽었다. 아이들이 생각보다 반짝반짝 눈빛으로 글을 읽는다. 문제는 풀지 않았지만 빨리 읽은 녀석들은 1번 문제를 맞혔다며 좋아하기도 한다. 결국 독서의 중요성으로 귀결된다.

"오늘 당장 책을 봐라. 읽고 싶은 책 아무것이라도 좋으니 오늘부터 당장 시작이야."

독서! 독서! 독서! 귀에 딱지 내릴 정도로. 한참을 나 혼자 떠들었더니 뭔가 감명(?)받았나 보다. 하품을 길게 한다. 눈도 토끼처럼 빨개진다.

"저희 잘되기 바라는 마음이시죠?"

"제가 대통령 되면 잘해 드릴게요. 그리고 책 꼭 읽을게요."

5분만 잔소리할걸 그랬다.

오랜만에 중청소의 시간을 가진다. 중청소라는 말에 안도하고 있는 아이들. 사실은 대청소에 가까운 시간인데. 한 녀석의 사물함은 우유와 가정통신문을 토해 낸다. 그 안에는 유통기한이 한 달은 넘은 우유, 가정통신문과 학습지 뭉치, 쌀알, 곰팡이가 낀 슬라임 뭉치, 검게 변한 칫솔도 나온다. 3월 22일 자료도 나오고 1학기 시험지도 나온다.

효은이는 책상에 붙어 있는 풀칠 흔적을 가위로 세심히 긁어 없앤다. 결국 말끔히 정리하는 효은이! 한참 청소에 열을 올리고 나서야 초겨울 바람이 차다는 게 느껴진다. 창문을 계속 열어 놓았구나….

한 녀석은 청소 와중에도 여유가 가득이다.

"너도 나랑 똑같구나. 너도 정리 정말 안 하네."

"근데 오늘 엄마한테 선생님이 숙제 내 줘서 네이버 켜야 한다고 하고 웹툰 봐야지. 이거 괜찮지?"

내 쓰레기통을 비우려는데 한 녀석이 말한다.

"선생님. 커피 너무 많이 드시지 마세요."

"커피 껍질이 너무 많아요."

"너희 때문에 그렇잖아? 각성 효과!"

"각성이 뭐예요? 저희가 왜요?"

컴퓨터 시간에 나만의 색 만들기를 했다. RGB를 설명하는 데 족히 10분은 걸린 듯하지만. 레드, 그린, 블루의 조합으로 색을 만드는 과정은 이해한다. 역시 우리 반 아이들의 창의성! 남다르다.

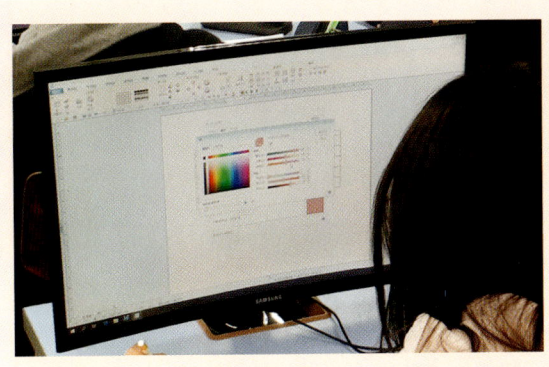

색 이름	색	레드	그린	블루
화가 난 흰색		220	220	220
새파랗게 질린 보라색		202	86	167
말랑말랑 노란색		233	174	43
미끄러질 것 같은 하얀색		255	255	255
편안한 초록색		53	135	145

- 오늘 준혁이의 옷 색은 화가 난 흰색이에요.
- 저희 누나가 새로 산 옷이 새파랗게 질린 보라색이었다.
- 저희 할머니 댁 집 앞 강이 어니까 미끄러질 것 같은 하얀색이 나타났다.
- 사촌 오빠가 산 필통색이 편안한 초록색이었어요.

색 이름	색	레드	그린	블루
썩은 바나나색		172	122	18
슈팅스타색		206	222	239
원숭이색		86	75	39
밤나무색		110	50	50
목에서 피나는 기린색		172	39	39

- 썩은 과일이라고 하면 썩은 바나나색이 생각난다.
- 내가 제일 좋아하는 아이스크림은 슈팅스타다.
- 내가 제일 좋아하는 동물은 원숭이다.
- 나는 나무 중 소나무랑 밤나무를 제일 많이 봤다.
- 목에서 피나는 기린색은 뭐 재미있는 게 없을까 생각하며 만들었다.

색 이름	색	레드	그린	블루
준우 머리색		248	230	102
소나무색		167	8	28
민들레씨색		237	231	231
라임색		111	250	100
심해아귀 불빛색		113	200	247
특) 14일 썩혀 놓은 포도색		82	7	132

- 오늘 준우의 옷은 준우 머리색이었다.
- 우리 학교 컴퓨터 벽장은 소나무색이다.
- 반투명창문은 민들레씨색이다.
- 어제 나온 드라마에서 주연 배우의 바지 색은 라임색이었다.
- 큐브 색이 심해아귀 불빛색이었다.
- 특) 어제 사랑이가 집에 페인트를 했는데 14일 썩혀 놓은 포도색이었다.

색 이름	색	레드	그린	블루
썩어 문드러진 고구마색		49	8	55
친구한테 밟혀서 멍든 발색		30	61	117
졸려 죽을 것 같은 김주희색		171	15	171
힘드신 선생님색		154	90	90
스펀지가 빠져나오기 일보 직전인 피구공색		172	0	255

- 저번 냉장고에 썩어 문드러진 고구마가 있었던 게 기억나서.
- 어제 합기도장에서 친구한테 발을 밟혔는데 멍 색깔이 특이해서.
- 지금 졸려 죽을 것 같아서.
- 선생님의 시그니처 컬러는 감자색이어서.

색 이름	색	레드	그린	블루
에메랄드 바다색		106	215	224
진흙 같은 갈색		111	103	103
멍든 자두색		158	43	43
형광 주황 펜		255	107	27
더러워진 가지 필통색		115	66	148

- 여행 갔을 때 바다색이 에메랄드색이었다.
- 내 상자의 색은 진흙 같은 갈색이다.
- 자두나무 아래에 자두가 떨어졌다. 그 자두는 멍든 자두가 되었다.
- 나는 책에 표시를 할 때 형광 주황색 펜을 쓴다.
- 내 필통은 더러워진 가지색 필통이다.

색 이름	색	레드	그린	블루
황금 바나나색		242	225	12
검은 똥색		95	80	65
푸른 청색		124	187	249
먼지색		194	192	188
누런 살구색		237	237	166

- 엄마가 바나나를 사왔다. 색이 황금색이었다.
- 으악~ 똥 마려! 뿌직 검은 똥이다.
- 주말 아침 하늘이 푸른 청색이다.

색 이름	색	레드	그린	블루
하얀 벽에 노란색 카레 무친 색		251	252	206
전등색		255	255	255
새똥에 빨간 물감 섞은 색		248	61	6
황금에 은 섞은 색		255	248	127
연필심색과 찰흙을 섞은 색		89	27	27

- 내 방 벽지는 하얀 벽에다 노오오란 카레 무친 색이다.
- 우리 집 전등색은 그냥 전등색이다.
- 내 옷 색깔은 새똥에 빨간 물감을 섞은 색이다.
- 황금에 은을 섞은 색은 없다.
- 연필심색과 찰흙을 섞은 색은 이상하다.

색 이름	색	레드	그린	블루
많이 아픈 색		137	15	0
몽실몽실한 색		196	219	235
고궁돌색		77	26	54
열대우림색		2	80	57
제주도 감귤색		247	164	62

- 어떤 사람들이 얼굴에 페인트칠을 했는데 제주도 감귤색이었다.
- 지금 박가온이 먹고 있는 귤은 제주도 감귤색이다.
- 준호가 열대우림색이 기분 나쁘게 생겼다고 한다.

색 이름	색	레드	그린	블루
100년 묵은 치즈색		119	116	24
아바타 코딱지색		23	189	155
다 밟힌 나뭇잎색		108	14	14
오래 쓴 축구공색		188	179	179
황금 똥색		232	179	182

- 학원에 가는 길에 봤던 하늘은 100년 묵은 치즈색.
- 베라의 민트초코는 아바타 코딱지색이다.
- 소똥은 다 밟힌 나뭇잎색이다.
- 미세먼지가 많은 날 하늘은 오래 쓴 축구공색이다.
- 한 주 지난 귤은 황금 똥색이다.

색 이름	색	레드	그린	블루
해군 뱃지색		29	34	140
여권 표지색		13	94	48
핸드폰 카메라색		46	58	87
시험 볼 때 내 머릿속색		220	204	204
열정색		254	17	17

- 이번 울 누나가 새로 산 코트색은 시험 볼 때 내 머릿속색이었다.
- 군대에서 입는 군모는 여권 표지색과 유사하다.
- 내가 입은 옷의 색은 핸드폰 카메라색보다 살짝 연하다.
- 학교 배관색은 열정색이다.
- 이번에 새로 산 문제집 색깔이 해군 뱃지색이다.

색 이름	색	레드	그린	블루
빛나는 은빛 푸른 고등어색		76	91	228
손톱에 물든 연한 봉숭아색		253	145	110
꽉 찬 보름달색		214	186	128
반짝이는 우리 은하색		169	180	251
청량하고 맑은 사이다색		217	241	248

- 임현민의 필통에 고등어처럼 생긴 볼펜이 있는데 그 볼펜에서 본 색.
- 엄마의 매니큐어를 봤는데 갑자기 봉숭아 손톱이 생각나 지은 색.
- 어제 보름달을 봤는데 밝고 이뻐서 지은 색.
- 우주 책에서 은하를 봤는데 그 색이 멋져서 지음.
- 사이다가 마시고 싶어 만든 색.

색 이름	색	레드	그린	블루
황금빛깔 누런 똥색		149	142	1
케첩 묻은 흰 옷색		241	89	89
새똥 묻은 사람 피부색		36	92	3
너무 익은 홍시색		220	67	2
번개 맞은 나무색		95	67	2

- 장염 걸렸을 때의 내 똥색은 황금빛깔 누런 똥색이다.
- 급식으로 핫도그가 나왔는데 흘려서 캐찹 묻은 흰옷 색이 됐다.
- 벤치에 앉았는데 손에 새똥이 묻어서 새똥 묻은 사람 피부색이 됐다.
- 먹으려고 했는데 귀찮아서 뒀더니 감이 너무 익어 홍시색이 됐다.
- 어제 비가 왔는데 공원에 가보니 벤치가 다 젖어서 번개 맞은 나무색이 됐다.

색 이름	색	레드	그린	블루
예쁜 블루베리색		136	160	241
쭉쭉 늘어나는 맛있는 치즈색		215	241	34
맛있는 자몽색		245	105	65
삼겹살을 싸먹으면 맛있을 상추색		93	241	130
이도건 선생님 잠바색		129	61	255

- 엄마의 생일케이크는 예쁜 블루베리색이었다.
- 내가 제일 좋아하는 피자는 쭉쭉 늘어나는 맛있는 치즈색의 고구마피자이다.
- 나는 매일 아침 맛있는 자몽색의 음료수를 사 마신다.
- 내가 제일 좋아하는 색은 삼겹살을 싸 먹으면 맛있을 상추색이다.
- 이도건 선생님 잠바색은 제일 예쁘다.

색 이름	색	R	G	B
물러 터진 복숭아색		221	150	150
어피치 빵댕이색		236	207	207
체리 같은 딸기주스색		232	103	92
강아지 털이 묻은 오렌지색		171	151	117
먼지 쌓인 치킨색		181	91	31

- 베라에 갔는데 아이스크림 케잌이 어피치 빵댕이색이었어요.
- 편의점에서 마구 마구 물러 터진 복숭아 색.
- 치킨에는 먼지가 쌓이지 않는다. 이건 밥칙!

색 이름	색	레드	그린	블루
은행잎색		235	208	145
말린 장미색		191	76	63
녹차색		39	133	76
나뭇잎색		44	217	78
썩은 나무색		87	47	35

- 오른쪽 다리를 다쳤을 때 새 신발 신었는데. 안 다친 발 운동화는 하얀색이 은행잎색이 되었다. 다른 한쪽은 완전 하얀색. 패션!
- 영민이 발바닥 깁스한 색이 나뭇잎색이에요.
- 벤치 위 새똥이 굳었는데 그게 녹차색이었어요.
- 저희 강아지가 똥을 쌌는데 썩은 나무색이었다.
- 어제 친구랑 만화카페에 가서 녹차라떼를 마셨는데 색이 녹차색이었어. (당연함!)

색 이름	색	레드	그린	블루
까불다가 맞고 삥 뜯긴 바다색		34	1	83
불타는 갱년기색		242	18	24
감자스러운 이도건 선생님색		195	166	65
비가 뭔데색		50	107	115

- 웹툰에서 주인공이 깡패에게 맞는 모습이 있었는데 멍이 들어 어둡게 푸른색이 얼굴에 생겨 이렇게 만들었다.
- 넷플릭스에서 응답하라를 다시 보고 있었는데 라미란 아줌마가 갱년기가 와서 화를 바락바락 내는 모습을 보고 만들었다.
- 선생님의 감자스러움을 담아 만들었다.– 선생님이 수학시간에 매번 "비가 뭔데"라고 하셔서 당황스러운 마음을 색으로 나타냈다.

수학시간에 수학책을 활용한 레크리에이션을 했다. 이런 수학이라면 언제든 환영한다는데. 일단 지난주에 배웠던 원, 원주, 원주율에 대해 알아본다.

"원이 뭐지?"

"원은 동그라미예요."

"원은 바퀴예요."

"원은 원이에요."
"원은 1이에요."
"원은 one이에요."
"원은 돈 세는 단위예요."

우리 반 아이들이 손잡고 원을 크게 만들어 원주를 측정해 보기로 했다. 일단 눈을 감고 아이들끼리 원을 만든다. 남자아이들이 레이디 퍼스트라며 여자아이들 먼저 하라고 한다.
"이럴 때만 레이디 퍼스트래."

여자아이들이 교실 뒤편 여기저기 자리 잡는다. 실눈 뜨면 반칙이라고 강조했지만 역시나 실눈 뜨는 게 보인다. 다가가 내가 손을 높게 들자 움찔하는 녀석. 실눈 검거! 여자아이들은 손을 잡고 원을 만든다. 제법이다. 크기도 크고 비율도 좋다. 길이를 너무 어림해서 그런지 원주율이 3에 미치지 못한다.

남자아이들은 손을 잡고 팔을 최대한 늘려야 한다는 깨달음을 얻었나 보다. 근데 사실 원의 크기와 원주는 상관이 없는데. 원을 만드는 활동은 육감이 어느 정도 있어야 하는데 고래고래 소리치는 모습이 인상 깊다.
"손잡아. 나 여기 있어."

마지막은 우리 반 전체 눈 감고 원 만들기. 교실이 좁아 팔을 길게 늘이면 원이 안 만들어진다고 조언했지만…. 벽쪽에 붙어 있던 아이들 덕분에 원 모양이 어그러진다. 눈을 뜨고 확인하라고 했더니 본인들은 완벽한 원인 줄 알았단다. 정삼각형을 만들었다. 당연히 원주도 엉망이다. 원주율 측정 불가!

다음 경기는 모둠 대항 경기이다. 수학책을 바닥에 놓고 불려진 페이지를 빨리 펼치는 경기! 무작위로 펼친 페이지에서 큰 수가 나오는 경기! 펼친 페이지에서 작은 수 나오면 이기는 경기! 펼친 페이지에서 사람이 많이 나오면 이기는 경기!

첫 번째 경기는 사람이 많이 나오면 이기는 경기다. 첫 번째 주자 준혁이는 숫자가 없는 자 모양이 있는 페이지를 펼친다. 빵 명이라며 모두가 좋아한다. 차례로 아이들이 펼친다. 0명, 0명, 2명, 1명, 4명. 5모둠, 3모둠이 각각 2포인트, 1포인트를 얻는다.

다음은 큰 수가 나오면 이기는 경기다.

1, 2모둠 두 녀석 모두 6학년 2학기가 적힌 페이지를 펼친다. 3모둠은 960, 4모둠은 20,000, 5모둠은 1,000만을 펼친다. 역시 축척이 나오는 비와 비례식 단원이 큰 수 경기에는 최고다. 눈치를 챈 아이들은 큰 수를 찾는 경기라고 하면 4단원을 펼치려 손의 감각을 모은다. 본인이 공부하며 연필로 쓴 숫자도 인정된다고 하자 다음에 수학 공부할 때 무조건 큰 숫자를 써 놓아야겠다는 결연한 다짐도 보인다.

다음은 작은 수가 나오면 이기는 경기다. 이 경기는 분수와 소수 단원이 최고다. 이젠 눈치가 빨라서 알아서 분수와 소수 단원을 한 방에 펼친다. 1모둠 0.23, 2모둠 1(아! 망했다), 3모둠 1/12, 4모둠 5/8, 5모둠 0.3.

10~100쪽 중 사회자가 말한 페이지 빨리 펼치기. 첫 경기에서 무릎을 꿇고 하거나, 쪼그려 앉은 아이들 때문에 공정한 규칙을 정해야 한다며 아우성이다. 그래서 엉덩이 붙이기를 첫 번째 규칙으로. 그래도 책을 펼칠 손의 위치에 대한 항의가 들어온다. 두 번째 규칙은 양손은 두 귀를 잡고 시작! 한 녀석이 두 규칙을 합치자고 한다.

"엉덩이 잡기로 시작해요."

먼저 펼친 사람이 일어나 모둠 구호를 외치는 팀이 승리한다. 우리 주희는 첫 번째로 일어났음에도 모둠 이름을 안 외치고 좋아하다 순위가 끝으로 밀린다. 수학형 놀이인지 놀이형 수학인지 정의하기 어렵지만 재미는 있었다.

경기 중 1모둠과 3모둠은 태도로 페널티를 받아 1점씩 감점. 2모둠은 약간 좋은 태도를 받아 0.01점 가점. 2모둠 아이들이 가점이 너무 적다며 이 점수라면 안 받겠단다.
"동점인 상황이 오면 엄청 필요할 텐데? 소수점 아래라 무시하지 마!"
"맞다. 일단 주세요! 주세요!"

마지막 경기는 안 보고 교과서를 펼쳐 5의 배수 페이지 찾기. 88쪽, 32쪽, 60쪽, 60쪽, 20쪽. 이젠 정말 손이 감각적으로 찾아가나 보다.

최종 성적! 1모둠: 9점(감점 -1점) / 2모둠: 6점(가점 +0.03) / 3모둠: 9점(감점 -1점) / 4모둠: 7점 / 5모둠: 7점.
1, 3모둠이 동점인지라 각 모둠 대표 은비와 현민이가 에이스 결정전을 한다. 은비의 승리로 우승팀은 가려졌지만…. 4위(공동 꼴찌)를 수상한 2모둠 아이들이 두 손을 번쩍 들며 우승자 세리머니를 한다. 이건 우기기 우승이라는데.

점심 먹고 올라오니 책상을 밀고 역시나 피구 경기를 한다. 오늘도 학급 DJ가 음악을 틀어 놓고 신나게 경기를 한다. 책상 틈 사이로 들어가 몇몇 여자아이들은 사회시험 준비를 한다.
"그냥 같이 피구하자."
"그럴까? 말까?"
"아! 갈등이다. 시험이냐. 피구냐."
치키치키차카차카초코초코초. 오늘 이 반복적인 노랫말을 많이 한다. 좀 시끄럽지만 그것도 DJ의 권한인지라.

피구 경기가 끝나고 10분 남은 점심시간. 남자아이들이 교육활동 발표회 연습 겸해서 춤을 춘다. 그걸 구경하는 한 여자아이가 진심을 담은 칭찬을 한다.
"너네 진짜 잘한다. 이대로만 해."

5교시가 끝날 무렵 우리 반 영화 촬영을 위한 영화팀을 조직했다. 6교시가 사회시험임에도 팀이 만들어지자마자 모여서 대본 회의를 한다.

아이들은 이럴 때 보면 천생 아이들이다. 서로 영화감독을 하겠다며 말다툼하는 모습에. D팀 아이들은 앞쪽에 모여서 한참을 이야기한다. 겨우 팀만 짰는데도 이렇게 행복해하다니. 영화 제작이 뭔지 벌써 제작비 걱정을 하는 아이들도 보인다. 영화 발표는 12월 24일 크리스마스이브에 하기로 했다.

A	상진, 연수, 영민, 효은, 태윤
B	인해, 서준, 현민, 백하, 주희
C	준혁, 준호, 규현, 은비, 류경
D	준우, 민준, 지윤, 경란, 승은

11월 18일 월요일

 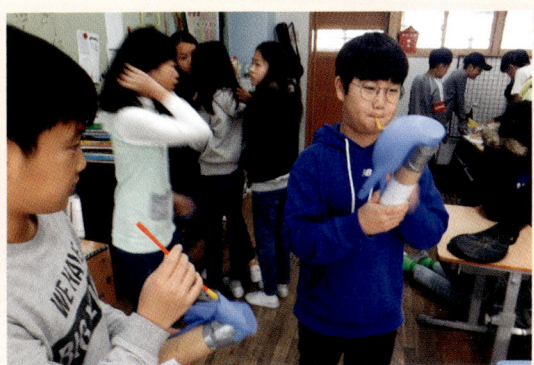
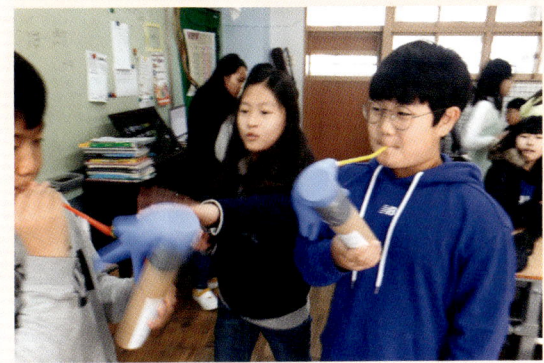 

어제 과학관에서 만들어 온 호른을 아이들에게 불어 보라고 했다. 배 힘이 얼마나 좋은지 고무가 아니라 울림통이 떠는 게 보일 정도이다. 두 녀석은 하나 둘 셋에 박자를 맞추어 합주를 하기도 하는데. 기차 소리, 뱃고동 소리라며 교실 여기저기 돌아다닌다. 쉬는 시간이 계속되기를 바라는 마음에서 연주한다는데.

벌써 자리 바꾸는 시간이 돌아온다. 또 2주가 지났는지. 발표자 뽑기로 자리를 바꾸었다. 여자애들 뽑을 차례에 클릭 미스가 났다. 이런! 아이들이 이러면 주작 같다며 처음부터 다시 시작하자고 한다. 이미 좋은 짝이 된 한 녀석은 "이렇게 내 운명이 달라지는구나"라며 먼 하늘을 보고 있다.

"분명이 오늘 아침에 엄마가 처음 나오는 대로 가야 풀린다고 했는데. 이미 두 번째 길로 갔네요."

내 앞자리에 걸린 여자아이가 짐을 다 정리하고 말을 건넨다.

"선생님은 복 받으신 거예요. 이제 제 애교를 매일 아침 보실 테니까요?"

짝인 준우가 말한다.

"근데 나는 왜 봐야 하는데?"

"선생님. 비광 아세요?"

아이들이 들고 있는 작은 손난로에 비광이 그려져 있다. 그 옆에 있는 녀석은 똥광이라며 내게 손을 내민다.

"너희 비광 똥광 이거 아냐? 어떻게 아냐?"

"맨날 하는 거 보는데요. 이런 걸 경험에 의한 공부라고 한답니다. 인지라고요."

말하는 수준 보소! 인지 학습이라는 말이 나왔으면 더 놀랄 뻔했다.

"저는 우리 할아버지랑 민화투도 쳐봤는데요. 광이 좋은 건 알아요."

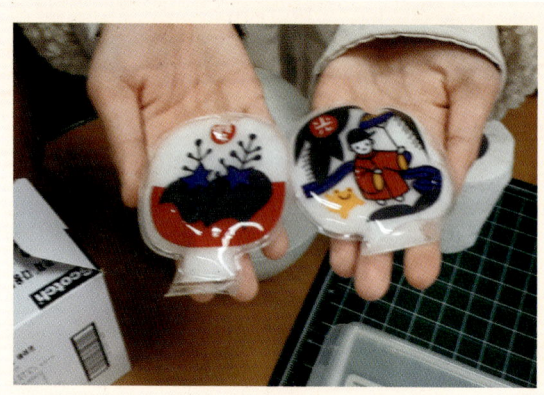 

영민이가 유럽 축구 체험학습을 다녀왔다. 출국 전날 발목에 실금이 갔는데 휠체어와 목발의 도움을 받아 무사히 다녀왔단다. 인기 스타답게 교실에 들어오자마자 아이들이 몰려든다. 다른 반 아이들까지도.

"너 간 사이에 팀 바뀌었어."

"너 없으니 우리 팀이 밀리더라. 빨리 돌아와 줘."

"근데 나 앞으로도 2주 동안 체육 못 해."

영민이가 오니 한결 아이들 분위기가 정겹다. 남자아이들이 둥글게 모여 서로 이야기 나누는 모습에 진한 그리움의 정이 느껴진다. 목발 짚고 걸어도 줄지 않은 영민이의 스피드. 영민이랑 화장실에 같이 갔다 오는데 내 걸음보다 더 빠르다. 목발 짚고 달려도 우리 반 중위권은 할 듯하다는 아이들의 평.

"유럽 가서 개과자 먹었어?"

"아니."

"기억에 남는 것 3가지만?"

"황희찬 본 거. 홀란드 해트트릭한 거. 다리 다쳐서 축구 못 하고 땅만 밟다 온 것."

"유럽 어디 갔어?"

"슬로베니아, 크로아티아, 오스트리아, 그리고 런던 잠깐."

"황희찬 실물로 봤을 때 어땠어?"

"피부가 생각보다 좋았고 생각보다 친절했어."

"우리한테 줄 간식은?"

"샀는데 어제 다 먹었어."

"진심이야?"

"아니."

"비행 시간은?"

"갈 때 13시간. 올 때 3시간."

"3시간?"

"아니 런던 경유했는데 런던에서 10시간. 총 13시간."

"홀란드 어땠어?"

"홀란드 생각보다 키 크고 덩치 컸는데… 못생겼어."

"우리 학교 친구들만 갔어?"

"다른 학교 친구들도 갔어. 축구부 애들 관리해 주는 분 인맥으로."

"런던 갔는데 뭐했어?"

"거기는 공항만 둘러본 거라 잠깐 있었어."

"하루 종일 목발 짚고 다녔어?"

"목발 짚고 진짜 귀찮을 때 휠체어도 타고."

"기억에 남는 음식은?"

"맨날 스프 먹었는데. 정말 맛없었어."

"시차는?"

"8시간. 그래서 지금 엄청 졸려."

영민이는 어제 귀국했다고 한다. 역시 수업을 시작하자 영민이가 멍해 보인다. 시차 적응이 안 된다며 좀 피곤하다고 한다. 당연하지! 하지만 쉬는 시간에 목발을 짚고 금 간 발로 공 트래핑 연습도 한다. 교실에서 축구하는 생각을 유럽에서 많이 했단다. 역시 공을 다루는 감

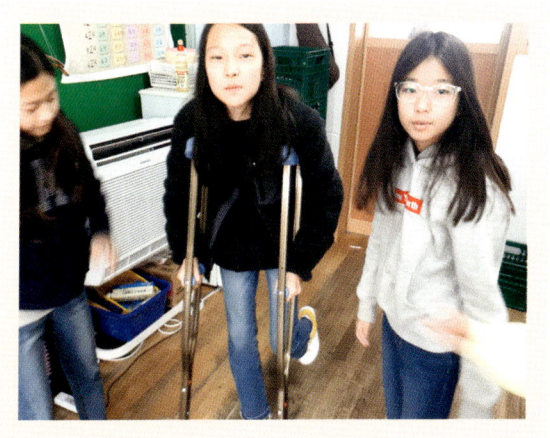

각이 살아 있다. 발바닥으로 공을 긁어내는 모습에서 여유가 느껴진다. 나중에 우리 반이 축구하게 되면 골키퍼라도 하고 싶다는데. 그리고 야구도…. 목발로 공을 쳐내고 싶다는데.

"영민아. 나 목발 체험 좀 해 보자."

"나도 체험해 보자."

이것도 줄을 선다.

태윤이가 머리를 예쁘게 하고 왔다. 아이들은 메이플스토리 게임 캐릭터를 닮았다고 하는데 그 게임에 워낙 캐릭터가 많아서 잘 모르겠다.

"태윤아. 머리 정말 이뻐."

방긋 웃으며 "고맙습니다"란다. 남자아이들은 찰리와 초콜릿 공장에 나오는 아저씨 같다는데. 이건 좀.

여자아이들이 쉬는 시간에 과자를 새끼손가락에 꽂고 이정현의 노래를 부른다. "설마했던 니가 나를 떠나 버렸어!" 그 리듬에 나도 몸이 와리가리!

 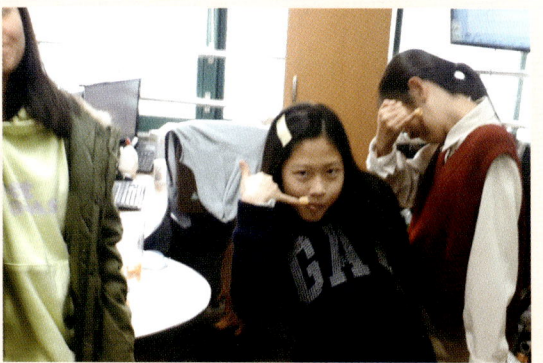

수학시간이다. 지난 시간에 교실에서 인간 원을 만들어 원주율을 공부했었다. 오늘은 당연히 교과서로 알아본다. 원의 지름에 대한 원주의 비율을 원주율! 아이들에게 원주율이 뭐냐고 물으면 그냥 3.14란다. 원주율이 '원주와 지름의 비율'이라며 다시 설명해 주었지만 이건 시험에 안 나오는 거라는데. 시험에 안 나와도 개념은 정확히 알아야지. 우리도 나만의 비율을 하나씩 만들어 보기로 한다.

공부율(6)	거짓말 횟수에 대한 공부 시간의 비율(거짓말 5번 하면 공부 시간 30분)
	10번 거짓말하면: 10 × 공부율(6) = 60분
버블율(1/4)	버블티 양에 대한 타피오카펄 양의 비율(버블티 200ml당 타피오카펄 50g)
	버블티가 500ml면: 500 × 버블율(1/4) = 125

정체주율(정해진 체육 주당 비율, 0.069)	일주일의 총 시수에 대한 정식 체육시간의 비율(일주일 체육시간 2시간, 일주일 총 시수 29시간)
	1,000번의 수업시간이 있다면 체육 하는 시간: 1000 × 정체주율(0.069) = 69
사과율(2/3)	먹은 사과에 대한 웃음수치의 비율(사과 3개를 먹으면 웃음수치가 2배 올라간다.)
	사과 9개를 먹으면: 9 × 사과율(2/3) = 6배
자본취득율(20)	사격시킨 발에 대한 게임머니의 비율(사격시킨 발: 5발, 게임머니: 100$)
	20발을 쏘면: 20발 × 자본취득율(20) = 400$
용돈율(5)	집안일 돕기에 대한 용돈의 비율(집안일 돕기 20분, 용돈 100원)
	집안일 60분을 하면: 60 × 용돈율(5) = 300원 (이 정도면 너무 적은 거 아닌가!)
고양이율(1/12)	수학 쌤과의 공부 시간에 대한 고양이 보는 비율(수학 쌤과 120분 공부하면 10분 동안 고양이를 본다.)
	4시간 수학 쌤과 공부하면: 240 × 고양이율(1/12) = 20분
행복율(1/50)	내 행복지수에 대한 체육 횟수의 비(체육을 한 시간 할 때마다 내 행복지수는 50씩 올라간다.)
	행복지수 100을 올리려면: 100 × 행복율(1/50) = 2시간 체육
코피율(1/3)	코 파기에 대한 코피 나오는 시간의 비율(코 15번 파기, 코피 5분)
	코를 90번 파면: 90 × 코피율(1/3) = 30분(이건 과다출혈)
쭈꾸율(20)	지윤이가 마빡 때리는 시간에 대한 주희가 귀여워지는 시간의 비율(지윤이가 주희 마빡을 3번 때릴 때마다 60분 동안 주희가 귀여워지는 마법이 일어난다.)
	마빡을 6번 때리면: 6 × 쭈꾸율(20) = 120분 귀여워짐
백소율(1)	시험 100점 맞은 횟수에 대한 소원권의 비율(시험을 100점 맞을 때마다 소원권 1개씩 번다.)
	4과목 백점: 4 × 백소율(1) = 4번 소원권
떠뜰율(13/2)	선생님이 말하는 시간에 대한 우리가 말하는 시간의 비율(선생님이 2번 말할 때마다 우리가 13번 말한다.)
	선생님이 4번 말하면: 4 × 떠뜰율(13/2) = 26번 떠듦.
콧구멍율(20)	시간에 대한 선생님이 콧구멍을 벌렁이는 횟수의 비율(5초마다 콧구멍이 100번 움직인다.)
	1초 동안 얼마나 벌렁이나?: 1 × 콧구멍율(20) = 20번(이건 불가능…)
스티커율(1)	영어시간 별이 모이는 숫자에 대한 한 모둠 스티커의 비율(영어 시간에 별이 하나 모일 때마다 모둠 스티커가 하나 올라간다.)
	별 8개 모으면: 8 × 스티커율(1) = 8

지규율(0.3)	지윤이가 귀여워질 때마다 심쿵사(지윤이가 귀여워지는 시간 100분, 심쿵사 30분)	
	200분 동안 귀여워지면: 200 × 지규율(0.3) = 60분	
은예율(0.35)	은비가 이뻐질 때마다 심장마비 걸리는 비율(은비가 예뻐지는 시간 100분, 심장마비 35분)	
	200분 예뻐지면: 200 × 은예율(0.35) = 70분	
방구율(0.6)	말린 고구마 먹은 횟수에 대한 방구 횟수의 비율(말린 고구마 5개, 방구 3번)	
	말린 고구마 10개를 먹으면: 10 × 방구율(0.6) = 6번 방구	
변비율(2)	먹은 고구마 양에 대한 화장실 앉아 있는 비율(고구마 5개, 화장실 앉아 있는 시간 10초)	
	고구마 10개를 먹으면:10 × 변비율(2) = 20초 응가!	
칙율(0.04)	치킨쿠폰에 대한 치킨 개수에 대한 비율(치킨 쿠폰 25장마다 치킨 1마리 공짜)	
	50장 모으면: 50 × 칙율(0.04) = 2마리 공짜	
게임율(3)	공부 시간에 대한 게임 시간의 비율(공부 시간 60분, 게임 시간 180분)	
	120분 공부하면: 120 × 게임율(3) = 360분 (좋겠다!!!)	

오늘 도덕시간에는 무조건 칭찬의 시간을 가졌다. 칭찬하는 내용을 무기명으로 적어 내라고 했더니 사연들이 많기도 하다. 의외로 자신을 칭찬한 아이들이… 너무 많았다. "나 맞어? 나한테 왜 그러는데?" 본인 이름이 나오면 얼굴이 빨개지는 녀석도 보인다.

주희는 친구들 기분을 좋게 해 준다. 요리부 준비물을 지윤이가 많이 잘 가져온다. (하지만 학교에 놔두고 간다.) 나는 예쁘고 착하고 기염뽀딱하고 완벽 퍼펙트하다.

현민이는 친구들을 잘 도와준다. 연수는 사과가 빠르다. 준혁이는 재미있는 장난으로 친구들을 웃게 해 준다. 서준이는 친구들과 같이 잘 논다. 준호는 회장으로서 역할을 다한다. 영민이는 개그 짱. 판단력이 좋다. 준우는 말을 잘 들어준다. 규현이는 절제를 잘 한다. 은비는 배려를 잘한다. 나는 친구와 잘 어울린다.

나는 게임을 잘한다. 사격을 잘한다. 많이 웃는다. 축구를 잘한다. 놀이기구를 잘 탄다. 과일을 잘 먹는다. 불닭볶음면도 잘 먹는다.

지윤: 이쁘구 귀엽다. 성격도 좋고 활기차서 친해지길 잘한 것 같다. 울 손자!
규현: 이쁘고 귀엽다. 속도 깊구… 흐헿 역시 배큐. 손녀
효은: 진짜 성격도 좋고 예쁘고 예쁘고 예쁘다. 울 갱애쥐.
경란: 완전 착하다. 귀엽기까지. 역시 계란이. 우리 고모.
승은: 승은이는 쾌활하고 귀엽다. 더 친해지고 싶은 사람 중 한 명.

은비: 끼야아아아아악. 왜 이리 귀엽구 이쁘냐. 울 한쪽거리 비주얼센터.
류경: 내가 편한 친구 중 하나. 말을 털어놓기 쉽다. 고민상담 딱 좋은 친구.
백하: 울 언니. 귀엽다. 그리고 큰 손!
태윤: 붙임성이 좋다. 그리고 물고기 황태^^

주희: 늘 둥근 말투로 받아 주고 칭찬을 잘 해 준다.
은비: 항상 배려해 주고 먼저 양보해 준다.
영민: 분위기를 이끌어 주고 상황파악을 잘 해 준다.
준호: 양보도 잘하고 항상 웃으면서 대답해 준다.
규현: 너무 이쁘다. 나보단 많이 아니지만.

박경란을 칭찬합니다. 항상 날 기다려 주고. 소소한 장난도 다 받아 주고 항상 예뻐해 준다.

현민: 웃기고 밝다. 연수: 웃기다. 준혁: 웃기다. 류경: 감성이 아주 풍부하다. 은비: 은근 속이 깊다.

나는 활기차고 매력이 있다. 서준이는 잘생겼다. 준호는 친구들을 잘 챙겨 준다. 연수는 친구들과 잘 놀아 준다. 영민이는 진짜로 친구들과 잘 논다.

주희님은 책임감이 많이 있고 어떤 친구들이든 친하게 지내려고 해서 칭찬합니다. 우리 반은 항상 밝게 지내려고 하는 점을 칭찬합니다. 특히 나… 지윤님은 밝고, 솔직하고, 언제나 힘을 내는 점에서 칭찬합니다.

준호는 우리 반 회장으로서 많이 친절하고 착하다. 서준이는 항상 내 맘을 알아준다.

나는 너무 강아지 같아서 귀엽다. 류경이는 회장 되서 많이 애쓰는 것 같고 고생 많이 하는 것 같다. 우리 긴목 파이팅! 주희는 전교 부회장이 돼서 이리저리 힘들게 학교 일하고 친구들이랑 잘 지낸다.

나는 상상력이 좋고 친구를 많이 도와주고 있는 것 같다. 나는 인정을 잘한다. 우리 반 남자는 잘생겼다. 우리 반은 피구를 너무 잘한다. 우리 반은 단합력이 좋다. 가끔 많이 싸우지만.

현민이는 친구의 말을 잘 들어주고 고민을 해결해 준다.

우리 반 애들이 다 활발하고 흥이 넘치는 것 같다.

이어서 참회의 시간도 가진다. 참회의 시간이라도 분위기는 그다지 무겁지는 않았고 많이 웃었다.

○○이 빼빼로를 몰래 하나 먹었다. 내가 너무 예뻐서. 반성. (이건 참회까지는 아니잖아!)

요즘 기분이 나빠 욕을 하는 경우가 많이 생겼다.

난 너무 덜렁거린다. 계속 잊어버리는 기분. (이건 괜찮아. 그대로 살아라!)

기분이 매우 나빴을 때 가끔 욕이 튀어 나오려고 한다. 욕을 너무 많이 한 것 같아서 반성 중이다. (이제 욕 좀 줄여야지!)

수업 시간에 집중을 잘 못한 것 같습니다. (저… 욕… 좀 했습니다.)

수업시간에 집중을 안 하고 숙제를 안 냈다. 너무 시끄러웠고 장난을 많이 쳤다. 그리고 너무 잘생겨서 친구들의 공부를 방해했다.

학교에서 욕을 많이 쓴다. 친구들을 많이 괴롭힌다. 여자애들 공을 많이 뺏는다. 피구할 때 공을 너무 세게 던진다. 수업시간에 많이 떠든다.

가끔씩 ○○님을 업어 주다가 다리에 힘이 풀려 넘어지는 바람에 아팠을 ○○님에게 미안합니다. (땡땡님이 너무 무거워서 그래요.) (이건 땡땡님이 참회를 해야.)

할 건 제대로 하지 않고 하고 싶은 것만 하고 싶어 했다. 숙제에 대해 너무 불평이 많았다. 학원 숙제는 하고 학교 숙제는 안 했다.

너무 시끄럽게 지냈다. 뭔가 반성할 게 많은데 너무 많아서(???) 기억을 못하겠어요.

나는 요즘 피구할 때 친구들 머리를 맞춘 적이 꽤 있다. 난 아주 가끔 욕을 쓴 적이 있다. 가끔 친구를 놀렸다. 가끔인지 자주인지는 모르겠다.

우리 반 전체에게 내가 장난을 많이 쳤다.

내가 좀 나댄다. 저번에 ○○이가 때려서 나도 때렸다. 저번에 ○○이에게 장난스럽게 무시한 적이 있다.

저는 욕을 많이 한다고 생각한다.

피구 할 때 흥분했던 것. 말을 상처받게 했던 것, 친구들과 뒷담화를 한 것.

은비가 어른스러운 옷을 입고 왔다. 아이들은 회사원 느낌이 든다는데. 불쑥 커 버린 은비. 뒷모습을 보니 정말 어른이라 해도 믿을 것 같다. 태윤이는 본인이 걱정이 생겼다며 말한다.
"선생님. 저 키 얼마나 될지 알아보러 병원 갔는데… 192라는데."
"헉. 너무 큰 거 아닐까. 근데. 부럽다."

교실 레크리에이션 시간을 가졌다. 실내 대장공 농구 경기. 의자에 앉아 공을 패스해 우리 편 인간 골대에 넣는 경기다.
"너무 높지 않게 던져."
"롱패스는 들어가도 파울이야. 살살 던져."
5분 정도 연습 경기를 하고 나더니 아이들이 팀마다 강력한 센터백을 한 명씩 둔다. 역시 수비라며.

축구하는 아이들이 포메이션도 잡아 주고. 이게 축구인지 농구인지 잠시 헷갈린다. 옆에서 구경하던 영민이도 하고 싶단다. 참으라고 했지만 앉아서 던지는 건 할 수 있다는데.

포장마차팀이 농구형 게임은 잘한다. 5 대 2까지 점수가 벌어진다. 패스 농구 게임이 계속된다. 수비 불안에 5점 연속 득점도 나온다. 13 대 12. 나름 경기가 쫄깃해진다.

"개인 마크 해!"

"집중해!"

"제대로 하라고!"

경기가 계속되다 보니 경기에 참여 못 하는 아이들이 보인다. 친한 아이들끼리 패스하는 모습이 보인다. 급 경기 규칙 추가! 소외되는 아이들 없이 전원 패스한 후 득점 시 주사위를 던져 추가 점수를 주기로 했다. 포장마차팀에서 전원 패스 후 득점! 주사위를 던진다. 5점! 5점을 한 번 얻고 나니 분위기가 바뀐다. 농구에서 패스 경기로! 물론 주사위 던져 1이 나온 경우도 있지만 점수가 쭉쭉 올라간다. 결국 28대 25로 경기 종료! 포장마차팀 승!

막판에 2명 싸움이 있었다. 골대 역할을 하는 아이와 최종 수비를 하는 아이 사이에서 서로 공간을 안 주려 다툰 모양이다. 경기하다 보면 일어날 수 있는 일이기에 두 명 모두 경고하는 선에서 마무리하려고 했다. 하지만 그 녀석들도 승부욕의 잔상이 남아 절제가 안 되는 상황인가 보다. 끝나고도 서로 날카로운 말들이 계속된다. 나도 화가 불같이 오르지만 참아야지. 먼 산 한 번 보고 한숨.

"너네 밥 먹고 혼날래? 혼 안 나고 밥 먹을래?"

점심 먹고 한 여자아이는 친구들을 찹쌀떡 프렌드라 부르며 그림을 그리고 있다. 이 녀석은 캐릭터 방면에 소질이 보인다. 오늘은 DJ도 없이 내 옆에 와 노는 아이들. 가위바위보 게임하고 벌칙을 받는 게임인데. 너무 소란스러워 난 잠시 밖에 나갔다 왔다.

교육활동 발표회가 이틀 앞으로 다가왔다. 5교시에 노래 연습을 한 번 했다. 정말 소리가 안 나온다. 나는 속이 타는데 이 녀석들은 여유가 넘친다.

"저희는 연습 때 못해도 실전에서 잘하거든요."
"잘못되면 그냥 애드립으로 가요."
"그래. 믿어 보자."
"얘네 노래방 가면 엄청 크게 노래 잘 불러요."
"우리도 노래방 가서 교육활동 발표회할까?"

청소시간이다. 청소하다 말고 별 말을 다 한다.
"제 발가락에 세균 드릴까요?"
"아니면 때 드릴까요?"
"나도 줄게 있는데. 내 머리 비듬 줄게. 받아."
"선생님! 아들밖에 없잖아요. 딸을 낳으면 저 같은 딸 어때요?"
"어… 한 번만 고민해 보면 안 될까."
"저 정도인데요? 고민이 돼요?"
"그래. 상당히 부정적으로 고민이 되는데."

아이들이 가고 여유가 좀 있다. 올해는 부장보직을 안 받으니 학교 일에 소외감이 조금 든다. 하지만 행복한 소외감! 학교 돌아가는 구체적인 상황은 잘 모르겠지만 아이들과 보내는 시간의 밀도는 높아진 듯하다.

아이들 일기

저번 일기 때 내가 원하던 티볼을 했다. 그럴 줄 알고 글러브도 마침 가져왔다. 내가 좋아하는 야구형 경기를 하려고 하니 신났다. 팀이 바뀌어서 상대편에 준혁이가 들어갔다. 그래서 밸런스가 맞았던 것 같다. 나는 오랜만에 쳐봐서 잘 칠 수 있을지 걱정이 되었다. 하지만 내 생각보다 잘 날아가서 다행이었다. 우리 팀은 생각보다 잘 치고 잘 막아 줬다. 점수를 너무 많이 내고 헷갈려서 몇 점인지는 못 세었지만 대충 우리가 이긴 것 같다. 그리고 오늘의 허슬 플레이상은 김주희인 것 같다. 경기 막바지에 실수 같은 실수 아닌 실수 같은 슬라이딩을 해서이다. 비록 아웃은 됐지만 큰 웃음을 선사했다. 내가 아웃을 시켰기 때문에 잘 봤었는데 미끄러진 것이지만 상당히 웃겼다. 덕분에 6학년 5반 슬라이딩 대회도 열렸으니깐 말이다. 하지만 그 슬라이딩 때문에 엄마한테 혼났다. 아무튼 오랜만에 티볼하니까 재미있었고 우리 반이 생각보다 티볼을 잘하는 것 같다. 반대항전을 해 봐도 재밌을 것 같다.

11월 19일 화요일

"오늘 엄청 좋은 날이에요."
"체육도 들었고."
"또?"
"압수당했던 폰을 다시 찾아요. 피아노 연습 안 해서 압수당했다가 이번에 돌아와요."

"오늘 비광 손난로 안 가져왔냐?"
"당연히 가져왔죠. 좀 빌려드릴까요?"
춥긴 춥다. 히터가 돌아갈 때까지는 손난로가 제격이다.
"좀 빌려줘~"

"쌤. 오늘 새벽에 눈 왔다고 하는데. 첫눈 왔는데 우리 떡볶이 안 먹어요?"
"지난번에 먹었잖아? (첫눈 온 걸 깜빡했다. 내일 새벽 배송시켜야겠다.)"
"우리 엄마가 교육활동 발표회 때 노래 잘하면 떡볶이 사주신대요."
"근데 우리. 노래로는 이미 늦은 것 같애. 그냥 크게라도 부르자."

"선생님. 교실에 옷걸이 하나 사주시면 안 돼요?"
"작년 교실에는 뒤에 옷걸이가 있었는데. 집에 있는데 들고 올까요?"
"아니. 아니. 한번 알아볼게."
"그냥 집에서 가져올게요."
 옷걸이가 있으면 좋겠지만… 작년이랑 비교하는 말에 살짝 마음이 쓰인다. 그때 옆에 있던 녀석이 말한다.
"선생님이 올라가자면 가는 거고 내려가자면 가는 거야. 하지 말라면 말아야지."
"노!!! 그런 수동적인 삶을 살면 안 돼."

"선생님. 집에 과자가 많이 남아서 나눠 줘도 돼요?"
 그러라고 했더니 승은이가 이미 가방 한가득 과자를 담아 왔다. 내일쯤 가져오겠다는 의미로 받아들였는데. 나눠 주라는 말 대신에 나만 주라고 농담을 했더니, 나눠 주어도 되는지 다시 물어본다. 수줍음 많은 녀석인지라 나눠 줘도 좋다는 정확한 확인 메시지를 받고도 눈 마주치지 못하며 여러 번 되물어본다. 진짜죠? 진짜죠? 한참 뒤 나에게도 슬금슬금 과자가 다가온다.

 한 녀석은 종이를 지폐로 바꾸는 마술을 보여 주는데 영 신통치 않다. 잘 안다며 한번 보라고 하지만 아무리 봐도 잘 모르는 것 같아 보인다. 연습 부족! 신호를 주니 그건 아니라며 다시 시도하는데. 끝까지 잘 안 된다. 그때 준호가 모자를 눌러쓰고 옷을 고쳐 입으며 교실로 들어온다. 한 녀석이 말한다.
"준호는 연예인이라 많이 가리고 다녀야 해."
 준호가 답한다.
"추워. 이상한 소리 하지 마. 배고프네."

"주희 너 임플란트 했어?"
"아니라고. 그냥 잇몸에 뭐 박았다고."
 한참 동안 임플란트 이야기를 하는 아이들! 돈이 얼마나 들며 나이가 몇 살쯤 되면 해야 한다느니. 최종적으로 내게도 물어본다.
"선생님은 언제 임플란트 할 거예요?"

 내일 교육활동 발표회에 다리 부상과 연습 부족으로 관람만 하기로 했던 영민이도 함께 참여하기로 했다. 다른 건 어렵고 노래만 함께 부르는 것으로 정리한다. 불편한 다리를 감안해 앉아서 부르라고 했지만.
"저 서서 부를 수 있어요. 혼자만 앉아 부르면 그게 더 이상해요."
 옆에서 듣던 아이들이 목발 사용 안 하면 짝다리 짚어서 보기 안 좋다며. 짝다리 자세는 건방져 보인다며 앉길 권했지만… 아무래도 영민이 말이 맞는 것 같다. 혼자 의자에 앉아 부르는 것도 너무 많은 시선을 받으리라.

맨 앞에 앉은 두 녀석의 책상에 어제와 오늘 우유 2개가 나란히 있다. 똑같은 모양으로 꺼내져 있는 국어, 수학 교과서. 필통 위치. 게다가 안 먹은 우유 개수와 위치까지. 짝끼리 참 별걸 다 맞춘다.

"내 인생 최고의 쭈글쭈글입니다"라며 내 앞을 지나가는 한 녀석.
내 배를 쿡 치고 지나간다. 실수였다며 씩 웃고 지나가길래.
"너 엄마한테 전화해야겠다."
"안 돼요!!!"
곧바로 깍듯이 사과하는 녀석.

"오늘은 날씨가 좋아요. 햇살이 눈 부셔요."
체육 하러 운동장에 나가니 '나무의 노래'가 절로 나온다. 합창 연습할 때는 그렇게 부르기 싫어하던 이 노랫말은 김체육 씨를 만날 때 아이들이 흥얼대는 노랫말이 되었다. 내게는 참 평범한 가사인데 아이들에게는 체육 하러 나가고 싶은 설렘이 담겨 있단다. 밖에 나오니 0도에 가까운 추운 날씨지만 미세먼지 없는 맑은 햇살에 기분은 상쾌하기만 하다. 준비운동으로 팔 벌려 높이뛰기 10개부터 시작한다. 오늘은 마지막 구호를 붙여 묻고 더블로 가! 20개. 또 한 녀석이 또 실수해 묻고 더블로 가! 40개까지 갈 뻔 했다. 틀리지 말지! 본인만 틀려 운동장 한 바퀴 뛸 테니 친구들은 그냥 없던 일로 해 달란다. 나름 느낌 있고 센스 있는 멋진 멘트다.

날씨가 추워 오랜만에 축구를 한다. 일기장에 한 녀석이 오늘 축구하고 싶다고 썼던지라 그 소원이 이루어지게 해 주고도 싶었다. 물론 축구를 잘하는 5명은 골을 넣을 수 없다는 핸디캡은 그대로 유지한다. 하지만 이 녀석들도 큰 불만은 없다. 축구라면 그냥 좋은가 보다.

한 여자아이는 담요를 걸치고 축구를 한다. 담요 벗고 뛰라고 해도 춥다며 입고 하는데 경기 끝날 때까지 담요를 휘날리며 뛰어다닌다.

"우리 좀비 같아요. 추워서 몸이 잘 안 움직여요."
공이 자신에게는 잘 안 온다며 춤추며 기다리는 아이도 보인다. 미리 스텝 연습을 하는지… 수비수를 맡은 경란이는 오늘 제대로 공을 찬다. 차는 소리가 시원시원하다. 뻥! 뻥!

경기가 0 대 0으로 진행되던 중 륜경이가 몸 쪽으로 오는 공에 본능적으로 손을 댄다. 역시 피구 실력은 숨길 수 없다. 페널티킥! 하지만 상대팀의 실축! 또 날아오는 공에 손을 대는 경란이. 이게 피구와 축구가 왔다 갔다 하는 분위기다. 또 페널티킥! 하지만 또 실축! 오늘은 축구의 신이 골을 허락하지 않으시려는지.

골키퍼를 보던 남자 녀석이 두 손을 깔때기로 만들어 큰 소리로 소리친다.
"얘들아. 손으로 공 건들지 마! 제발! 손으로 만지지 마!"

그러다 준우가 한 골을 넣는다. 역시 골이 들어가니 분위기는 달아오른다. 아이들 몸싸움이 조금씩 많아진다. 가벼운 접촉사고는 있었지만 크게 다친 것 같지는 않다.

코너킥 신호를 줬더니 한 여자아이는 "코너킥이 뭐예요?"라며 어디서 차는지 묻는다. 저기 구석에서 차! 코너에 놓고 차! 자신 있게 올려! 정말 제대로 빗맞았는데 골대를 향해 감겨져 날아온다. 골키퍼 선방이 아니었으면 들어갈 뻔했다. 마지막 1분 신호에 아이들이 다급하다.

"최선을 다하라고. 끝까지."

"저 지금 최선을. (숨넘어간다.) 그리고 피부 다 망가지겠어요. 이제 끝내 주세요."

"너 열심히 할 때까지 인저리 타임."

"귀가 너무 시려워요. 끝내 주세요."

한 녀석이 '공이 개쎄다'라고 말해 잠시 혼낸 것이랑 상대팀에게 도발하는 말을 자주 하는 녀석에게 묵언수행 10분의 벌칙을 내린 것 빼고는 아름다운 체육시간이었다. 묵언수행은 1분을 못 갔지만 사실 그것도 대단한 인내라고 칭찬해 주었다. 승은이는 아침에 과자를 줬다는 것 때문인지 실수를 해도 아이들 인심이 좀 후해 보인다.

"넌 오늘 괜찮아. 실수해도 이해한다."

부상당한 영민이는 목발을 짚고 터치라인까지 나와 구경한다. 춥다며 먼저 교실에 들어가도 되냐고 묻길래 그건 절대 안 된다며 내 옷을 벗어 영민이에게 전달했다. 나도 살짝 더워지려는 찰나인지라 그리고 또 희생이라는 멋진 가치를 실현하는 참교사의 모습도 보일 겸.

"영민아. 한겨울 운동장에서 옷을 학생에게 양보하는 선생님 미담 사례를 좀 퍼트려 줘."

"저는 엄마한테도 학교 얘기 하나도 안 해요."

점심시간이다. 아이들이 젓가락으로 달걀찜을 찔러 보고 있다. 급식에 또 이물질이 들어갔나 걱정되어서 물어보니 달걀찜이 젤라틴 같다고 한다. 나도 눌러 보니 정말 탱탱하기는 하다. 이렇게 단단한 달걀찜은 처음인 듯. 점심 먹고 올라오니 아이들 공기가 심상치 않다. 뭔가 쉬쉬하는 표정들. 무슨 일이 분명 있었던 것 같은데 일을 키우지 않으려는 의도 같았다. 그냥 넘어가야지 하는 찰나에 한 여자아이가 와서 자초지종을 다 말한다. 이렇게 되면 사건을 재구성해 보지 않을 수 없다. 역시나 피해자와 가해자의 과실이 6 대 4 황금비율이다. 이런 건 과실이 6인 쪽에서 먼저 사과하고 4인 녀석이 함께 하는 선에서 마무리 짓는 게….

과학시간이다. 1차, 2차 소비자에 대한 알아보는 시간이다. 수달, 가마우지를 활용한 전통 낚시법 영상을 보고 이야기를 나누었다.

방글라데시에서 비단수달을 낚시에 이용함. 수달은 예리한 후각을 가지고 있음. 낚시 나가기 전에 일부러 물고기를 조금 줌. 수달을 이용한 방법은 200여 년 전에 시작되었다고 함. 물살 빠른 곳이 수달 낚시의 포인트. 비단수달은 다른 수달과 달리 낮에 무리지어 다님. 먼저 수달을 우리에서 꺼내 물에 풀고 놀 수 있게 함. 비단수달은 자기가 좋아하는 향이 나는 물고기만 잡음. 인간이 내린 그물과 수달의 협업. 하지만 물고기를 잡은 수달은 인간에게 물고기를 안 내어주려고 함. 잡은 물고기를 들고 도망가는 수달의 모습에 아이들이 웃는다!

양철배를 띄우고 가마우지와 함께 탑승. 가마우지가 고기를 물고 옴. 도착하자마자 목에 걸린 물고기를 재빨리 빼는 어부. 잘 길들이면 30cm 물고기도 쉽게 낚시할 수 있음. 통째로 삼키는 가마우지의 속성 때문에 잡아 오는 물고기는 살아 있음. 삼키지 못하게 목에 줄을 감아 놓음. 이는 동물 학대라고 할 수도 있음. 하지만 수천 년 계속된 중국의 전통 어로법. 어부는 물 위에서 가마우지를 훈련시키는 감독 같은 느낌. 하지만 새들에게 잔인할 수 있음. 어부와 가마우지는 믿고 의지하는 동반자적 관계이기도 함. 가마우지들이 삐쳐서 물에 안 들어가고 물 밖으로 나오려고 하는 모습에서 아이들이 웃는다! 어부는 가장 크고 튼실한 물고기를 골라 가마우지에게 보상을 함. 꿀꺽 소리가 남.

"큰 물고기를 먹는 가마우지! 거의 뱀급인데. 우아 우아."
"가장 큰 물고기를 주는 거 보면 가마우지를 그만큼 아낀다는 사랑의 표현인가."
"가마우지 컴퓨터에 있는데. (폴더 이름을 말하나 보다.)"
"가마우지 왜 못 날아요? (날개를 잘랐을걸.)"

아이들이 쓴 글이다.

인간이란 정말 잔인한 존재 같다. 인간이 살아남기 위해서 동물을 잡는 것은 좋지만 동물 3마리를 세뇌시켜서 물고기를 잡아 온다는 것은 좀 아니다. 훈련시켜서 좋은 일이 되면 교육이 되고 훈련을 시켜서 나쁜 일이 되면 세뇌가 된다.

가마우지와 수달 낚시 방법은 조금 잔인하다는 생각이 든다. 자기가 잡은 물고기를 먹지도 못하고 주인에게 줘야 한다는 것과 가마우지는 도망가지 못하게 날개를 자른다는 것이 불쌍하다.

"날개 자르면 다시 나요? 근데 사슴뿔 자르면 다시 나죠?"
"피가 많이 나던데. 예전에 자르는 것 봤는데. 그것도 음… 잔인… 근데 쌤도 사슴피 마셔 봤지만."
"우리가 입고 있는 거위털, 오리털 잠바에 들어있는 털도 잔인하게 뽑는대요."

못 도망가게 줄을 매고 물고기를 잡아오라는데 수달이 좀 불쌍하다. 수달은 엄청 좋은 물고기 먹고 편하게 잘 자랄 것 같지만. 가마우지도 좀 심하다. 수달처럼 줄에 묶인 채. 얘는 더 심하다. 날개도 잘리고 목에 줄까지 걸고 너무 심하다.

비록 전통 낚시법이라고 해도 동물을 학대하는 것 같아 좋은 방법이 아닌 것 같다.
"그냥 먹고 싶은 인간이 들어가서 잡으면 안 돼요? 왜 가마우지 괴롭혀요?"

물론 가마우지와 수달에게 먹이를 주고 살 집을 준다고 해도 이들을 이용해 물고기를 잡는 방법은 거의 학대에 가깝다. 목에 줄을 걸고 입에 들어갔던 물고기를 잡아 뺀다면 동물에게는 충분히 고통스러울 것이다. 아무리 2000년 전부터 해 왔다고 하지만 안 좋은 습관은 버리는 것이 좋기 때문에 지금이라도 그만해야 한다. **사람이 직접 잡는 것은 문제가 되지 않지만 동물을 이용해 사람의 이익을 챙긴다면 그건 학대다.**

"사람이 직접 잡는 것은 문제가 되지 않는다고 단정적으로 말할 건 아닌 것 같아요."
"영화 같은 데 보면 보스가 쫄따구 몇몇 데리고 다니는 약육강식의 세계. 수달을 부하라 생각하면 될 것 같은데요."
"저는 방법이 너무 잔인하다고 생각하고 다 생명이잖아요. 일단 생명을 지켜야 할 것 같아요."
"솔직히 이렇게 따지면 저희는 먹고살 게 없어요. 이 세상이 모두 생명인데. 불쌍하니 그런 거 말고 먹을 것만 먹자는 게 말이 되나요?"
"근데 수달 발이랑 족발이랑 비슷한 거 같은데. (뜬금없다.)"
"서로 같은 동물들끼리 잡게 시키는 건 아닌 거 같아요."

"근데 세상이 돌아가려면 기본적으로 자기보다 약한 동물을 잡아먹어야 하는데. 그게 서클 오브 라이프. 살려면 먹고 먹혀야 해요. 이런 거 상관없어요."
"동물이 동물을 잡아서 인간에게 바치는 게 문제예요."
"하지만 결국 인간도 동물이에요."
"예전에 봤는데 토끼가 토끼를 먹잖아요. (여기서부터 산으로 간다. 당근 논쟁)"
"하지만 당근이 당근 안 잡아먹잖아요."
"당근이 당근을 안 잡아먹는 건 육식이 아니기 때문이에요."
"당근을 갈아서 당근 밭에 뿌리는 건요? 이건 안 잔인해요?"
"그건 땅이 흡수한 거예요."
"당근도 뿌리끼리 전쟁을 해요. 이기는 당근이 더 튼튼해져요."
"여러분! 당근은 초식!"
"당근은 초식도 아니에요. 생산자예요."
"얘는 당근 모양 필통도 가지고 다녀요. 이걸 당근이 보면…."
"스티브 잡스가 채식하면 샤워 안 해도 된대요."
"당근 오일도 있어요."
"그거 당근 즙 짜서 샤워하는 거 아니야?"
"저는 먹이사슬을 따라야 한다고 생각해요. 그냥 그렇게 살면 누가 잡든 그건 상관없는 것 같아요."

비단수달 낚시는 안 좋은 것 같다. 왜냐하면 먹으려고 하면 어부들이 가서 빼앗아 오고 막 학대하는 것 같고. 그리고 가마우지 목에 물고기를 못 삼키게 하기 위해서 줄을 묶는 것은 딱 동물 학대라고 생각한다.

"가마우지가 이 정도는 감수해야 할 것 같은데요. 대신 최고급 스시를 주잖아요."
"님이 키워 주고 보호해 주고 빼는 거 정도는 괜찮다고 했는데. 어머니와 아들이 있는데 아들 입에 생선을 넣었다가 엄마가 빼면요."
"아들이랑 엄마 얘기가 아니라 가마우지는 조금만 살다 죽어요. 그리고 인간이 보호해 주면 더 오래 살잖아요."
"오래 살게 해 준다니요? 얘가 하루살이도 아닌데 며칠 더 사는 게 무슨 의미가 있어요? 얘는 자유를 원하는데. 인간이 억지로 더 오래 살게 해 줘 봤자 의미 없어요."
"저는 중립이지만 동물 보호에 더 신경을 썼으면 좋겠어요."
"하지만 아무리 생각해도 잡은 물고기를 뺏었다가 주는 건 나빠요."
"제가 나쁘게 생각한 건 가마우지가 삼키려는데 못 삼키게 하는 거예요. 어떤 사람이 목에 음식이 걸려 다시 토하는 거 상상해 봐요. 끔찍해요."
"하지만 가마우지에게 정당한 대가를 주잖아요."
"보충을 하자면. 치킨을 시켜서 먹으려고 하는데 엄마가 어디서 먹어라며 뺏어 갔어요. 그리고 내일 줘요. 식어서 맛이 없잖아요. 가마우지 낚시 반대!"
"식은 건 에어프라이어에 다시 튀기면 맛있어요."
"먹을 것 주고 동물들 수명이 늘어나는데 그 정도 대가는 치러야 해요. 이건 일제 강점기와 똑같아요. 가마우지가 원해서 한 게 아니에요. 자꾸 자기 합리화시키지 마세요."

나는 가마우지와 수달 사냥법이 매우 잔인하다고 생각한다. 인간의 입장에선 편하겠지만 동물의 입장에서 생각해 보자. 누군가가 자신의 목에 실을 달아 못 삼키게 하면 기분이 좀 언짢을 것 같다. 나중에 잡은 것 중에 좋은 것을 먹이로 주는 VIP 서비스도 좋지만 그래도 잡았던 거 뺏을 땐 좀 무섭고 잔인했다.

"무섭다라는 것은 동의하지만 잔인한 건 아닌 것 같아요."
"먹는 것을 좋아하는 사람에게는 줬다가 뺏는 건 잔인해요. 이거 해본 적은 있는데."
"진짜 잔인하거든요. 내가 배고파 밥을 먹으려고 하는데 사람 희롱하듯이 뺏는 거요."
"제가 엄청 어릴 때 토를 했는데 속이 쓰린 거예요. 토하게 하면 가마우지도 아플 것 같아요. 이건 아닌 것 같아요."
"제가 편의점에서 라면을 먹었는데. 어떤 애가 한 입에 절반을 다 먹었는데. 제가 다시 뺏어서 먹는다고 생각해 봐요. 그걸 생각하면 잔인한 것 같아요.(아… 그건. 더럽잖아.)"
"이거는 가마우지가 자기가 잡은 거잖아요. 제가 열심히 사냥해서 돼지를 잡았는데 누가 뺏어 먹으면 허무하고 잔인한 것 같아요. 가마우지는 억울해요."
"목에 실이 매여 있는 것도 불편하고 뭐가 목에 걸리면 아플 것 같은데. 집에 친구가 와서 라면을 끓여 먹으려고 하는데 하나를 다 먹어요. 잔인한 거 맞아요. (그게 이거랑 무슨 상관이냐?)"

가마우지와 수달로 낚시를 하게 될 때 동물들에게는 사람들이 모르는 스트레스가 발생할 수 있지만 정말 오랜 시간 동안 내려져 온 것이기 때문에 동물들이 불쌍하면서도 이 전통이 어떻게 계속 이어져 가야 할지 생각이 든다.

잔인하긴 하지만 그게 거의 문화니까 뭐라 할 수 없을 것 같다. 하지만 동물들에게 더 자유를 주면 좋겠다. 막 목을 잡고 끌어내리거나 목에 밧줄을 매달고 하면 동물들이 아플 것 같다.

"동물들은 잘 모를 것 같은데요. 그 아이(동물)들이 받는 스트레스는 모르겠어요."
"사람마다 하는 일에 따라 스트레스 받는 부분이 달라요. 종류가 다 다르거든요. 얘네들은. 이런 낚시로 스트레스 안 받을 수도 있다고 생각해요."
"스트레스를 안 받는다고 단정 짓기는 어려워요. 자기 키보다 천장이 낮고 덩치보다 좁은 곳에 살면 힘들지 않을까요? 저 집은 수달 4마리가 살기엔 너무 좁은 거 같은데. 수달은 애니멀이니까 활발하게 움직여야 하는데. 못 움직이면 스트레스가 될 수 있어요."
"가마우지도 동물이죠. 사람도 동물이죠. 스트레스는 달라도 받는다는 사실은 같아요. 아무리 문화라고 해도 이건 아닌 거 같아요."
"옛날부터 해 오던 전통이고 수달에게 정당한 대가를 주기 때문에 괜찮다고 생각해요."

좀 잔인하다. 동물들이 먹이를 가져오면 빼내는 게. 동물들이 너무 불쌍하다. 동물 낚시는 아니라고 생각한다. 하지만 어떻게 보면 우리에게 밥을 갖다주는 것이다.

수달들이 먹고 싶어 계속 물어가려고 하는 게 안쓰러웠고. 먹이의 양이 좀 적은 것 같다. 줄을 목에 감아서 못 삼키게 하는 것은 불합리하다. 그나마 가장 튼튼한 생선을 먹이로 주는 것은 괜찮다.

오늘 가마우지와 수달을 이용한 낚시 방법을 알아보았다. 일단, 나는 이 방법들은 사라져야 한다고 생각한다. 아무리 자연에서 사는 것보다 오래 살 순 있어도 이렇게 가두어 놓고 기르는 것은 엄연한 학대로밖에 보이지 않는다.

가마우지와 수달 낚시는 괜찮은 것 같다. 그것은 그 나라의 전통이고 동물 학대라고 하기에는 보상도 든든히 해 주기 때문이다. 만약 굶기고 일을 시킨다면 학대라고 생각이 되긴 하겠다.

낚시 방법은 잔인하지만 기발 신기하다. 하지만 수달은 민첩해서 꽤 많이 도망쳤을 듯. 조금 비효율적이다. 가마우지는 민첩하긴 한데 날개 일부분이 잘렸으니 도망칠 위험이 없고 물고기들의 포식자답게. 잘 잡는다. 하지만 목에 줄…? 죽을 수도. 잔인하다. 근데 뭔가 새 침이 섞인 물고기라. 웩… 비위생적이다.

가마우지는 사냥을 엄청 잘한다. 수달은 야생에 사는데 애기 때 잡아서 사람 말을 잘 알아듣는 것 같다.

가마우지와 수달 낚시법은 어떻게 보면 잔인하다. 하지만 인간과 가마우지나 수달은 공생관계를 맺고 둘 다 이득을 볼 수 있는 상황이므로 이 낚시법들은 괜찮다. 하지만 조건이 두 가지 있다. 동물들을 너무 힘하게 다루지 않고 동물들에게 충분한 먹이와 쉴 공간을 제공해야 한다.

일단 나는 가마우지와 수달 낚시방법은 참신한 것 같다. 약간 인간의 지혜도 있고. 서로 돕고 사는 세상에서 수달이 잡아오면 사람이 수달에게 먹이도 주고 잡아온 생선으로 돈도 벌고 이거야말로 1석2조인 것 같다. 하지만 동물의 입장에서 생각하면 엄청 짜증날 것 같다. 가마우지 목에 실 다는 건 진짜 심한 것 같다. 차라리 다른 방법을 써야 될 것 같다.

두 낚시방법 모두 잔인하지만 물고기가 잘 잡히고 오래전부터 사용해오던 방법이기 때문에 아예 사용하지 않는 것은 힘들 것 같다. 수달 낚시 방법과 가마우지 낚시방법 둘 다 잔인하지만 그냥 사용했으면 좋겠다.

내 생각엔 이 방법은 좀 그런 것 같다. 인간이 돈을 벌려고 동물을 이용하는 방법은 좀 잔인한 것 같다. 왜냐하면 이런 방법으로 물고기를 계속 잡는다고 하면 이 동물들도 스트레스를 받을 수 있기 때문이다. 또한 자신이 잡은 먹이를 먹으려고 하는 걸 인간이 뺏는데. 인간의 입장에서도 자신의 먹이를 뺏기면 기분이 매우 나쁜데 동물들도 기분이 충분히 나쁠 수 있을 것 같다.

가마우지와 수달을 이용한 낚시법에는 대다수 아이들이 동물학대이며 당연히 사라져야 할 악습으로 받아들인다. 하지만 다른 낚시 방법은 없을까라는 질문에는 배고픈 아이들의 유창한 답들이 전해진다. 방금까지 물고기 잡는 것 자체도 반대하던 아이들인데. 인간에게는 너무나 당연한 이중성인지….

로봇을 만든다. 상어 로봇. 입 안에 그물망이 있고 물고기들은 입 속에 들어가게끔 만든다.

곰을 길들여 물고기를 잡아 오게 한다.

고래가 일정 시간 입을 벌리고 있도록 훈련시킨다. 고래가 바다로 나가서 물고기를 먹고 돌아오게 한다. 돌아온 고래가 입을 벌리도록 한 후 사람이 들어가서 물고기를 꺼낸다.

문어를 길들여서 문어의 빨판을 이용해 문어가 생선을 잡아 오면 기절한 물고기를 가져온다.

바다사자를 이용해 북극에서 물고기를 잡는다. (엄청나게 큰 이빨을 이용해서) 불곰의 손톱을 이용해서 봄에 연어를 잡아먹는다.

펭귄을 어릴 때부터 키워 따뜻한 물에서 자라는 종으로 진화시킨다. 시간을 기다려 배고프게 한다. 그리고 한강에서 물고기 잡은 뒤 충분히 보상한다.

돌고래에게 위치추적장치를 달아서 풀어 둔 후 잡을 때마다 따라다니다 물고기를 꺼내온다.

어떤 동물을 잘 길들인 후 강 크기가 좀 작은 곳에 간다. 강 크기와 같이 그물을 쳐 놓고 동물과 함께 사냥을 한 후 보상으로 강에서 먹고 싶은 만큼 먹고 놀라고 한다.

수영을 잘하는 개를 키워 물고기를 그물로 몰게 한다. 그리고 매나 독수리를 길들여 물고기 사냥을 한다.

홍학 떼를 교육시켜서 물고기를 많이 잡아오면 그 물고기는 팔고 홍학에게 한 달에 한 번씩 엄청난 특식을 줬으면 좋겠다. 홍학 떼는 100마리 이상 물고기를 잡으면 다시 자연으로 돌아가라고 하면 될 것이다. (근데 이미 인간의 손에 길들여졌는데???)

입이 큰 새 (페리칸 맞나?) 페리칸을 길들여서 그 부리로 물고기를 잡는다. 잡은 물고기의 1/3을 새에게 돌려준다. 상어를 길들여서 타고 다니면서 잡는다. 알래스카 곰을 길들여서 알래스카 연어를 잡는다. 맛있겠다.
고래가 물을 삼켜 수염으로 크릴새우 말고 다른 것을 뱉어 낸다고 들었는데. 인간이 산소통을 쓰고 바다속에서 기다리다가 고래가 뱉어 낼 때. 물고기가 나와 헤롱헤롱 할 때 잡아간다.
빨판상어 꼬리에 줄을 묶어서 물에 들어간다. 상어 배에 뭔가 붙으면 끌어올리면 된다. 어디서 들은 건데. 빨판상어가 당기면 잘 안 빠지고 밀면 잘 빠진다고 한다.
곰도 물고기를 먹는 포식자. 곰을 길들여 생선을 잡자. 도망가지 못하게. 현실적으로 그러다가 먼저 죽는다. 잘 길들일 수밖에. 곰=완전 포악. 우리가 먼저 죽을 가능성이 높다.
악어를 길들여서 입에다 입마개를 채워서 물고기를 잡는다.
상어를 길들인다. 상어가 물고기를 삼키도록 놔둔다. 그리고 상어 몸속에 수달을 보내 꺼내오게 한다.
서울 시내에 길들인 독수리를 풀어서 닭둘기를 잡아먹게 한다. 일단 독수리를 데려와서 훈련을 시킨다. 저기 사람 없는 넓은 평야에서 훈련시킨 뒤 닭둘기만 잡아먹게… 훈련시킨 후 서울 시내에 풀어서 비둘기를 다 잡아먹게 한다. 독수리가 거의 다 잡아먹으면 야생으로 보내 준다. (비둘기 멸망 프로젝트)
물개를 훈련 시켜서 참치를 잡는다. 참치 정말 최고.
그냥 그물을 이용하거나 낚시대를 이용해 잡는다. 난 이게 제일 나은 것 같다.

청소시간이다.

"선생님. 학교 선생님들 중에서는 왜 잘생긴 사람이 없어요?"

"나는?"

"선생님은 잘생긴 게 아니라 개성 있게 생겼어요."

듣기에 따라 참 묘한 의미를 가진 말 같다.

청소하고 있던 상진이에게 "쌤 아들도 상진이처럼 커야 하는데"라고 말했더니 여자아이 3명은 그건 아니라며 반대로 커야 한다며 소리를 높인다. 오늘 청소 당번 중 유일한 남자인 상진이! 그래도 상진이만은 내 말에 격하게 동감하며 그래야 한단다.

신발 갈아 신다 두 녀석이 다시 들어왔다.

"너 왜 유니클로 입어?"라는 말이 발단이 되었나 보다. 한 녀석이 우리나라 사람들이 유니클로 앞에 줄 선 사진을 보여 주며 말한다.

"그래도 이미 산 걸 어떻게 해? 그런 말하면 안 돼."

"그래도…."

하고 싶은 말은 있었겠지만 그래도 알겠다며 고개를 끄덕인다. 하교한다.

아이들 일기

선생님은 좋은 사람인데 화를 내는 것은 심각한 일이에요!

오늘은 내가 이번 주 내내 기다리던 토요일! 토요풋살을 하는 날이다. 아침에 학교로 가려고 집을 나오는데 바람이 내 얼굴을 직빵으로 치고 갔다. 그래서 모자를 쓰고 땅만 보고 학교에 갔다. 학교에 도착했는데 보이는 건 4~5학년뿐. 6학년은 나밖에 없었다. 뭔가 느낌이 불안했다. 이 불길한 느낌은 항상 그랬듯 틀릴 때가 없다. 6학년은 나 포함해 3명만 왔다. 그렇게 우리 3명은 한 줄로 서서 훈련을 했다. 15분 정도는 워밍업을 하고 10분 정도는 슈팅이랑 스루패스 연습을 했다. 아! 훈련 도중에 ○○이가 나보다 빠르다고 놀려서 훈련할 때 셔틀런을 했는데 내가 ○○보다 훨씬 빨리 가서 ○○가 놀랐다. ㅋㅋ 어쨌든 이번 팀은 4, 6학년 팀 VS 5학년 팀으로 했다. 우리 팀 작전은 6학년은 수비하고 4학년은 공격이었는데 내 작전은 1도 쓸모가 없었다. 왜냐하면 ○○이가 공격한다고 올라갔기 때문이다. 그래서 나도 공격하다가 골을 먹혔다. 그래서 수비하려다 너무 답답해서 ○○이 보고 수비하라고 하고 올라가는 동시에 또 골을 먹혔다. 그 이후부터는 걍 포기하고 공격만 했다. 그랬더니 골키퍼 실수를 가슴으로 받고 바로 슛해서 골을 넣었다. 2쿼터에는 작정하고 공격만 했다. 그랬더니 △△이가 땅볼크로스 올린 걸 바로 논스톱으로 넣었다. 물론 그 후에 또 골 먹혀서 2:3으로 끝났다. 월, 화는 축구 못 하니까 수요일에 체육으로 축구 하면 진짜 좋겠다.

오늘은 여러 가지 우리 집 고양이 치즈의 근황을 쓰려고 한다. 일단 치즈를 데리고 1차 예방접종 즉 동물병원을 갔을 때이다. 일단 기본적으로 귀청소와 발톱을 깎아 주시고 진료를 보았다. 따로 진드기가 있는지 없는지를 말이다. 다행히 진드기도 없어 바로 1차 예방접종을 했다. 보통 고양이들은 주사를 맞을 때 소리를 내는데 치즈는 눈을 꼭 감고 조용히 맞았다. 그래서 많이 대견했다. 그 다음 구충제를 발랐다. 먹는 건 줄 알았는데 목 뒤에 바르는 거라고 했다. 그것까지 5만 4천 원이었다.

 **11월 20일 수요일**

출근하니 아이들이 많이 와 있다. 내가 겉옷을 벗자 "오호 오늘 단단히 준비하셨네요"라고 말한다. 넥타이를 매고 와서 그런가 보다. 하긴 몇 달 만에 매고 온 것 같다.

"어제 브라질이랑 붙은 축구 보셨어요?"

"2골 들어가면서 보기 싫어졌어요."

"중학생이랑 초등학생이 하는 거 같았어요."

"그래도 손흥민은 2명씩 마크하던데요."
"우리 반에도 영민이랑 준호 뛰면 2~3명 달라붙어요."

스트레스 이야기를 잠시 나눴다. "너네는 언제 스트레스 받냐?"
"엄마가 공부하라고 해서 열 받아서 창문 열고… 참았어요."
"학원, 학교, 방과후 숙제 많을 때 스트레스 받는데. 그냥 견디며 해요."
"선생님이 질문 이렇게 시키는 게 스트레스예요. 학원 숙제만큼이요."
"선생님은 농담에 진담을 섞어 할 때 무서워요. 스트레스 받아요."

"얘들아. 오늘 발표회인데 어제 집에 가서 목 좀 풀었냐? 소리 잘 나와?"
"네. 풀었는데 노래는 안 될 것 같아요."
"근데 전. 문제는 목이 아니라 머리… 머리를 삼촌처럼 잘랐는데. (모자를 쓰고 있어서 몰랐다.) 삼촌이 군인이에요."

드디어 교육활동 발표회가 시작된다. 8시 50분에 꿈나눔터로 내려가 세팅을 하고 기다리자 부모님들이 오신다. 처음에는 네 분만 오신 줄 알았는데 타악기 공연을 하고 뒤돌아보자 나름 많이 오셨다. 15분은 오신 듯하다.

1. 타악기(7채, 휘모리)
2. 합창(나무의 노래, 너는 듣고 있는가, 도레미송)
3. 리코더 연주
4. 연극(빨간 모자)
5. 연극(편견을 깨라)
6. 초능력피구 아이템 소개하기
7. 댄스(붐바스틱)

마지막에 큰절하고 마무리한다.

"우리 진짜 잘했죠?"

초반에 나오는 '덩궁덩궁덩'에서 한 마디 빼먹고 넘어갔다가 다시 박자 맞춰서 친다. 휴! 완전히 엇나갈 뻔했다. 틀려서 모두 어색한 듯한 표정을 지었지만 박자를 다시 찾아서 다행이다. 멈추는 녀석이 없어서 다행이다.

"북 칠 때 강약강 칠 때 빨랐는데 우리 생각보다 잘 쳤어요."
"북 칠 때 망했다는 생각이 들었는데 생각보다 잘 친 거 같아요. 제 왼쪽에서 소리가 안 맞았어요."
"북 치면서 다른 건 상관없는데 엄마들이 카메라를 들어서 놀랐어요. 그때부터 좀 긴장되었어요."
"북 칠 때 앞에서 ○○님이 빨리 쳤는데 상진님이 째려보는 게 느껴졌어요."
"북 칠 때 저는 연수 웃음 참는 소리가 너무 웃겼어요."

다음은 노래 부르기. '체육송 너는 듣고 있는가'를 아이들이 부를 때는 찌릿한 무언가가 느껴졌다.

"저는 목감기 걸려서 노래 별로였어요."
"저는 생목으로 불렀어요. 어제 브라질 경기 우리가 이겼으면 더 잘 불렀는데."
"나무의 노래 부를 때 제일 힘들었어요. 목이 정말 안 올라가요. 목에 자물쇠 채운 것 같았어요. 우울한 나무의 노래."
"처음에 맞게 부르다가 점점 낮아지고. 전 한 옥타브 낮게 부른 거 같았어요."
"'도레미송' 부를 때 애들이 자기 이름 나오면 안 불러요. 저는 불렀어요."
"'도레미송' 이름 순서가 헷갈렸어요. 엄마들 앞이라 긴장되더라고요."

"리코더 중간에 틀렸어요. (나에게 와서 틀렸어요라며 어떻게 해야 하는지 묻는다. 이건 편곡 버전입니다라고 부모님께 안내드렸더니 박수를 쳐 주신다.)"
"리코더에서 판소리 소리가 났어요."
"너무 스타카토의 느낌으로 언제나 몇 번이라도를 연주했어요."
"근데 우리 중국 느낌으로 일본 노래를 표현했나 봐요."

빨간모자로 변신한 늑대! 할머니가 음식을 주면 다른 것으로 바꿔 달라고 하면서 연극 시작.
오렌지 주스를 주면.
"알로에 주스 주세요."
모짜렐라 치즈 주면.
"라포타 치즈 주세요."
에이스 과자 주면.
"참크래커 주세요."
잼 바른 식빵 주면.
"따뜻한 국밥 주세요."
이 말을 듣고 이 아이는 빨간 모자가 아닌 것을 눈치 챈 할머니. 할머니는 100세가 넘었지만 체력 짱이었다. 늑대를 제압하고 빨간 모자를 구하는데….

"진짜 오래 준비했는데 순식간에 끝났어요."
"서준이가 빨간 옷을 입고 와서 빨간모자랑 잘 어울렸던 것 같아요."

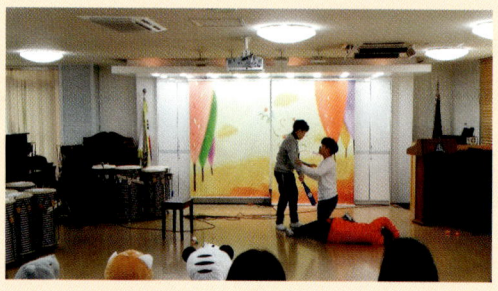

"연습할 때는 대사가 잘 맞았는데 막상 나가니 안 맞아서 아쉬워요."
"황승은 연기할 때 수학은 잘하냐?라고 했는데. 몇 마디 안 했는데도 진짜 무서웠어요. 눈빛 연기에 압도당했어요."
"주희가 의자를 박차면서 애들을 밀칠 때 멋있어요."
"저희 사실 의자 넘어뜨리는 연습 많이 했거든요."
"주희가 왕따 역할을 했고 백하는 선생님 역할을 잘했어요."
"지금은 공부 못하는 애들이 1진인데 우리는 공부 잘하는 애를 1진으로 했고요. 다 다른 세계에서 살아서 다르지 않을까요."
"주희가 피해자같이 연기를 잘했어요."
"승은이 표정이 싸해지면… 진짜 무서웠어요. 섀도우 맨."
"유행어 2개. (선 클록이 아니라 선 다이어리야. 그땐 정말 고구마가 될 줄 알아.)"

초능력 카드 소개 : 불사조, 연장전, 죽은 자의 세상을 드나드는 자, 공을 내놓아라, 저격수, 종말의 카운트다운.
"저희 생각했던 것처럼 잘 안 되었어요. 공도 안 잡히고."
"생각보다 말하는 게 떨렸어요."
"규현이가 공을 내놓아라 할 때 정말 웃겼어요."

"양연수가 뱀 인형을 목에 걸고 나왔는데 동물 학대 아니야? 연수가 뱀으로 가오 잡으며 나와서 웃겼어요."
"'붐바스틱' 연습할 때는 칼 군무였어요. 근데 마지막에 4번하고 돌았어야 하는데 3번에 돌았어요."
"양연수가 뱀을 두르고 나오는 장면이 하이라이트였어요."
"연수가 춤 출 때 옆에 아이들이 다른 것 해서 웃겼어요."
"춤 출 때 아이들이 막상 부끄러운지 땅보고 추는 게 웃겼어요."
"좀 빨랐지만 완벽하게 한 것 같고 모션이 엇갈렸다가 다시 돌아왔어요."

1교시 교육활동 발표회를 성황리에 마치고 2교시에 강당에 가서 체육을 했다. 바닥이 좀 지저분해 보여 기름걸레 릴레이로 몸풀기 게임을 하기로 한다. 하지만 아이들은 눈치가 빠르다.

"이거 우리 청소시키려고 그러죠?"

"아니야. 이건 기름걸레 이어 달리기라고 운동 효과가 좋아."

"선생님 머리 좋으시네요. 대신 끝나고 피구 한 판?"

한 턴이 돌고 나자 바닥이 금방 깨끗해진다.

요즘 피구를 하면 노룩패스가 많다. 그게 연결되면 멋진데 성공 확률은 그다지 높지 않다. 문제는 이름을 부르며 노룩패스를 하는지라. 불려진 이름과 패스를 받은 아이들이 엇갈려 공에 맞는 경우가 많이 발생한다.

"우리 팀에 스캐너 있는 사람?"
"공 바로바로 던져!"
"능부(능력부활자) 있는 사람?"
"아! 진짜 더워 죽겠어요. 에어컨 틀어 주세요. (안 춥나?)"

피구 하다 바닥에 넘어져 정말 눈꼽만큼 피가 난다. 오늘도 과다출혈 우려로 보건실 다녀오겠다는데.
"지혈 응급 처치하고 오겠습니다! 119는 안 부를게요."
그러라고 했다.
"얘들아. 공 흐른다. 백 커버해."
"백허그를 왜 해?"
"아니 커버하라고."
"넌 공 안 잡고 가오 잡나?"
"따이! 따이!"
"엄마 제발 공 좀 잡게 해 주세요."
근데 이 말하고 바로 공이 잡힌다.
"이건 엄마찬스 좀 썼어요."
일상 언어가 되어 버린 엄마찬스!

"선생님! 맨유 옷 입으니 솔샤르 같아요. 노안의 암살자요."

영민이는 구경하는 것도 지겨운지 목발을 내려놓고 내 옆에 와서 해설자 역할을 한다. 안정환급 말솜씨다.

"아! 손가락. 저 놈의 손가락 때문에 공이 안 던져져요."

"여자애들이 더 잘하는 것 같아요. 하지만 경기를 못 읽어요. 전체를."

"남자는 공만 잘 던지지 초능력을 못 써요. 여자애들이 훨씬 낫죠?"

"은비 영어 잘해서 영어타임 써 봤자 부담이 없을 텐데."

"(승은이가 종말의 카운트다운을 쓰며 종카를 외친다) 아! 저 수줍은 종카! 하지만 경기를 끝냅니다. 황! 승! 은!"

5학년에서 교육활동 발표회 때 사용하려 내 디지털피아노를 좀 빌려달란다. 서준, 준호, 민준, 현민이랑 나랑 같이 옮긴다. 거리는 무지하게 짧은데 계단이 있는지라…. 계단 내려갈 때 뒤쪽을 잡은 녀석들이 계단 아래로 밀어붙인다. 아래에는 나만 있었다.

"가속도 붙이지 마!"

"이젠 힘이 세져서 이 정도는 가뿐해요."

"아니. 내가 힘들잖아."

교육활동 발표회가 끝나기도 했고 영민이 컴백 기념으로 떡볶이를 만든다. 아이들은 교과서 열하일기를 읽고 학습지에 정리하고, 나는 눌어붙지 않게 열심히 젓는다. 즉석 떡볶이인지라 10분 만에 뚝딱 완성!

나무젓가락이 없어서 이쑤시개를 사용한다. 그 이쑤시개를 서로 먼저 뽑다 쏟아 버린다.

"안 돼!"

손이 많으니 금방 다시 주워 담았지만.

"우리는 먹기 챌린지 할 거예요."
"이번엔 떡 하나!"
"이번엔 어묵 하나!"
"너 한 번에 두 개 먹는 건 뭐냐?"
"이럴 땐 쿨피스가 좋은데 아니면 주시쿨도 좋고."
"우유 안 드실 분?"
"지난번 것보다 나아요. 실력이 좋아지셨어요."
"선생님. 떡볶이 맛있는데 소원이 있어요. 경란이랑 저랑 같은 체육팀 한 번만 하게 해 주세요. (그러다 떡볶이를 바닥에.)"
"떨어진 것 3초 안에 먹으면 된대."
"선생님. 오늘도 라면도 가요? 2차 가요? (NO! 열하일기 발표)"
"열하일기 읽고 먹으니 더 뜨거워요."
"아까 만든 바나나 피아노 해체해서 바나나 먹어요."

그때 영민이가 유럽여행 갔다가 사 온 초콜릿을 꺼낸다.
"이거 맛있는데. 밀크랑 화이트 있는데 중간에 다크도 있어."
역시나 다크 초콜릿이 인기가 없다. 맛을 고를 수 없게 한 가지만 들어 있는 게 뒷말이 없고 깔끔한데. 밀크 1순위, 화이트 2순위, 다크 3순위.

뒷정리하다가 오늘 입고 온 와이셔츠에 떡볶이 국물이 잔뜩 묻었다.
"이걸 어쩌지? 안 지워질 것 같은데."
"버리지 말고요. 팔 부분 잘라서 여름용 반팔 와이셔츠로 만들어요."
"아예 빨간색으로 염색해요. 국물 다 쏟아 버리죠."
"소매만 접고 다니면 되겠어요. 그것도 패션인데."
"고추장 빠는 세제 있어요. 사서 빨면 돼요."
"그냥 부인님한테 잘못했다고 비세요. 솔직히 말하세요. 국물 쏟았다고. 거짓말하다 걸리면 오해받아요."

 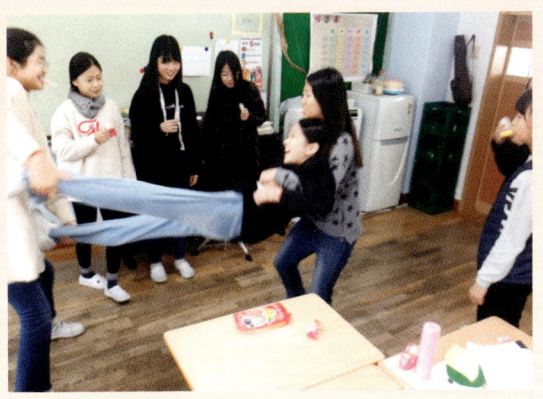

11월 21일 목요일

아침에 현민이가 묻는다.
"어제 떡볶이 국물 묻은 와이셔츠 잘 해결되었어요?"
"뜨거운 물에 빨았는데 자세히 보면 흔적이 보여. 그래도 이 정도면 모를 거야."
"다행이네요. 괜히 제가 죄송했는데."

준우가 어제 교육활동 발표회를 하고 뱀 인형을 놓아두고 갔단다. 에버랜드에서 산 거라고 하는데. 뱀 인형 하나에 교실이 에버랜드 분위기가 된다. 오늘은 꼭 집에 가져가라고 해야겠다. 종일 뱀 인형으로 장난이다.

아침에 참새 한 마리가 4층 복도를 이리저리 방황한다. 탈출을 도와주려 복도 창문을 열었지만 녀석이 길을 못 찾는다. 우리가 몰이도 해 주었지만 그렇게 방황을 하고 있다.

국어시간이다. 열하일기 '깨진 기왓장과 말똥' 부분을 읽었다. 숨겨진 메시지가 있어 좀 어려워한다. 일류 이류 삼류 선비 이야기가 나오며 쓸모와 가치라는 메시지를 던진다.

- 일류 선비: 중국엔 도무지 볼 것이라곤 없습니다. 황제는 물론 장상과 대신 등 모든 관원과 백성이 머리를 깎았으니 오랑캐요, 오랑캐의 나라에서 볼 게 뭐가 있겠습니까?
- 이류 선비: 성곽은 만리장성을 본받았고, 궁실은 아방궁을 흉내 냈을 뿐입니다. 선비와 백성은 위나라, 진나라 때처럼 겉만 화려한 기풍을 좇고, 풍속은 온갖 사치에 빠져 있습니다. 10만 대군을 얻어 산해관으로 쳐들어가, 만주족 오랑캐들을 소탕한 뒤라야 비로소 경치를 이야기할 수 있을 겁니다.
- 삼류 선비: 중국의 제일가는 경치는 저 기와 조각과 똥 덩어리라고 말하고 싶구나.

"나리 저 같은 천민도 저런 똥오줌이나 깨진 기와 조각처럼 쓸모가 있을까요?"
"스스로의 가치는 스스로가 매기는 것. 나도 나의 가치를 알아가고 찾아가자."

아이들이 쓴 글을 돌려 읽기 했다.

삼류 선비가 제일가는 경치가 기와조각과 똥 덩어리라고 말했는데 처음에는 이해가 안 되었는데 다시 읽고 나서 그것의 뜻을 알게 되었다. 장복이가 굴러다니는 게 상상이 되고 이렇게 했다가 그냥 비하인드 스토리로 장복이가 혼났을 것 같다는 생각도. 삼류 선비가 똥 덩어리를 가져간다고 했는데 그 똥 덩어리 안에 있는 똥은 무슨 똥들이 있었을까? 말똥? 개똥? 사람똥?

이 나라 사람들은 책상다리 빼놓고 다 먹는다고 하지 않았냐. 이 말이 좀 웃겼다. 말똥과 깨진 기와 조각을 모아 잘 쓰는 중국인이 대단했다. 하지만 내 생각에는 높디높은 성곽이나 궁궐, 웅장한 사찰과 광활한 벌판보다 아름다운 것은 아닌 것 같다.
열하일기에 스스로의 가치는 스스로 매기는 것이라고 했다. 맞는 말이긴 하지만 천민이라 기죽어 있는 창대와 장복에게는 내가 보기엔 너흰 똥오줌과 기와 조각보다 훨씬 소중한데 너희 스스로도 한번 생각해 보면 좋겠다라고 말하는 것이 더 기를 살려 줄 수 있을 것 같다.

글 마지막 줄에 창대는 저 멀리 서 있는 똥누각이 차라리 부러웠다라고 쓰여져 있다. 이 말이 인상 깊었던 이유는 동감이 되어서이다. 가끔 너무 힘들거나 외로울 때 다른 사람은 하찮게 생각하는 것들이 차라리 낫다고 생각한다. 장복이는 똥누각을 하찮게 여겼지만 창대는 똥누각이 부러웠다. 이런 창대의 마음이 동감도 되고 안쓰러웠다.

박지원은 똥누각과 깨진 기와조각들이 성곽, 궁실, 사찰보다 아름답다고 했지만 이건 잘 이해가 가지 않는다. 좀 멋지게 쓰려고 한 것 같다. 성곽, 궁실, 사찰 등은 여러 사람들이 시간을 두고 힘겹게 만들어져 또 의미가 있다. 똥누각, 깨진 기와 조각들은 주우면 끝 아닌가. 서로 가치가 다르다고 생각한다. 물론 사람마다 생각이 다를 수 있다.

똥과 기와 조각은 사람의 손길에 따라 쓰임새가 정해지기도 하고, 버려지기도 하는 거다. 사람으로 태어나서 어찌 다른 사람의 손길만 기다리겠느냐? 스스로 쓰임새를 찾는다면 어찌 똥오줌이나 깨진 기와의 쓰임새에 비하겠으며, 그렇지 못하다면 그야말로 길거리에 굴러다니는 개똥보다 못할 것이니라.
스스로의 가치는 스스로가 매기는 거야. 다른 사람에게 맡길 것이 아닌 거야.
나의 쓰임새는 과연 무엇일까?
열하일기 멋지다.

열하일기를 쓸 때 왜 이렇게 과장을 시키는 이유를 모르겠다. 좀 과장이 심하다. 말똥의 쓰임새라… 난 나의 쓰임새에 대해 생각해 보았다. 나는 어떻게 쓰일까? 생각은 많이 했는데 모르겠다.

깨진 기왓장과 말똥을 모은다는 말이 되게 신기했다. 창대와 정복이의 마음이 완전 이해가 갔다. 나리가 명나라에 대해서 이야기한 것이 굉장히 신기했다. 눈 호강시킨 게 뭔지 물어보는 게 장면이 제일 신기.

박지원이 "대개 백성을 위해 일하는 자는 백성과 나라에 도움이 될 일이라면 그 법이 비록 오랑캐에서 나온 것이라 해도 마땅히 이를 배우고 본받아야 할 것이니라"라고 말한 것이 인상 깊었다.

깨진 기왓장을 어떻게 했길래 그렇게 예쁘다고 하는 것일까? 따지고 보면 나리의 말이 맞는 것 같다. 나리의 말이 너무 어려웠다. 창대와 장복이가 말할 때 너무 많이 진지한 것 같다. 박지원의 종이라서 그런가!!! 난 이때 중국에 가서 창대와 장복이의 마음을 느껴 보고 싶다.

깨진 기와 조각 같은 볼품없는 물건들이 나리에게는 그 어떤 것보다 아름답다고 말하는 부분. 처음에는 이해가 잘 안 되었는데 끝까지 읽고 보니 이 말이 조금 이해가 되었다. 그리고 나리가 한 말 중 "저들의 것을 다 익히고 저들보다 다 낫게 되어야 비로소 중국에는 볼 만한 게 없다고 말할 수 있는 거다"라는 말은 정말 이해할 수 없었다. 좀 폼 잡으려 쓴 말 같다.

선비가 장복이에게 대답을 해 주었을 때. 선비가 이상한 명언 같은 말하지 말고 그냥 희망이라도 주게 '당연하지'라고 한마디 해 줄 법도 한데 명확한 답을 안 해준 게 이해가 안 되었다. 1류 선비라도 괜히 가오 잡지 말고 일단 조선에 더 도움이 되는 점을 이야기했으면 좋았을 것이다.

이 당시 조선과 중국은 거의 정반대였던 것 같다. 조금 오버하는 것 같기는 하지만 당시 중국이 더 앞서고 있는 게 느껴진다. 이 시대 때 중국은 우리나라 사람들에게는 계속 채소만 먹다가 맛본 고기의 맛과 비슷할 것이다. 거의 100원과 50,000원의 차이라고 할까? 그리고 그 시대 중국인들은 선진국민이었을까 궁금하다.
~~ 등등 대답이 분분하여 참으로 어떤 것이 진짜 장관인가 싶고 중국의 거대함에 혀를 내두르기도 하지. (이 부분은 좀 오버다. 조금 많이 오버한 것 같다.)

"저랑 영민이의 축구 실력 차이는 50,000 대 1이에요."
"이때 우리나라가 그렇게 못살지 않았어요. 중국보다 조금은 못살았겠지만."
"축구에서. 한국도 브라질에 그렇게 차이가 안나요. 청나라가 그렇게 잘산 건 아닌 거 같아요."

나는 똥, 오줌이 꼭 더럽다고 말할 필요가 있었는지 참 궁금하다. 자기도 다 볼일을 보는데 그것 보고 더럽다고 하면 자기가 먹은 음식과 음료도 더러운 것이고 몸속에서 만들어지는 과정도 더럽다고 느끼는 건데. 그렇다고 아주 청결한 것도 아니지만 그렇다고 많이 더럽다고 느끼는 건 좀 그렇다고 생각한다.

똥누각이 무엇을 말한 건지 모르겠다. 난 똥누각보다 기와 조각도 쓸모 있다는 걸 말하는 것이 인상 깊었다. 창대가 저 멀리 서 있는 똥누각이 부러웠다고 한 게 뭔가 기억에 오래 남는다. 그리고 여기가 거기 같고 거기가 거기 같다고 했는데 나도 그런 생각이 들 때가 많아서 충분히 그런 말을 할 수 있을 거라고 생각했다.

나리는 왜 일행보다 서둘러 가는 것이 궁금하다. 왜 새벽에 가는지 알 수가 없다. 아침에도 갈 수 있는데 왜 새벽에 가는지 궁금하다.

> 당시 조선의 사상이 이해가 안 된다. 남의 나라를 헐뜯는 것만이 과연 상류 선비일지. 내가 생각하는 상류 선비는 남의 나라의 장점을 본받아 우리나라의 단점을 개선하고 전통을 이어 가는 것이 진정한 상류 선비라 생각한다. 그래도 똥 덩어리를 보고 감명받은 게 이해가 안 된다. 이건 그저 똥 덩어리인데. 조선시대 사람들은 그저 필요할 때 쓰는 것이고 중국은 모아두었다 쓰는 것인데. 그리고 우리 조선이 농사를 못 짓는 것도 아니고. 과유불급. 너무 똥만 모으는 건 또 아니라고 생각한다. 스스로의 가치는 스스로가 매기는 것이다. 뭔가 이 말이 멋있었다.
>
> 연경 갔다 오면서 선비들이 하는 말은 잘못된 것 같다. 눈 호강시킨 게 뭔지 물어보면 대답하는 사람 입장에서는 좀 자랑하는 것처럼 느껴져서 대답하기 힘들 것 같다. "저들 것을 다 익히고 저들보다 낮게 되어야 비로소 중국에는 볼 만한 것이 없다라고 할 수 있는 거다." 이 부분이 진짜 멋진 말인 것 같다. 그 바쁜 와중에 박지원은 기와 조각이랑 똥 덩어리가 좋은 볼거리이고 배울 거라고 느낀 게 대단하다.
>
> 창복이가 똥 덩어리가 차라리 부럽다고 한 게 안쓰러웠다. 나리가 단순히 똥 덩어리가 중국의 제일가는 경치라고 해서 똥 덩어리까지 부러웠다고 한 부분. 창복이는 나리의 말뜻을 이해 못 한 것 같았다. 스스로를 사랑해야 말이다. 역시 박지원은 생각부터가 다른 것 같다.
>
> 박지원은 진짜 모래 바람을 맞으면서도 중국까지 갔을까. 그리고 중국에서 본 게 얼마나 많길래 3년이란 시간 동안 일기를 썼을까. 그 당시 중국이 갑자기 궁금하다. 얼마나 볼 게 많은지.

열하일기에 나오는 말 중 우리 반 아이들이 많이 언급한 문구이다.

"스스로의 가치는 스스로가 매기는 것. 나도 나의 가치를 알아가고 찾아가자."

하지만 아이들은 스스로 자신의 가치를 매기는 게 너무 부담스럽다고 한다. 그래도 우리 한번 시도해 보자라고 했지만. 그러면 욕 먹는다고…. 그냥 다른 사람의 가치를 평가하는 게 더 쉽다며 발표자 뽑기로 추첨하자고 한다. 서로의 가치를 평가해 주기로 한다. 그래도 친구의 쓰임새와 가치를 평가해 말해 주는 게 아이들에게는 조금 어렵게 느껴졌나 보다. 예를 몇 가지 들어 준다.

> 〈예시〉
> - 축구 선수가 팀을 옮길 때 가치 알죠? 이적료 1억 유로.
> - ○○이는 한 겨울 나무 꼭대기에 외롭게 달려 있는 감 하나.
> - ○○이의 미소는 돈으로 살 수 없는 우아함.
> - 연수의 오른발은 메시의 왼발.

무기명으로 진행했다.

- 축구할 때 연수의 오른발은 손흥민의 왼발 같다.
"저는 손흥민급이 아니에요. 손흥민은 양발잡이거든요. 둘 다 엄청 잘 차거든요. 오른발 새끼발가락 정도 실력이에요. 솔직히."

- 준호가 엉덩이에 힘을 주고 차는 슈팅은 포그바 같다.

- 준우의 왼발은 메시의 왼손이다. 준우의 습득력은 누구보다 빠르다.
"그럼 메시의 오른손이 준우의 오른손이에요?"
"준우는 습득력은 빠른데 사용을 잘 안 해요."
"게임 깔고 10분이면 마스터. 버그 다 찾아내요."

- 인해의 개그는 다 웃기고 재미있다. 돈으로 10억의 가치.

- 효은이의 활발함은 효개에서 나오고 귀여움은 효삐에서 나온다.

- 지윤이의 예민함은 100만 원.

- 준혁이의 장난과 유머(40억), 준혁이의 왼발은 이강인의 왼발(3억, 우리 학교에서 왼발 상위권) 준혁이의 오른손은 야구선수의 오른손(2억, 송구 실력), 준혁이의 기본 가치(5억).

- 상진이의 야구 코칭(감독) 실력은 축구 감독계의 퍼거슨. 상진이의 전략은 카레요리+라면스프.
"카레라이스에 라면스프를 넣으면 엄청 맛있어요. 상진이는 기발하긴 해."

- 태윤이의 키는 자유의 여신상의 위력(블랙홀 정도의 위력 ㅎㄷㄷ) 5만 원이 아닌 50만 원이 아닌 5,000만 원 이상의 소중한 친구.

- 경란(계란)이의 착함 지수(1~100) 중 100! 미소 귀여운 거 100억, 피구 실력 50억, 그림 실력 60억, 달리기 실력 50억, 그냥 다 귀여움.

- 규현이의 상콤발랄함은 3,000만 원의 가치. 귀여움은 규현이의 행복의 상징.
"규현님. 3,000만 원 가치의 춤을 좀 보여 주실래요?" (하긴 규현이가 지난번에 춤추기로 했었다.)
"그냥 졸업식 때 춤 춰라."
"상큼발랄함보다는 시큼발랄함이 더 어울려요."

- 은비의 예쁜 얼굴은 다이아몬드보다 비쌈. 은비의 볼따귀는 100만 원짜리 마쉬멜로우.

 - 주희의 배려심은 내가 규현이를 사랑하는 마음 × 100000000000000000000000000000배. 주희의 착함은 내 귀여움의 100000000000000배.
"근데 이거 수학적으로 계산하면 이상할 수도. 내가 규현이를 사랑하는 마음이 0이면요? 결국 0인데."
"내 귀여움이 0이면요?"
"내 얼굴을 봐 바. 이 정도면. 내 귀여움이 0이겠냐?"

- 피구할 때… 민준이의 오른손은 1,000만 원. 왼손은 100만 원. 빠른 발은 100만 원, 머리카락 한 개는 100원.

- 승은이의 화낼 때 무서운 카리스마는 거의 〈애나벨〉 수준급이다.

- 류경이는 감성이 풍부하고 정말 웃기다. 소중한 친구. 류경이의 감성적인 마음은 1,000억이다. 류경이의 달걀형 얼굴은 5백만 불이다.

- 영민이는 솔직히 못하는 게 거의 없는 것 같다. 공부, 체육, 성격 모두 TOP이기 때문이다. 축구로 치면 콰레스마의 아웃프론트 슛이다.

- 서준이의 마음은 진정한 친구의 마음. 서준이의 마음은 10000000조처럼 따뜻함. 서준이의 미소는 1억.
  "이 정도면 따뜻함이 아니라 뜨거움이에요."
  "℃가 안 붙어 있으니 이건 온도가 아니에요."

- 현민이는 10원짜리 동전 같다. 흔하고 어디에도 있고 구하기 쉽지만 10원이 없으면 100만 원, 1,000만 원, 1억도 없기 때문에.
  "이건 진짜 멋지다."

다 발표하고 나니 나의 다이어트 음식, 달걀이 택배로 와 나눠 먹었다. 달걀은 친구 머리에 깨서 먹어야 한다며. 달걀 껍질 안 흘리게 비닐에 잘 싸라고 했더니 오순도순 모여 까먹는다. 그리고 겨울에 염분이 부족할 수 있으므로 소금을 많이 먹어야 한다며. 작은 소금이 4봉지 들어 있는데 그걸 다 먹었나 보다.
"입에서 짠 내가 올라와요. 소금 너무 많이 찍었어요."

과학시간이다. 내가 가르칠 때도 있고, 과학 선생님이 오실 때도 있는지라 오늘도 과학시간에 누구랑 수업하는지 헷갈려 한다. 가학 선생님 오신다! '가학'이라며 '과학'에 저항하지만 그들의 저항은 딱 거기까지다. 종이 치자마자 반사적으로 자리로 돌아간다. 그때 달걀을 먹어 배 아프다며 보건실 가겠다는 여자아이들. 아침부터 배가 아팠다는데.

아이들이 쉬는 시간마다 쪽팔려 게임을 하고 있다. 살살하라고 했지만 오늘도 유행어가 탄생한다. 가위바위보를 진 아이가 미션을 수행한다.

"안녕! 난 도~ 자기야."

청자와 백자를 좋아하는 준우의 말이다. 이 말을 들은 은비는 정신적 충격에 멍한 표정!

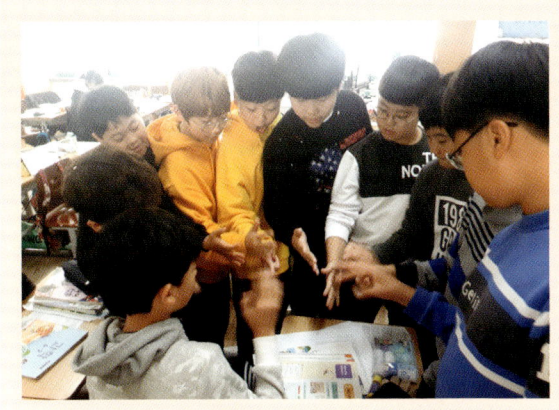

오랜만에 국악 선생님이 오신다. 들고 오신 장구가 때깔이 다르다. 장구를 보자 아이들이 반응한다.

"구두 닦는 약으로 닦은 것 같아요."

"난 무광 장구가 좋은데."

"소리부터 다르네요."

'풍년가'를 장구 장단에 맞춰 노래한다. 한 장단에 노래 부르기를 한 후 두 장단에 맞춰 노래한다.

"여러분 혹시 송소희 알아요? 송소희가 부른 '풍년가' 한번 들어 볼게요."

송소희를 잘 아는 아이들. 〈아는 형님〉, 〈불후의 명곡〉에 나왔다고 한다.

"가사가 책이랑 좀 달라요."

송소희가 부르는 노랫말이 좀 다르긴 하다.

"우리 책에는 봄엔 화전놀이 한다고 되어 있는데 그럼 오뉴월에는 뭘 할까요?"

"쥐불놀이요. 불꽃놀이요."

송소희가 노래한다. 정답은 '관등놀이'다. 석가탄신일 설명을 곁들이니 알아듣는다.

사투리 같은 지방색이 있는 우리 민요! 민요에도 토리가 있다. 토리라는 말이 재미있나 보다. 지역마다 (도)토리가 있다! 민요의 멋과 맛은 지역마다 다르다. 경기, 남도, 서도, 동부, 제주 민요.
"근데 서울 민요는 없어요?"
"지도에 보면 알지만 경기 민요에 포함돼요. 충청도까지."
"북한 민요는요?"
"평안도, 황해도는 서도 민요라고 하죠?"
경기 민요를 경토리라 부른단다. 5음을 고루 사용하고 맑고 깨끗하며 서정적 경토리. 경토리란 말이 인상적이었다. 경토리 태평가를 듣는다. 짜증내지 화내지 말고 즐겁게 살아보자는 내용 같다. 공수래 공수거! 아이들이 알아듣기 어려운 한자 가사도 많이 나오지만 '니나노 닐리리야 닐리리야 니나노'는 익숙한지 곧잘 따라한다.

이어서 장구에 대해 알아본다.
"여기 장구 보면 북편이 조금 더 커요. 양손에 다른 소리가 나는 타악기는 세계에서 장구가 유일해요."
"진짜요?"
"국뽕 마케팅 아니에요?"

북편의 가운데를 복판, 가장자리를 변죽이라고 설명하신다. 아이들은 역시나 '한복판'과 '반죽'이라며 나름 언어유희를 즐긴다. 조이개를 설명하신다. 맨 앞에 앉았던 준혁이가 나가 일정박으로 북편을 친다. 선생님께서 조이개를 하나씩 조이니 음정이 높아진다. 아이들은 조이개를 '도레미파솔라시도 변신줄'이라며 신기해한다.
"장구에 줄이 있었구나."
"조이개로 조이면서 연주 하는 건 없어요? 엄청 멋있어요!"

덩, 쿵, 덕은 타악기 시간에 큰북을 쳐서 그런지 아이들이 정확히 알고 있다. 하지만 '기덕'에서 막힌다. 요건 북에서 쳐 본 적이 없다. 한 녀석이 '더덕'이라 대답해 한참을 웃었다. 또 다른 녀석은 '더덕' 장단에 '무침'이라 답한다. 맛있겠다! 또 다른 녀석은 감'기덕'이라며.

장단 중에 굿거리장단은 웬일인지 긍정적인 반응도가 높다. 알고 보니 굿거리장단은 방탄소년단 '아이돌'이라는 노래에 나온단다. 그 덕분에 굿거리장단은 이미 다 외우고 있다. 역시 방탄의 힘!

5교시 수학시간이다. 원의 넓이를 구하는 방법에 대해 알아본다. 아이들 표정이 멍하다. 원을 한없이 쪼개 사각형을 만들어 원의 넓이 구하는 방법까지 설명하고 나니 표정이 슬퍼 보인다.

"선생님. 운동장 센터서클 넓이 구하죠!"

'나무의 노래' 가사로 노래도 부른다.

"오늘은 날씨가 좋아요. 햇살이 눈부셔요."

"그래. 나가자!"

"어디요? 설마! 설마!"

쉬는 시간까지 20분 남짓 바람을 쏘이고 왔다.

6교시에 학급회의를 했다. 주제를 정해서 의논해 보라고 했더니 겨울방학 때 쌤 집에 초대하기로 했던 것에 대한 세부사항을 의논한다고 한다. 오늘 회의 진행하는 의장은… 조용히 하라고 집중하라며 얼마나 소리치는지. 평상시에 그렇게 집중, 발표로 지적받던 녀석이었는데 솔직히 좀 심하게 소리 질렀다. 본인이 학급회의 진행자가 되니까 작은 태도 하나하나가 눈에 들어오나 보다. 이젠 내 마음을 좀 알려나.

"선생님 댁에 가서 뭘 할까요?"

"불 다 끄고 후레시 켜고 무서운 이야기해요."

"영화 〈애나벨〉 시청해요."

"노래방 가요."
"조용히 하세요. 손 들고 말씀하세요."
"원래 했던 계획대로 찜질방 가기로 했으니 구운 달걀 먹어요."
"구운 달걀에다 식혜까지요."
"구운 달걀에다 사이다요."
"저녁은 어떻게 되나요?"
"삼겹살 10kg 어때요?"
"미니 게임 같은 거 하면 안 돼요?"
"MT 아니 놀러 갔을 때 많이 하는 게임해요."
"술 게임요?"
"수건돌리기 같은 거요. (밤에?)"
"풍림아파트에 배드민턴 치라고 라인이 그려져 있거든요. 거기서 피구해요."
"근데 해가 빨리 질 텐데 보여요?"
"우리가 미리 가서 야광을 발라 놓아요."
"제가 배드민턴장 항상 봤거든요. 2시부터 6시까지 항상 야구하고 자전거 타는 아이들이 있어서 불편할 거 같아요. 참. 아이가 아니라 중학생이에요."
"저번에 하려고 했던 거. 경도해요."
"풍림아파트가 너무 넓어서 힘들어요."
"구역 정해서 하면 돼요."
"추억의 이중모션해요."
"그냥 대현산 등산해요."
"우리 근데 씻고 와요? 씻고 모이면 땀 흘리기면 힘들어요."
"먼저 잠든 사람 페이스 페인팅 해요."
"밤에 온라인 게임해요. 배그 같은 거요."
"배그 말고 베개 싸움해요. 집에서 하나씩 들고 오면 되잖아요."
"저는 베개 싸움 반론하겠습니다. 베개 싸움하면 100% 싸움이 일어나요."
"그래서 베개 싸움이잖아요."
"저도 안 된다고 생각하는데. 두 명이서 해도 베개가 찢어지고 난리가 났거든요."
"저는 반론 꺾기 하겠습니다. 베개 싸움해도 저희를 지켜줄 선생님이 있어요. 보호자가 있으면 해도 돼요."
"계속 집에서만 놀 수는 없잖아요. 다르게 놀 아이템을 만듭시다."
"야식 먹어요."

"살쪄요."

"닭발 먹어요."

"핸드폰 사용을 금지합시다."

"근데 강아지 데리고 가도 돼요?"

"핸드폰 다 놓고 카톡으로 끝말잇기 해요."

"여러분 제발 발언권 좀 얻고 말해요."

"엽사 걸고 게임해요."

"1월이면 눈도 올 텐데. 눈썰매 타요. 박스 깔고요."

"야외 수영장 가요."

"저는 반대합니다. 열린 금호수영장 같은 물 따뜻한 실내 수영장도 있는데요. 뭘 야외로 가요."

"여러분. 야식 메뉴 정합시다."

"치킨요."

"우리 집에 엽떡 쿠폰 있어요."

"교촌 치킨 허니콤보랑 엽떡이랑 같이 먹으면 맛있어요."

"족발."

"야식은 우리 다 먹으면 너무 비싸잖아요. 그래서 새벽 4시 30분까지 버틴 사람만 먹어요."

"4시 30분에 일어나도 먹을 수 있죠?"

"바비큐. 장작 패고요."

"달고나 먹어요."

"랍스터 먹어요."

"여러분 야식의 기본은 라면이죠?"

"근데 메뉴가 정해지면 이거 누가 쏘는 거예요?"

"여러분. 근데 이게 다 되는 말이에요? 이거. 선생님은 왜 한 마디도 안 하세요? 답을 주셔야죠."
근본적인 질문이다. 일이 좀 커졌다. 그래도 졸업하기 전에 좋은 추억거리는 하나 만들자. 콜!

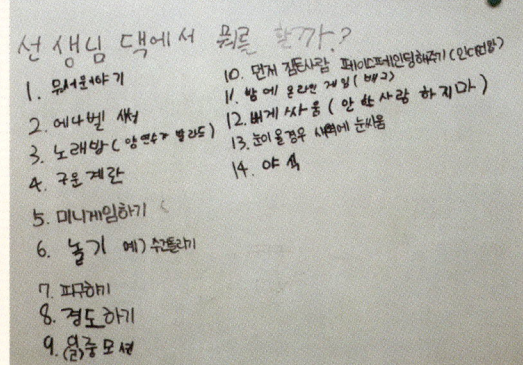

11월 22일 금요일

아침에 현민이가 귤 한 박스를 들고 왔다. 제주도에서 할아버지가 귤 농사를 짓는데 8박스를 서울로 보냈다고 한다. 한 박스에 60개 정도 들었다고 하는데 아이들 한 명당 3개씩은 맛볼 수 있겠다. 귤 박스를 열어 보니 친환경 농사라 그런지 초록 벌레 한 마리가 방긋 맞이해 준다. 올해는 태풍으로 인해 당도가 떨어질 수 있다는 안내문도 들어 있다. 생각보다 귤이 많다. 1인당 4개씩 돌아가고도 남는다. 현민이가 작은 귤은 시다며 미리 경고를 남겼지만 그 정도는 개의치 않는 아이들의 도전 정신.

겨울방학 때 1박 2일 캠프에 대해 한 녀석이 말한다.
"아빠가 그러던데요. 100만 원 찬조해 드려야 하지만 김영란법 때문에. 밤에 간식이라도 넣으면 안 돼요?"
"그냥 라면 먹으면 되지. 뭘."

교실 자물쇠가 또 고장 났다. 아침에 문을 못 열어 한참을 헤맨다. 3/3/2에서 3.5/3/2로. 올해 들어 벌써 3번 고장이다. 하지만 서준이가 자물쇠를 기증한다.
"저 이 자물쇠 이제 안 써요."
번호도 아이들에게 익숙하게 '3322'로 맞춰 준다.

어제 교육활동 발표회 평이 올라온다.
"엄마가 우리 타악기 공연 너무 지루했대요. 장단을 몰라서 그런가 봐요."

"9분 공연이 좀 길긴 했다."
"너무 편~안하게 공연하는 모습이 좋았대요. 긴장 안 하고요."
"연습 안 한 거 같았대요.(사실 안 했잖수?)"
"동영상으로 돌려보니 실수가… 크크."
"큰절할 때 감동이 좀 왔다던데요."

대원국제중에 지원했던 녀석이 추첨에서 안 되었단다. 그래도 선생님은 걱정 안 하셔도 된다며. 21 대 1!을 담담하게 말한다. 그 정도 경쟁률을 뚫고 되기가 원래 쉽지는 않았다며~ 그냥 중입배정 받으면 된다는 말까지 남긴다. 내가 할 말까지 다 해버리고….

"나 아침에 양치하고 왔는데. 귤 먹기가…."
"아침에 양치 안 하고 오는 사람도 있냐?"
"넌 가끔만 하나 보냐?"
"얘는 21일에 한 번 한대."
"아니야. 일 년에 두 번. 6월. 12월."
"일 년에 두 번은 너무 많잖아."
"엄마의 힘으로 몇 번은 하게 되잖아."
남자아이들의 말장난이 계속된다.
주희가 한마디로 제압한다.
"허위사실 유포하지 마! 학교폭력이야."

1교시는 국악이다. 아이들이 생각보다 국악시간을 기다린다. 오늘은 모두 실제로 장구를 연주한다. 교실에서 치는지라 장구를 모둠별로 하나씩만.
"오른손 90도를 만들게요. 그리고 반을 내려 줄래요."
"처음부터 45도라 하시지…."
테두리 부분에 채가 달라붙는다는 느낌으로 치라고 하신다. 북편은 왼손 엄지를 변죽에 놓고 다른 손은 가지런히 친다. 한 명이 칠 때 나머지 모둠 3명이 구경하며 얼마나 잔소리를 하는지. 이것도 사람 앞인지라 긴장되나 보다. "더러러러는 잘 안 돼요"를 연방 반복하는 녀석.
"너는 떨고 있잖아."
먼저 한 아이들은 굿거리 이거 제대로 치기 어렵다며 훈수를 둔다. 선생님은 부드럽게 치고 싶으면 힘을 빼고 치라고 하시는데. 근데 힘 빼고 치는 게 그게 어렵다! 역시 세상 모든 일에 힘 빼는 건 고수만이 할 수 있나 보다.

그때 화재비상벨이 울린다. 우리 교실 바로 옆에서 울리는지라. 서로 눈은 마주쳤지만 몸은 반응하지 않는다.

"아니죠?"

"아닌 것 같은데."

이 잦은 고장!

"손가락만 떨어지면 안 돼. 손바닥으로."

"더러러러 이거 너무 막막한 거 아니야."

한 녀석은 긴장을 했는지 왼손 엄지를 붙이고 손바닥으로 치라고 한 것을 거꾸로 손바닥을 붙인 상태로 엄지만으로 친다. 또 다른 녀석은 '기덕'할 때 무릎을 굽혔다 펴는 자세를 보여 웃음을 준다.

오늘도 시김새 인사를 하며 마친다. 선생님! 감~사합니다.

"선생님. 저 1조에 사실래요?"

"저는 설거지 잘하고요."

"저는 청소도 잘하고요."

"근데 정말 사고 싶은데 1조가 없네."

"이번엔 세일해 드릴게요. 30프로. 7,000억은 통장에 있죠?"

또 만수르 놀이인지.

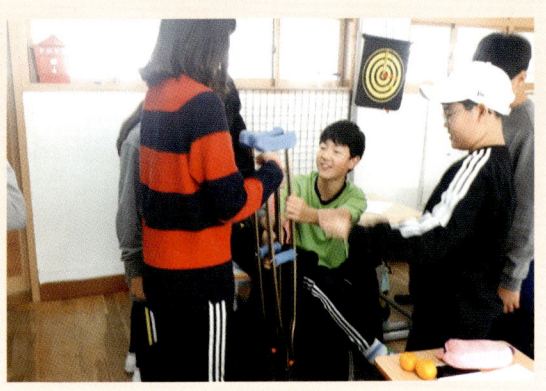

국어시간이다. 착한 사마리아인 법에 대해 공부한다. 영상을 먼저 본다. 1928년 미국의 익사 사고로 시작한다. 그때 도와줬으면 내 아들이 죽지 않았을 거예요! 도와달라는 사람 옆에는 일광욕을 즐기고 있는 사람이 있다.

착한 사마리안법은 미국 30여 개 주, 유럽 14개국에서 시행되고 있다. 2005년 우리나라! 지하철 플랫폼에 사람이 끼자 지하철을 함께 미는 사람들. 30톤이 넘는 전동차를 움직인 사람들의 선한 양심.

"근데 밖에서 밀면 안에 있는 사람이 어떻게 돼요?"
"제가 기독교 믿는데요. 성서에는 이렇게 안 나오는데요."
"영민이가 다쳤을 때 아무도 안 도와줬어요."
영민이는 평소 본인이 장난을 많이 쳐서 양치기 소년이었다며 고백한다. 아이들은 양치질 소년. 또 치질 소년으로 말장난이다. 그만하자!
"축구에서 다쳤을 때 공을 밖으로 내 보내는 것도 착한 사마리아인 법이에요?"
"뭔가 죽을 뻔한 사람을 도와주면 상 받아요? 용감한 시민상이 그런 거요?"
"동백꽃 필 무렵 영화 보면 노상방뇨하다가 오토바이 절도범 잡는 거 나오는데 이런 것도 착한 사마리안이에요?"

"난 찬성이야."
"난 반대야."
반대가 살짝 많아 보인다. 다음 주에 논거 하나씩 준비해서 토론해 보기로 했다.

내 자리에 앉아 있는 한 여자 아이! 그 의자가 그렇게 좋은가 보다.
"너 선생님이냐?"
"제가 선생님 후계자입니다."

수학시간이다. 지난 시간에 했던 원의 넓이 구하는 방법에 대한 심화학습이다.
- 원을 한없이 잘라서 이어 붙이면 어떤 도형에 가까워지나요?
- 원의 넓이 = 원주 × 1/2 × 반지름 = 반지름 × 반지름 × 원주율

오늘 원의 넓이 구하는 문제 많이도 풀었다. 아이들은 문제에 원주율이 '3.14'가 아닌 '3'이나 '3.1'임에 그나마 감사한단다.

오늘 남자아이들과 여자아이들 간의 말다툼이 있었다. 한동안 잠잠하더니. 서로의 진술이 너무나 달라 일단 이야기를 들어 보기로 했다.
"저는 아무 잘못도 안 했는데 자꾸 이상한 말을 만들어 내서 우리를 놀리잖아요. 전 진짜 억울해요."
"얘네가 먼저 사회시간에 ○○님 좋아한다고 놀렸어요."
"과학시간에 ○○이 자기는 자꾸 뒤돌아보고 우리 보고 뭐라 하잖아요."
"아무 이유 없이 화낼 때도, 장난 칠 때도, 싸울 때도 얘네들이 쉴드를 치잖아요."
"쉴드를 쳐주는 게 커버는 아니고. ○○이에게 묻고 싶은 게 우리랑 같이 말하고 사는 게 싫어요?"
"넌 눈빛이 노려보는 눈빛이야. 가자미야. 그렇게 보지 마. 무서워."

듣고는 있지만 사건의 개요 없이 격해진 감정들만 쏟아진다. 정리를 해야지.
"얘들아. 누가 옳고 그른 게 아니라. 여러 가지 사건들이 섞여 있는 것 같아. 그리고 자신의 주관적인 감정으로 다른 사람에 대해 말하지 말자."
뭐 이렇게 말한 것 같다.

점심 먹고 날씨가 좋다. 싸운 아이들 기분도 풀어 줄 겸 운동장에 나간다. 어제보다 10도는 기온이 오른 것 같다. 한 녀석은 코너킥 차다가 다른 여자아이를 맞힌다.
"아니 나 슈팅이 안 했거든."
"그래도 맞혔으니 사과해야지."
"슛이 아니라고. 고의로 한 게 아닌데."
"코너킥이든 슛이든 너가 맞혔잖아."
코너킥으로 맞히려는 의도가 없었다는 걸 주장하거나 증명하는 게 아니라 공에 맞은 친구의 마음을 먼저 위로했으면 끝날 일을.

다리 부상 중인 영민이는 할 일이 없다며 친구들 옷 정리를 한다. 알고 보니 본인 침대를 만들고 누우려고 했다는 반전이.

피구하다 한 녀석이 말한다.

"선생님. 저 보세요. 저는 공을 던져 뒤에 숨은 애도 맞힐 수 있어요."

공의 궤적이 진짜 커브다.

6교시에 보드게임 블로커스를 했다. 이젠 국민 게임의 반열에 오를 만큼 아이들이 잘한다. 황인욱의 '포장마차'를 무한 반복으로 노래 부르면서 하는데.

"내거 작은 거 한 개 어디 갔지?"

"저 동생이랑 매일 해서 잘해요."

"너 막히고 있다. 나와라."

"내가 도와줄게."

"중앙으로 진출해."

"난 파란색이 기분이 안 좋아. 다음 판에는 다른 색 줘."

"이 자식들. 막지 말라고."

게임하다 순식간에 욕하는 여자애들. 불러서 혼냈다.

내일 우리 학교 운동장에서 아이들끼리 2팀을 만들어서 축구를 하기로 한 모양이다. 나더러 심판을 봐 달라는데. 1인당 1,000원의 사례비도 건단다. 끝나고 노래방까지 같이 가자고 하는데. 본인들은 늘상 하는 코스라며 함께 하기를 권한다. 내일 쉬고 싶다고 일단은 거절!

11월 25일 월요일

"주말에 우리 가족끼리 김장했어요."
"아이고. 고생했네."
"근데. 우리 반 애들이 생각났어요."
"그렇게 맛있었어?"
"아뇨. 불러서 일 좀 시키려고요."
삼촌이 칼질하다 살을 날려서 손 감고 다시 했다는 이야기며. 지혈시키느라 삼촌 손을 머리 위에 올려 놓은 이야기며. 달콤살벌한 이야기다.

"아침에 왜 이렇게 졸리죠?"
"영어책 꺼내 봐."
"아. 그 말 들으니 그냥 자고 싶어졌어요. 오늘 영어 들었어요?"
"어. 5교시잖아."
"아. 5교시는 반쯤 자겠네요."

8시 50분이 되었는데도 두 녀석이 보이지 않는다. 분명 자리에 있었는데 막상 종이 치자 화장실을 갔나 보다. 요즘 이런 패턴이 잦아 한번 혼을 내줘야겠다. 방법은 몰래카메라로. 인해가 오늘은 연기자로 나선다. 4분 뒤 두 녀석이 들어오자 인해도 늦게 들어온 척 연기를 한다. 세 명을 불러냈다.
"1분 늦은 인해가 방금 엉덩이로 이름 쓰기를 했는데 너희들은 어떤 벌을 받을래?"
나머지 아이들도 연기 모드로 돌입.
"너희 4분 늦어 선생님 엄청 화났잖아."
"인해가 1분 늦어서 엉덩이로 이름쓰기 한 번 했으니 너희는 1분당 1번, 4번 이름 쓰기네."
근데 뭔가 이상한 낌새를 눈치챘나 보다. 두 녀석은 그냥 노래 부르겠단다. 그리고 노래를 부른다. 아이들도 같이 불러 준다. 대실패!

1교시에 아이들 표정이 너무 굳어 있다. 1교시부터 착한 사마리안법 토론하기는 무리가 있다고 판단되었다. 이런 건 이제 눈빛만으로도 아이들의 마음을 알 수가 있겠다. 일단 몸을 데우러 나간다. 잠시 바람 쏘이러 가자. 운동장이 비어 있으면 좋겠으나 원래 사용하기로 했던 3학년 아이들이 이미 몸을 풀고 있다. 다행히 피구장 쪽은 쓰지 않는다고 한다.

"바로 피구해요! 달리기 왜 해요?"

"추우니까 땀 좀 내라고."

운동장 한 번 왕복에 오자마자 쓰러지듯 눕는다.

"너무 추워요. 저 내복 입었어요."

"너 유니클로 아니냐?"

"유니클로는 잘 팔린대. 나쁜 놈들! (누구 보고 한 말인지?)"

팀이 바뀌고 나서 엄청난 승부욕에 불탄다. 팀 정신으로 동기유발이 제대로 되었다. 공 맞은 아이에게 아웃콜을 보낸 심판인 나를 한번 흘겨보는 녀석도 있다. 초능력피구는 한 판만 하고 오늘은 무조건 피하기 피구. 공에 접촉이 되면 무조건 아웃이다. 공은 2개다. 얼마나 오래 동안 버티는 경기이다. 이런 경기는 템포 조절이 필수다. 바운스로 던지기, 굴리기, 높이 던지기, 빠르게 던지기 등. 오늘은 공 꼬집어 던지기가 제일 강력한 마구다. 2 대 1로 포장마차팀 역전승!

	포장마차팀	황금마차팀
1차전	1분 20초	1분 30초 승!
2차전	1분 23초 승!	1분 20초
3차전	1분 32초 승!	1분 6초

　마지막은 남녀 대결이다. 역시 무조건 피하기 경기. 시간 측정 경기다. 핸디캡 매치로 여자아이들이 할 때는 경기장을 조금 넓혀 준다. 남자 아이들은 경기 시작 전 미리 모여 작전을 짠다. 공 하나는 쉼 없이 던지고 공 하나는 숨겼다가 가까이 오는 여자아이들 맞히는 전략으로 승리한다. 남자는 1분 21초. 여자는 1분 15초 버틴다. 나름 쫄깃한 승부였다.

2교시에 착한 사마리안법에 대한 토론 시간을 가졌다. 주말 동안 논거를 하나씩 준비하라고 했는데 안 해 온 녀석부터 10개 이상 준비해 온 녀석까지.

영민: 착한 사마리안법에 찬성하는데요. 아무리 개인의 자유와 해야 할 일이 중요해도 다른 사람의 생명이 걸린 일이잖아요. 생명이 이게 더 중요해요.

효은: 방금 자기 자유가 있다고 했잖아요. 그 사람도 다른 위급한 사람을 도와주려고 한다면요? 이럴 때는 못 도와요.

준호: 님들. 사람이 자전거를 타다 넘어졌어요. 이런 건 생명 위협이 아니에요. 무조건 죽는다는 보장이 없잖아요. 이럴 때도 무조건 도와줘야 하는 건 좀 심한 것 같아요. 상황을 보고 돕든지 못 돕든지 판단하면 돼요.

영민: 제가 얼마 전에 넘어져서 부러져 봤잖아요. 정말 한 발도 못 움직이는데 도와주는 사람이 없었거든요. 착한 사마리안법 필요해요. 경험해 보면 다 알 수 있는 일이에요.

주희: 만약에 이완용 같은 사람이 죽어 가고 있는데도 도와줘야 해요? 나쁜 사람은 나쁘다고 생각하면 그냥 확!

지윤: 저희 집에 강도가 들어왔는데 넘어져서 강도 다리가 부러졌는데 그걸 도와줘야 해요? 잘못하면 내가 잘못되는데요? 칼을 들고 있을 수도 있고요.

준혁: 해수욕장에서 상어를 만난 사람이 있는데. 이 사람을 돕다가 자기가 죽으면요?

영민: 상어 눈 때리고 정신 차리세요 이러면 돼요. (모두 웃음.)

서준: 처벌을 받지 않기 위해 도와주는 것은 엄마 잔소리 안 들으려고 공부하는 것과 같아요. 그런 건 효과가 별로 없어요. 처벌 말고 다른 방법으로 해결해야 해요.

영민: 법으로 정해 다른 사람을 돕더라고 돕다 보면 자기의 마음에 좋은 영향을 미칠 수 있어요.

상진: 착한 사마리안법을 만들면 우리가 근처에서 많이 겪을 수 있을 것 같아요. 근데 타인의 생명이 자신보다 중요하지만. 법으로 이게 되면 그리고 그걸 정하려면 법이 엄청 길어질 텐데요. 상황이 많아서 조항이 길어질 것 같아요.

영민: 법에 대해서는 말할 게 없어요. 그건 우리가 할 일이….

은비: 타인의 생명도 중요하다고 하셨죠? 희생정신이 약하고 처음 보는 사람인데 단두대 같은 데 올라가는 걸 도와줄 수는 없잖아요.

영민: 단두대에 올라가는 것은 그 사람이 잘못을 해서 처벌받는 것이고 착한 사마리안법은 다른 것 같아요.

태윤: 아까 선생님이 말씀하셨는데. 사람은 자신에게 권리가 있고 자유가 있다고 했으니 선택도 그렇게 하면 될 것 같아요.

민준: 자신의 생명권도 중요해요. 사자가 쫓아오고 있고 어떤 사람이 토끼고 있어요. 이걸 도와줘요?

영민: 맞아요. 타인의 생명권은 자신의 생명이 안전할 때 지켜주는 거예요. 저도 인정해요.

준우: 만약 계곡을 갔는데 어떤 사람이 물에 빠졌어요. 던질 것도 없어요. 수영도 못 해요. 다른 사람도 안 보여요. 물에 빠진 사람은 물에 잠겨 가고 있는데 이런 것은 어떻게 해요? 이런 건 못 도와요.

륜경: 아까 말을 했는데 저 사람이 빠져 있어도 도와주다 제가 위험하면 안 도와줘야죠. 던질 게 있으면 좋은데. 그런 게 없으면 방법이 없기 때문에 같이 위험해 질 수 있으니까 다른 식으로 찾아봐야 해요.

서준: 자신의 생명권이 보장될 때 도와야 하니 준우님 말한 상황에서는 안 도와주는 게 맞아요.

상진: 돕는 사람의 심신이 안정되어야 할 것 같아요. 심신이 불안정하면 돕다가 크게 다칠 수 있어요. 예전에 이런 일이 있었는데. 마음이 불안해 세 바퀴를 공중에서 720도 구르고. 난리가 났는데. (자신의 경험담 같다.)

연수: 류경님 말에 반박하는데요. 사람이 물에 빠졌을 때 다른 방법을 무조건 찾아야 해요. 주변에 도와 줄 게 무조건 있거든요.

경란: 연수한테 모라 하는 건데. (웃음) 옷 같은 거 던져 줘야 하지 않을까요? 이런 방법 말하는 거죠?

태윤: 준우님. 저희가 항상 수영교육 받을 때 듣는 말이잖아요. 튜브 던져 줘야지 들어가지 마라. 그런 상황에선 어쩔 수 없어요.

효은: 어떤 아저씨가 쓰러져 있는데 제가 있는데 심폐소생술을 안 배운 아이였다면요? (근데 우리 배웠잖아요?)

준호: 착한 사라미리안 법 반대해요. 악용해 범죄를 만들 사람도 있어요. 만약 자기가 누구랑 싸웠어요. 그 친구 둘이 가다가 지 혼자 넘어졌는데. 옆에 있던 다른 친구가 그냥 갔어요. 이렇게 싸우고 도와주기는 어려워요. 좀 유치한 상황이지만요. 넘어진 친구가 일부러 연기할 수도 있고요.

주희: 저는 응급처치법을 찾아봤는데. (오!!!) 응급환자에 대한 신고나 처치를 주저하지 않게 하려고 도울 때 나는 사고에 대해서는 처벌을 안 해요. 사마리안 법도 구조활동을 시키는 건데. 이것도 목적이 비슷한 거 같아요. 그냥 응급처치법을 좀 더 연구하면 돼요.

현민: 저는 양심이 뭔지 찾아봤어요. 사물의 가치를 변별하고 자기의 행위에 대해 옳고 그름을 판단내리는 의식이라고 나와요. 옳고 그름의 판단은 사람마다 다르잖아요. 괜찮다고 생각하는 건 사람마다 다른 것인데 이걸 가지고 처벌하는 건 반대예요.

아이들이 준비한 착한 사마리안법 토론 준비문

나는 착한 사마리안법에 반대한다. 그 이유는 형벌을 주기에 있어서 기준이 애매하기도 하고 또 그 문제 때문에 누구나 범죄자를 만들 수 있게 되어 악용의 소지가 크기 때문이다. 다른 이유로는 인간의 양심을 법률로 강제할 수 있다는 선례를 만드는 부작용은 우리가 생각하는 것보다 훨씬 더 큰 문제를 불러올 수 있기 때문이다.

착한 사마리아인 법 (The Good Samaritan Law):
자신에게 특별한 위험을 발생시키지 않는데도 불구하고 곤경에 처한 사람을 구해 주지 않은 행위를 처벌하는 법.

나의 주장: 착한 사마리아인 법의 우리나라 시행을 반대하는 입장

1. 착한 사마리아인 법은 개인의 자유권을 침해해 법의 근본적 목적과 다르게 될 것 같다. 사람들은 모두 가치관이 다르다. 가치관에 따른 판단을 일방적으로 법제화시키는 것. 만약 어떤 사람이 도움이 필요한 사람을 무시하고 가서 욕을 먹을 수는 있다. 하지만 그것을 무조건 잘못된 행위라고 단정 지을 수 없다. 너무 급한 일이 생겼을 수도 있고 그 순간 무서웠을 수도 있지 않나. 만약 이 법을 시행한다고 했을 때 법이 개인에게 개입하는 선을 좀 넘은 듯한 느낌이 든다.

2. 기존 법규와 비슷한 점에서 높은 필요성을 기대하기 어렵다. 현재 "응급조치법"이라고 불리는 '응급환자에 대한 신고 및 협조 임무'는 사람들이 응급처치를 하는 와중 몸에 피해를 입혀도 책임을 지지 않는다. 사람들이 쓰러진 사람에게 피해를 입힐까 봐 응급처치를 주저하는 경우가 발생할 수 있으므로 법으로 규정해 놓은 것이다. 이처럼 구조활동을 권장 및 보호하는 법률이 이미 존재함에도 불구하고 "착한 사마리아인 법"을 도입해 구조활동을 강제화시키는 건 법률 간 목적이 비슷하기 때문에 필요성을 기대하기는 어렵다고 생각이 든다.

1. 착한 사마리아인 법 입장/근거
나는 착한 사마리아인 법에 대해 반대한다.
(1) 착한 사마리아인 법을 시행하면 사람을 구하는 것이 필수가 되므로 강압적으로 요구하게 된다.
(2) 일단 법이 너무 애매모호하게 설정이 되어 있다.
(3) 규칙 혹은 양심에 맡기는 것으로 정하든지 해야 한다. 법은 강하게 요구하는 감이 없지 않아 있다.

2. 착한 사마리아인 법이 우리 반에 들어온다면 처벌은?
(1) 정도가 약한 경우: 앞에서 춤을 30초 동안 추면서 노래를 부른다.
(2) 정도가 중간인 경우: 앞에서 1,000자를 꽉 채운 사과문을 낭독한다.
(3) 정도가 강한 경우: 선생님과 부모님과 1:1:1로 상담을 한다.

쉬는 시간에 아이들이 놀고 있다. 여자아이들은 서로 엉덩이를 먼저 터치하는 게임을 하는데. 혹시나 희롱이 되지 않을까 그만하라고 했더니 자기들끼리 이렇게 게임하기로 약속했고 뒷말하기 없기로 더 강하게 약속했단다. 이럴 때는 그냥 넘어가야 하는지. 남자아이들도 쪽팔려 게임을 한다. 아슬아슬한 가위바위보가 계속된다.

"선생님. 제 핸드폰 비활성화 시킨 사람이 있어요."
"누구냐?"
"접니다. 죄송해요."
"사과해."
"미안해. 다시 안 할게."
"(웃으며) 어. 괜찮아. 3분만 있으면 풀릴 거야."
쿨하게 사과를 받아 주는 우리 주희.

다음 시간에 '우리 반에도 착한 사마리안법이 있다면?'이라는 주제로 계속 토론한다. 한 녀석이 뜬금없이 한마디를 한다.
"슬플 때나 아플 때도 놀릴 수 있어야 진정한 친구다. 그 정도는 해야 친구지."
일단 우리 모두가 웃고 말았다. 본인은 진지하게 말했다고 한다. 다시 읽어 보니 곱씹어 볼 만한 문구 같다.

우리 반에서 착한 사마리안법을 어겼을 때 어떤 벌을 받을지 정한다. 자유롭게 의견을 개진하고 1인 3표 투표로 결정짓는다.

- 교실 앞으로 나와 이어폰에 아는 노래를 틀어놓고 노래 부르기. 아니면 이어폰 끼고 무반주로 노래.(14표)
- 무반주 노래 받고 춤까지.(0표)
- 소주잔에 까나리액젓 원샷.(0표)
- 운동장에 나가 사람들이 체육할 때 센터서클에서 '나는 위험에 빠진 사람을 안 도와준 나쁜 사람이다'라고 3번 말하기.(4표)
- 운동장 센터서클에서 오동나무 댄스.(0표)
- 힘내라고 쌍화탕 2개 투샷.(0표)
- 그 사람 포함 주위에 도와주기 망설인 사람 단체 청소.(4표)
- 그날 청소 당번 다 빼고 그 사람이 혼자 청소.(11표)
- 2일 동안 도와주지 말고 혼자 생존.(0표)
- 안 도와준 사람이 가운데 서고 공 한 번씩 던져 맞힘.(0표)
- 까나리액젓 한 잔 마시고 무반주 댄스.(0표)
- 연수랑 손잡고 산책.(4표)
- 체육 시간 혼자 한 번 빠지기.(2표)
- 착한 사마리아인 법 안 지킨 사람만 쉬는 시간 한 번만 자리에 앉아 있기.(0표)
- 쉬는 시간 한 번만 앉아 있는 건 다 할 수 있기 때문에 쉬는 시간 3번 앉아 있기.(0표)
- 벌로 청소 당번이랑 같이 청소.(1표)
- 반성문을 1,000자 써서 읽기.(0표)
- 애교삼종세트(뀨, 꿍꼬또, 띠드버거 사 주세요.) 상큼발랄하게 하기.(11표)

우리 반 착한 사마리아인 법

위험에 처해 있는 사람을 구해 주어도 자신이나 제3자에게 위험이 없는데도 도와주지 않는 자는 다음의 처벌을 받는다.
첫 번째. 애교삼종세트(뀨, 꿍꼬또, 치즈버거 사주세요.) 상큼발랄하게 하기.
두 번째. 그날 청소 당번 다 빼고 그 사람이 청소하기.
세 번째. 앞으로 나와 이어폰에서 아는 노래를 틀어놓고 노래 부르기. 보는 사람에게는 무반주 노래처럼 보이게.

2주 동안 우리 반에서 착한 사마리안법을 시행하기로 한다. 한 녀석이 쉬는 시간에 책상에 걸려 넘어지니 모든 아이들이 모여 괜찮냐고 물어본다. 평소라면 아무 일도 아닌데 너무 과한 모습은 아닌지. 괜찮다고 분명히 말했는데도 계속해 확인하는 녀석들. 착한 사마리아인 법 시행 첫 5분 만의 모습.

과학시간이다. 인간은 어떻게 먹이사슬에서 살아남았을까와 관련된 동영상을 본다. 무기조차 없던 고대 인류는 어떻게 생존했을까? 인간에게는 동물보다 뛰어난 신체 능력이 있다!

동물들은 인간보다 더 뛰어난 압도적 크기의 이빨과 발톱을 가지고 있다. 하지만 생존에 더 중요한 것은 달리기 능력이다. 사냥, 도망갈 때 달리기 능력은 필수. 지구상에서 가장 빠른 치타는 시속 115km. 먹이사슬의 정점 사자는 시속 80km. 침팬지는 시속 50km, 고양이는 시속 48km, 인간계 최강 우사인 볼트는 시속 45km. 하지만 인간에게는 지구력이 있다. 마라톤 대회를 보자! 42.195km! 일반인이 도전하기는 어렵지만 일반인이라도 조금만 연습하면 10, 20km는 가능하다. 마라톤 같은 장거리 달리기는 동물들에게는 너무 어려운 일이다. 대부분의 동물들은 달리다가 체온이 급격히 오르면 이동을 멈춘다. 다른 동물들은 장거리 달리기에서는 인간의 상대가 되지 못한다. 이는 뛰어난 열 관리 능력 덕분이다. 말 정도를 제외하고 인간보다 오래 달릴 수 없다. 심지어 말과 마라톤 대회에서 인간이 2번이나 승리.

1975년 하버드 대학교. 제인 구달(침팬지 행동 연구가)이 침팬지에게 던질 것을 주고 목표를 향해 던지게 했는데 결과는 놀라웠다. 44차례 중 목표에 명중한 것은 5개. 거리는 불과 2미터. 인간처럼 정밀하게 던질 수 없다. 인간과 같은 투척 능력을 가지지 못한다.

아이들의 의견이다.

만약 그때 무기가 없었다면 동물을 맨주먹으로 잡았을까? 원숭이가 1000년 더 지나서 진화하면 사람처럼 될까? 만약 사람이 아니라 호랑이가 사람처럼 진화했다면… 그리고 하마랑 고래의 할아버지가 비슷하다는 게 신기했다. 둘은 정말 다른 것 같은데. 땀이 훌륭한 쿨러라는 게 제일 신기했다.

인간은 원숭이가 진화해서 생겼는데 원숭이나 침팬지 같은 이들은 왜 투척 능력이 약할까? 비슷한 근육을 가지고 있는데.

우리는 왜 던지는 능력이 강해졌을까? 정확하게 던지기는 것은 어려운데 말이다. 하지만 우리의 피구하는 모습을 보면 진화가 확실히 된 것 같다.

뇌가 커지려면 단백질이 필요하다. 이것은 육식의 흔적이라는 말이 신기하다. 인간이 던질 때 하체에서 시작. 하체-골반-상체-척추, 어깨-팔-손-물체로 이어진다고 한다. 나도 피구할 때 이렇게 던지면 좋겠다. 좀 복잡하기는 하다.

인간이 호랑이와 장거리 달리기에서 이긴다는 게 신기했다. 그리고 동물들이 땀 배설을 잘 못한다는 것도 신기했다. 침팬지가 2미터 앞에 있는 물건을 던져 잘 못 맞힌다는 것은 좀 거짓말 같다.

인간이 장거리 달리기와 투척력을 높이기 위해 어떤 음식을 많이 먹었을까? 이것에는 어떤 음식이 영향을 주었을 것 같다. 인간만이 먹는 음식.

투척 능력에서 회전하는 게 중요하다고 하는데… 잘 모르겠다. 회전이랑 파워랑 그게 관련이 있는지 모르겠다.

만약에 사람이 장거리 달리기와 투척 능력이 없었으면 맹수들에게 다 잡아먹혔을 것 같다. 이 세상에는 호모사피엔스가 살아남을 수 있었을까? 점프력을 더 길렀거나 아니면 땅파기 스킬 아니면 강력한 턱 힘으로 진화했을까?

사람은 물에서도 장거리 수영을 잘한다(아닌가? 바다에 사는 동물들을 보면 장거리 수영을 인간보다 잘하는 것 같다). 물속에서도 투척을 잘하는지 궁금하다.

내가 야구를 하면서 어깨랑 허리 회전이 중요하다는 것을 알게 되었다. 이게 이렇게 오래전부터 인간이 했던 것이지는 몰랐다. 인간이 다른 동물들을 이길 수 있는 능력이 이때부터 있었구나라고 생각이 든다.

우사인볼트가 고양이보다 느리다는 것을 알게 되었는데. 내가 고양이보다 더 빨랐는데. 이상하다. 우사인 볼트와 나의 정식 대결…을 하고 싶다.

말이랑 오래 달리기해서 인간이 이기다니. 근데 난 오래 달리기 정말 싫다. 힘들다. 난 열 관리 능력이 없나 보다. 너무 힘들다.

인간이 회전력을 잘 이용한 건 머리가 좋아서 그런 걸까? 그냥 감각일까? 인간이 아무리 투척 능력이 좋고 달리기 능력이 좋다고 해도 순간적인 위기에서 어떻게 살아남았을까?

근데 동물들은 왜 열 배출을 못 하게 되었나. 털을 좀 버리고 살았으면 인간처럼 오래 달리기 할 수 있었을 텐데.

인간이 제일 잘할 수 있는 능력이 투척이라는 것을 알게 되었다. 그 능력이 신체 전체의 에너지라는 것도 알게 되어서 신기했다.

이 동영상에서 배울 점은 우리도 피구할 때 회전력을 높여야 한다는 것이다. 근데 왜 인류만 이렇게 달리고 던지는 걸 잘하게 진화했을까? 사자가 돌멩이를 던진다면 무시무시했을 것 같다.

영상을 보는데 땀이 난다. 손에 땀이 난다. 열관리 시스템 작동 중!

인간은 역시 대단한 생명체. 하지만 나는 피구할 때 정말 이상하게 던지는데.

점심 먹고 놀다가 아이들이 실수로 보드를 깼나 보다. 옆에 있는 플라스틱 안내판도 깼단다. 고개를 푹 숙이며 몇 녀석이 나온다.

"죄송해요. 똑같은 거 사 올까요?"

"너네는 깨도 예술적으로 금 가게 만드네. 보드는 갈면 된다우~ 기죽지 마."

5교시 미술시간이다. '미스테리서클'을 이용해 다양한 무늬 만들기를 한다. 처음에는 사용법이 익숙하지 않아 실수가 많았지만 10분 정도 지나자 능숙하다. 실수조차 작품에 투영하고 설명할 여유가 보인다.

"재밌다!"

"이렇게 어떻게 하는 거야?"

"이게 내 의지대로 안 되는 것 같아."

"이거 이상해. 왜 안 되지."

"오! 오! 오! (점층법 비명)"

"이거 가락지빵 같아요."

"준우야. 오! 예술적인 면을 찾았구나 (준우~ 원래 미술 잘 그려!)"

"오. 오. 오. 간디! (왜 간디야?)"

"어느 구멍에 넣어야 돼? 어디에 넣어야 이렇게 돼? 몇 번째 칸으로 해야 해?"

"간지난다."

"우아. 나 잘한다. 소질이 보여요."

"나 3초 만에 완성했어."

"그냥 대충하자."

"그게 무슨 말이야?"

"심플 이즈 더 베스트."

"이거 스트레스 풀기 좋아요. 시원해요."

"이거 분신사바하는 거 같아요. 뭔가 손이 이끌리는 느낌. 무중력에서 끌리는 느낌. 놀이기구 탈 때 그 느낌요."

"오 망했다."

"오. 구멍 뚫렸다. 이거 여러 번 하면 종이에 구멍 나요. 적당히 만족해야 해요."

"점점 몰입도가. 미쳐가나 봐요."

"감성 폭발이다. 오늘 진지 모드로 간다."

"이거 종이컵에 그려 보고 싶다."

"이거 힐링되는 거 같아요. 보고 있으면."

"선생님. 저 사춘기 왔어요?"

"어! 온 것 같아."

"그죠. 어쩐지 제가 요즘."

우주의 신비

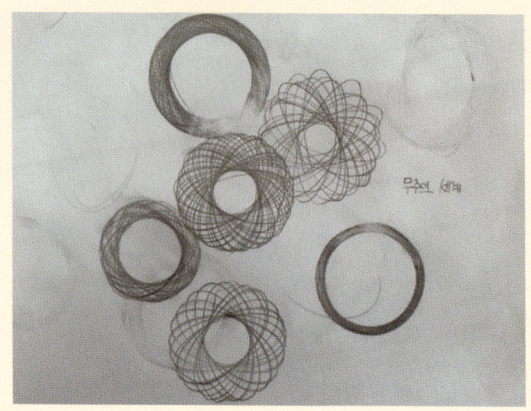

추운 고리들

살찐 재활용마크, 몰라아증세, 에베벱, 입체도넛

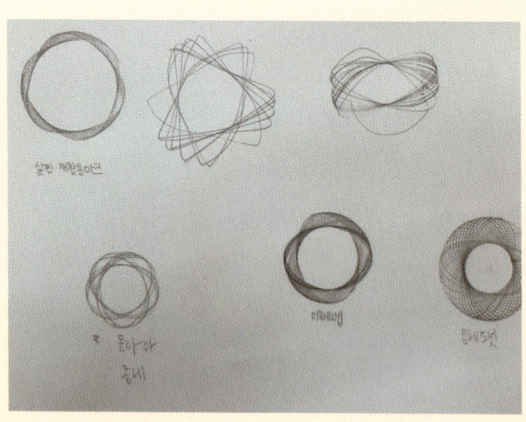

쉬는비 데이트

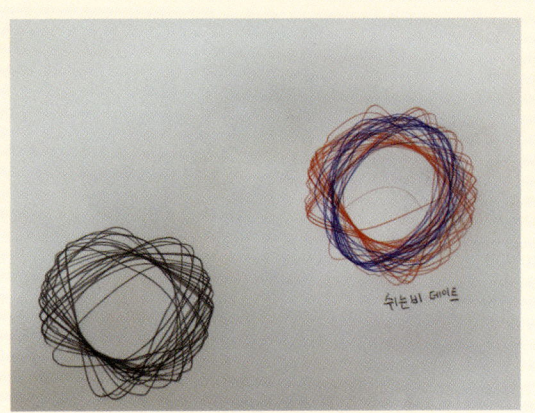

시공의 폭풍 속으로, 차가워, 앗뜨거, 어둠, 인생, 피, 연수, 혼합

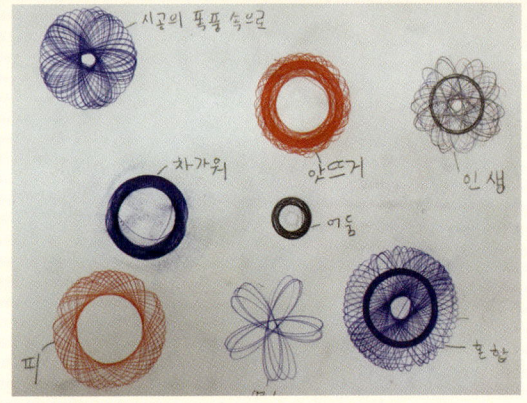

피다 만 해바라기, 뱀가죽, 찌그러진 피구공, 망 To 망, 입체적인 동굴, 못생겼다.

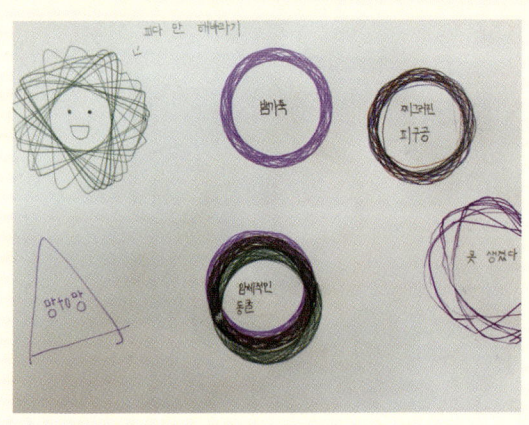

웜홀 조각, 웜홀, 빨려 들어가는 웜홀, 이상한 괴물, 나가떨어진 꽃별, 나가떨어진 별, 꽃별, 불고리, 별, 웜홀 조각

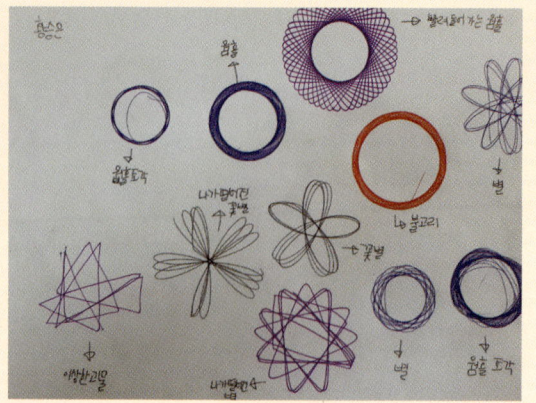

이상해, 멋있어. 어지러움, ㅋㅋㅋ

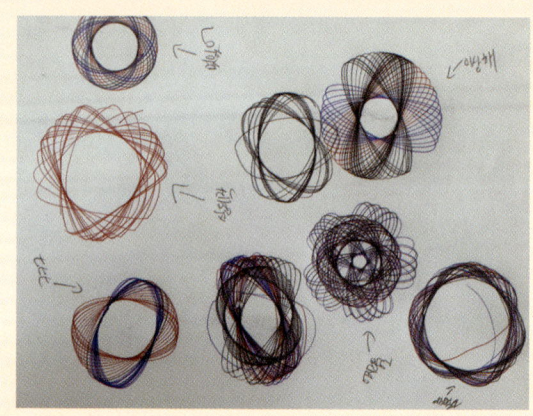

커브, 너클볼, 스크류볼, 체인지업, 직구, 슬라이더, 슈퍼슈퍼 마구

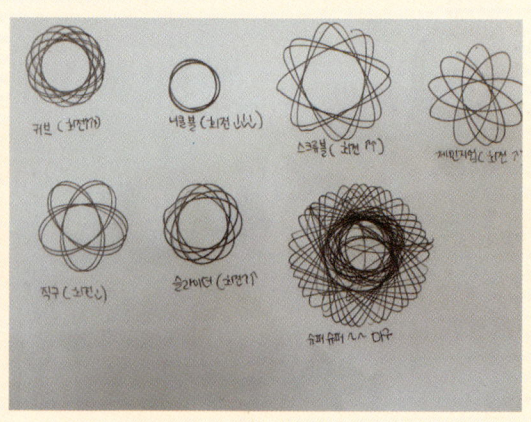

방독면, 던킨도넛, 복잡한 마음(???)

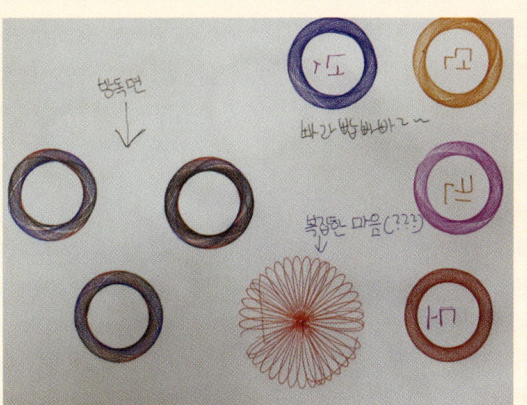

별 안에 원, 원 안에 원, 무궁화, 반지의 제왕, 블랙홀, 시간의 균일, 아침의 내 두뇌 활동, 연결고리, 출구 없는 미로, 시공간의 폭발, 망한 에펠탑

꽃

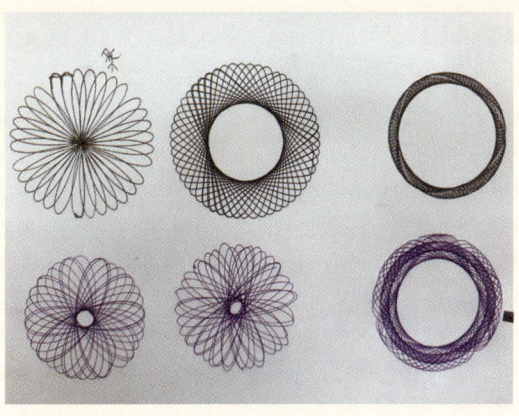

수영장, 똥, 밥

동상이몽

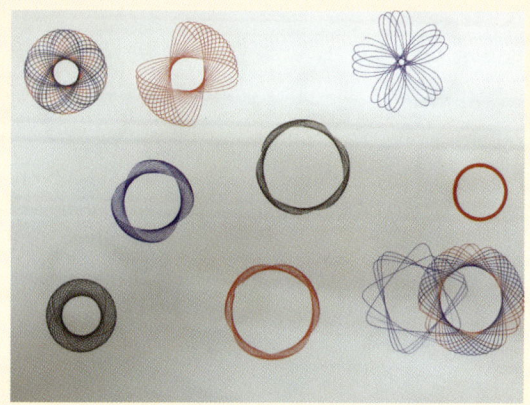

어지러워, 이유 모르는데 멋있다. 삼각형의 역습, 뉴욕샘텀, 소롤롤롤로

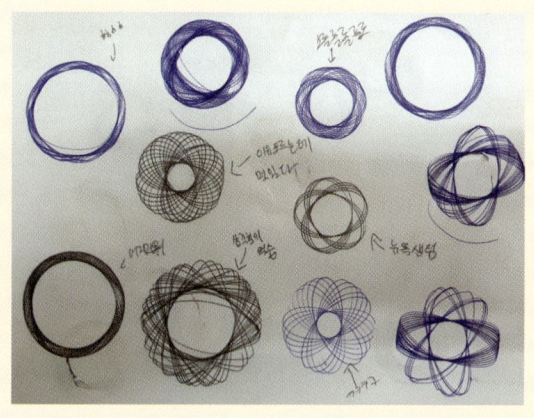

봄, 여름, 가을, 겨울

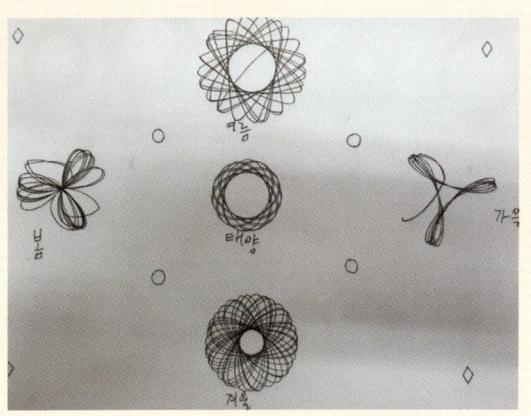

복잡, 균형, 이상한 행성, 판도라의 상자, 혼란, 흡입

천년반지, 잘못된 만남, 타임슬립 축, 몰겜하다 걸렸을 때 나의 두뇌 회전

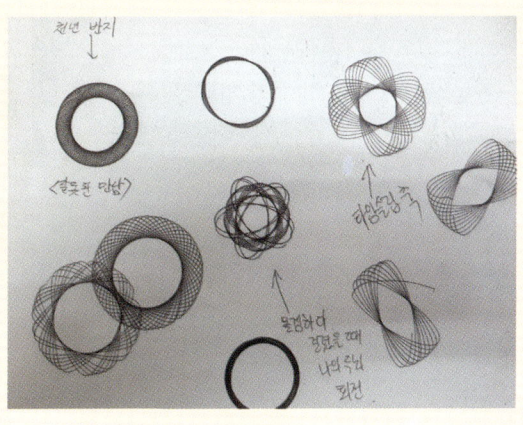

공부하기 싫을 때 내 마음, 주희가 먹고 싶다는 도넛(어쩌다가 만들어진 거), 예쁜 색으로 하려다 망한 것, 내가 아무 생각이 없을 때, 바람개비, 내가 생각이 많을 때 복잡한 내 머리, 내가 만들고 싶었던 꽃(아무 생각 없이 만들어져서 기뻤다.)

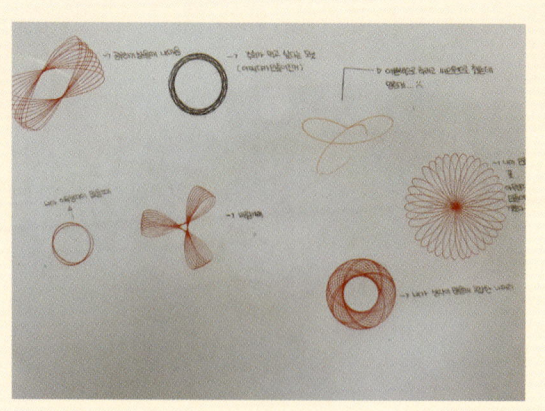

쓰삐융쓰삐융쓰삐융~, 나의 머릿속, 효비 작품

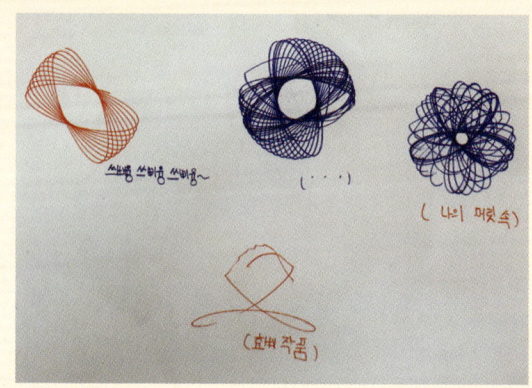

아이들이 중입배정에 관심이 많다. 형이랑 같은 중학교에 가고 싶다는 녀석. 하지만 3자녀가 아니면 형이랑 같은 학교에 가지 못한다는 말에 왜 그러냐고 묻는다. 가만히 생각해 보니 사실 그 아이 말이 맞는 것 같다. 하지만 예민한 중입배정 문제인지라 배정 결과 나오고 얘기해 보는 것으로 했다. 같은 집에 계속 살았는데 형은 A중학교, 동생은 B중학교 배정된다면. 이건 아무리 생각해도 잘못된 것 같다. 중입배정의 세부사항을 학부모의 입장에서도 고려했으면 한다.

이번 주는 수업 나눔 주간이다. 직접 다른 반에 가서 보라고 하는데. 도대체 뭘 나누라는지 모르겠다. 우리 반 아이들은 자습하게 하고 잠깐 다른 수업을 보고 오라는 건지. 수업과정안만 보고 나눌 내용을 판단 내라는 말인지. 나눔을 위한 문서에는 너무나도 뻔한 수업자 의도, 질의, 자평 등을 적는다. 한 학기 수업 나눔은 이렇게 행정적으로 끝이 난다. 하지만 우리에게 수업 공유는 수시로 일어난다.

"이 음악 단원은 장구 치지 말고 북으로 해요. 이 단원은 장구랑 안 맞아요."
"이 단원 준비물은 이렇게 준비하세요."
"수업시간에 애들이 싸웠는데. 휴. 엄마가 전화 오네요."

이런 말들은 들어갈 틈이 없다. 수업 나눔조차도 행정적으로 깔끔하게 문서화되어 정리되어야 하는 현실.
오후에 화재경보기 검사를 하러 업체 직원분이 오셨다. 오작동이 너무 많다고 말씀을 드렸지만 돌아오는 대답은.
"겨울철에는 먼지가 올라가면 잘못 울릴 수 있어요."
"…"
"동요하지 말고 평상시대로 하세요."

 **11월 26일 화요일**

일찍 온 아이들이 영화 이야기를 하고 있다. 영화 만들기 과제와 관련이 있다며.
"혹시 부산역 안 본 사람 있냐?"

"부산행 아니야?"
"대충 하자! 암튼 난 그런 영화 싫어해."
"이번 역은 압구정 구정물역입니다. 물은 괜찮습니다."
"이번 역은 지옥행 열차입니다. 타실 분들은 알아서 타세요."
"이번 역부터 역주행합니다. 왔던 길을 돌아갑니다."
"〈귀곡성〉, 〈애나벨〉 이런 것도 못 봐?"
"난 좀비 영화 못 봐."
"워킹 데드는?"
"뭔데?"
"말 그대로야. 죽었는데 움직인다는 거야."

뒤쪽 남자 녀석들은 어제 배운 인간의 특별한 능력인 하체 회전력을 이용해 던지는 연습을 한다. 발부터 허리 어깨 힘을 다 모아서 빠르게 던진다는데 그다지 효율적인 메커니즘으로 보이지는 않는다. 그러고는 던지기를 잘하는 녀석이 다른 아이들의 던지는 자세를 따라하며 신체 부위별 포인트를 집어 가면서 문제점을 수정해 주고 있다.

"넌 힘으로 던져서 세게 안 나가지. 어깨에서 회전시켜야지."
"어깨를 강하게 돌리는 게 아니라 빠르게 돌려야지."

주희가 아침에 안경을 끼고 왔다.
"오호!"
"엄마가 끼래서요."
"안 보인다고 말 안 했는데. 엄마가 안경 끼래요."
남자아이들이 안경 낀 것에 대해 뭐라고 말하려 하자 주희는 얼른 밖으로 나간다.

내 앞자리에 앉는 지윤이가 어느샌가 내 자리에 앉아 있다.
"지윤아. 너 언제 왔어?"
"방금요. 자리가 따끈따끈해요."

오늘 개교기념행사를 한다고 아이들에게 안내한다.
"오늘 개교기념일인데 케이크 안 줘요?"
"글쎄다."
"개교기념일에 학교도 오는데 케이크도 안 줘요?"

"선생님! 한 명 연행해 왔습니다."
"왜 잡았는데?"
"얘가 너무 귀여워서요."
여자아이들의 평범한 장난이다.

오랜만에 하는 학교 방송이다.
국기에 대한 경례!
오른손, 왼손 어느 손을 올려야 할지 두리번거리며 살펴보는 우리 반 아이들. 오랜만에 부르는 애국가도 저주파에 고음 불가. 화면에는 우리 학교 7회 때 운동회 사진도 보인다. 51년 전 우리 학교 개교 당시 한 반당 70명이라는 문구도!

"70명이면 피구 어떻게 하지? 축구장에서 피구하면 되겠다."
"그것보다 70명이면 반대항 축구는 어떻게 하나? 70 대 70 축구?"

오늘 방송의 문제는 영상이랑 사운드가 잘 안 맞다.
"이상해요. 뭔가 붕 뜬 느낌이에요."
정확한 느낌 표현이다.

주희가 전교 부회장 자격으로 우리 학교의 자랑에 대해 이야기한다. 아이들은 내용보다는 주희가 화면 빨 잘 받는다며. 일부는 무섭게 나왔다는 녀석도 보인다.
금북어린이 행복을 소개한다. 꿈, 배려, 희망, 경어 사용.
소개를 마치고 말한다.

"저희는 이만 물러, 물러가겠습니다."
"물러가라! 물러가라!"
남자아이들은 집중 안 하다가도 작은 실수도 놓치지 않고 함께 반응하는 선택적 끈끈함.

마지막은 케이크 커팅식이 있다. 모두 생일 축하 노래를 부른다. 교장, 교감선생님. 전교 임원 세 명. 다섯 명이서 케이크 커팅을 한다.
"설마 저분들만 저 케이크 다 먹는 거 아니죠?"
"선생님. 웃지 마시고 말씀해 주세요."
(다행히 급식 시간에 작은 케이크가 하나 나왔다.)

"근데 선생님은 초등학교 나왔어요? 국민학교 나왔어요?"
"선생님 나이가 있지. 국민학교지."
"아니야. 초등학교일 수도 있어."
아침부터 히터를 빵빵 틀었더니 덥다. 오늘 겉옷을 처음 벗는다. 안에 입은 핑크색 티셔츠를 보더니 "오늘 핑크핑크네요"라며 또 화제가 바뀐다.

체육시간에 플로어볼 경기를 했다. 공이 라인 밖으로 나가면 공 주우러 가는데 시간이 걸려 남자 경기할 때는 여자아이들이, 여자 경기할 때는 남자아이들이 볼보이 역할을 해 주기로 한다. 볼보이도 서로 하겠다며 치열하다. 2 대 1의 경쟁률을 뚫고 합격한 아이들! 플로어볼 스틱을 나눠 주자마자 역시나 돌리고 휘두르고 가만히 있지 못한다. 스틱은 아래를 향해야 한다는 규칙을 반복할 수밖에 없다. 스틱 날에 잘못 맞으면 골절이 될 수 있다! 야구배트 잡듯이 치면 스틱헤드가 올라올 수 있다!
운동장 절반은 다른 학년이 사용해 우리는 코너에 임시골대 4개를 설치한다. 골키퍼는 자유 키퍼. 아무나 막으면 된다.
"골대 맞으면 골이에요? (헉…)"
"고깔 위쪽 맞은 것도 득점이에요?(응….)"

여자아이들 경기가 먼저 시작된다. 역시나 두 손으로 스틱을 잡으라고 했지만 공이 앞에 오면 한손 슈팅이나 드리블을 한다. 경기 중 스틱에 맞아 한 아이가 누워 있다.
"업고 보건실 갈까?"
벌떡 일어난다. 그냥 힘들어서 누워 있었다는데.
후반전은 여자아이들이 힘든지 말이 점점 없어지고 길게 뻥뻥 쳐낸다. 여자아이들은 축구보다 플로어볼이 훨씬 더 힘들었다고 말한다. 주황팀에서 효은, 규현, 주희가 골을 넣고 초록팀에서 룬경이가 득점한다.

남자아이들 경기는 더 격하다. 날과 날이 부딪힌다. 섬뜩할 지경이다. 몸도 많이 부딪히고 말다툼도 잦아진다. 하지만 역시 힘든지 헉헉 숨소리가 들린다. 체력이 떨어지자 발이 무뎌지고 라켓이 자꾸 올라간다. 달리다 넘어지는 녀석도 많다. 발이 안 따라 주니 슬라이딩 숏도 나온다.

　골이 들어간다. 골 세리머니는 역시 스틱 부딪히기. 위험한데 이게 인간의 본성인지 아이스하키 경기처럼 멋있게 크로스! 보기는 좋다. 골이 들어가자 승부욕이 불타오른다. 신경전이 대단하다. 공을 서로 뺏고 뺏긴 두 녀석은 아이스하키의 몸싸움 장면을 연출할 뻔했다.

수학시간에 아이들이 만든 문제를 같이 풀어 보았다. 원의 넓이 구하는 문제인지라 정확히 만들지 못하면 답을 못 구하는 상황도 많았다. 하지만 나름 색다른 단원평가였던 것 같다. 단위도 표준단위가 아닌 임의단위를 만들어 사용한다.

보노보노는 피자를 사러 피자집에 갔다. 피자집에는 □ 모양의 피자와 ○ 모양의 피자를 팔고 있었다. 두 피자의 가격이 똑같다면 어떤 모양의 피자를 사야 할까? (원주율: 3)

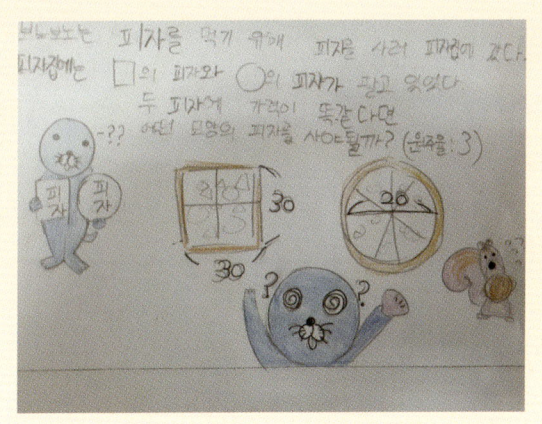

지름이 16나무인 피자가 있습니다. 2명이 피자를 나눠 먹는데 한 사람이 먹는 피자의 넓이는? (1cm=1나무)

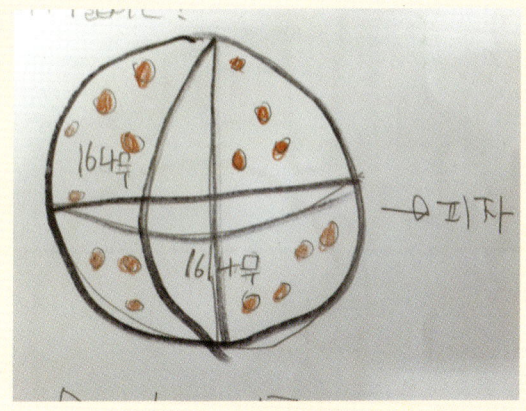

어떤 사냥꾼이 꿩을 잡으려고 했는데 계속 안 잡혀서 잔디밭 위에 꿩이라고 글씨를 썼다. 글자의 넓이를 구하시오. (2cm=고궁)

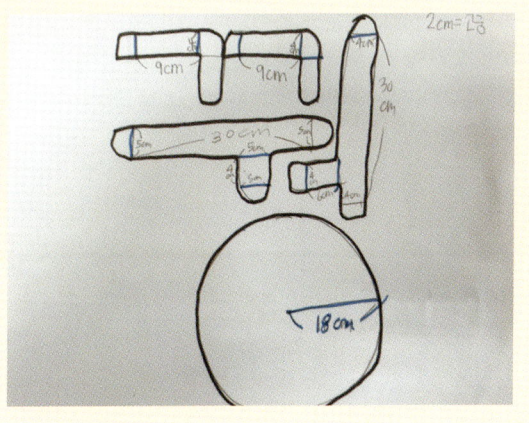

어떤 노처녀가 너무 외로워서 자신도 결혼 분위기를 내고자 꽃집에 찾아가 부케를 하나 주문했다. 부케 안에 꽃을 넣는다. 위에서 봤을 때 넓이를 구하시오. (원주율 3, 1cm=1효삐, $1cm^2$=1효개)

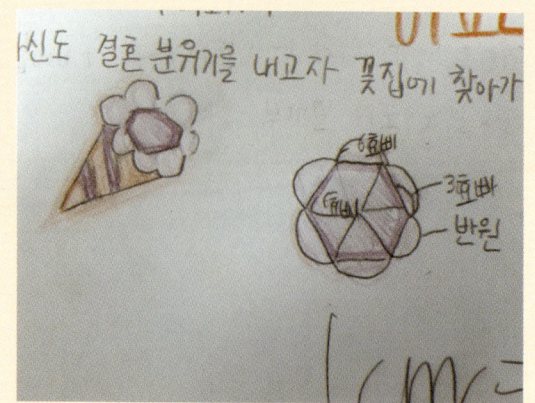

원 넓이의 절반을 구하려고 합니다. 원주는 12이고 원주율은 3입니다. 쉽죠?

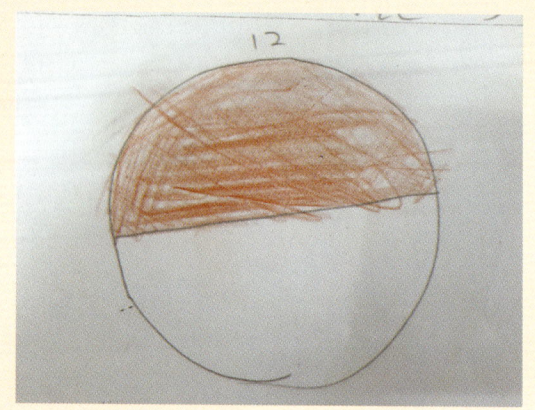

짱구 얼굴이 감기약 부작용으로 앞에서 보았을 때 원모양이 되었다. 이 얼굴을 그림으로 그렸을 때 얼굴의 지름은 12눈알이다. 얼굴의 지름이 24cm일 때 왼쪽 흰자의 넓이는 몇 눈알^{2}일까? (원주율은 3이며 흰자도 원이라고 생각함.)

미스터리 탐험대가 신비의 동굴에 갔더니 이 문제를 풀어야 동굴의 문이 열린다라고 적혀 있었다. 직각삼각형 ABC가 있다. 변AB는 8cm, 변BC는 6cm, 변AC는 10cm이다. 다음은 삼각형의 각 변을 지름으로 삼는 반원을 각각 그린 것이다. 색칠한 부분의 넓이를 구하시오.

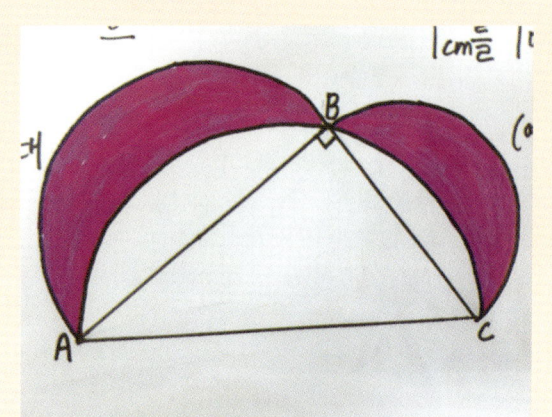

감자라는 아이가 배가 고파서 배달의 만족(짝퉁)이라는 어플로 하와이완 웨지감자 피자를 시켰는데 피자 모양이 아래 그림과 같았다. 피자 치즈를 올린 지름은 2cm, 토마토소스를 펴 바른 지름은 4cm, 겉빵의 지름은 2cm이다. 3가지 부위별 넓이를 각각 구하시오.

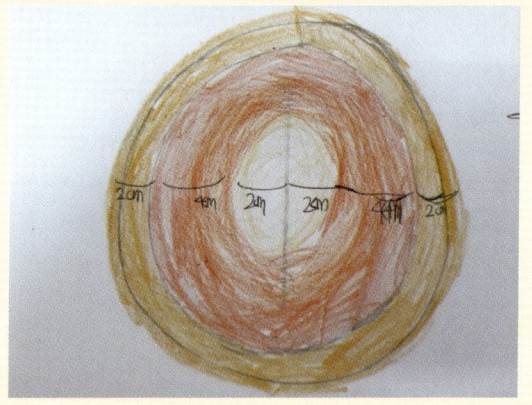

지윤이와 규혀니가 서로의 빵댕이를 복숭아 모양으로 그려 주기로 했다. 넓이를 구하고 규혀니의 빵댕이와 지윤이의 빵댕이의 넓이 차는 얼마인지 구하시오. (원주율: 3)

학교 안에는 반원 모양의 화단이 있어요. 지름 12cm의 반원 화단에 동백꽃을 심어요. 지름 4cm의 반원 화단에는 라벤더를 심어요. 남은 화단의 넓이를 구하시오. (검은색 색칠된 부분)

나랑 누나랑 피자를 시켰다. 누나가 먼저 먹었다. 3/4. 그래서 1/4이 남았다. 나는 오른쪽 구석에 그려진 만큼 피자를 먹었다. 그 넓이를 구하시오.

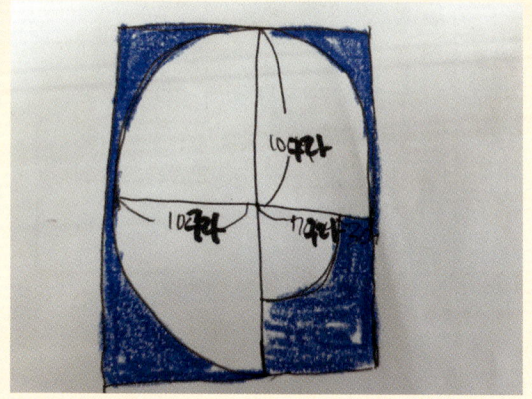

평행사변형 모양 밭에 외계인이 원 모양 미스터리 서클을 만들고 튀었다. 농부는 색칠한 부분에만 농사를 지을 수 있게 되었다. 얼마만큼 농사를 지을 수 있는가?(원도 7방구입니다.)

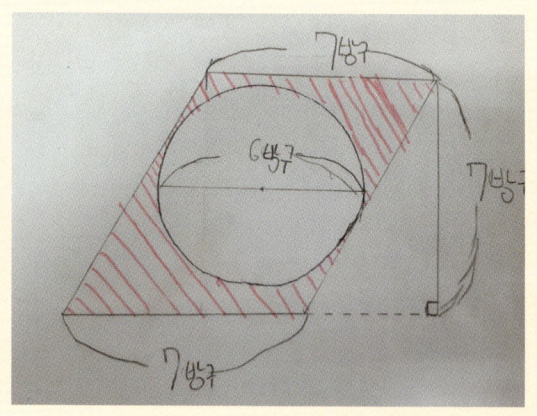

금요일 이도건 선생님이 내주신 숙제를 제주도에 사는 가온이가 비둘기로 알려 주었다. 그래서 가온이가 어떻게 하면 수학과제를 잘한다고 소문이 날까 고민하면서 연필 끝을 14시간 동안 깨물었다. 그러자 연필이 칼로 자르듯이 아주 잘 잘렸다. 그래서 그걸 본 가온이가 연필 잘린 단면의 원 넓이를 구하려 한다. (지름 0.7 지우개똥, 1cm=0.5 지우개똥)

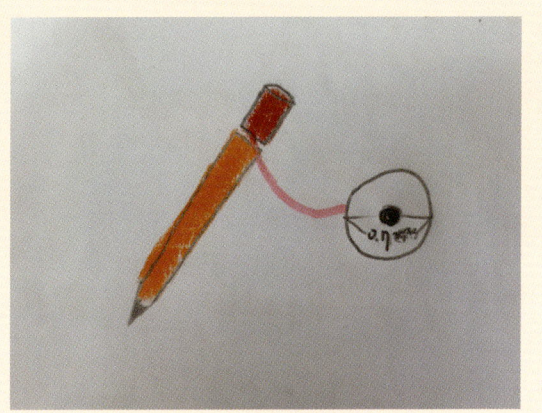

연수가 축구공을 찼는데 슛 파워가 너무 세서 공이 반으로 잘렸다. 이때 축구공의 지름이 22cm일 때 잘린 공의 단면의 넓이를 구하시오. ($1cm^2$=1가오)

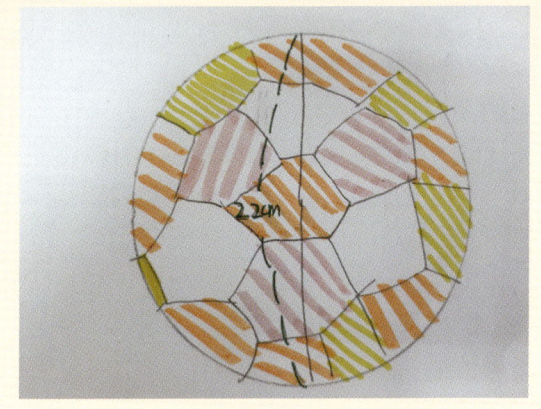

사촌동생의 이종팔촌의 삼촌의 아들의 헤어디자이너의 강아지의 아빠의 주인의 동생의 아들이 나와 친분이 있다. 걔는 10살인데 오늘 학교에서 요리를 해 왔다고 한다.

그 요리는 바로 쿠키였다. 선생님이 엄청 난 솜씨를 발휘하여 정확한 원 모양으로 만들어 주셨다. 하지만 사촌동생의 이종팔촌의 삼촌의 아들의 헤어디자이너의 강아지의 아빠의 주인의 동생의 아들이 이 모양이 싫다고 조금만 토핑을 올려 달라고 해서 정확히 빈틈없이 쿠키를 파서 그 안에 정확한 원 모양 동전 초콜릿을 넣었다. 동전 초콜릿을 빼고 쿠키의 넓이를 구하여라. (원주율 : 3)

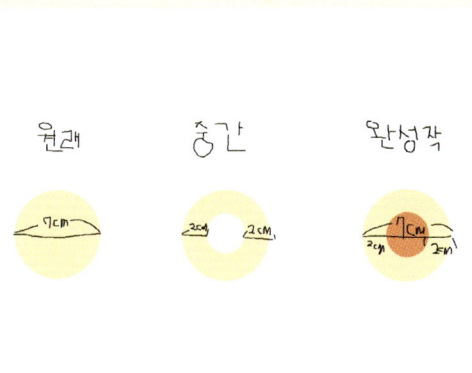

안나가 올라프의 넓이를 구하려 한다. 가장 밑 원의 지름은 18눈덩이. 가운데 원의 지름은 16눈덩이. 맨 위 원의 지름은 14눈덩이. 올라프의 넓이를 구해 보시오. (1눈덩이=2cm)

피자나라에서는 피자 666피히자하만큼 먹지 않으면 저체중으로 판정된다. 피피자자의 몸무게 상태를 알아보시오. (666피히자하 =66cm^2)

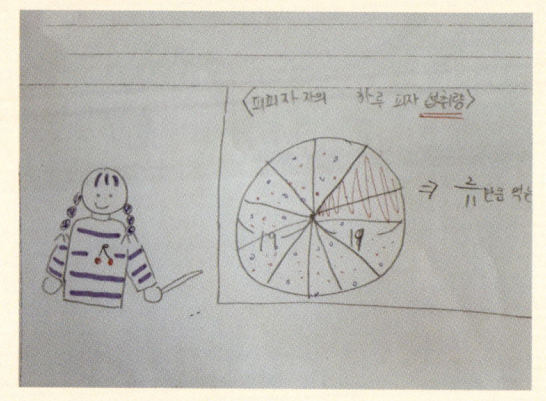

 오늘 다른 반에서 이가 부러지는 사고가 있었다. 가벼운 사안이 아닌지라 아이들에게 절대 위험한 장난은 안 된다고 다시 강조한다. 그 말이 끝나고 복도를 보니 여전히 어깨동무, 팔짱 끼고 걸어가는 여자아이들! 게다가 밀기에 잡기까지.

 그러다 다른 아이 머리채를 휘어잡고 놀고 있는 아이들! 이 모든 게 웃음 속에서 일어난지라 놀랐다. 따끔하게 혼내야 하는데 과정이 만만치 않다. 일단 그런 일을 한 이유를 먼저 들어봐야 하고 울고 있는 아이를 심리적으로 진정시켜야 하고. 이런 사건이 발생하면 나머지 아이들은 얼음이 된다. 죄 없는 아이들이 오히려 더 불편해 보인다. 바르게 가르칠 수 있는 권리! 그 중 벌이라는 게 분명 예방 효과가 있을 텐데 오늘도 겨우 반성문이다. 반성문도 여러 번 써 본

솜씨인지라 금세 써 내려간다. 오늘 싸운 아이들 부모님께 연락을 드렸다. 한 분은 죄송하다고 하시고 한 분은 아이와 이야기해 보겠다고 하신다.

쉬는 시간에 영민이랑 준호가 공을 만지며 축구 이야기를 하고 있다. 토트넘의 미래에 대한 이야기 같은데. 우리 흥민이는 변함없이 활약할 것 같다는 기대도 담아 본다. 영민이는 정말 축구를 하고 싶은가 보다. 다친 쪽 다리로 공을 만지작거리고 있다.

우리 반에서도 개교기념행사를 했다. 할까 말까 고민하다 6학년이니 마지막 개교기념식이었을테고. 또 이 아이들에게는 모교가 되는 학교인지라 생일 축하할 필요도 있을 것 같았다. 만화 그리기, 동시 짓기, 글짓기 중 하나만 골라서 하기로 한다.
"근데 개교기념일에 왜 학교 와요? 원래 안 오는 거 아니었어요?"
"예전에 개교기념일에 아빠랑 롯데월드 갔었는데."
"그러면 방학이 하루 줄 텐데?"
"방학 줄어도 개교기념일 하루 쉬는 게 더 좋아요. 방학은 길어서 하루 빠져도 모르지만 개교기념일은 기념 안 하면 학교가 슬퍼할 거 같거든요."

〈파워에이드〉
파워풀한 금북학생들.
워(월)요일도 파워가 넘쳐흘러
에이~ 거짓말 같다고? 어쨌든.
이건 비밀인데 오늘 학교가 생일이에요!
드디어 생일 축하 노래를 부를 차례에요! 생일 축하합니다. 생일 축하합니다. 사랑하는 금북초. 생일 축하합니다.

〈금북 51주년〉
금이야!
북이야!
51번째 생일 축하해.
주로 따지면 벌써 2,448주나 되었네.
년도로 따지면 51년이 되었네.

〈행복 금북초〉
행복하고
복스러운
금북초등학교
북한까지 진출하리라
초원처럼 넓은 아량으로 진출하자.

〈행복한 금북〉
행복하게 맞은 금북초등학교의 51주년 개교기념일. 우리 학교의 행
복한 생일을 맞으며
한 달, 두 달 지내다가 내년에도
금북초등학교의 개교기념일이 있겠지. 행복한 금
북 초등학교는 계속된다.

〈개교기념일〉
개교기념일이다.
교실에는 활기가 넘친다.
기운이 넘치는 우리 반
념(염)치 없게도 우리는
일단 체육 하러 나가자고 한다.

〈행복한 금북〉
행복하고
복이 가득하고 즐겁고
한 사람도 빠짐없이 모두
금같이 귀해서
북을 치며 축하하자! 덩덩덩쿵덩!

〈그래놀라〉
그 학교 있잖아! 그 명문학교로 소문난 그 학교
래(내)일 개교기념일이라는데?
놀면서 띵가띵가.
라라라 즐겁게 공부한대! 그 학교의 이름은… 금북초

〈개교기념일〉
개교기념일은 원래 어린이들이 쉬는 날이다.
교육을 받고 있다. 우리는.
기념일은 쉬어야 행복한데.
념…
일요일처럼.

〈웃긴 감자쌤〉
웃지 마!
긴 시간 동안
감사했습니다.
자! 이제부터는
쌤이 라면 끓여 주신대요.

〈생선구이〉

생일 축하합니다.
선물은
9억으로는 살 수 없는
이렇게 이쁘고 귀엽고 착한 저희예요.

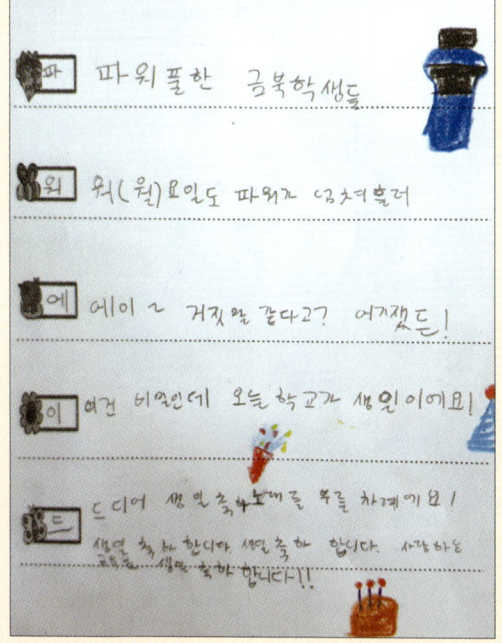

오늘 개교한 지 51주년이 된 우리학교. 금북초등학교는 오래되었기에 그만큼 많은 추억과 행복이 담겨 있다. 물론 지금으로부터 51년 전 처음으로 학교 문을 연 날의 학교 풍경과 지금의 모습은 매우 다를 것이다. 51년 동안 얼마나 많이 바뀌었을까? 나는 개인적으로 6년이라는 이 긴 시간 동안 함께해 온 곳이라 그런지 바뀌어 온 모습이 더 궁금하다. 다음 해에는 내 동생이 입학을 할 것인데. 내 동생도 우리 학교와 추억을 많이 쌓았으면 한다. 우리 학교는 시설은 오래 되었지만 나름 깨끗하고 편리하다. 그리고 선생님들도 다 좋으시다. 앞으로 100년 넘게 있으면 좋겠다.

한 녀석이 본인의 1학기 때 사진을 보여 준다.

"왜 이렇게 나이 들어 보이냐?"

"그나마 이게 잘 나온 건데요. 나이 들어 보여요?"

아! 말실수했나 보다.

"저 이제 안경을 쓰는 게 적응되었어요."

"안경 쓰니 조금 더 성숙해 보이는데."

"나이 들어 보인다는 말씀이시죠?"

"아니야. 그냥 중학생 정도. 장난을 덜 칠 것 같은 느낌도 들고."

"고등학생 안 같죠?"

"아줌마 같다는 말이에요?"

"할머니 아니죠?"

집요하다.

은비가 집에 가며 말한다.

"선생님 저 고민이 있어요."

오늘 사건이 많이 일어난지라 자세를 고쳐 앉는다.

"거울을 보면 너무 예쁜 여자아이가 서 있어요!"

"아. 그렇구나! 내일 가족체험학습 잘 다녀와."

아이들 일기

선생님은 함께 지낼 때 남에게 많은 부담을 주지 않는다!

오늘 풋살 포지션을 바꾸었다. ○○이는 고정 스트라이커이다. 나는 스트라이크가 아닌 윙을 한다. 나는 원래 ○○랑 같이 투톱이었는데 크로스를 잘 올린다고 RW가 되었다. 그리고 준혁이는 원래 풀백이었는데 준혁이가 왼발이어서 LW이 되었다.

토~일 김장을 다녀왔다. 토요일 11시 즈음 우리 가족만 도착을 해서 절이기로 하였다. 아빠는 배추를 1/2, 1/4 크기로 자르고 나는 배추를 소금물에 두고 절이고 또 소금물에 둥둥 뜨는 건더기를 걷고 중간 중간 치즈를 보러 가고 그 후엔 청갓도 씻고 하는데 우리 반 애들을 너무 데리고 오고 싶었다. 남자 애들은 배추 옮기고 소금물에 넣고 나는 건더기 걷고 몇몇 애들은 절이고. 가장 힘든 건 치즈가 이상한 걸 먹을까 봐 돌보는 건데 그것도 애들한테 맡기고 싶었다. 청갓도 씻고… 그리고 그 후 속에 들어갈 무채를 쓰는데 대참사가 있긴 했지만 잘 넘어간다. 그리고 새벽 4시 즈음 배추를 씻고 일요일 아침에 배추가 아닌… 김장을 시작했다. (물론 난 하지 않았지만….) 그렇게 험난하디 험난한 김장이 끝이 났다.

잘 끝난 게 장점이라면 베란다가 김치통으로 꽉 찬 건 단점인걸까… 흑흑. 이젠 초등학교 마지막 김장인데 뭔가 아쉽기도 했다. 그래도 재미있었다.

엄마께서 놀러 가셔서 아빠와 나, 동생 이렇게 집에 남겨졌다. 그래서 아침에 눈 뜨자마자 놀았다. 아빠는 어제 술 드셔서 계속 주무셨다. 아침에 배고파서 빵 하나 구워 먹었다. 그런데 갑자기 엄마한테 전화가 왔다. 원래는 돌아오는 기차 시간은 오후 9시인데 엄마가 그거 취소하고 좀 빠른 기차 시간으로 예매한다고 했다. (헉! 그럼 안 되는데!!!) 아침은 10시에 먹고 놀고 숙제하고 배 안 고파서 점심은 3시에 짜장면을 먹었다. 동생은 짜장면을 먹긴 했는데 거의 반을 남겨서 짜증이 났다. 왜냐하면 그때 아빠가 어디 나가셨는데 짜장면 처리법을 몰랐기 때문이다. 저녁은 동생이 하도 아빠한테 고기 사달라고 해서 마트에 가서 후딱 사오셨다. 고기는 10분 구웠는데 젓가락질 한 번 한 사이에 빈 접시가 되어 있었다. (부들부들) 엄마 오시기 전에 빨리 마저 숙제를 하고 또 하고 또 또 하고 있었는데 8시 반쯤 엄마가 오셨다. 나와 동생은 조용히 방에 들어가서 숙제를 마저 했다.

오늘 수석교사 선발을 위한 현장실사를 나온다고 한다. 우리 학교 선생님 중 달랑 3명과 심층면담하고 간단다. 이런 제도는 참… 2시에 온다고 하는데 그 시간이면 수업 중인데. 암행 감찰하듯 당일에 오겠다고 통보하고 누구를 면담 대상자로 할지도 와서 알려 준다. 완전 뽑기다.

11월 27일 수요일

"선생님. 〈겨울왕국2〉 봤어요?"
"아니. 1편을 넘을 수 있을까?"
"꼭 보세요. 띵작이에요."
"너 〈겨울왕국2〉 봤냐? 말하지 마~"

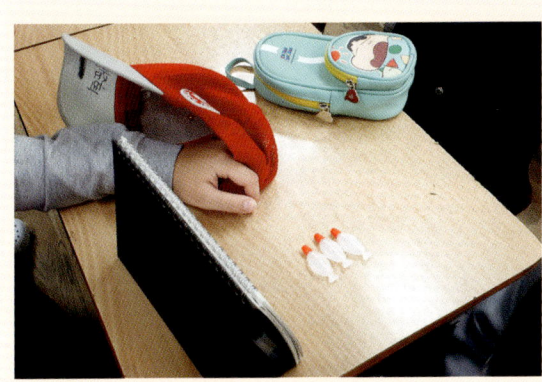 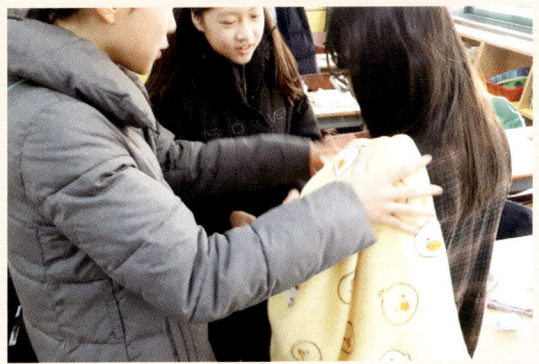
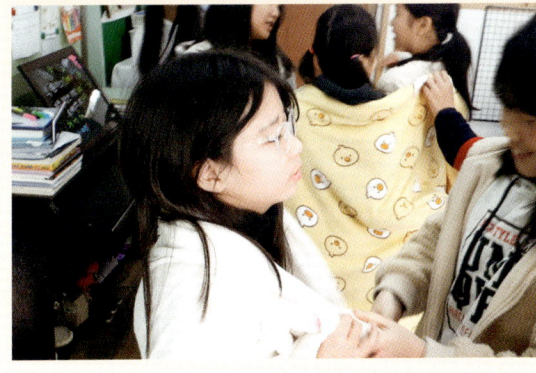 

여자아이들은 담요로 패션쇼를 하고 있다. 치마가 되기도 하고 가운이 되기도 하고 나름 워킹도 한다. 아이고. 웃겨라. 준호는 어젯밤 꿈에 1교시에 축구하는 꿈을 꿨다고 하는데 오늘은 그 소원을 들어주기가 어렵겠다. 요즘 학년 분위기가 너무 안 좋다. 잦은 사고로 어수선한 학년 분위기.

"이번 주는 6학년 안전한 생활 특별 주간입니다. 실내에서 큰 소리 내지 않기. 복도 등 외부 활동 시 기본 생활 습관 지키기."

한 녀석에게 큰 소리로 읽어 주길 부탁했는데. 그 녀석 덕분에 웃으면서 잔소리를 시작할 수 있게 되었다. '실내'를 '실내화'로 읽으면서 시작된다.

"실내화 신고 큰 소리 내지 않기!"
"야! 그럼 사뿐사뿐 걸어 다니면 되겠네."
"난 그냥 운동화 신고 걸어 다닐게."

"선생님. 어제 스시 먹었는데 간장통 예뻐서 가져왔어요."
"여기 물 넣어 먹으면 맛있겠다."
"베어그릴스 같은 사람은 여기에 물 담아 먹을 것 같아요."
"근데 베어그릴스가 죽은 양 심장 먹는 거 보셨어요?"
"어. 야생에서 생존하려면 그렇게 해야 하나 봐. 좀…."
"베어그릴스 우리 반에 초청해서 한 시간 수업하면 좋겠어요."
"저도 생존하는 방법 좀 실감나게 했으면 좋겠어요. 맨날 수영장에서 하는 생존 수영 말고. 좀 진짜 위기에서 살아남는 것 같은 거요."

아침에 백하가 친구들 주려고 마이쮸를 가져왔다. 아이들은 마이쮸는 유통기한이 짧아서 빨리 먹어야 한단다. 맛있게 냠냠.

은비는 현대 자동차 광고를 찍으러 오늘 체험학습을 갔다. 처음에는 가족체험학습인줄 알았더니 광고 촬영이었다. 아침에 항상 말을 걸어 주던 녀석이 없으니 허전하긴 하다.

1교시는 국악시간이다. 가야금을 전공하신 분이라 그런지 말소리에 은은한 떨림이 있다. 아이들도 몇 번 보더니 이 국악기 분류표에 익숙해져 있다. 한자로 교과서에 써 보는 아이도 보인다. 재료에 따른 분류(金, 石, 絲, 竹, 匏, 土, 革, 木). 먼저 교과서에 나오는 다섯 가지 악기에 대해 설명해 주신다.
"가야금은 지난번에 보여 줬죠? 몇 줄이에요?"
"8줄요. (땡! 아니 12줄.)"
"가야금 교과서에서 찾아볼까요?"
"센터에 있는 사람요. 왼쪽 아줌마요."

우륵을 우럭이라고 쓴 녀석의 진심이 담긴 글씨. 옆에서 보다 웃는 날 이상하게 보는데. 그냥 아무 일 없듯이 넘어간다. 가야금 서공철류 휘모리 연주를 감상한다. 우리도 북장단으로 1년여 휘모리를 연습한 지라 휘모리라는 친구를 아주 반갑게 맞이한다.
"우리도 휘모리 알아요. 많이 지겨웠는데. 여기서 보니 괜찮네요."

"이 곡은 휘모리까지 가야금만 연주해요."
"그럼 북은요? 우리는 휘모리 북으로 쳤는데요?"
우리 반 아이들에게 휘모리는 북이라는 악기에 최적화되어 있다.

 두 번째로 알아보는 악기는 거문고이다. 중국 진나라에서 칠현금을 보냈는데 아무도 연주를 못해 켜는 사람에게 상을 준다는 이야기. 고구려 왕산악이 연주하자 검은 학이 내려왔다. 나름 스토리가 극적인지 몰입한다. 거문고는 6줄이며 막대기로 연주한다.
"이 막대기 이름은 뭘까요?" 술대라는 정답을 기대하지는 않았지만 아이들 중 한명이 '짝대기'라고 말해 웃을 수밖에.
"손가락 중 몇 번이 제일 힘이 없죠?"
"4번요."
"그래서 4번 손가락에 골무를 끼고 연주해요."
연주 동영상을 보는데 골무 낀 손이 보이자 이 장면을 엄청 신기해한다.
"저기 거문고 가죽은 왜 하얘요?"
"술대로 많이 찍어서 가죽이 벗겨져서 그래요."
"저래서 옛날 악기 연주자는 힘이 셌구나."
우리도 연필이나 샤프로 술대를 잡아 본다. 연필 술대를 잡고 직접 튕겨 보지만.

세 번째 악기는 해금이다. 가야금의 역사는 1600년, 거문고의 역사는 1500년, 해금은 800년쯤 되었다고 한다.
"해금은 관악기일까요? 현악기일까요?"
해금은 8가지 재료 모두 사용한다는 설명에 나도 순간 집중이 되었다. 이런 악기가 있었구나.
"오호 신기해요."
북한 작곡가 김용실의 '출강'을 듣는다.
"북한에서 작곡한 곡. 역시 고구려 악기 맞네요."
"800년 전에 고구려가 있었나요?"
"해금은 예민한 악기예요."
"선생님. 얘도 예민해요. (옆 친구를 가리키며.)"
"해금의 별명이 뭘까요?"
"애기 우는 거 같아요."
"깽깽이에요."
"여러분. 슈퍼마리오 알아요? 해금 버전으로 들어볼게요."
"오오오. 좋아요. 닌텐도에도 해금 버전으로 들어가 있어요?"
"아. 해금으로 마리오 진짜 연주가 되네."
"이건 마리오가 반짝 별 먹었을 때 나오는데."
"쿠파성에서 뭐 떨어질 때 나오는 음악이야."
"아. 이건 실패할 때. 게임 끝났을 때 나오는데. 이건 진짜 신기하다."

네 번째는 아쟁이다. 역시 아재개그 시작!
"선생님. 아쟁은 아재에요."
"책에 아저씨가 켜고 있는 악기예요."
"아쟁은 국악기 중에 덩치가 제일 커요."
"힘이 세요?"
"소리가 낮아요?"
"실제로 보면 깜짝 놀랄 정도로 커요. 여러분 관 알아요?"
"관요? 그 죽으면 들어가는 거요?"
"선생님은 가야금을 전공했는데. 가야금도 크지만 아쟁 하는 친구들 보면 행복해요. 너무 커서."
"아쟁은 큰 악기라 슬픈 음악을 잘 표현해요. 그렇지만 아쟁으로 빠른 음악은 좀 한계가 있어요."
"아쟁으로 강남 스타일 치면 우울할 것 같아요."
"그래도 아쟁은 사람 목소리랑 제일 비슷한 악기에요."

"아~~ 쟁~~"

아쟁으로 연주한 '아기상어'를 듣는다. 유튜브 오류로 갑자기 '유튜브에서 검색해 주세요'라는 말이 아쟁 연주에 섞여서 들린다. 아이들은 이것도 아쟁이 소리를 내었다는데. 가야금과 아쟁 반주에 아이들이 '아기상어'를 따라 부른다. 얼쑤~ 좋다~!

마지막은 서양에서 들어온 국악기 양금이다.
"선생님~ 국악기도 그랜드가 있어요? 그랜드 양금요?"
"이런 건 공장에서 찍어요? 사람이 만들어요?"
양금으로 연주하는 〈캐리비안의 해적〉. 곡 자체가 워낙 명곡이지만 양금과 어울리지는 않아 보인다.

"여러분 어디 가서 국악기 좀 구분할 수 있겠죠?"
"얼쑤~ 선생님. 감~사합니다."

2교시에 강당에 가서 미니게임을 하기로 했다. 교무실에 가보니 강당 열쇠가 없어졌다. 6학년 다른 반에서 사용하고 그냥 들고 갔나 보다. 이럴 때 우리의 회장님 준호가 출동한다. 우사인 볼트보다 살짝 느린 속도로 달린다. 애들이랑 기다리다가 추워서 양지바른 쪽으로 이동한다. 역시 겨울 햇살은 눈부시고 따스하다. 아이들에게 학교에서 찍은 단풍 사진이라며 보여 주었다. 예쁘다며 학교 어디에서 찍은 사진이냐고 묻는다. 우리 앞에는 울긋불긋 사진 속 단풍이 물들어 있다. 진정 멈춰야 보이는지.

점프 페이크 게임. 술래가 한 발을 점프하면 다른 아이들이 같은 박자에 한 발 점프로 피한다. 하지만 술래의 페이크 점프동작에 움직이면 아웃. 간단한 경기이고 지난번에 해 본지라 바로 시작한다. 페이크 한 방에 5명이 점프하는 참사도 일어난다. 아슬아슬 버티다 넘어지는 모습에 몸개그도 작렬한다. 이런 게임은 언제 해도 즐겁다. 오랜만에 공 없이 하는 놀이이다.

두 번째 게임은 가운데 선에서 가위바위보를 하고 이긴 사람이 진 사람을 쫓아 터치하는 게임이다. 진 사람도 본인 기지로 빨리 돌아오면 가위바위보에서 져도 이길 수 있는 게임. 당연히 가위바위보 이긴 사람도 터치를 못 하면 진다. 누가 개발을 했는지 이것도 참 스릴 있는 게임이다.

　도망가려는 자와 쫓는 자의 대결! 아이들의 심리는 일단 도망가려는 성향이 강해 보인다. 하지만 직진성이 강한 녀석들은 가위바위보를 져도 이겨도 곧바로 돌격이다. 륜경이는 출전할 때마다 머리끈으로 단단히 묶고 나온다. 이 승부욕! 륜경이와 상진이의 대결이 제법 흥미진진하다. 나름 라이벌 전. 가위바위보! 가위바위보 결과가 나오자 서로 '뜨아' 놀라며 터치하는데. 좀 허무하게 끝나 버린다. 도망자 성향의 대결! 지윤이와 백하는 서로 도망가서 경기는 그대로 무승부. 땀을 제법 흘리고 올라간다.

　마지막에 문을 잠그고 나가려고 하는데 강당 구석에 한 녀석이 옷이 보인다. 놔두고 올라갔나 보다. 녀석의 옷을 교실까지 들어주는데 녀석의 핸드폰을 떨어뜨리고 말았다. 이럴 땐 그냥 모른 척. 다행히 잘 모른다.

　강당에서 순발력 게임을 하고 왔더니 남자아이들이 흐름을 이어 가야 한다며 할리갈리를 하고 있다. 그 느낌 그대로 연장전이라는데. 그 짧은 5분여의 쉬는 시간. 그 시간도 그렇게 아까운가 보다.

"아. 이거 뭔가요. 한 방이에요."
"야! 꼴찌 정리해야지."

여자 아이들은 마카로니 과자를 먹고 있다. 몇 명이 달라붙으니 1분 만에 빈 통으로 변신. 그래도 맛있게 먹어 주니 고맙기도 하고. 바닥에 흘린 과자를 보며 치우지 않을 녀석들의 모습이 빤히 보이기도 하고. 밟지만 마라!

4교시는 연극시간이다. 물건을 이용한 스토리텔링. 주변 물건(2~3개)을 소품으로 활용하여 연극으로 이야기 만들기를 한다.

〈3모둠〉

"어머! 자기야."
"내 심장 소리 들려?"
"미안해. 자기야. 안 들려."
"자기야. 우리 아빠한테 자기 소개시켜 줄게."

"얘가 임현민인가 하는 그 집 딸 아닌가?"
(아빠들 사이가 무지하게 나쁜 관계라는데.)
"나가~ 나가라고. 난 이 사람 반댈세."

(그때 임현민 등장)
"니 어디 출신이고?"
"나 캘리포니아다."
"나는 대한민국 부산이다. 이기 마."
옆에 있던 연인들은 말리지 않고 싸움 구경한다.
아버지 역할을 맡은 두 녀석은 서로 싸우더니 시원하게 한잔하자며 자리를 옮기고. 해피엔딩. 결혼에 골인!

〈4모둠〉

랄랄라~ 뭐든지 이루어지는 소원 3가지. 첫 번째 소원 '나는 시험 100점을 맞는다!'
"인해 넌 몇 점이야?"
"빵점."
"야호~ 내가 전교 1등 인해를 꺾었어."

두 번째 소원. '매일 매일 체육 한다!'
선생님이 등장한다.
"이건 이미 이루어질 거예요. (애드립)"

세 번째 소원. '나는 키가 아주 아주 무진장 커진다!'
"우아! 걸리버다."
"이 녀석들. 나 키 작다고 놀리던 녀석들이지. 다 혼내 주겠어."

하지만 이 모든 소원은 무효가 된다. 넌 꿈에서 깨어나게 될 것이다!
"너 시험 몇 점이야?"
"인해 100점. 난 빵점."

"선생님 우리 체육 안 해요?"
"안 하면 어떻게 해요?"
"아이고! 사춘기가 제대로 왔어."
"우리 체육 안 해요?"
선생님의 마지막 대사: "이제 내가 기분이 나빠서 365일 체육 안 해."

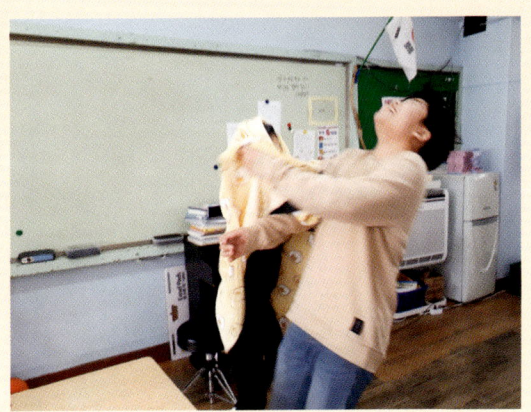

〈1모둠〉

우리는 성별이 많이 바뀌어 있어요. 성별에 주의해 주세요. 여자가 남자 역할. 남자가 여자 역할!

"캐리어 빨리 끌고 와."
"니가 끌던가. 남자가 이런 것도 못 하고."
"우리 이제 헤어져."
(연기 중에 진짜 물을 부렸다. 아이들 반응은 좋았지만 수습이 먼저.)

"항공권을 받는다. 여행지에 내린 뒤."
"오빠라 불러도 돼요?"
"몇 살이에요?"
"대학 어디 나왔어요?"
"서울…대."
"완벽해. 완벽해. 잘생겼어."

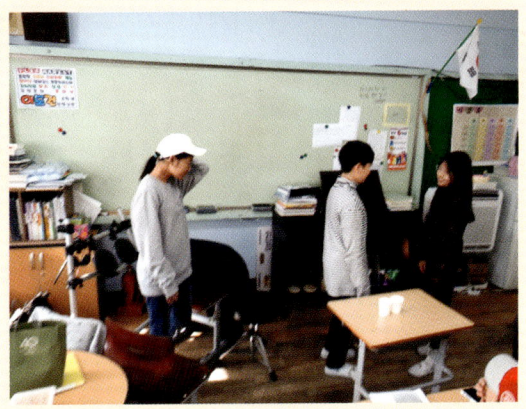

〈5모둠〉

"회장 인사해라."
"차렷! 인사."
"불합격. 다시 해라."
"차렷! 인사."
"불합격. 다시 해라."
"니 모하노? 뒤로 나가라."
"오늘 몇 쪽이냐?"
"148쪽요."
"148쪽 펴라."
"야. 황승은 친환경 숟가락 읽어 봐라."
"싫습니다."
"니 뒤로 나가라."
"옆에 있는 사람. 플라스틱 오염 읽어 봐라."
"아니 선생님은 마음대로 할 수 있는 게 하나도 없다고. 니도 뒤로 나가라. 너네 집에 가라."
아이들이 진짜 나간다.
"저거. 진짜 가노."
(부산 사투리를 쓰는 사회선생님을 패러디 했다는데.)
"야. 이거 사회 선생님한테 들키면 끝장이다."

〈2모둠〉

작은 인형을 들고 나온다.
"이거 다 뽑은 거야."
"올라프야."
"같이 놀자."
"너는 왜 안 놀아. 빨리 와."

"어! 잠깐만 머리가 너무 아픈데. 이게 뭐지."
"엘사?"
"어. 여기 어디지?"
"이거 어떻게 된 거지?"
거울을 보더니 아이들이 캐릭터 인형으로 변한 걸 알게 된다.
"난 왜 올라프로 변했지?"

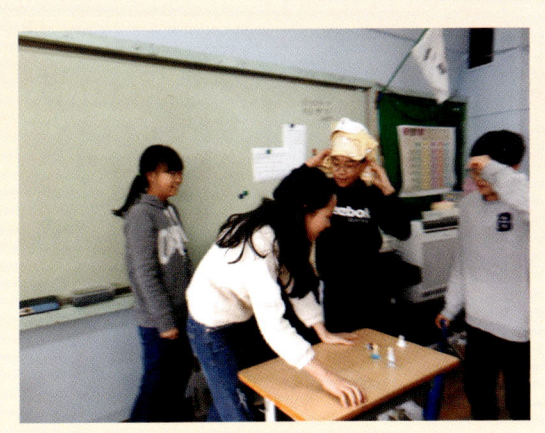

"여러분! 이게 젊어지는 약이에요."
"이게 마시는 보톡스 그거야."
"대신 너무 많이 마시면 안 돼요."
준호는 너무 많이 마시고 작아진다.
"내가 이렇게 어려졌다니. 어떻게 하지? 응애~"

안나는 애기가 되고 올라프가 겨울왕이 된다는 이야기?!

    15분의 준비에 어쩜 이리 잘할까. 하지만 위험 수위를 넘나드는 대사에 이걸 그대로 수용해야 하는지. 아이들의 자유로운 감정 표현이겠거니. 이 시간만큼은 해방감을 느끼게 해야 하는지. 평소 내게 보여 주는 모습이 아닌 아이들의 내면이 보여지는 건지. 연극이지만 좀 무서울 때도 있다.

    5교시 국어시간이다. 교과서에 파리기후협약이 나온다. 지구온난화의 심각성을 아이들이 받아들이기엔 교과서 자료로만 부족한 듯 보인다. 파리기후협약에 관한 백과사전과 신문기사 한 편을 나눠 주었다. 처음엔 지루해하던 아이들이 사태의 심각성을 조금 알게 되었는지 이 협약의 문제점을 말한다.
"지구온난화 2도 이내 목표. 1.5도 이내 노력. 이게 무슨 말이에요? 말장난 같아요."
"선진국이 못사는 나라에 118조 지원한다는데 우리나라는 어느 정도 내요?"
"비례배분 알잖아."
"아. 이것도 수학이에요? 이럴 때 비례배분하려고 수학시간에 배운 거예요?"
"약속 안 지켜도 되면 뭐 하러 약속해요?"
"국가 간에 그렇게 약속을 안 지켜요? 나라 간에는 약속을 더 잘 지켜야 하는 거 아니에요? 하긴 일본 보면 뭐."

2015년에 제출한 국가별 감축 목표 표를 보며 이야기 나눈다.

국가	감축 목표
중국	2005년 1인당GDP 대비 60~65%
미국	2005년 배출량 대비 26~28%(2025년까지)
EU(28개국)	1990년 배출량 대비 40%

인도	2005년 1인당 GDP 대비 33~35%
러시아	1990년 배출량 대비 25~30%
일본	2013년 배출량 대비 26%
캐나다	2005년 배출량 대비 30%
멕시코	2030년 배출전망치 대비 25~40%
한국	2030년 배출전망치 대비 37%

아이들도 단박에 문제점을 찾아낸다.

"왜 나라별로 연도가 다 달라요?"

"2030년 것을 어떻게 예상해요?"

"1990년은 너무 옛날이에요. 이런 거 왜 장난쳐요?"

"멕시코는 왜 25~40%예요?"

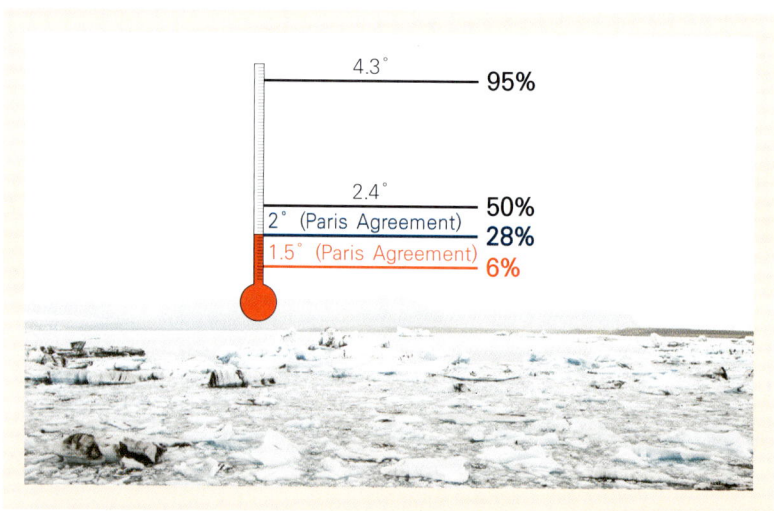

온실기체	지구온난화지수	주요 발생원	배출량
이산화탄소	1	에너지 사용, 산림 벌채	77%
메탄	21	화석원료, 폐기물, 농업, 축산	14%

이 한 장의 사진! 지구 평균 온도가 4.3도가 올라가면 9월 북극 빙하가 완전히 사라질 확률 95%. 이 사진에서 아이들의 질문이 많아진다.

"오! 테러블."

"근데 지구가 언제 멸망해요? 이러면 우리 할아버지 되기 전에 망해요?"

"우리가 살아 있을 때는 안 오겠지."

"이 과학자들은 뭘로 계산했어요? 비례배분요?"

"이산화탄소가 이렇게 심각해요? 그래도 강도가 약해서 다행이에요."

"사람이 사라지면 지구가 멸망이에요? 빙하가 녹아도 사람은 살 수 있잖아요."

"메탄이 뭐예요? 에탄? 이게 파워가 좀 높네요."

"그럼 이제 전기차 타야겠네요."

"전기도 화력발전으로 돌리면 메탄이 나오잖아요?"

"원자력으로 가야 하나요?"

"근데 이런 거 공부 왜 해요?"

"현재 우리는 견딜 만하지만 다음 세대들은 어떻게 살아야 할지."

"선생님. 아까 118조 비례배분 어떻게 한다고 했죠? 다음 세대를 위해 정확히 나눠 놔야겠어요."

아이들도 나도 아주 복잡하고 해결하기 어려운 문제에 직면했다. 내일 더 깊은 이야기를 나눠야겠다.

은비가 5교시 끝날 무렵에 왔다. 현대자동차 광고를 찍고 왔는데 막상 차 없이 영상을 찍었단다. 성남 어느 운동장에서 고무줄놀이만 하다 왔다는데. 도대체 자동차 광고랑 고무줄놀이가 무슨 상관인지 매칭이 안 된다.

아이들 일기

이 일기는 눈물이 날 것 같았다.

가족의 소중함. 동생이 저번 주부터 계속 아팠다. 알고 보니까 내가 옛날에 걸렸었던 가와사키에 걸렸다. 동생의 눈이 빨개지고 열도 나고 기운도 없어 했다. 결국 입원을 하게 됐는데 금요일 저녁 때 입원을 하기로 했는데 입원실이 없어서. 결국 다음 날인 토요일 오전에 입원을 했다. 토요일에 학원이 있고 외할머니집 근처 병원으로 입원을 했다 보니까 혼자 찾아갈 수 없어 동생이 입원한 걸 사진과 영상통화로만 볼 수 있었다. 엄마는 병원에서 동생을 간호해 주고 아빠는 회사에 가다 보니 토요일 빼고 일요일과 월요일엔 혼자 자고 혼자 등교 준비를 했다. 제일 걱정이었던 건 아침에 혼자 일어나는 거랑 저녁이었다. 핸드폰 알람을 제일 크게 맞춰 두고 클로버(인공지능스피커)로도 맞춰 두었다. 알람 두 개가 동시에 시끄럽게 울리다 보니까 일어날 수밖에 없었다. 일어나는 건 괜한 걱정을 했나 보다. 저녁도 생각보다는 잘 챙겨 먹었다. 하지만 집이 허전하고 조용해서 무서웠다. 또 맛있는 저녁도 먹지 못했다 보니까 그런 점이 힘들었다. 배는 고픈데 라면은 먹기 싫고 차려 먹기 귀찮아서 월요일 저녁은 안 먹었다. 동생이 오늘 퇴원해서 집에 있으니 시끌시끌해서 좋았다. 역시 가족은 소중하다. 가족의 소중함을 다시 한번 깨달았다.

오늘 나는 내가 생각하는 체육에 대해 일기를 써 보려고 한다. 먼저 체육(Physical Education) 건전한 BODY & 온전한 운동실력을 기르는 것을 목적으로 하는 EDUCATION. 내가 제일 좋아하는 과목이 체육이다 보니 더 관심을 가질 수밖에 없는 건 사실이다. 공부도 좋긴 하지만 그로 인한 스트레스를 없애 주는 건 체육이라. 그래서 정이 가고 좋다.

체육 중에서 가장 내가 좋아하는 종목은 초능력 피구와 농구이다. 눈 감고 골 넣기 했을 때 실제로 골이 들어가 기분이 너무 좋았다. 흐헤헤헤. 아직도 기분이 너무 좋다. 그리고 초능력피구는 잡는 느낌과 던지는 느낌이 좋다. 우리 반에서 체육을 가장 잘할 것 같은 아이는 당연히 최영민이 아닐까. 역시 탁월한 운동실력이다. 그리고 김민준도 피구 진짜 잘하는 것 같다. 우리 반 여자 1등은 륜경이인 것 같다. 2등은 효은이. 3등은 은비. 나도 체육 잘해 보고 싶은데. 맘대로 안 되는 게 너무 답답하다. 피구와 다른 모든 것 다 잘해 보고 싶은데 몸이 안 따라 주니 뭐 어쩔 수 없지… 역시 체육 짱.

삼촌이 30일날 결혼한다고 해서 오늘 피로연을 했다. 솔직히 너무 가기 싫었는데 어쩔 수 없이 갔다. 그냥 집에서 뒹굴거리다가 TV도 보고 게임도 하고 친구들이랑 나가 놀고 싶은 맘이 더 컸다. 그래도 안 가긴 그래서 금요일날 학원 끝나고 출발했다. 가다가 똥 마려울까 봐 걱정되서 그냥 잤다. 오늘 정장까지 입어 가며 피로연장에 갔다. 가보니 진수성찬이라 기대가 부풀어 오른다. 하지만 막상 맛이 별로라 실망실망. 첨 뵙는 분인데 다들 미소가 참 인자해서서 친근감이 들었다. 드디어 하이라이트! 저녁으로 육회와 육사시미를 먹었다. 그 맛은… 육사시미는 처음에 씹으면 느끼하지만 곧바로 와사비 간장이 느끼함을 잡아 주고 쫄깃쫄깃하고 몰랑몰랑했고, 육회는 와우… 씹으면 쫄깃함과 몰랑함이 느껴지고 다진 마늘 소스와 배 덕분에 느끼함이 없으며 먹고 난 뒤 답답함과 찝찝함이 없어 상쾌한 신세계, 유레카, 답정너 그 자체였다. 안 갔으면 큰일 날 뻔했다.

오늘 진짜 해피데이였다. 오늘 8시에 일어나서 씻고 토요 풋살을 하러 학교에 갔다. 토요 풋살은 언제라도 설레는 것 같다. 오늘의 미션은 원바운드로 30번 패스이다. (중략) 축구가 끝나고 편의점에서 라면 먹고 학교 와서 축구하다가 노래방에서 놀았다. 노래방에서 듣는 연수의 목소리는 오글거린다. ㅋㅋ 그리고 집에 와서 피파20까지. 너무 행복한 하루였다.

오늘은 지윤이랑 롯데월드에 가게 된 날이다. 연간회원이다 보니 정말 많이 가게 된다. 오늘은 비가 온 대서 우산을 챙기고 나갔다. 그때 시간은 약 7시 30분쯤. 롯데월드에 도착해서 9시 30분까지 지겹도록 기다렸다. 어쩌다 운이 좋아서 1빠가 되었다. 입장하자마자 내 최애 놀이기구인 '후렌치 레볼루션'이라는 롤러코스터를 탔다. 살짝 아쉬운 점은 너무 빨라서 2분 만에 끝난다는 것이다. 저번에 탔을 때는 90분을 기다렸는데 너무 허무했다. 그리고 6시부터는 좀비가 나오는 정말 무서운 놀이기구가 열린다. 우린 탑승하자마자 서로 끌어안고 앞을 보지 않았다. 계속 가던 중 좀비가 튀어나오는 소리가 나자마자 나랑 지윤이는 바로 울음을 터트렸다. 나는 앞을 안 봐서 몰랐는데 지윤이 말로는 좀비가 내 쪽으로 따라오고 있었다고 한다.

솔직히 일기를 오늘 쓰면 안 된다. 너무 양심 없는 짓이다. 이러면 안 되지만 뭐… 그래도 써야 하니 써야 한다. 일기를 쓰는 이유는 무엇일까? 선생님께서는 일기는 글 연습을 위해 쓰는 거라고 하셨다. 솔직히 우리나라 초등학생들의 글짓기를 책임진 것은 바로 일기이다. 물론, 초등학생들이 제일 쓰기 싫어하는 것도 일기다. 이런 아이러니한 현상이라니. 슬프다. 소오올직히 나도 놀러간 것 빼고는. 크흠. 쓸 이야기가 없다. 그래서 이렇게 이상한(?) 내용을 쓰고 있는 것이다. 이크! 진짜 쓸게 없다. 그래도 선생님이 말씀하신 대로 책임은 져야 하니 이렇게 꽉꽉 써야 한다. 아!!! 정신차려! 내일이 체육이라고. 휴…

내가 지금 뭘 쓴 거야! 내용들이 날라다니고 있잖아. 아무튼 일기를 밀리지 않겠다고 반성해야 겠다. 휴우우우~ 일기는 미스터리한데 쓸려고 일기장을 펼치면 글씨들은 날라다니고 정신없고 끼야아아아아악. 아무튼! 내가 일기를 자주 내는 편이라니. 외외다. 쌤이 나는 일기를 자주 낸다고 하셨는데. 나만 내가 밀린다고 느꼈나? 진짜 궁금한 게. 친구들의 일기를 보고 싶다. 친구들은 일기를 어떤 식으로 쓰는지 선생님은 친구들에게 어떻게 답글을 써 주시는지. 친구들에게 무슨 일이 있었는지. 궁금하다~~~~~ I wonder how I wonder why 중에서 지금은 오후 11시 59분입니다. 선곡 하나를 해 보겠습니다. 맛있는 간식~ 특별한 간식~ 맛있는 간식을 주세요~

11월 28일 목요일

우리 반 착한 사마리안법을 만든 이후 약간의 부작용이 발생한다. 아이들이 가볍게 넘어져도 호흡 맥박 확인, 동공 확인, 심폐소생술 준비 등 0.0000001% 가능성에도 대비한다고 한다. 괜찮냐는 한마디에 끝낼 일을. 넘어진 아이가 괜찮다고 아무리 말해도 안 괜찮다는 녀석들. 보기에 나쁘지는 않지만 역시 과한 건….

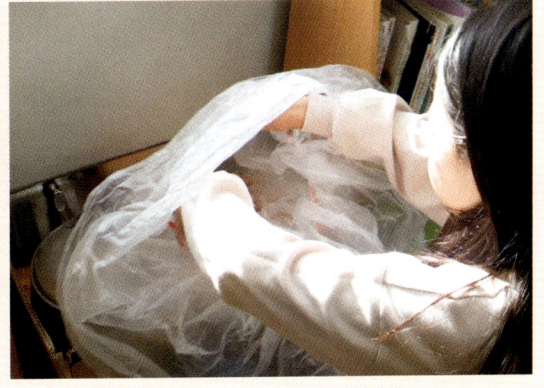

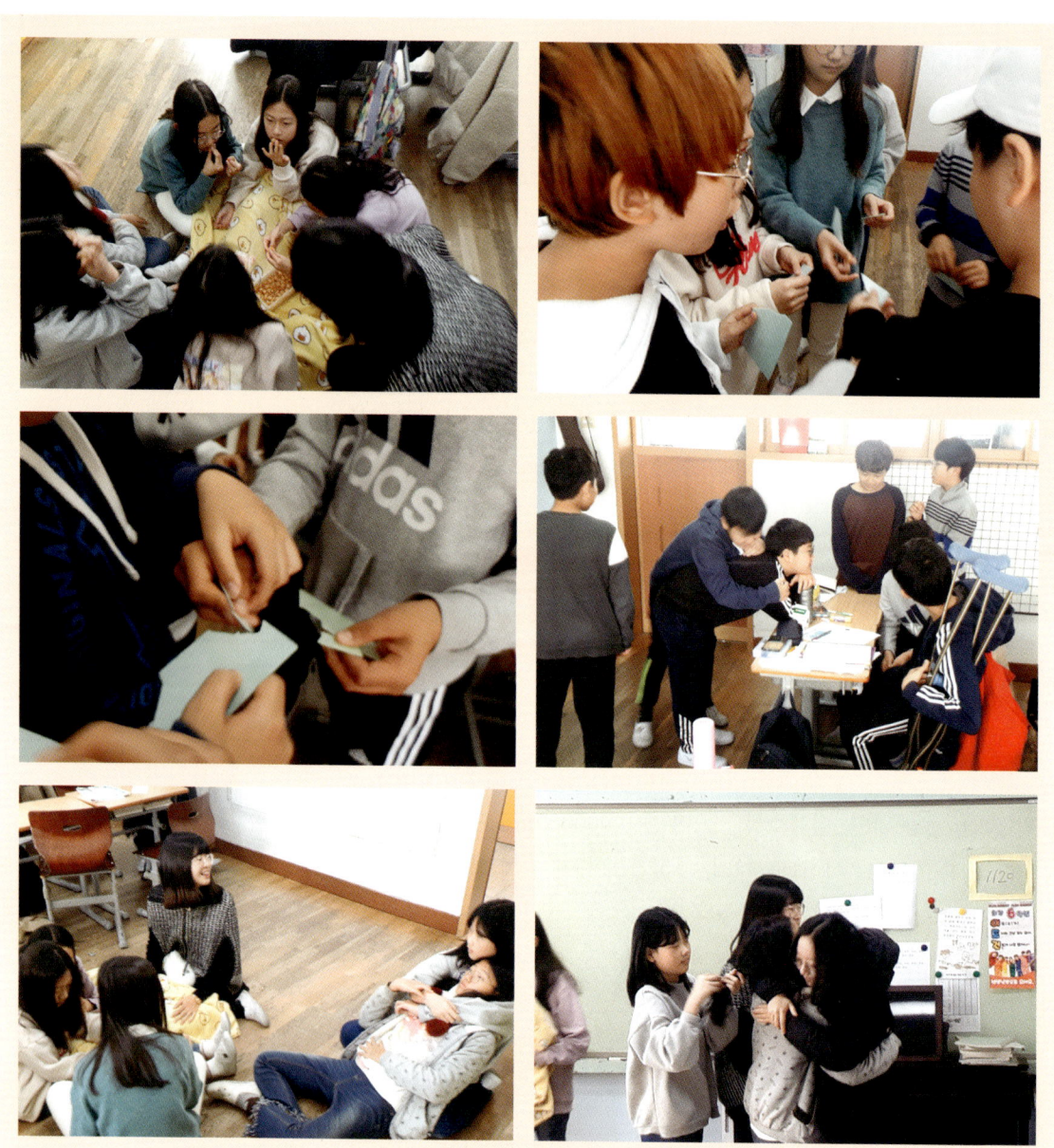

　학급온도계가 1,100도를 돌파했다. 3월에 내가 약속했던 내용을 아이들이 상기시킨다. 2,000도 돌파 시 세계여행(모두의 마블로) 3,000도 돌파 시 달나라 여행. 그랬었나? 오늘 1,100도 돌파 기념 체육이다. 오늘 체육은 영민이의 쾌유를 기원하는 마음을 담아 하겠다고 했더니 그건 절대 안 된단다. 영민이의 쾌유는 다른 체육 의식으로 해야 한다며.

"한 푼만 줍쇼. 선생님."
"너 어제 현대 그랜저 광고 찍었잖아? 어제 광고 촬영하고 왔는데 나보다 부자 아니야?"

"그건 고양이 용품으로 다 써야 해서요."

은비에게 어떻게 촬영했는지 물었다. 성남 탄천 종합운동장에서 촬영했단다. 드론이 촬영해서 신기했단다. 얇은 옷이라 추울 줄 알았는데 언니들이 응원해 줘서 즐거웠다는. 많은 분들이 잘한다고 해 주셔서 기분도 좋았고 행복한 경험이었단다.

교실에서 공놀이 금지라 했더니 원반을 던지는 녀석들. 그건 공놀이 아니냐? 아하! 하며 이건 되는 줄 알았단다. 호르몬의 영향 때문인지 몸이 근질근질해 보인다.

국어시간이다. 지난 시간에 이어 파리기후협정에 대해 토론하는 시간이다. 시기는 2050년을 가정한다. 하지만 2050년이 되어도 아이들의 나이가 겨우 44세. 한창 일할 나이임에도 이들은 천하태평이다. 분명 본인들의 오늘이 될 미래임에도.

"북극곰이 진화해서 남극곰이 되면 되잖아요."
"아니야. 알래스카 연어 먹어야 북극곰도 힘을 내지. 남극에는 연어가 없잖아."
"2050년에 평균기온이 4도 오르면 남극 빙하는 어떻게 돼요?"
"북극곰들이 빙하 타고 둘리처럼 빨리 피하면 되잖아요."

"2050년에 상하이 근처에 살던 1억 천만 명이 침수 피해를 당한다고 하는데 그러면 그 사람들이 우리나라로 오는 거예요? 난민으로요? (사회시간에 난민을 배웠단다.)"
"베이징도 물에 잠겨요?"
"열하일기에서 배웠잖아. 베이징은 한참 안쪽에 있는데 물에 잠기겠냐."
"난민은 왜 그래요? 왜 난동을 피워요?"
"난민 그게 쉬운 문제가 아니지. 정치나 전쟁 같은 문제 때문인지라. (난민이 발생하는 현상에 대해 한참을 얘기했는데 몇몇 아이들은 난민을 받아들이는 데 심기가 불편하단다.)"
"지가 알아서 열심히 살아야지."
"2050년에 북한도 침수돼요?"
"부산 해운대나 속초는요?"
"10도쯤 오르면 몇 백 년 후에 우리나라 완전히 잠길 것 같아요."
"몇백 년 못 사는데 그런 걱정하냐?"
"만약에 우리나라가 잠기려고 하면 간척사업하면 돼요."
"그럼 우리 갯벌은? 우리 조개는?"
"침수되려고 하면 바닷가에 미사일 쏴서 거대한 싱크홀을 만들어요. 그러면 침수 안 될 것 같은데요."
"미사일을 바다 근처에 쏘면 쓰나미 올 거야. 그건 위험해."

"독도도 없어질 수 있어요?"
"독도 높아. 작다고 무시하지 마."

쉬는 시간이다. 아이들의 대화.
"너 엄마 허락받고 피시방 가?"
"그럼 넌 허락 안 받고 가?"
"응."
"우리 엄마 나빠!"

쉬는 시간이 끝난다.
"자리에 앉으세요."
"야! 선생님이 자리에 앉으래."
"안 앉으면?"
"사람!"

요즘 머리 아픈 아이들이 많다.
"이게 다 공부 스트레스 때문이에요."
한 녀석에게는 보건실에 가서 쉬다 오라고 했고, 한 녀석은 같이 가라고 했더니 그냥 좀 책상에 엎드려 있겠단다. 또 다른 두 녀석은 열을 재러 갔다 보건실에 다녀오겠단다. 머리를 만져 보니 따끈따끈하다.
"나 0.1도만 높았어도 집에 갈 수 있었는데."
"저 오늘 열나서 학원 빠질 수 있을 것 같아요."
"그래 파이팅이다."

파리기후협약에 대한 토론을 계속한다.
"우리나라는 이산화탄소를 그렇게 줄일 수 있을지 모르겠네요. 40%가 그렇게 쉬운 게 아니에요. 차량 2부제 해도요."
"2부제 그게 뭐야?"
"홀수 날은 홀수가 짝수 날은 짝수가 운전하는 거."
"그게 무슨 말이냐고?"
"자동차 끝번호가 홀수면 홀수 날만 다녀야 한다고."
"우리 엄마 아빠 둘 다 홀순데 그럼 어떻게 되지?"
"목표를 안 지키면 벌금 1억 물려요. 아니 미국은 벌금 1조."

"국가마다 강제성 있게 이산화탄소 배출 비율을 정해야 해요. 그리고 안 지키면 왕따시키기? 나라 왕따시키기?"

"미국 같은 나라를 왕따시킬 수 있을까?"

"우리가 힘을 합쳐서 왕따시켜요. (두 손을 잡으며 말하는 녀석의 톤에 힘이 잔뜩 들어가 있다.)"

"미국은 탈퇴하고 러시아는 가입도 안 하고 중국도 너무 환경을 오염시켜요. 이거 해결하기 어려워요."

"2050년이 되어도 미국은 피해가 별로 없으니 나 몰랑 하는 거죠?"

"우리도 잘 모르겠어요. 후손 때려치우고 지금은 즐기는 거만 생각해요. 이렇게 2050년 생각할 시간에 축구 한 번 더 하고."

"후손은 알아서 살아라? 무책임한 말하지 마세요."

"인간은 진화의 동물이니 생존을 위해. 알아서 냅두는 게 더 잘할 수 있을 거 같아요."

"물에 잠기면 아가미도 생기고 인어공주가 될 것 같아요."

"난 켄타우루스가 더 멋있는데. 하반신은 말, 상반신은 사람."

"우리가 44세면 우리나라는 아직 멀쩡할 것 같아요. 우리만 한 애도 생길 거고."

"그냥 짧고 굵게 살아요."

"길고 얇게 살자."

"노청춘 모르냐?"

"우리나라는 안 잠기잖아. 우리는 즐겁게 살면 돼."

"님들. 월드 프로젝트로 오존층을 열어서 열기를 빼고 다시 닫아요."

"근데 오존층 뚜껑을 닫을 때 다른 균 같은 게 들어오면 어떻게 해?"

"근데 오존층을 어떻게 열었다 닫아?"

"그건 과학자들이 알아서 하겠지."

"정수기 필터냐? 오존층이 무슨."

"큰 선풍기를 가져와 오존층 열어요."

"이렇게 환경문제를 나라끼리 모여 고민하는 게 아니라 그냥 새로운 행성으로 떠나요. 화성? 안 지켜질 협약을 합시다 이런 거 하지 말고."

"우주선을 만들어 우리 지구인들이 들어갔다가 지구가 좀 식으면 다시 돌아와요."

"그냥 평행우주를 찾아요. 있다고 하던데요."

더 이상 토론이 안 된다. 휴. 갑자기 한 녀석이 덩궁덩궁이라는데. 뜬금없는데 재미있다. 나도 한번 써먹어야지. 아이들 컨디션도 안 좋아 10분 정도 토론을 일찍 끝냈다. 〈무한도전〉 '무인도 편'을 잠시 보기로 한다. 이 초집중력. 10년이 넘은 작품인데도 생생한 현장감이… 명작이다.

기분 전환하러 나간다. 아니 1,100도 기념 체육. 몸 풀다가 내가 넘어진다. 넘어진 나를 일으켜 세우는 아이들. 70킬로그램에 육박하는 나를 번쩍 들어 올린다. 벌써 이렇게 컸는지. 아니면 나의 다이어트가 드디어 빛을 발하는지.

부상당한 영민이에게 체육 못 한다며 아이들이 좀 놀렸나 보다. 영민이가 말한다.
"나 부상 복귀하면 피구할 때 강속구 날릴 애들 리스트 만들어 놨어."

쉬는 시간에 여자아이 두 녀석이 상황극에 몰입해 있다. 자신의 꿈이 드라마작가라는데.
"자기!"
"롤렉스 시계 사 줄까?"
"진짜? 와우."
킁킁. 냄새를 맡으며 내게 오는 녀석이 있다.
"선생님 몸에서 고기 냄새 나요."
어제 고깃집을 갔었는데. 옷에 밴 고기 냄새를 찾다니. 남다른 후각이다.

요즘 컴퓨터 메시지가 너무 많다. 메신저 공해. 교실에서 모든 것을 쏟을 수 있는 환경이 안 된다. 아침에 읽은 업무 메시지가 주는 잔잔한 압박감. '오늘까지 ○○○ 제출입니다.' 메신저가 없을 때도 세상은 잘 돌아갔다는데.

오늘 긴급 학급회의를 한다. 6학년 전체적으로 언어폭력과 복도질서 확립에 대해 토론하는 시간을 가지기로 한다.

"그냥 동영상으로 찍어 어머님께 보내요. 욕을 한 것 그대로 찍어서 부모님께 보냅시다."
"욕을 순간순간 할 수 있는데 어떻게 찍을 수 있나요?"
"그냥 반성문 같은 거 써요."
"친구들 앞에서 동영상 촬영하는 것은 좀 심한 것 같아요."
"손들고 말하세요. 발언권 얻고 말하세요."
"근데 님은 왜 저 째려봐요?"
"단계별로 정해요. 욕의 단계에 따라. 한꺼번에 많이 하는 거랑 여러 번 조금씩 하는 거랑 다르잖아요."

"우리 반 착한 사마리안법대로 해요. 애교삼종세트와 청소하기. 그리고 노래 부르기요."

"욕을 하면 쉬는 시간 없애요. 그 사람만요."

"욕을 하면 일정 기간 동안 투명 인간 취급합시다."

"욕하면 2~3일 동안 쉬는 시간 아무것도 못 하게 해요."

"욕하면 그 사람은 수학책 풀게 하고 나머지는 교실 피구해요. 안 되면 미니게임이라도 하고요."

"투명 인간 취급한다면 피구할 때 좋잖아요. 공 맞아도 괜찮아요."

"예전에 책에서 본 건데. 예를 들어 세 글자 욕을 하면 세 글자짜리 좋은 말을 하는 게 어때요? (이건 반응이 엄청 좋았다.)"

"욕을 한 친구를 운동장으로 데리고 가서. 골대에 뒤 돌아 세운 다음. 공을 차는 액션. 언제 찰지 모르는 긴장감이 쩔어요. (저거 빼요!)"

"욕을 쓰면 1주일 동안 간식 못 먹게 해요."

"친구가 욕하면 더 찰지게 되돌려 줘요. 김수미처럼요."

"자기가 쓴 욕을 가슴에 붙이고 다녀요. 종이 같은데. 하루 동안 옷에 A4를 붙이고 다녀요."

"쉬는 시간에 수학책을 풀어요. 다 풀면 쉬는 해제."

"근데 수학을 못하는 사람은 어떻게 해요?"

"수학 못하는 사람에게는 장 수를 조금만 내 주면 되잖아요."

"그럼 공정성에 문제가 있잖아요."

"수학 영재들은요? 얘네는 그럼 벌칙이 아니잖아요."

"쉬는 시간에 수학책 푸는 건 좀 그렇고요. 책 보게 하는 거 어때요?"

"근데 책 보라고 하면. 만화책 보면 벌이 아니잖아요."

"그럼 수학책 다 풀었는지 검사는 누가 해요?"

"님이 하시든지요. 이 의견이 되면 정해요. 일단 넘어가요."

"욕을 한 사람은 폐휴지나 쓰레기통 비우기 해요."

"쓰레기가 없으면요?"

"그건 정해지면 해요."

"복도에서 모여 있고 뛰어다니면 복도에서 무릎 꿇고 손 들고 있기!"

"아. 그건 너무 아날로그 방법 아닌가요?"

"그게 제일 확실할 것 같아요."

"복도에서 둘이 손잡고 같이 다니면 교실에서 자리를 멀리 떨어져 앉기 해요."

"근데 님들. 욕의 기준이 뭐예요?"

"아까 공동체 생활의 평안을 위협하는 거라고 했잖아요."

"그럼. 아이씨는요. 이것도 공동체 평안을 위협해요? 혼잣말인데요."

"여자애들 땡지랄 하는 것도 욕인가요?"

"우리는 괜찮아요. 여자애들은 듣는 사람들이 스스로 괜찮다고 하는데요?"

"스스로 괜찮다고 해도 욕은 욕이잖아요."

"만약에 스스로 괜찮다고 다 허락하면 욕을 많이 하라는 의미가 되어요. 완전 친한 친구에게 나 욕해도 되냐고 물어보면. 절친이면 받아 줄 텐데. 그러면 이런 처벌을 정할 필요가 없잖아요."

"저도 반박하는데. 저랑 서준이가 엄청 친한 게 사실인데 제가 ㅅㅂㄴ이 괜찮다고 해서 써도 된다고 해서 사용하면 되나요?"

"예를 들면 땡지랄 이런 말을. 1학년 애들이 이걸 들으면 어떻게 해요? 맑은 동심 파괴될 거예요. 1학년 애들이 우리를 보고 배우니 하지 말자는 말이에요."

"어디서 주워들은 말인데 욕은 스트레스 해소에 좋대요."

"오!! 좋다."

"입에 욕을 달고 다니는 것보다 한 번씩 하는 거도 괜찮아요."

"쌤한테 허락받고 하세요."

"쌤. 저 욕해도 돼요? 이렇게 어떻게 말해요?"

"근데 욕을 하면 자기가 욕을 한 이유가 있을까요?"

"있겠죠."

"욕을 한 이유를 편지를 써서 친구에게 전달해요."

"제 생각에는 복도에 뛰어다닌 사람은 반성문을 써요."

"학원에서 했던 건데. 복도에서 모여 다니지 않습니다. 팻말을 들고 다녀요."

"한 시간 동안 운동장 계속 뛰기요."

"생각 좀 하고 말하세요. 한 시간을 어떻게 계속 뛰어요?"

"그럼 다리 다친 사람은 어떻게 해요?"

"목발 짚고 계속 뛰면 되잖아요."

"내가 한 시간 비워 놓을 테니까 너가 뛰어 봐. 목발 빌려 줄게."

"욕할 때마다 춤을 춰요. 대신 매번 할 때마다 다른 춤을 춰야 해요."

"의견을 보충하는데. 멜론 차트 1위에 있는 곡을 틀어요. 이 곡으로 춤추기요."

"노래가 엄청 빠르면요?"

소거법으로 규칙 정하기로 한다. 과반이 넘는 의견만 남기고 나머지는 버린다.

- 세 글자 욕을 하면 세 글자 착한 말하기.
- 반성문 쓰기.
- 욕을 하면 한 시간 동안 쉬는 시간 없애기.
- 종이에 자신이 한 욕을 쓴다.
- 욕하면 김길규 춤추기.
- 폐휴지 당번 대신하기.
- 복도에서 무릎 꿇고 손 들기.

캠페인 활동을 위해 전지에 회장들이 옮겨 적는다.

"넌 우리 아빠 글씨 같아."

"넌 우리 엄마 글씨 같아."

하지만 집에 가면서도 차지게 욕하는 소리가 들린다. 실컷 회의 해 놓고, 불러 세웠더니 한 번만 봐달란다.

11월 29일 금요일

"저 다음 주 화요일부터 학원 안 가요."
"왜?"
"이사 가서요."
"멀리 가? 학교는 와?"
"그럼요."
"집이 왕십리역 근처로 가서 좋은 게 많아요. 거기는 놀 게 많아요. 새로 가는 집이 판 집보다 싸요. 10억에 팔아 7억에 들어가요."
정말 TMI! 별걸 다 알려 준다.

교실에서 공놀이와 원반던지기를 금지시켰더니 교실 뒤에서 두 녀석이 복싱 연습을 한다. 실제 타격은 아니지만 녀석들이 내는 사운드 때문인지 더 격렬하게 보인다. 빤히 쳐다보고 있으니 눈치를 슬슬 보며 팔을 내린다.

1교시는 국악시간이다. '서우젯소리' 제주도 무가를 배운다. 역시나 새우젓 소리라며 순댓국 이야기로 시작한다.
"순댓국에는 새우젓 넣어야지."

"메기고 받는 형식 알아요?"

"주고받는 거요. (같은 말 다른 느낌이.)"
가사를 보자마자 웃는다. (아– 아– 야 앙– /어– 어 양 어– 요)
"이게 뭐지?"
"이거 도대체 어떻게 부르지?"

노랫말에 나오는 제주 방언부터 알아본다. (서월 → 서울, 허정싱 → 허정승, 아덜 → 아들, 일굽 → 일곱, 바당 → 바다) 얼추 가사는 해석이 되지만 노래 부르기는 정말 어렵다. 반 장단씩 끊어 불러도 노래 부르기는 안 된다. 반의 반 장단에도 부르기 쉽지 않다.
일단 메기고 받는 연습한다. 선생님이 메기면 우리가 받는다.
"경기 민요랑은 다르죠? 경토리 기억나요?"
"맑고 깨끗한 소리요."
"근데 제주 민요는 토리 이름이 없어요."
"제토리 아니에요?"
"제토리라는 말은 없어요."
"제주 민요는 1,600곡 정도 전해지는데 일할 때 부르는 노래가 많아요. 제주 특유의 사투리도 많고요. 삼다도 들어봤어요? 뭐가 있죠?"
"돌, 감귤, 바다, 한라봉, 해녀, 바람, 삼다수, 제주은갈치. (간신히 맞히긴 한다.)"

"여러분. 우리의 소리 찾아서 들어봤어요?"
"아니요. 몰라요. (이걸 모르구나!)"
서우젯 소리 동영상을 보는데 교과서랑 가사가 좀 달라 당황스러웠다. 기록하는 사람에 따라 이것 또한 달라지나 보다. 일단 교과서 버전으로 부른다. 제주도 생활악기 물허벅(항아리)이 나오는 동영상도 보여 주신다. 선생님의 비유가 너무 찰졌다.
"여러분. 어른들이 노래 부를 때 젓가락 두드리는 거 같은 걸 생활악기라고 해요."

밴드와 함께 하는 제주 민요 '오돌또기'를 들었다. 기타, 드럼, 건반, 바이올린 소리와 송소희의 노래가 참 잘 어울린다.
"우리 메기는 소리가 메가리가 없어요."
"제주 민요 정말 어려워요."
"제주 민요는 진성을 써도 안 되고 가성을 써도 안 돼요. 이거 노답이에요."

수업이 끝나고 현민이가 메기는 소리로 노래를 부른다. "팔도명산을~" 가성으로 정말 특이하게 부르는 녀석. 그래도 제주도의 느낌은 있다.

 아이들이 학교교육과정 설문을 한다. 졸업하는 6학년 아이들인지라 본인은 상관없는 일이라며 5학년 아이들에게 최대한 불리하게 설문한다고 한다. 행복도시락데이 폐지! 수학교육 강화! 체육교육 축소! 수련활동 폐지! 체험형 활동 축소!

 "던질까? 말까? 던질까? 말까? 던질까? 말까? 맛있는 거 주세요."
 요즘 동요라는데. 이런 노래가 있었는지.

수학 6단원 시작이다. 원뿔, 원기둥, 구에 대해서 알아본다. 아이들이 각기둥을 배운지라 대략 개념은 잡고 있고, 교육과정이 개편되면서 단원의 내용이 축소되어 어렵지 않을 것 같다. 예전에는 원기둥 겉넓이와 부피 구하는 내용이 있어서 아이들이 많이 괴로워했는데.

"그대들은 원기둥 겉넓이 구하는 거 사라진 것만으로도 행복한 줄 아셔~"
"전 선행으로 이미 다 했는데요."

"축구공 같은 것을 구라고 하죠? 축구공은 완벽한 구일까요?"
델스타. 오각형 육각형 조각으로 만든 축구공 이야기가 들린다. 지난번 월드컵에서 4조각으로 만든 축구공 이야기도 들린다.
"1반에 18만 원짜리 축구공이 있는데 공이 구라서 정말 쭉쭉 날아가요."
"완벽한 구가 되면 골키퍼가 막기 힘들다는데요."
"그거 근데 불쌍한 아이들이 바느질했잖아."

아르키메데스 묘비석 이야기로 넘어간다.
내게 서 있을 장소와 충분히 긴 지렛대를 주면 지구를 들어 올리겠다! 아르키메데스가 투석기, 원주율, 지렛대를 발견한 사실과 목욕탕에서 유레카를 외치는 이야기는 너무나 유명한지라 아이들이 이미 알고 있다.
동영상은 로마의 침공부터 시작된다. 로마의 장군은 아르키메데스를 절대 죽이지 말라며 병사들에게 말한다. 그때 아르키메데스는 모래밭 위에서 도형을 그리고 있다. 로마 병사가 온다. 하지만 아리키메데스를 못 알아본다. 그리고 병사는 그 도형을 밟는다.
"물러서거라! 내 도형이 망가지잖아."
로마 병사는 아르키메데스를 죽인다. 이 소식은 로마 장군에게 전달된다.
"네가 감히 나의 명령을 어기다니. 이 자를 당장 감옥에 가두거라."
아르키메데스 사후 유언장에는 자신의 묘비를 원뿔, 구, 원기둥으로 만들어 달라는 내용이 적혀 있다. 아르키메데스가 말한 가장 위대한 수학적 발견을 새긴다.

"우리 아르키메데스의 무덤이 있는 곳으로 가요? 어디에 있어요?"
"원뿔, 구, 원기둥의 부피 비가 1:2:3이라고 했는데. 숫자들이 아름답기는 하네요."
"모래밭에서 도형 그리다가 죽은 거 사실이에요? 다른 사람들은 죽어 가고 있는데. 피바다가 되었을 건데 너무 여유 있는 거 아니에요?"
"근데 볼록렌즈로 로마 군대를 막았다는 것은 좀 심한 과장 같은데요?"
"묘비가 남아 있어요? 원래대로요? 여행 가야겠다. (1965년 한 호텔 공사장. 버려진 묘비가 발견됨!)"

"자랑스러운 도형 연구라고 했는데. 이게 왜 아름다워요? 이게 그렇게 자랑스러워요? 근데 이런 묘비를 어떻게 찾았어요?"

아이들은 만들어진 이야기가 아닐까 하는 의심이 많다. 주작이라며. 극적인 이야기는 역사적 사실에 약간의 양념이 들어가면 더 맛있어진다는 이야기도 덧붙인다.
"쌤도 나중에 수업하다 예술적으로 죽음을 맞이하고 싶어. 쓰러지면서 비가 뭔데? 비율이 뭔데? 이렇게 말이야. 끝까지 아이들을 가르치다 생을 마감하고 싶어."
"선생님 멋지긴 한데 아르키메데스처럼 역사에 남을 것 같지 않아요."
"그냥 선생님은 오래 사시는 게."

쉬는 시간에 아이들이 영화팀대로 모여 뭔가 의논을 하고 있다. 배역을 나누기도 하고 스토리라인을 만든다. 크리스마스이브에 상영하기로 했었던 영화 만들기 과제. 11월이 다 가고 있을 무렵인지라 다급하게 몰아친다. 하지만 뭐가 그리 재미있는지 웃음소리 가득이다. 내 옆에서 영화 의논하던 서준이를 잡고 씨름을 했는데 바깥다리에 넘어가지 않는다. 휴. 내가 힘이 달리는 건지 이 녀석이 큰 건지.

한 녀석이 말한다.
"쌤. 저 어린이집에서 이달의 독서상 한 번도 빠짐없이 다 받았어요."
"근데 왜 요즘은 안 하냐?"
"그러게요. 요즘은 왜 이렇게 책 읽기가 싫죠?"

점심 먹고 왔더니 아이들이 각종 씨름을 하고 있다. 발씨름 하는 녀석도 보이고 닭싸움도 제법 치열하다. 팔씨름은 영민이가 우승을 했나 보다. 이 녀석이 당당히 도전을 한다. 감히…. 내게….
"선생님. 저랑 한 판 하실래요?"
팔씨름은 당연히 내가 다 평정한다. 왼손. 오른손 모두 최강이라는 영민이도 쉽게 넘긴다. 옆에서 아이들이 "우아" 해 주니 기분이 좋다. 아직은 내가 살아 있다!
"아직 힘이 좋네요."

닭싸움 최강자 주희는 위풍당당하다.

"저 11명이나 붙어 다 이겼어요."

때마침 남녀 라이벌 은비랑 민준이의 닭싸움 대결. 키 큰 은비에게 점프해도 무릎이 안 닿는다며 힘겨워 하는 민준이. 그래도 체력이 좋은지라 승부는 쉽게 나지 않는다.

미술시간이다. 알까기 용품 만들기를 한다. 장기알로 만드는데 포장마차팀은 초나라, 황금마차팀은 한나라 장기알을 가져간다. 기물을 소개하기에는 시간이 부족해 아이들이 이해하기 편하게 크기로 나눈다. 大, 中, 小.

팀별로 2명은 大자 1개, 小자 2개, 8명은 中자 2개, 小자 1개를 가져간다. 종이에 장기알 본을 뜬 후 그림을 그린다. 그 그림을 오려 장기알 한 면에 목공풀로 붙인다. 장기알 색과 비슷하게 포장마차팀은 연두색 종이, 황금마차팀은 보라색 종이를 나눠 준다.

다 만들고 나서 의자와 책상과 바닥에서 그리고 '실내화로 만든' 경기장에서 알까기경기가 이루어진다. 마법을 쓰는 소리도 들리고 탄성과 환호와 웃음소리 가득이다. 지윤이는 알까기를 하다가 사물함 밑에 장기알이 들어가는 불상사가. 연수의 자를 빌려 꺼내려다 자까지 들어가는 2차 참사가. 내 자를 빌려주겠다고 했더니 그러면 또 들어갈 것 같다며 나의 마이너스 손을 탓한다. 6명이 한 책상에 모인 남자아이들은 신이 났다. 어릴 때 하던 놀이라며 과거를 회상하기도 한다. 은비랑 주희는 입으로 불어서 한다. 입까기라는데. 그 옆에는 태윤이가 춤추며 입까기 경기를 응원하고 있다.

알까기를 하는데 장기알이 효은이 실내화에 들어갔단다. 이것 때문에 한동안 웃음바다가 된다. 너무 웃어서 입이 얼얼하고 광대가 아프고 목도 따끔거린다는데.

"이거 냄새 좀 맡아 보세요. 꼬린내가 어때요?"

실내화에 들어갔다 온 걸 내게 준다. 그것도 모르고 향을 맡았다가….

"너네 왕 2명이야? 너무 센데."

"1타 2피~"

"대왕괴물! 죽였다."

여자애들이 남자아이들을 보고 웃으며 헤벌레 지나가니. 남자애들이 너네 그러다 중학교 가면 벌점 받는단다.

"벌점의 무서운 맛을 봐야지."

"웃는 거 이런 거도 벌점이야?"

알까기 하다 장기알 잃어버린 아이들이 많다. 공중으로 흔적도 없이 사라진 장기알들! 어디로 갔니….

왕의 명령: 선택한 상대편 유닛을 아웃시킨다.
방: 방어가 순간 강해진다.
빙글빙글: 회전력으로 상대를 강하게 후린다.

킨밀리: 묵직한 공격과 수비
기리보이: 빨라서 유혹 굿!
쿠기: 방어력 굿!

나를 지켜줄 기사 2명과 쫄병 1명이 있다.

팽수: 빙판 위 펭귄처럼 미끄러지듯 다 넘어간다.
음치: 이상한 고음으로 다 밀어낸다.
슬라이딩 태클: 태클로 다 넘어간다.

완전 괴물이야 괴물: 괴물처럼 강력한 힘.
가오가이거: 가오가 충만한 유닛.
12시 08분: 유닛이 탄생한 시간.

똥: 내 이름을 적음.
당근: 내가 당근 샤프를 많이 들고 다녀서.
짤랑이: 내가 좋아하는 연예인 별명.

표동이: 표롱표롱표로로의 힘으로 5턴 쉬어야 함.
댕하루: 댕댕이 같은 귀여움으로 상대를 맘대로 움직일 수 있음.
뚝단오: 10다라이 힘으로 상대를 맘대로 움직일 수 있음.

완전 괴물이야: 괴물처럼 강한 힘을 내기 위해.
YEE: 영어가 있으면 간지가 나서.
밥: 한국인은 밥심이지!

고굼: 상대방을 원하는 대로 움직이게 한다.
두통: 지금 머리가 어지러워서.
change score: 상대편과 점수 바꾸기 찬스.

히히: 일단 내가 다른 팀을 꼭 이기겠다는 일종의 비웃음. 기 싸움에서 이기기 위해 일부로 히히를 썼음.
개: 그냥 내 별명이 개이기도 하고. 장기알에도 상, 마가 있으니 개도 있어야.
멸망: 상대를 꼭 멸망시키겠다는 나의 의지임.

그냥.
인도남좌, 시는비, 바부

명품 컨셉트. 장기알도 명품이 있다. (루이비 똥, 구찌, 샤넬)

고인돌: 상대편이 몸을 구부리고 알까기 함.
지우개: 상대팀이 친 걸 지워 다시 복구.
비행기: 이것을 맞히면 한 번 상대팀 차례가 날아감.

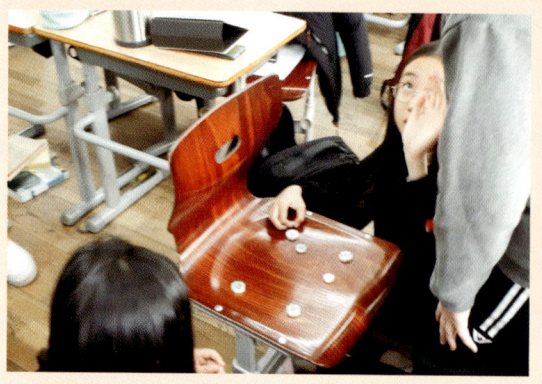

6교시는 초능력피구 시간이다. 유아독존! 본인보다 키가 작은 상대편 선수는 모두 아웃. 규현이는 자신이 키가 더 작다며 키를 재겠단다. 신발도 벗고. 아이들은 규현이를 신데렐라 부른다. 효은이는 넘어지며 공을 잡자 꽁병지의 김병지 다이빙 같단다. 효은이에게 꽁병지라는 별명도 추가된다.

륜경이는 신발 끈에 머리까지 묶고 들어오다 공을 맞는다. 세상 억울하다는데.

"앞으로 신발 끈에 본드 바를 테니까요. 이건 시간 중지시켜 주셔야지요. 저 살았죠?"

한 녀석은 공을 맞더니.

"엄마 나 또 다쳤어. 쏘리 맘~"